# Statistik

## Regressions- und Korrelationsanalyse

Von

Dr. rer. pol. Manfred Tiede

Universitätsprofessor für Statistik
an der
Ruhr-Universität Bochum

R. Oldenbourg Verlag München Wien

**CIP-Kurztitelaufnahme der Deutschen Bibliothek**

**Tiede, Manfred:**
Statistik : Regressions- u. Korrelationsanalyse / von
Manfred Tiede. – München ; Oldenbourg, 1987. –
ISBN 3-486-20528-5



Gesamtherstellung: Rieder, Schrobenhausen

ISBN 3-486-20528-5

# Vorwort

Dieses Buch ist in erster Linie für Wirtschafts- und Sozialwissenschaftler geschrieben. Für Studierende deckt es mit den beschreibenden Aspekten der Regressions- und Korrelationsanalyse einen Teil des Grundstudiums und mit den inferenzstatistischen Aspekten einen wesentlichen Teil des Hauptstudiums ab. Neben Grundkenntnissen des Testens und Schätzens werden im allgemeinen lediglich propädeutische Kenntnisse der linearen Algebra vorausgesetzt. Nach Möglichkeit wird die Matrixdarstellung parallel zur dem mathematisch Ungeübten entgegenkommenden Darstellung in Form der indizierten Variablen verwendet.

Die Problem- und Modellauswahl ist auf einige Hauptfelder der Regressions- und Korrelationsanalyse konzentriert, die zugleich die Grundlage für andere Modelle und Anwendungsrichtungen bildet. Die Darlegung der ausgewählten Grundlagen folgt dem Ziel, die leitenden Ideen verständlich und nachvollziehbar darzustellen. Deshalb sind für ein vertieftes Verständnis notwendige Ausführungen, umfangreichere formale Darstellungen sowie rechnerische Zwischenergebnisse der Beispiele nicht im Haupttext, sondern am Ende eines jeden Kapitels unter „Hintergründe, Vertiefung, Ergänzungen" (HVE) abgehandelt.

Die verwendete Literatur stellt eine subjektive Auswahl dar, die für den Verfasser im Laufe der Entstehungsjahre dieses Buches Bedeutung gewonnen hat.

Bei der Abfassung des Textes unterstützte mich insbesondere Frau Dipl.-Sozwiss. cand. med. Annette KARLA, ohne deren Kritikfähigkeit, kenntnisreiche Anregung und „stilistische Disziplinierung" dieses Buch in der vorliegenden Fassung nicht entstanden wäre. Verbleibende Fehler gehen natürlich zu meinen Lasten.

Des weiteren bin ich für das freundliche Willkommen des R. OLDENBOURG Verlages und die angenehme Zusammenarbeit insbesondere mit dem Leiter des wirtschafts- und sozialwissenschaftlichen Lektorats, Herrn Diplom-Volkswirt Martin WEIGERT, zu großem Dank verpflichtet.

Manfred Tiede

# Inhaltsverzeichnis

# Kapitel I
# Korrelation und adäquates erklärendes Modell

## 1. Korrelation

Die Wirtschafts- und Sozialwissenschaften befassen sich vorwiegend mit der Untersuchung von Zusammenhängen zwischen Merkmalen. Der Begriff des Zusammenhanges ist verhältnismäßig umfassend und besitzt deshalb zugleich einen hohen Grad an Unverbindlichkeit. Im Alltagsverständnis wird mit einem Zusammenhang die Vorstellung einer irgendwie gearteten Beziehung zwischen verschiedenen Größen verbunden. Beispielsweise könnten

- die ersparten Beträge der einzelnen privaten Haushalte pro Jahr um so größer sein, je höher die Qualifikation der im Erwerbsleben stehenden Haushaltsmitglieder ist,
- könnte der tägliche Zigarettenkonsum um so niedriger sein, je häufiger in den Massenmedien auf die Schädlichkeit des Tabakgenusses aufmerksam gemacht wird,
- könnten die Studienleistungen bei Studenten der Wirtschafts- und Sozialwissenschaften um so besser sein, je höher deren Intelligenz ist.

In der Statistik wird für den Begriff des Zusammenhanges gewöhnlich der Begriff der Korrelation (im weitesten Sinne) verwendet. So könnte beispielsweise festgestellt werden, daß die Merkmale "private Haushaltsersparnis" und "Qualifikation des erwerbstätigen Haushaltsmitgliedes" miteinander korrelieren.

Der Korrelationsbegriff wird in der Statistik nicht einheitlich definiert. Im folgenden werden wir diesen in seinem weitesten Sinne verwenden, so daß er sich mit dem allgemeinen Begriff des Zusammenhanges deckt (siehe auch HVE I.1).

## a) Korrelationsphänomen

Das Phänomen des Zusammenhanges bzw. der Korrelation läßt sich statistisch verschiedenartig darstellen. Anzahl und Skalenniveau der Merkmale bestimmen dabei die zweckmäßigste Darstellungsweise.

Wir betrachten zunächst den einfachen und überschaubaren Fall zweier Merkmale X und Y, die quantitativ und nicht gruppiert (klassifiziert) sind. Die Wertepaare $(x_i, y_i)$ werden in der Stichprobe an insgesamt n Merkmalsträgern (statistischen Einheiten) erhoben. Beispielsweise könnte X das Lebensalter einer Person sein und Y die jährlichen Ausgaben für Ferienreisen. Bei jeder Person werden das Alter $x_i$ und die Ausgaben $y_i$ festgestellt. Die zufällig in die Auswahl gelangten Personen werden nicht alle gleich alt sein, sondern die Werte von X dürften eine gewisse Streuung um das Durchschnittsalter $\bar{x}$ aufweisen, wodurch ihre Variabilität zum Ausdruck kommt. Entsprechendes ist für die Werte der Ausgaben zu erwarten; nicht alle Personen werden gleiche Ausgaben für die Ferienreisen tätigen, sondern die $y_i$-Werte dürften mehr oder weniger stark variieren und somit vom Mittelwert $\bar{y}$ abweichen.

Von Interesse ist nun die Frage nach dem Zusammenhang bzw. der Korrelation zwischen X und Y, wie er sich in der Stichprobe zeigt. In der Statistik wird diese Frage i. a. wie folgt konkretisiert: Ist die Streuung (Variabilität) der Merkmalswerte von X und Y beziehungslos zueinander oder sind gewisse gemeinsame Tendenzen festzustellen? Beispielsweise könnte sich zeigen: Weichen die Merkmalswerte $x_i$ vom Mittelwert $\bar{x}$ nach unten ab, so weichen im allgemeinen auch die entsprechenden Werte $y_i$ vom Mittelwert $\bar{y}$ nach unten ab. Im betrachteten Fall gehen also mit relativ kleinen Werten $x_i$ (geringes Alter) im Durchschnitt auch relativ kleine Werte $y_i$ (geringe Ausgaben für Ferienreisen) einher und mit relativ großen Werten $x_i$ im Durchschnitt relativ große Werte $y_i$. Die Variabilität der Merkmalswerte von X und Y ist hier also nicht zueinander beziehungslos; d. h. X und Y korrelieren miteinander.

Für weitergehende Fragen sind zwei bedeutende Aspekte der Korrelation zu trennen,
- die Richtung des Zusammenhanges und
- die Stärke des Zusammenhanges.

Die zweckmäßigste Darstellungsweise insbesondere für die Richtung der Korrelation besteht für das Beispiel der beiden nicht gruppierten quantitativen Merkmale Alter X und Ausgaben Y darin, zunächst die Werte von X der Größe nach zu ordnen. Da jede Altersangabe mit einem Wert von Y verknüpft ist, ergibt sich zugleich eine Reihe der Ausgaben für Ferienreisen. Falls sich nun herausstellt, daß die Reihe der $y_i$-Werte eine steigende (fallende) Tendenz aufweist, so besteht ein positiv (negativ) gerichteter Zusammenhang zwischen den Merkmalen X und Y. Keine Korrelation besteht, falls mit steigenden Werten von X die Reihe der $y_i$-Werte weder eine Tendenz zum Steigen noch zum Fallen besitzt und auch andere denkbare regelmäßige Beziehungen fehlen.

Hierzu ein kurzes Beispiel. X bezeichnet das Merkmal "Alter", Y das Merkmal "jährliche Ausgaben für Ferienreisen".

| Person (Nr.) | Alter (Jahr) | Ausgaben (DM) |
|---|---|---|
| 1 | 18 | 400 |
| 2 | 20 | 500 |
| 3 | 25 | 900 |
| 4 | 30 | 800 |
| 5 | 31 | 1 100 |
| 6 | 33 | 800 |
| 7 | 40 | 2 000 |
| 8 | 45 | 1 600 |
| 9 | 50 | 1 600 |
| 10 | 65 | 1 700 |
| 11 | 70 | 2 100 |
| 12 | 72 | 1 100 |

Tab. I.1: Alter und jährliche Ausgaben für Ferienreisen

Die Reihe der Werte für Y zeigt eine steigende Tendenz. Dieser Eindruck wird auch durch das Streuungsdiagramm bestätigt, das eine angemessene graphische Präsentation des tabellarisch vorliegenden empirischen Befundes darstellt. Zwischen den Merkmalen "Alter" und "Ausgaben für Ferienreisen" besteht also eine positiv gerichtete Korrelation.

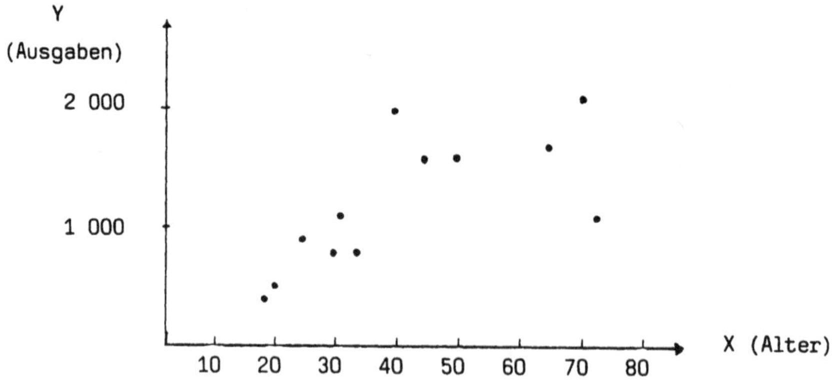


Abb. I.1: Streuungsdiagramm

Bevor wir den Aspekt der Stärke einer Korrelation betrachten, kehren wir noch einmal zum eigentlichen Korrelationsphänomen zurück. Wir betrachten jetzt den Fall zweier quantitativer Merkmale X und Y, deren Werte gruppiert sind. Dazu modifizieren wir das Beispiel der an Personen erhobenen Merkmale "Alter" und "Jährliche Ausgaben für Ferienreisen" insofern, als nicht mehr die Wertepaare $(x_i, y_i)$ vorliegen, sondern Häufigkeiten $f_{ij}$, mit denen gleichzeitig die i-te Werteklasse von X und die j-te Werteklasse von Y besetzt ist. In dieser Situation ist es zweckmäßig, das Korrelationsphänomen auf einem anderen Weg als zuvor darzustellen.

Betrachtet werden die r Häufigkeitsverteilungen der Ausgaben bezüglich der r verschiedenen Altersgruppen. Falls nun sämtliche dieser bedingten Häufigkeitsverteilungen übereinstimmen, so besteht zwischen X und Y ersichtlich kein Zusammenhang. In diesem Falle wird Y als unabhängig von X bezeichnet. Die Abwesenheit einer Korrelation wird somit zugleich als statistische Unabhängigkeit definiert (siehe auch HVE I.2).

Abweichungen zwischen den r bedingten Verteilungen $Y|x_i$ , $i = 1, \ldots, r$, können auf eine Korrelation zwischen X und Y und somit auf eine Abweichung von der Unabhängigkeit hinweisen. Die Richtung der Korrelation ergibt sich analog zur Erläuterung im Falle der zwei nicht gruppierten Merkmale; an die Stelle der Meßwerte $x_i$ und $y_i$ sind lediglich die Klassen i und j der Merkmale X und Y zu setzen. In diesem Zusammenhang ist noch zu erwähnen, daß die Frage der Unabhängigkeit des Merkmals X vom Merkmal Y ein anderes Problem darstellt und in Analogie zur behandelten Frage der Unabhängigkeit des Merkmals Y von X zu erörtern wäre.

Als Beispiel für die Korrelation zwischen zwei quantitativen Merkmalen, deren Werte gruppiert sind, wählen wir eine amtliche Statistik über Schwerbehinderte in der BRD zum Stichtag 31. 12. 1979. Bezüglich der Merkmale Alter X und dem Grad der Minderung der Erwerbsfähigkeit (in %) Y ergab sich folgende zweidimensionale Häufigkeitsverteilung (absolute Zahl der Schwerbehinderten in 1 000):

| Y \ X | <18 | 18 bis <25 | 25 bis <35 | 35 bis <45 | 45 bis <55 | 55 bis <60 | >60 | $\sum$ |
|---|---|---|---|---|---|---|---|---|
| 50 bis <60 | 16 | 23 | 36 | 94 | 197 | 154 | 214 | 734 |
| 60 bis <70 | 7 | 10 | 16 | 43 | 103 | 93 | 166 | 438 |
| 70 bis <80 | 7 | 10 | 14 | 33 | 81 | 83 | 222 | 450 |
| 80 bis <90 | 11 | 12 | 15 | 32 | 71 | 76 | 278 | 495 |
| 90 bis <100 | 3 | 3 | 3 | 8 | 20 | 24 | 95 | 156 |
| 100 | 58 | 39 | 41 | 52 | 76 | 68 | 355 | 689 |
| $\sum$ | 102 | 97 | 125 | 262 | 548 | 498 | 1330 | 2962 |
| $\bar{y} \mid x_i$ | 87,1 | 81,1 | 77,8 | 73,0 | 71,4 | 72,9 | 80,7 | |

Tab. I.2: Alter (X) und Minderung der Erwerbsfähigkeit (Y)

Die Werte für $\bar{y} \mid x_i$ geben die durchschnittliche Minderung der Erwerbsfähigkeit für die einzelnen Altersklassen an. Die bedingten Verteilungen haben die folgenden Werte (die Summen weichen wegen der gerundeten Werte geringfügig von 1,00 ab):

| Y \ Y\|x | Y\|$x_1$ | Y\|$x_2$ | Y\|$x_3$ | Y\|$x_4$ | Y\|$x_5$ | Y\|$x_6$ | Y\|$x_7$ |
|---|---|---|---|---|---|---|---|
| 50 bis <60 | 0,16 | 0,24 | 0,29 | 0,36 | 0,36 | 0,31 | 0,16 |
| 60 bis <70 | 0,07 | 0,10 | 0,13 | 0,16 | 0,19 | 0,19 | 0,13 |
| 70 bis <80 | 0,07 | 0,10 | 0,11 | 0,13 | 0,15 | 0,17 | 0,17 |
| 80 bis <90 | 0,11 | 0,12 | 0,12 | 0,12 | 0,13 | 0,15 | 0,21 |
| 90 bis <100 | 0,03 | 0,03 | 0,02 | 0,03 | 0,04 | 0,05 | 0,07 |
| 100 | 0,57 | 0,40 | 0,33 | 0,20 | 0,14 | 0,14 | 0,27 |
| $\sum$ | 1,00 | 1,00 | 1,00 | 1,00 | 1,00 | 1,00 | 1,00 |

Tab. I.3: Bedingte Verteilungen der Tab. I.2

Die bedingten Verteilungen besitzen zwar ähnliche Werte, stimmen jedoch nicht immer überein, so daß X und Y nicht unabhängig sind. Die Richtung der Korrelation ist nicht eindeutig erkennbar (vgl. $\bar{y} \mid x_i$). Zwischen den Merkmalen "Alter" und "Minderung der Erwerbsfähigkeit" besteht deshalb nur eine schwache (lineare) Korrelation.

Das Korrelationsphänomen zwischen zwei qualitativen Merkmalen X und Y, deren Wertekombinationen in den Häufigkeiten $f_{ij}$ erhoben wurden, läßt sich ebenfalls über eine Betrachtung der bedingten Verteilungen $Y|x_i$ bzw. $X|y_j$ darstellen. Da sich im Vergleich zu den zwei gruppierten quantitativen Merkmalen keine neuen Gesichtspunkte ergeben, wollen wir auf diesen Fall nicht näher eingehen.

Zu erwähnen ist jedoch, daß die Frage der Unabhängigkeit auch auf einem anderen Weg als dem Vergleich bedingter Verteilungen beantwortet werden kann. Bei Unabhängigkeit der Merkmale X und Y ist nämlich zu erwarten, daß die Kombinationen der Kategorien von X und Y in den Häufigkeiten

$$e_{ij} = \frac{f_{i.} f_{.j}}{n}$$ gezählt werden,

wobei $f_{i.} = \sum_j f_{ij}$ und $f_{.j} = \sum_i f_{ij}$ .

Ein Vergleich zwischen $e_{ij}$ und den tatsächlich beobachteten Häufigkeiten $f_{ij}$ zeigt nun ebenfalls, ob X und Y unabhängig sind.

$e_{ij}$ ergibt sich aus der Definition der stochastischen Unabhängigkeit von Ereignissen, die analog für die Unabhängigkeit von Merkmalen gilt. Zwei Merkmale X und Y heißen demnach unabhängig, wenn gilt

$$\frac{f_{ij}}{n} = \frac{f_{i.}}{n} \frac{f_{.j}}{n}$$ bzw.

$$f_{ij} = \frac{f_{i.} f_{.j}}{n}$$ für alle i und j.

Bei Unabhängigkeit von X und Y sind also obige Häufigkeiten $f_{ij}$ zu erwarten, für die wir das Symbol $e_{ij}$ verwenden, um sie von den beobachteten Häufigkeiten $f_{ij}$ unterscheiden zu können.

b) Messung der Korrelation

Die Kenntnis der Korrelationsrichtung ist für die statistische Deskription und Analyse meist bedeutungsvoll. Falls sich der Kenntnisstand allerdings auf das Vorzeichen eines Zusammenhanges beschränkt, so ist diese Informationsbasis für eine weitergehende statistische Analyse im allgemeinen unzureichend. Von Interesse ist zugleich auch die Intensität bzw. Stärke des Zusammenhanges. Wie stark eine Korrelation ist, zeigt sich z. B. im Falle zweier quantitativer Merkmale, die nicht gruppiert sind, darin, ob mit alternativ steigenden Werten von X stets die Reihe der Werte von Y (z. B. linear) steigt, inwiefern dies nur für die überwiegende Zahl der y-Werte oder etwa nur ausnahmsweise gilt. Im Falle zweier qualitativer Merkmale ließe sich diese Überlegung nach geeigneter Kodierung der Merkmalsausprägungen analog anwenden.

Die Messung der Stärke der Korrelation erfolgt im Rahmen statistischer Methoden durch die Bestimmung einer oder mehrerer Maßzahlen. Für die Maßzahlen gibt es unterschiedliche Konstruktionsprinzipien, die in Abhängigkeit von der Anzahl und der Skalenqualität der Merkmale anwendbar sind und von denen nur die bedeutendsten aufgeführt seien:

- Je deutlicher bei zwei qualitativen Merkmalen X und Y die beobachteten Häufigkeiten ihrer Merkmalswertekombinationen $f_{ij}$ von den Häufigkeiten $e_{ij}$ abweichen, die bei Unabhängigkeit von X und Y zu erwarten sind, desto stärker ist ersichtlich die Korrelation zwischen X und Y. Die Differenz $f_{ij} - e_{ij}$ ist Konstruktionsbestandteil z. B. der $\chi^2$-basierten Maßzahlen.

- Das Konstruktionsprinzip für Maße der prädiktiven Assoziation läßt sich für zwei qualitative Merkmale durch den Vergleich zweier Situationen verdeutlichen. In der Situation 1 sind ausschließlich die Daten einer Kontingenztafel bekannt. Für jede statistische Einheit ist im folgenden zu raten, welcher Klasse j des Merkmals Y sie angehört. Die Zahl der Ratefehler (Prognosefehler) beträgt $E_1$. In der Situation 2 ist zusätzlich bekannt, welcher Klasse i des Merkmals X jede statistische Einheit angehört. Die Zahl der Ratefehler beträgt $E_2$. Ein Vergleich von $E_1$ mit $E_2$ zeigt: Je stärker der Ratefehler $E_2$ gegenüber $E_1$ gesunken ist, desto enger ist die Korrelation zwischen Y und X. Die Differenz $E_2 - E_1$ ist Konstruktionsbestandteil der $\lambda$-Maße nach GOODMAN/KRUSKAL.

- Bei zwei quantitativen oder bei zwei ordinal skalierten Merkmalen X und Y, deren Werte nicht gruppiert sind, kann man von den der Größe nach geordneten x-Werten ausgehen und die sich ergebende Reihe der Werte von Y betrachten. Bei vollkommener bzw. starker Abhängigkeit zwischen X und Y stehen die Werte von Y in auf- oder absteigender Folge. Bei sämtlichen hiervon abweichenden Formen ist die Korrelation nicht vollkommen bzw. schwächer.

Eine erste Möglichkeit zur Konstruktion eines Korrelationsmaßes für ordinal skalierte Merkmale besteht darin, die Differenz zwischen den Rangwerten von X und Y zu bilden,

$$d_i = Rg(x_i) - Rg(y_i) \quad \text{für alle i.}$$

Je größer die Summe der Beträge von $d_i$ ist, desto geringer ist offenbar die Korrelation zwischen X und Y. $d_i$ ist Konstruktionsbestandteil des Rangkorrelationskoeffizienten nach SPEARMAN.

Eine zweite Möglichkeit zur Konstruktion eines Maßes besteht darin, in der angegebenen Situation sämtliche mögliche Paare der Werte von Y zu bilden. Von Aussagefähigkeit ist nun das Vorzeichen der Differenz jedes Wertepaares. Falls die Summe der positiven und negativen Differenzen ungefähr gleich groß ist, besteht ersichtlich nur eine geringe Korrelation zwischen X und Y. Die Differenz zwischen der Summe der positiven und negativen Vorzeichen (zwischen den sog. konkordanten und diskordanten Paaren) ist Konstruktionsbestandteil des $\tau$-Maßes nach KENDALL.

- Je stärker die gemeinsame Streuung zwischen zwei quantitativen Merkmalen X und Y ist, desto stärker ist die Korrelation zwischen X und Y, wie bereits zu Beginn von Kap. I.1a erläutert wurde. Als Maß für die gemeinsame Streuung dieser Merkmale eignet sich die Kovarianz, eine statistische Maßzahl, die analog zur Varianz konstruiert ist,

  $$\text{cov}(x, y) = \frac{1}{n} \sum (x_i - \bar{x})(y_i - \bar{y}).$$

  Relativ große Kovarianzwerte weisen auf eine relativ enge Korrelation zwischen X und Y hin. cov(x, y) ist Konstruktionsbestandteil des Korrelationskoeffizienten nach BRAVAIS/PEARSON.

Die erwähnten Konstruktionsprinzipien stellen keine erschöpfende Aufzählung dar; sie lassen sich teilweise auch ineinander überführen. Von großer Bedeutung in der Statistik ist der Korrelationskoeffizient nach BRAVAIS/PEARSON. Die meisten Korrelationsmaße für nichtmetrische Merkmale stellen Spezialfälle oder Modifikationen von Spezialfällen "des" Korrelationskoeffizienten dar.

Im folgenden weisen wir auf drei der am häufigsten verwendeten Korrelationsmaße hin. Sie eignen sich für die Messung der Korrelation zwischen zwei Merkmalen, wobei das Skalenniveau und zum Teil die Anzahl der möglichen Werteausprägungen bestimmten Anforderungen genügen müssen[1].

Sind beide Merkmale metrisch, so ist die Verwendung des Korrelationskoeffizienten nach BRAVAIS/PEARSON zulässig und üblich,

$$\text{(I.1)} \quad r = \frac{\text{cov}(x, y)}{+\sqrt{\text{var}(x)\text{var}(y)}},$$

---

[1] Im folgenden stellen wir die Korrelationsmaße in einen deskriptiven Kontext und nicht in den inferentiellen. Anderenfalls wäre die Annahme zu erwähnen, daß die Meßwerte Zufallsstichproben aus bivariaten normalverteilten Grundgesamtheiten darstellen.

wobei

$$cov(x, y) = \frac{1}{n} \sum_{i=1}^{n} (x_i-\bar{x})(y_i-\bar{y}) = \frac{1}{n}[\sum x_i y_i - \frac{1}{n}(\sum x_i)(\sum y_i)] ,$$

$$var(x) = \frac{1}{n} \sum_{i=1}^{n} (x_i-\bar{x})^2 = \frac{1}{n}[\sum x_i{}^2 - \frac{1}{n}(\sum x_i)^2]$$

und var(y) entsprechend.

r besitzt die folgenden Eigenschaften:

- r ist positiv bei positiv gerichteter Korrelation und negativ bei negativ gerichteter Korrelation.
- Bei vollkommen positiver Korrelation ist r gleich Eins, bei vollkommen negativer Korrelation gilt $r = -1$.
- Bei vollkommener Unabhängigkeit zwischen X und Y ist r gleich Null; insgesamt gilt somit $-1 \leq r \leq 1$.
- Falls $r = 0$, besagt dies lediglich, daß X und Y linear unabhängig sind. Eine etwaige nichtlineare Abhängigkeit ist mit $r = 0$ vereinbar.

Zur Veranschaulichung verwenden wir die Daten des Beispiels zu Beginn von Kap. I.1a, die in der Abb. I.1 präsentiert sind (Korrelation zwischen dem Alter und den Ausgaben für Ferienreisen). Gemäß (I.1) ergibt sich

$$r = \frac{7149}{\sqrt{331,9 \cdot 298055,6}} = 0,72 .$$

Die Korrelation ist also positiv gerichtet und nicht nur schwach. Weitergehende Interpretationsmöglichkeiten von r entwickeln wir in den folgenden Kapiteln.

Falls die Werte von X und Y in gruppierter Form vorliegen, läßt sich r nicht exakt bestimmen. Eine angenäherte Berechnung ist möglich, falls die unbekannten Gruppenmittelwerte durch die jeweiligen Klassenmittelpunkte approximiert werden. Für die Klassenmittelpunkte verwenden wir die Notation $x_i$ und $y_j$. Nach zweckmäßiger algebraischer Umformung ergibt sich für den Korrelationskoeffizienten

$$(I.2) \qquad r = \frac{\sum_{i=1}^{m_1} \sum_{j=1}^{m_2} x_i y_j p_{ij} - \bar{x}\bar{y}}{+\sqrt{\left[\sum_{i=1}^{m_1} x_i^2 p_{i.} - \bar{x}^2\right]\left[\sum_{j=1}^{m_2} y_j^2 p_{.j} - \bar{y}^2\right]}} ,$$

wobei $x_i$ - Klassenmittelpunkt der i-ten Klasse von X

$y_j$ - Klassenmittelpunkt der j-ten Klasse von Y

$p_{ij}$ - relative Häufigkeit der Merkmalswerte, die der Klasse mit $x_i$ und $y_j$ angehören

$m_1$ - Anzahl der Klassen von X

$m_2$ - Anzahl der Klassen von Y

und wobei $p_{i.} = \sum_j p_{ij}$, $p_{.j} = \sum_i p_{ij}$ .

Als Beispiel verwenden wir die in Tab. I.2 aufgeführte Statistik über Schwerbehinderte (Korrelation zwischen dem Alter und dem Grad der Minderung der Erwerbsfähigkeit). Hierzu bedarf es wegen der offenen Endklassen von X einer Vereinbarung. Dies und die für die Bestimmung von r gemäß (I.2) erforderlichen relativen Häufigkeiten (hier: in %) sind in der folgenden Tabelle enthalten:

| Y \ X | 9 | 21,5 | 30 | 40 | 50 | 57,5 | 70 | $\sum$ |
|---|---|---|---|---|---|---|---|---|
| 55 | 0,54 | 0,78 | 1,21 | 3,17 | 6,65 | 5,20 | 7,22 | 24,78 |
| 65 | 0,24 | 0,34 | 0,54 | 1,45 | 3,47 | 3,14 | 5,60 | 14,79 |
| 75 | 0,24 | 0,34 | 0,47 | 1,11 | 2,73 | 2,80 | 7,49 | 15,19 |
| 85 | 0,37 | 0,41 | 0,51 | 1,08 | 2,40 | 2,57 | 9,39 | 16,71 |
| 95 | 0,10 | 0,10 | 0,10 | 0,27 | 0,68 | 0,81 | 3,21 | 5,27 |
| 100 | 1,96 | 1,32 | 1,38 | 1,76 | 2,57 | 2,30 | 11,99 | 23,26 |
| $\sum$ | 3,44 | 3,28 | 4,22 | 8,85 | 18,50 | 16,81 | 44,90 | 100,00 |

Tab. I.4: Relative Häufigkeiten (in %) der Tab. I.2

Gemäß (I.2) ergibt sich der Korrelationskoeffizient

$$r = \frac{4343 - 56,17\ 77,10}{\sqrt{[3416 - 3155][6283 - 5945]}} = 0,0447 .$$

Zwischen dem Alter und der Minderung der Erwerbsfähigkeit besteht also eine schwache positive Korrelation.

Besitzen zwei Merkmale ordinales Meßniveau, wird zur Deskription des Zusammenhanges zwischen den beiden Merkmalen im allgemeinen der Rangkorrelationskoeffizient nach SPEARMAN verwendet,

$$\text{(I.3)} \qquad r_{SP} = 1 - \frac{6 \sum_{i=1}^{n} d_i^2}{n^3 - n} ,$$

wobei $d_i = Rg(x_i) - Rg(y_i)$.

$Rg(x_i)$ bezeichnet die Rangzahl von $x_i$ und $Rg(y_i)$ die Rangzahl von $y_i$. n ist die Anzahl der Wertepaare $(x_i, y_i)$. (I.3) stimmt mit (I.1) überein, d. h. $r_{SP} = r$, falls in (I.1) statt der Meßwerte $x_i$ und $y_i$

deren Rangzahlen $Rg(x_i)$ und $Rg(y_i)$ eingesetzt werden.

Sind schließlich zwei Merkmale von nominalem Meßniveau und dichotom, wird für die Messung des Zusammenhanges in der entsprechenden 2 × 2-Kontingenztafel

| X \ Y | $y_1$ | $y_2$ |
|---|---|---|
| $x_1$ | a | b |
| $x_2$ | c | d |

Tab. I.5: 2 × 2-Kontingenztafel

zumeist der Φ-Koeffizient von BRAVAIS/PEARSON verwendet,

$$\text{(I.4)} \qquad \Phi = \frac{ad - bc}{\sqrt{(a+b)(c+d)(a+c)(b+d)}} \; .$$

Auch hier besteht eine Beziehung zu r. (I.4) stimmt mit (I.1) überein, d.h. $\Phi = r$, falls in (I.1) statt der Meßwerte $x_i$ und $y_i$ die Werte von dichotomen Merkmalen mit den Kodierungen $x_1 = 0$, $x_2 = 1$, $y_1 = 0$ und $y_2 = 1$ eingesetzt werden. Beispiele hierfür folgen unter Kap. I.1bb.

Neben den drei Korrelationsmaßen (I.1), (I.3) und (I.4) sind in der Statistik weitere Maße entwickelt worden, die z. T. nur recht selten verwendet werden. In der Tab. I.6 sind einige der verschiedenen Maße nach dem Meßniveau der zwei Merkmale angeordnet. Über Einzelheiten unterrichtet die speziellere Literatur[1]. Die Punkte in der Tab. I.6 markieren Merkmalskombinationen, für die noch keine Korrelationsmaße entwickelt wurden. Es empfiehlt sich, gegebenenfalls bei X bzw. Y

[1] Siehe z. B. DIEHL, H./KOHR, H.: Deskriptive Statistik (3. Auflg.). Frankfurt 1979, S. 259ff.

auf Informationen zu verzichten und das bei niedrigerem Meßniveau benachbarte Maß zu verwenden.

| Y \ X | | nominal: diskret | nominal: stetig* | ordinal | metrisch |
|---|---|---|---|---|---|
| nominal | diskret | Φ-Koeffiz.<br>Kontingenzkoeffizient<br>λ-Koeffiz. | • | Rang-biserialer Koeffizient | Punkt-biserialer Koeffizient |
| nominal | stetig* | • | tetrachorischer Koeffizient | • | biserialer Koeffizient |
| ordinal | | Rang-biserialer Koeffizient | • | Rangkorrelationskoeffizient<br>SPEARMAN $r_{SP}$<br>KENDALL $\tau$<br>GOODMAN $\gamma$ | • |
| metrisch | | Punkt-biserialer Koeffizient | biserialer Koeffizient | • | Korrelationskoeff.<br>BRAVAIS/PEARSON r |

* Das Merkmal ist normalverteilt, wird jedoch lediglich dichotom gemessen.

Tab. I.6: Ordnung für Korrelationsmaße

### c) Herkunft der Korrelation

Die statistische Methodenlehre hat sich in weiten Teilen zu einer formalen Wissenschaft entwickelt. Die Frage, ob etwa die Auseinandersetzung mit der substanzwissenschaftlichen Bedeutung einer festgestellten Korrelation noch zum Aufgabenbereich der Statistik zählt, wird nicht von allen Fachvertretern einheitlich positiv beantwortet. WETZEL[1] vertritt z. B. die Auffassung, daß die Erörterung der substanzwissenschaftlichen Relevanz einer festgestellten statistischen Beziehung zwischen Merkmalen nicht zum Aufgabenbereich der Statistik zählt. Ähnlich betont z. B. SACHS: "Die sachliche Deutung gefundener statistischer Zusammenhänge und ihre Prüfung auf mögliche kausale Zusammenhänge liegt außerhalb der statistischen Methodenlehre."[2]

Demgegenüber wird von anderen Fachvertretern hervorgehoben, daß die Frage der Herkunft eines Zusammenhanges und seine realwissenschaftliche Bedeutung untrennbar mit den Methodenfragen der Wirtschafts- und Sozialstatistik verbunden sind. Beispielsweise bemerkt R. WAGENFÜHR, der akademische Lehrer des Verfassers: "Der Leser soll die Methoden der Wirtschafts- und Sozialstatistik in einer systematischen Anordnung erlemen, dies geschieht aber nicht in abstracto, sondern in der konkreten, spezifischen Analyse der entsprechenden Daten."[3] Zu erwähnen ist der in einem anderen Zusammenhang formulierte verblüffend einfache Merksatz: "Überhaupt sollte man nur dann Reihen korrelieren, wenn man weiß, was diese Reihen in Wahrheit beinhalten."[4]

Es ist nicht immer leicht, diesem Beispiel zu folgen. Insbesondere gilt dies für die Erörterung und Verwendung multipler und multivariater

[1] WETZEL, W.: Statistische Grundausbildung für Wirtschaftswissenschaftler I. Beschreibende Statistik. Berlin 1971, S. 104.

[2] SACHS, L.: Statistische Auswertungsmethoden (2. Auflg.). Berlin 1969, S. 386.

[3] WAGENFÜHR, R.: Wirtschafts- und Sozialstatistik Bd. 1. Freiburg 1970, S. 5.

[4] Ders.: Statistik leicht gemacht Bd. 1 (7. Auflg.). Köln 1974, S. 183.

statistischer Datenanalyseverfahren in den folgenden Kapiteln, weil die formale Komponente derartiger Verfahren kompliziert erscheint und gewöhnlich einen erheblichen Teil der Aufmerksamkeit in Anspruch nimmt.

Wird nun die Frage nach der Herkunft einer in der Stichprobe festgestellten Korrelation gestellt, können zur Beantwortung unterschiedliche Kategorien herangezogen werden.

Zunächst soll die Trennung des zufälligen vom nicht zufälligen (wesentlichen) Grund erwähnt werden. Im ersten Fall führt das Zusammenspiel zahlreicher unwesentlicher Faktoren trotz in Wahrheit bestehender Unabhängigkeit rein zufällig zu einer von Null verschiedenen Korrelation in der Stichprobe. Im zweiten Fall treten ein oder mehrere wesentliche Faktoren hinzu, die die Hauptbegründung für die Korrelation zwischen den Merkmalen darstellen. Die Frage, ob der Zufall oder ein wesentlicher Grund für die Korrelation in der Stichprobe verantwortlich ist, wird mit Hilfe des statistischen Testes zu beantworten versucht. Auf einzelne Tests gehen wir in den folgenden Kapiteln ein.

Falls nun eine beobachtete Korrelation inferenzstatistisch als nicht zufällig beurteilt wird, so ist zunächst der Fall denkbar, daß unser Kenntnisstand keine substanzwissenschaftliche Begründung des beobachteten Korrelationsphänomens erlaubt. Im Gegensatz zur Begründung durch den Zufall erfolgt hier also eine Hauptbegründung durch einen wesentlichen Grund, der allerdings ebenfalls (noch) nicht bekannt ist. Die Trennung in unwesentliche und wesentliche Gründe, die jeweils unbekannt sind, ist natürlich nicht sehr konstruktiv, zumal alle Ansätze, die das Nichtwissen positiv in eine Theorie einbringen wollen, als gescheitert betrachtet werden müssen[1]. Eine derartige Trennung ist jedoch erforderlich, da sie in der Forschungspraxis existiert.

[1] Zur Begründung siehe DINGES, H./ROST, H.: Prinzipien der Stochastik. Stuttgart 1982, S. 258.

Eine beobachtete und nicht zufällige Korrelation kann durch kausale oder nicht kausale Beziehungen hervorgerufen sein. Bei einer kausalen Beziehung gilt, daß ein Phänomen Y zeitlich stets notwendig dem Phänomen X folgt. Wenn also bei einer kausalen Beziehung X beobachtet werden kann, so ist eine fehlerfreie Prognose von Y möglich. Dies ist insbesondere in den Wirtschafts- und Sozialwissenschaften nicht der normale Fall, worauf u. a. auch unter Kap. I.2c und relativ ausführlich unter HVE I.5 eingegangen wird. In aller Regel sind die Zusammenhänge zwischen den Phänomenen stochastischer Art: Eine allgemeine Ursache bzw. ein Ursachenkomplex X hat gewöhnlich mit Wahrscheinlichkeiten behaftete Folgen $Y_i$, i = 1, 2, ..., wobei mit HARTWIG[1] jedem Ursachenkomplex für die jeweiligen Folgen eindeutig ein Verteilungsgesetz zugeordnet wird. Die Folgen $Y_i$ bezeichnen wir nach HARTWIG als ätiale Abfolgen. Sie sind in vielen Wissensgebieten die typischen Datengrundlagen für Korrelationsanalysen. Als Abkürzung verwenden wir im folgenden den Begriff der kausalen Korrelation. Wir denken dabei aber an solche Korrelationen, die sich auf ätiale Abfolgen beziehen.

Die Gültigkeit der These, daß eine signifikante Korrelation wegen einer kausalen Beziehung besteht, ist im allgemeinen nicht leicht nachweisbar. Deshalb erfolgt in der Forschungspraxis eine angenäherte Identifizierung der kausalen Korrelation häufig indirekt dadurch, daß andere Möglichkeiten, d. h. nicht kausale Gründe, ausgeschlossen werden.

Nicht kausale Korrelationen sind entsprechend einigen unterschiedlichen, sich aber teilweise überdeckenden Konzepten die

- formale Korrelation,
- Scheinkorrelation,
- Gemeinsamkeitskorrelation,
- Korrelation über Drittvariablen u. ä.

[1] HARTWIG, H.: Naturwissenschaftliche und Sozialwissenschaftliche Statistik. In: Zeitschrift für die gesamte Staatswissenschaft (1956), S. 252ff.

Auch jene merkwürdigen Zusammenhänge, wie z. B. die Korrelation zwischen der Zahl der in einem Jahr besetzten Storchennester und der jährlichen Geburtenziffer in einem Lande, mit denen die Statistik bisweilen ins Lächerliche gezogen wird, sind hierzu zu zählen.

Die Fälle der nicht kausalen Korrelation lassen sich in zwei Gruppen trennen, auf die wir unter Kap. I.1da) und 1db) eingehen, in die
- formale Korrelation und die
- Korrelation durch Drittvariablen.

Die Schein-, Inhomogenitäts- und Gemeinsamkeitskorrelation sind bei dieser Klassifikation Synonyme oder Unterfälle der Korrelation durch Drittvariablen. Der Vorteil der gewählten groben Klassifizierung liegt darin, daß sich die Gruppen so gut wie nicht überdecken. Von Nachteil ist, daß die Vielfalt der nicht kausalen Korrelationen nicht zum Ausdruck kommt. Dies betrifft z. B. auch komplexe Kausalstrukturen.

Die folgende Übersicht zeigt den erläuterten Vorschlag einer Systematik für Kategorien möglicher Begründungen einer beobachteten Korrelation.

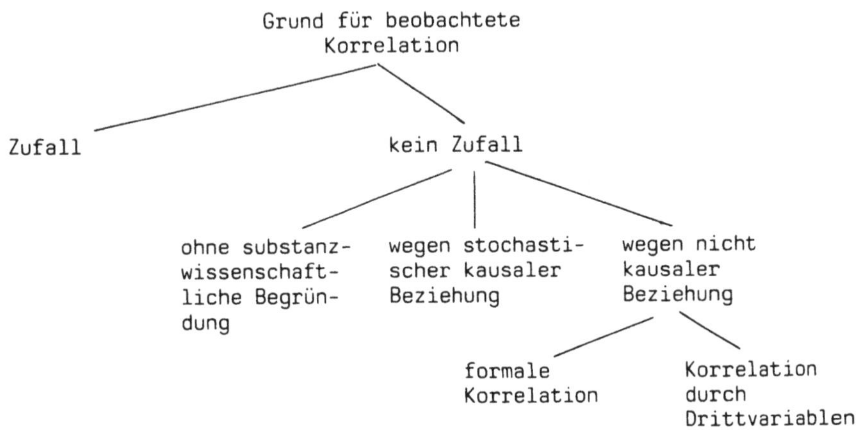


Abb. I.2: Begründungskategorien für eine beobachtete Korrelation

Abschließend sei hierzu erwähnt: Falls in der Stichprobe nur eine schwache Korrelation gemessen wird und der statistische Test nicht zur Verwerfung der Unabhängigkeitshypothese führt, so besteht die Gefahr des Fehlers zweiter Art; d. h. die Hypothese der Unabhängigkeit wird trotz in Wahrheit bestehender Abhängigkeit nicht zurückgewiesen. Des weiteren könnte durch den Einfluß einer Drittvariablen eine in Wahrheit bestehende Korrelation aufgehoben worden sein (vgl. hierzu auch Kap. I.1db).

### d) Nicht kausale Korrelation

Die nicht kausale Korrelation hatten wir in die formale Korrelation und die Korrelation durch Drittvariablen getrennt.

#### da) Formale Korrelation

Unter den Begriff der formalen Korrelation wollen wir jene Zusammenhänge zwischen Merkmalen zusammenfassen, die durch die Art ihrer operationalen Definition hervorgerufen sind. Dies gilt etwa für die sog. Teil-Ganzheits-Korrelation. Sie läßt sich beobachten, falls der Wert eines Merkmals Z aus der Summe der Werte anderer Merkmale X, Y, A, ... besteht und die Korrelation zwischen Z und einem (oder mehreren) Summanden bestimmt wird. Für die Merkmalswerte gilt

(I.5) $$z_i = x_i + y_i + a_i + \dots, \qquad i = 1, \dots, n.$$

Die zwischen Z (dem "Ganzen") und beispielsweise dem Merkmal X (dem "Teil") festgestellte Beziehung ist eine Teil-Ganzheits-Korrelation. Diese Art der formalen Korrelation liegt vor, wenn z. B. ein Zusammenhang zwischen den gesamten Verbrauchsausgaben privater Haushalte und den Ausgaben dieser Haushalte für Konsumgüter des gehobenen Bedarfs beobachtet wird.

Ein anderes Beispiel für die Teil-Ganzheits-Korrelation ist der lineare Zusammenhang zwischen dem gesamtwirtschaftlichen Verbrauch $C_{pr}$ und dem Volkseinkommen Y in den abgelaufenden Perioden i,

$$C_{pr(i)} = a + bY_i, \qquad i = 1, \ldots, n.$$ [1]

Das Volkseinkommen jeder Periode ergibt sich nämlich bekanntlich aus der Summe der Ausgaben für den privaten Verbrauch $C_{pr}$, der inländischen privaten Bruttoinvestition $I_{pr}$, den Ausgaben des Staates für Güter und Dienstleistungen $A_{st}$ und den Nettoexporten Ex, vermindert um die Abschreibungen D und die indirekten Steuern $T_{ind}$,

$$Y_i = C_{pr(i)} + I_{pr(i)} + A_{st(i)} + Ex_i - D_i - T_{ind(i)}, \qquad i = 1, \ldots, n.$$

Ein zweiter Typ der formalen Korrelation ist die sog. Komplementär-Korrelation. Wir bezeichnen mit X und Y zwei Merkmale, deren Werte $x_i$ und $y_i$ die Summe $z_i$ ergeben,

$$z_i = x_i + y_i, \qquad i = 1, \ldots, n.$$

$x_i$ und $y_i$ können nun als Anteile an $z_i$ zum Ausdruck gebracht werden; die Division obiger Beziehung durch $z_i$ führt zu

$$(I.6) \qquad 1 = \frac{x_i}{z_i} + \frac{y_i}{z_i}, \qquad i = 1, \ldots, n.$$

Die Anteilswerte ergänzen sich also zu Eins. Deshalb kann Y als Merk-

[1] Eine Konsumfunktion (historische Konsumverlaufsfunktion) der angegebenen Art ist für wirtschaftstheoretische Analysen nicht besonders gut geeignet. Erwünscht wäre die Konkretisierung des Zusammenhanges zwischen den beabsichtigten Verbrauchsausgaben und z. B. den alternativen erwarteten verfügbaren Einkommen der gleichen Planungsperiode.

mal aufgefaßt werden, das komplementär zu X ist. Die über die Anteilswerte zwischen X und Y festgestellte (negative und vollkommene) Korrelation wird als Komplementär-Korrelation bezeichnet.

Y stellt beispielsweise die Verbrauchsausgaben des Staates dar und X die staatlichen Ausgaben für Investitionen. Die Werte für Y und X ergeben die Gesamtausgaben des Staates in der Periode i. Der Anteil der Verbrauchsausgaben an den Gesamtausgaben und der Anteil der Ausgaben für Investitionen an den Gesamtausgaben ergänzen sich zu Eins. Je höher der Anteil der Verbrauchsausgaben ist, desto geringer ist der für Investitionen - ein enger und formaler Zusammenhang.

Die Komplementär-Korrelation besitzt mit der Teil-Ganzheits-Korrelation offenbar etwas Gemeinsames. Wird von (I.5) der spezielle Fall betrachtet, daß sich $z_i$ aus der Summe von nur zwei Merkmalen ergibt, und wird (I.5) durch $z_i$ dividiert, so ergibt dies (I.6). Die Komplementär-Korrelation unterscheidet sich von der allgemeineren Teil-Ganzheits-Korrelation im wesentlichen also dadurch, daß sie sich auf Fälle bezieht, in denen das "Ganze" lediglich aus zwei "Teilen" besteht. Die vorgenommene Normierung, die Division durch $z_i$, ist im Grunde überflüssig - aber auch entlarvend, da auf diese Weise erreicht wird, daß derartige Komplementär-Korrelationen stets vollkommen sein müssen; d. h. im Streuungsdisgramm zweier metrischer Merkmale müssen die Punkte in diesem Falle auf einer Geraden liegen.

Ein dritter Typ der formalen Korrelation ist die Buchhaltungs-Korrelation. Sie tritt immer dann auf, wenn zwei Merkmale zwar unterschiedliche Bezeichnungen tragen, aus systematischen Gründen aber stets gleiche Werte realisieren müßten. Deshalb müßten Buchhaltungs-Korrelationen stets positiv und vollkommen sein,

$$(I.7) \quad x_i = y_i, \quad i = 1, \ldots, n.$$

Dies gilt beispielsweise im Rahmen der Volkswirtschaftlichen Gesamtrechnungen für die Ex-post-Größen Ersparnis und Investition. Ein anderes Beispiel ist der positive Zusammenhang zwischen dem Export von Japan in die BRD und dem Import der BRD aus Japan.

Buchhaltungs-Korrelationen sind offensichtlich ebenfalls Spezialfälle der Teil-Ganzheits-Korrelation. Wird in (I.5) der Fall betrachtet, daß die Werte lediglich eines Merkmals rechts vom Gleichheitszeichen relevant sind, so ergibt sich (I.7).

### db) Korrelation durch Drittvariablen

Formale Korrelationen sind durch spezielle operationale Definitionen der Merkmale hervorgerufen. Sie können deshalb nicht dem Erkenntnisfortschritt dienen. Allerdings sollte man sich mit ihnen vertraut gemacht haben, um sie besser erkennen und bewerten zu können.

Dies gilt in noch höherem Maße für durch Drittvariablen bewirkte Korrelationen, die u. a. die Bezeichnungen Inhomogenitätskorrelation, Gemeinsamkeitskorrelation bzw. Scheinkorrelation tragen. Korrelationen durch Drittvariablen sind weniger leicht als nicht kausal erkennbar, und so mancher peinliche wissenschaftliche Trugschluß hat hierin seinen Grund.

Das Phänomen der Korrelation durch Drittvariablen läßt sich, ähnlich wie das Korrelationsphänomen generell (vgl. Kap. I.1a), auf unterschiedliche Weise darstellen.

Wir betrachten zunächst den einfachsten Fall zweier quantitativer Merkmale X und Y, die nicht gruppiert sind. Zwischen X und Y bestehe in der Stichprobe ein signifikanter Zusammenhang. Zusätzlich betrachten wir ein drittes Merkmal Z. Nun mag es sein, daß Z die zuvor allein betrachteten Merkmale X und/oder Y so beeinflußt hat, daß der festgestellte Zusammenhang zwischen X und Y im wesentlichen nur vorgetäuscht ist, also weitgehend zum Scheine besteht. Dies läßt sich anschaulich in einem geeigneten Streuungsdisgramm darstellen.

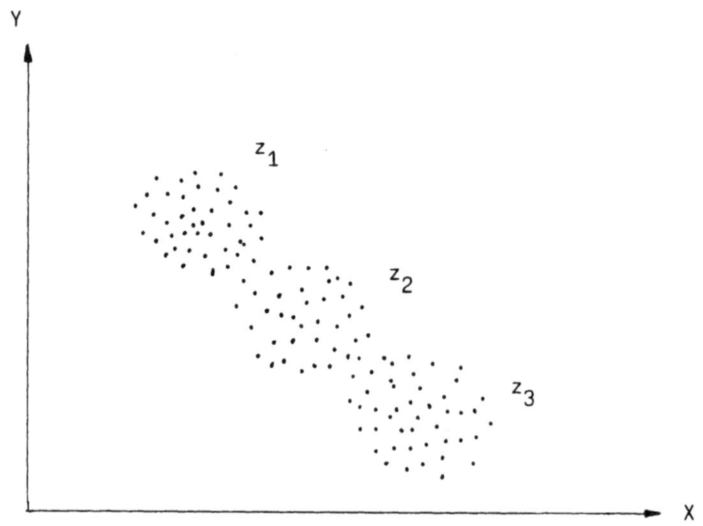


Abb. I.3: Durch eine Drittvariable Z vorgetäuschter Zusammenhang zwischen X und Y

Im Beispiel der Abb. I.3 realisiert Z drei Werte. Die Merkmalswertekombinationen für X und Y konzentrieren sich bei $z_1$, $z_2$ und $z_3$ in verschiedenen Bereichen des Koordinatensystems; sie bilden drei fast vollständig getrennte Punktwolken. Die Gesamtmasse der Punkte ist in drei Teilmassen gegliedert. Die bei diesem Beispiel negative Korrelation zwischen X und Y in der heterogenen Gesamtmasse erklärt sich offensichtlich durch die Lageunterschiede der drei Teilmassen, also durch die Bedeutung der Drittvariablen Z für X und Y. Innerhalb jeder Teilmasse besteht zwischen X und Y eine nur schwache Korrelation.

Das Phänomen der Korrelation durch Drittvariablen läßt sich, falls X und Y qualitativ sind bzw. quantitativ und gruppiert, nur weniger gut veranschaulichen. Wir können uns grundsätzlich an der in Kap. I.1a erläuterten Verfahrensweise orientieren, also bei jedem Wert der Drittvariablen Z den Zusammenhang zwischen X und Y entweder durch einen Vergleich bedingter Verteilungen $Y|x_i$ bzw. $X|y_j$ darstellen oder durch einen Vergleich der beobachteten Häufigkeiten mit den bei Unabhängigkeit zu erwartenden Häufigkeiten der Wertekombinationen von X und Y.

Hierzu betrachten wir ein auf SIMPSON[1] zurückgehendes Beispiel, das wegen unerwarteter Resultate den Beinamen Paradoxon nach SIMPSON[2] erhalten hat. Dieses Beispiel wird auch im Zusammenhang mit den Grundlagen der Wahrscheinlichkeitsrechnung diskutiert (siehe HVE I.6).
Das Beispiel: Bei einem medizinischen Experiment wird in zwei Regionen der Zusammenhang zwischen einer Behandlung X und der Heilung Y untersucht. Dabei ergeben sich die folgenden Daten.

Region 1

| Y \ X | ja | nein | $\Sigma$ |
|---|---|---|---|
| ja | 10 | 100 | 110 (12%) |
| nein | 100 | 730 | 830 (88%) |
| $\Sigma$ | 110 (12%) | 830 (88%) | 940 (100%) |

Region 2

| Y \ X | ja | nein | $\Sigma$ |
|---|---|---|---|
| ja | 100 | 50 | 150 (68%) |
| nein | 50 | 20 | 70 (32%) |
| $\Sigma$ | 150 (68%) | 70 (32%) | 220 (100%) |

Tab.I.7: Behandlung (X) und Heilung (Y) in Region 1 und Region 2

[1] SIMPSON, E. H.: The Interpretation of Interaction in Contingency Tables. In: Journal of the Royal Statistical Society. Ser. B (1951), S. 238-241. Vgl. auch YULE, G. U.: On the Methods of Measuring Association between two Attributes. In: Journal of the Royal Statistical Society (1912), S. 579f.

[2] Daten nach KENDALL, M.: Multivariate Contingency Tables and some further Problems in multivariate Analysis. In: Multivariate Analysis IV. Amsterdam 1977, S. 483-494. Das dritte Merkmal Geschlecht wurde von uns in Region geändert.

In der Region 1 ist die Korrelation gemäß (I.4) mit $\Phi_1 = -0{,}03$ negativ und schwach und in der Region 2 mit $\Phi_2 = -0{,}05$ ebenfalls negativ und schwach. Daß zwischen der Heilung und Behandlung sowohl in Region 1 als auch in Region 2 kaum ein Zusammenhang besteht, zeigen auch die Vergleiche zwischen den bedingten Verteilungen $Y|x_1$ und $Y|x_2$ in den Regionen:

Region 1

| | $Y\|x_1$ | $Y\|x_2$ |
|---|---|---|
| | 0,09 | 0,12 |
| | 0,91 | 0,88 |
| $\Sigma$ | 1,00 | 1,00 |

Region 2

| | $Y\|x_1$ | $Y\|x_2$ |
|---|---|---|
| | 0,67 | 0,71 |
| | 0,33 | 0,29 |
| $\Sigma$ | 1,00 | 1,00 |

Tab. I.8: Bedingte Verteilungen der Tab. I.7

Werden nun die Daten aus den beiden Regionen zusammengefaßt, so ergibt sich eine aggregierte Kontingenztafel, in der regionale Besonderheiten nicht mehr zum Ausdruck kommen:

Region 1 und 2 zusammengefaßt

| Y \ X | ja | nein | $\Sigma$ |
|---|---|---|---|
| ja | 110 | 150 | 260 (22%) |
| nein | 150 | 750 | 900 (78%) |
| $\Sigma$ | 260 (22%) | 900 (78%) | 1160 (100%) |

| | $Y\|x_1$ | $Y\|x_2$ |
|---|---|---|
| | 0,42 | 0,17 |
| | 0,58 | 0,83 |
| $\Sigma$ | 1,00 | 1,00 |

Tab. I.9: Behandlung (X) und Heilung (Y) in der aus 1 und 2 aggregierten Region sowie bedingte Verteilungen

Die bedingten Verteilungen weichen (bei jetzt größerem Stichprobenumfang) deutlich voneinander ab; d. h. aus der aggregierten Kontingenztafel ist nunmehr ein Zusammenhang zwischen der Behandlung und Heilung ableitbar. Die Korrelation beträgt $\Phi = 0,26$, ist also zur großen Verblüffung positiv und nicht mehr sehr schwach.

Eine Interpretation dieses paradoxen Resultates ist auf dem folgenden Wege möglich. Die neue aggregierte Gesamtmasse ist nicht homogen, sondern aus zwei ungleichartigen Teilmassen zusammengesetzt. Die Heterogenität der Gesamtmasse ist durch einen Vergleich der Randverteilungen (siehe Tab. I.7) und bedingten Verteilungen (siehe Tab. I.8) der nicht aggregierten Kontingenztafeln erkennbar: In Region 1 unterzogen sich 12% einer Behandlung, in Region 2 demgegenüber 68%; in Region 1 wurden 12% aller Personen geheilt, in Region 2 wurden 68% aller Personen geheilt[1]. In Region 1 wurden 9% der Personen geheilt, die sich behandeln ließen, in Region 2 demgegenüber 67%. Offensichtlich besitzen ein oder mehrere Merkmale, die nicht gesondert erhoben und analysiert wurden, eine Bedeutung für die Behandlung und die Heilung. Ein derartiges Merkmal bzw. Merkmalsystem bezeichneten wir als Drittvariable. Im vorliegenden Fall wird die Drittvariable im regionalen Vergleich sichtbar. Der Zusammenhang zwischen der Behandlung und Heilung, wie er sich im Aggregat zeigt, besteht also nur wegen der Inhomogenität des Aggregates; er ist durch die Drittvariable "Region" vorgetäuscht.

Im vorliegenden Falle wird also die durch $\Phi$ ausgewiesene Korrelation zwischen zwei Merkmalen durch die Inhomogenität der statistischen Masse hervorgerufen. Derartige Befunde werden auch als Inhomogenitätskorrelationen bezeichnet. Allgemein ist zu folgern, daß die Messung und Interpretation des Zusammenhanges zwischen zwei Merkmalen einer

---

[1] Der Anteil der geheilten Personen entspricht in beiden Regionen jeweils dem Anteil der behandelten Personen. Der Schluß, sich behandeln lassen zu müssen, um geheilt zu werden, ist fehlerhaft. Hierzu siehe die Ausführungen zum ökologischen Fehlschluß unter Kap. I.1c.

statistischen Masse nur zu rechtfertigen ist, falls die Teilgesamtheiten der statistischen Masse homogen sind bezüglich aller Merkmale, die die beiden interessierenden Merkmale beeinflussen.

Es ist offensichtlich, daß ein bedeutsames Problem in der Identifizierung und angemessenen Berücksichtigung der relevanten Merkmale liegt. Hierauf gehen wir in allgemeiner Form in Kap. I.2 sowie für Einzelfälle in den folgenden Kapiteln ein. Allgemein kann hierzu festgestellt werden, daß die Zahl der zu beachtenden Merkmale nicht sehr groß sein darf, da sonst die Rechenresultate nur eine geringe Aussagefähigkeit besitzen. Das Verfahren, eine inhomogene statistische Masse zugleich nach allen relevanten Merkmalen zu untergliedern und Ergebnisse für die Teilgesamtheiten zu vergleichen, erscheint zwar naheliegend, ist aber ein untaugliches Instrument für die Analyse komplexer Sachverhalte[1].

Die Frage, in welchen praktischen Fällen von einer Inhomogenitätskorrelation ausgegangen werden muß, läßt sich nicht so beantworten, daß ein routinemäßig anwendbares Denkschema entwickelt und angewendet wird. In jedem Einzelfall sind substanzwissenschaftliche Überlegungen unentbehrlich. Ausgehend vom Erfahrungsschatz des Statistikers wäre zu erwähnen, daß Inhomogenitätseffekte häufig auftreten, wenn die statistischen Einheiten unterschiedlich groß sind. "Wenn man z. B. in Haushalten die Korrelation zwischen dem Verbrauch von Butter und dem von Margarine feststellt, so wird das Gesamtbild durch die Übereinanderlagerung der Verbrauchszahlen von kleinen und großen Haushalten die vielleicht negative Korrelation völlig überdecken, die bei Haushalten gleicher Größe zwischen dem Verbrauch dieser Fettsorten bestehen dürfte."[2]

---

[1] Siehe SCHÄFFER, K.-A.: Zur Entwicklung der statistischen Methodik und ihrer Anwendungen. In: Allgemeines Statistisches Archiv (1980), S. 3.

[2] KOLLER, S.: Typisierung korrelativer Zusammenhänge. In: Metrika (1963), S. 70.

Die Inhomogenität einer statistischen Masse läßt sich durch die Bildung homogenerer Teilmassen auflösen; dies wurde auch am weiter oben behandelten Beispiel nach SIMPSON deutlich. Das Merkmal, das sich für die Unterteilung der inhomogenen Masse eignet, kann als Drittvariable aufgefaßt werden, weil es für die Korrelation zwischen den beiden Variablen in der ursprünglich inhomogenen Masse Bedeutung besitzt. Häufig wird die Korrelation zwischen zwei Merkmalen, die teilweise auch von einer Drittvariablen herrührt, als Gemeinsamkeitskorrelation bezeichnet. Offensichtlich besteht kein bedeutsamer methodischer Unterschied zwischen der Inhomogenitäts- und Gemeinsamkeitskorrelation, so daß wir auf eine besondere Differenzierung verzichten können. Eine statistisch nicht direkt gemessene Drittvariable, die mit den im Vordergrund einer statistischen Analyse stehenden Merkmalen korreliert ist, für diese insofern "gemeinsam" ist, wird im Rahmen der Faktorenanalyse als gemeinsamer Faktor (Gruppenfaktor) bezeichnet. Im Gegensatz zur oben betrachteten Korrelation durch Drittvariablen ist der Faktor im Rahmen der Faktorenanalyse jedoch eine latente, d. h. nicht beobachtbare Variable.

Falls nun davon ausgegangen werden muß, daß die Korrelation zwischen zwei Merkmalen X und Y sinnvoll nur unter Berücksichtigung einer Drittvariablen Z analysiert werden kann, bestehen hierfür drei Möglichkeiten, auf die in späteren Kapiteln wiederholt zurückgegriffen wird:

- Das Konstanthalten von Z; d. h. die Aussage über die Korrelation zwischen X und Y gilt nur unter der Bedingung einer Werterealisation von Z. Beispielsweise gilt die Korrelation zwischen der Behandlung und Heilung nur für eine bestimmte Region.
- Die Kontrolle von Z; d. h. zwischen X und Y wird die Korrelation analysiert, wobei die Korrelation zwischen Z und X bzw. Y zuvor rechnerisch aus X bzw. Y ausgeschaltet wurde. Hierauf gehen wir in den folgenden Kapiteln näher ein.

- Die Aufnahme von Z in ein umfassenderes multiples oder multivariates Modell, in dem die Beziehungen zwischen X, Y und Z simultan analysiert werden. Auch hierauf gehen wir ausführlich in späteren Kapiteln ein.

Auch wenn wir an dieser Stelle noch nicht auf rechentechnische Details eingehen können, ist gleichwohl eine Vorabinformation sinnvoll, die die denkbaren Fälle der Korrelation zwischen X und Y unter Einbezug von Z schematisiert:

| | | Korrelation zwischen X und Y nach Ausschaltung des Einflusses von Z | |
|---|---|---|---|
| | | Null | nicht Null |
| Korrelation zwischen X und Y vor Ausschaltung des Einflusses von Z | Null | (1)<br>Drittvariable ist neutral | (2)<br>Drittvariable verdeckt die Korrelation zwischen X und Y |
| | nicht Null | (3)<br>Drittvariable täuscht eine Korrelation zwischen X und Y vor | (4)<br>Drittvariable ist neutral oder nicht neutral |

Abb. I.3: Korrelation unter Beachtung von Drittvariablen

Die Konstellationen (1), (2) und (3) stellen Grenzfälle dar. Das Beispiel für quantitative und nicht gruppierte Merkmale X und Y der Abb. I.1 betrifft die Konstellation (3). Auch das Paradoxon nach SIMPSON läßt sich dieser Konstellation zuordnen, wenn die Null nicht streng gelten soll.

Das Feld (4) deckt eine Reihe praktisch relevanter Fälle ab. Falls die Korrelation zwischen X und Y auch nach Ausschaltung des Einflusses von Z unverändert bleibt, ist die Drittvariable für den Zusammenhang zwischen X und Y neutral. Am häufigsten ist jedoch der Fall zu beobachten, daß sich die Korrelation zwischen X und Y verändert. Man kann sich nun vorstellen, daß Situationen unterschieden werden, in denen eine festgestellte Korrelation zwischen X und Y nach Ausschaltung von Z verstärkt oder vermindert oder gar, was die Richtung betrifft, ins Gegenteil verkehrt wird. Letzteres ist natürlich in konkret vorliegenden Fällen oft wenig plausibel (und begegnete uns bereits im Paradoxon nach SIMPSON, falls die Null in Abb. I.3 streng gelten soll).

e) Korrelation und Aggregation

Im Rahmen der Darstellung der Korrelation durch Drittvariablen wurde bereits bemerkt, daß sich der Zusammenhang zwischen zwei Merkmalen X und Y i. a. nicht in einer aggregierten Kontingenztafel untersuchen läßt, die durch Aggregieren über andere Merkmale entsteht, die bedeutungsvoll für den Zusammenhang zwischen X und Y sind[1]. Die mit der Zusammenfassung von statistischen Massen zumeist einhergehende Änderung der Homogenität und die damit verbundene Problematik für die Beurteilung korrelativer Zusammenhänge ist im Rahmen der statistischen Methodenlehre sozialwissenschaftlicher Prägung in der jüngeren Vergangenheit unter der Bezeichnung Mehrebenenanalyse bekannt geworden. Die dort u. a. zusätzlich betrachteten Möglichkeiten für einige spezifische Fehlschlüsse wollen wir im Rahmen einer Erweiterung des in Kap. I.db verwendeten Beispiels darstellen.

[1] Zur Aggregierbarkeit von Kontingenztafeln, die unter bestimmten Bedingungen sinnvoll ist, siehe HAMERLE, A./TUTZ, G.: Zusammenhangsanalysen in Mehrdimensionalen Kontingenztabellen - Das loglineare Modell. In: Multivariate statistische Verfahren. Hrsg.: FAHRMEIR, L./ HAMERLE, A. Berlin 1984, S. 514ff.

Bei diesem Beispiel wurde der Zusammenhang zwischen einer medizinischen Behandlung (X) und der Heilung (Y) in zwei Regionen gemessen. Hinzugefügt werden nun die (frei erfundenen) Resultate aus zwei weiteren Regionen:

Region 3

| Y \ X | ja | nein | Σ |
|---|---|---|---|
| ja | 30 | 130 | 160 (20%) |
| nein | 130 | 510 | 640 (80%) |
| Σ | 160 (20%) | 640 (80%) | 800 (100%) |

Region 4

| Y \ X | ja | nein | Σ |
|---|---|---|---|
| ja | 50 | 100 | 150 (30%) |
| nein | 150 | 200 | 350 (70%) |
| Σ | 200 (40%) | 300 (60%) | 500 (100%) |

Region 3

| | $Y\|x_1$ | $Y\|x_2$ |
|---|---|---|
| | 0,19 | 0,20 |
| | 0,81 | 0,80 |
| Σ | 1,00 | 1,00 |

Region 4

| | $Y\|x_1$ | $Y\|x_2$ |
|---|---|---|
| | 0,25 | 0,33 |
| | 0,75 | 0,67 |
| Σ | 1,00 | 1,00 |

Tab. I.10: Behandlung (X) und Heilung (Y) in Region 3 und 4 sowie bedingte Verteilungen

In den Regionen 3 und 4 sind die Korrelationen mit $\Phi_3 = -0{,}0156$ bzw. $\Phi_4 = -0{,}0891$, wie auch in den Regionen 1 und 2, schwach und negativ gerichtet. Die bedingten Verteilungen bringen ebenfalls zum Ausdruck, daß zwischen der Behandlung und Heilung kein starker Zusammenhang besteht.

Werden die vier Regionen zusammengefaßt, so ergibt sich die aggregierte Kontingenztafel:

Region 1 bis 4 zusammengefaßt

| Y \ X | ja | nein | $\sum$ |
|---|---|---|---|
| ja | 190 | 380 | 570 (23%) |
| nein | 430 | 1460 | 1890 (77%) |
| $\sum$ | 620 (25%) | 1840 (75%) | 2460 (100%) |

| | $Y\|x_1$ | $Y\|x_2$ |
|---|---|---|
| | 0,31 | 0,21 |
| | 0,69 | 0,79 |
| $\sum$ | 1,00 | 1,00 |

Tab. I.11: Behandlung (X) und Heilung (Y) in der aus 1 bis 4 aggregierten Region sowie bedingte Verteilungen

Die Stärke des Zusammenhanges der zwei Merkmale beträgt auf dieser Ebene $\Phi = 0{,}10$, ist also positiv und absolut stärker als jeweils in den vier kleineren Regionen. Auch hier also signalisiert der Aggregationseffekt (bzw. Kontexteffekt), wie ein derartiges Phänomen bezeichnet werden könnte, daß die Drittvariable "Region" eine Bedeutung für den Zusammenhang zwischen der medizinischen Behandlung und deren Erfolg hat. Im Rahmen der Mehrebenenanalyse wird der mit $\Phi$ gemessene Zusammenhang als totale individuelle Korrelation bezeichnet.

Zusammenfassend läßt sich für die statistische Analyse feststellen: Die totale individuelle Korrelation zwischen der Behandlung und Heilung ist positiv; d. h. die Behandlung beeinflußt die Heilung in der gewünschten Richtung. Die Stärke der Korrelation ist mit $\Phi = 0{,}10$ insgesamt nicht sehr groß. Die Korrelation ist jedoch nur vorgetäuscht; denn die vier aggregierten statistischen Teilmassen sind bezüglich aller Merkmale, die die medizinische Behandlung und Heilung beeinflussen, nicht homogen. Dies zeigt z. B. ein Vergleich zwischen den Anteilen der geheilten Personen an den behandelten Personen: In Region 1 werden nur 9% von denen geheilt, die sich behandeln lassen, in der 2. Region sind es 67%, in der 3. Region 19%, in der 4. Region 33%. Für alle Regionen zusammen beträgt der Anteil 31%.

Nun ist generell nicht auszuschließen, daß die Zusammenfassung von heterogenen Massen zu einem Aggregat führt, das homogener ist als seine Teilmassen. Dies ist ein in der Statistik vielfach mit großem Erfolg angewandtes Prozedere, dessen Rechtfertigung im Gesetz der großen Zahl liegt. Insofern wäre das Resultat $\Phi = 0{,}10$ aussagekräftiger als die hiervon der Richtung und Stärke nach abweichenden Ergebnisse $\Phi_1$ bis $\Phi_4$. Ein abschließendes Urteil ist ohne die Erörterung weiterer erklärender Merkmale für das Merkmal "Heilung" sicherlich nicht möglich.

Ein anderer Gesichtspunkt für die statistische Analyse ist bislang nicht beachtet und bewertet worden. Den Randverteilungen der Kontingenztafeln aus den vier Regionen kann entnommen werden:

| Region | Anteil der behandelten Personen | Anteil der geheilten Personen |
|---|---|---|
| 1 | 0,12 | 0,12 |
| 3 | 0,20 | 0,20 |
| 4 | 0,40 | 0,30 |
| 2 | 0,68 | 0,68 |

Tab. I.12: Kollektive Korrelation

Je größer also der Anteil der behandelten Personen ist, desto größer ist der Anteil der geheilten Personen. Der Zusammenhang ist im vorliegenden Falle fast vollkommen. Zu beachten ist, daß sich diese Aussage im Gegensatz zur vorausgegangenen auf Daten stützt, für die als verwendete statistische Einheit die Region anzusehen ist. Korrelationen auf der Grundlage derartiger größerer statistischer Einheiten (Kollektive) werden im Rahmen der Mehrebenenanalyse als kollektive bzw. ökologische Korrelationen bezeichnet.

Ein intuitiv naheliegender Fehlschluß wäre nun, eine Aussage über den Zusammenhang zweier Merkmale auf Grundlage der kollektiven Korrelation auf die individuelle Korrelation zu übertragen. Im vorliegenden Beispiel hieße dies: Die medizinische Behandlung ist äußerst wirksam, und jedermann ist gut beraten, sich im Krankheitsfall einer derartigen Behandlung zu unterziehen. Der fehlerhafte Schluß von der kollektiven Korrelation auf die individuelle Korrelation wird als ökologischer Fehlschluß bezeichnet. Die Bezeichnung erklärt sich aus dem Umstand, daß die Aggregation in praktischen Fällen häufig voneinander abgegrenzte ökologische Einheiten betrifft. Eine andere Bezeichnung für den gleichen Sachverhalt ist der Gruppenfehlschluß. Bevor wir hierauf näher eingehen, sollen einige weitere Beispiele[1] erwähnt werden, die zeigen, wie suggestiv und wenig leicht erkennbar der ökologische Fehlschluß ist.

Zwischen dem Anteil der Personen, die Selbstmord verüben, und dem Anteil der Personen, die ihre Ehe scheiden, besteht in den europäischen Ländern ein relativ enger positiver Zusammenhang (kollektive Korrelation); je mehr Scheidungen in einem Land, desto mehr Selbstmorde. Diese Aussage stützt sich auf statistische Einheiten, die Länder darstellen. Dürfte dieser Befund auf andere statistische Einheiten übertragen werden, beispielsweise auf Personen (individuelle Korrelation), so könnte behauptet werden: Geschiedene Personen sind Selbstmordkandidaten. Inhaltlich ließe sich dies u. U. dadurch begründen, daß Personen mit einem hohen Grade psychischer Labilität zugleich eine Neigung zum Selbstmord besitzen und, wenn sie verheiratet sind, auch eine hohe Scheidungswahrscheinlichkeit. Tatsächlich sind bekanntlich geschiedene Personen keine Selbstmordkandidaten.

Ein anderes Beispiel besagt, daß die kollektive Korrelation zwischen dem Anteil der Analphabeten und dem Anteil der Farbigen in den Staaten

[1] Entnommen aus HUMMELL, H. J.: Probleme der Mehrebenenanalyse. Stuttgart 1972, S. 71ff.

der USA relativ eng und positiv ist. Der Schluß, daß Farbige in höherem Maße Analphabeten sind als Weiße, ist zumindest nicht so allgemein gültig, wie es die kollektive Korrelation nahelegt. Die totale individuelle Korrelation ist zwar ebenfalls positiv, jedoch vergleichsweise schwach.

Die aufgeführten Beispiele sind geeignet, die Gefahr des ökologischen Fehlschlusses zu verdeutlichen. Das Hauptziel der Mehrebenenanalyse, auf die wir im weiteren nicht eingehen wollen, besteht darin, die verschiedenen Möglichkeiten für Fehlschlüsse aller Art, von denen der ökologische nur einer ist, zu spezifizieren. Im folgenden wollen wir abschließend zu diesem Fragenkreis auf die Implikationen des ökologischen Fehlschlusses eingehen und verdeutlichen, daß er ein Fehlschluß unter vielen möglichen ist.

Die Beziehungen zwischen den individuellen Korrelationen und der kollektiven Korrelation lassen sich algebraisch zum Ausdruck bringen. Wir betrachten dazu die zwei interessierenden Merkmale X und Y, die metrisch skaliert und nicht gruppiert sein sollen. An jeder der insgesamt n (individuellen) statistischen Einheiten wird die Merkmalswertekombination $(x_{ij}, y_{ij})$, $i = 1, \ldots, r$ und $j = 1, \ldots, n_i$, gemessen. Der erste Index bezeichnet die Zugehörigkeit zur statistischen Teilmasse, der zweite Index gibt die Nummer der statistischen Einheit in der Teilmasse an. $n_i$ ist der Umfang der Teilmasse i.

Die gesamte gemeinsame Variation aller Meßwerte, ausgedrückt durch die Kovarianz cov(x, y), läßt sich durch algebraische Umformung (siehe HVE I.7) in die aufschlußreiche Form

$$\text{(I.8)} \qquad \operatorname{cov}(x, y) = \operatorname{cov}_1 + \operatorname{cov}_2 \ ,$$

wobei

$$\operatorname{cov}(x, y) = \frac{1}{n} \sum_{i}^{r} \sum_{j}^{n_i} (x_{ij}-\bar{x})(y_{ij}-\bar{y}) \ ,$$

$$cov_1 = \frac{1}{n} \sum_i n_i(\bar{x}_i - \bar{x})(\bar{y}_i - \bar{y}) \quad \text{und}$$

$$cov_2 = \frac{1}{n} \sum_i \sum_j (x_{ij} - \bar{x}_i)(y_{ij} - \bar{y}_i)$$

überführen. Hierbei stellen $\bar{x}_i$ bzw. $\bar{y}_i$ die Mittelwerte in den statistischen Teilmassen dar und $\bar{x}$ bzw. $\bar{y}$ die in der aggregierten statistischen Masse.

(I.8) wird als Kovarianztheorem bzw. Kovarianzzerlegung bezeichnet. $cov_1$ bringt die gemeinsame Variation der Mittelwerte der statistischen Teilmassen zum Ausdruck. Bei gleich großen Umfängen $n_i$ der statistischen Teilmassen entspricht $cov_1$ der kollektiven Korrelation, sofern zuvor die Merkmalswerte geeignet normiert werden (d. h. in Einheiten ihrer Standardabweichungen ausgedrückt werden). Dies unterstellt, entspricht im folgenden also eine Erörterung von Kovarianzen stets zugleich einer Erörterung von Korrelationen. $cov_1$ wird als externe Kovarianz bzw. Kovarianz zwischen den Gruppenmitteln bezeichnet.

$cov_2$ gibt die gemeinsame Variation der Werte innerhalb der statistischen Teilmassen an. Sie wird deshalb als gesamte interne Kovarianz bzw. Kovarianz innerhalb der Gruppen bezeichnet.

Da das Zusammenhangsmaß $\Phi$ aus der normierten Kovarianz zweier dichotomer Merkmale mit den kodierten Merkmalswerten $x_1 = 0$, $x_2 = 1$, $y_1 = 0$ und $y_2 = 1$ hergeleitet werden kann, macht das Kovarianztheorem zunächst folgendes verständlich: Die Überraschung war unbegründet, daß im erweiterten Beispiel zum Paradoxon von SIMPSON der Gesamtzusammenhang $\Phi$ den Einzelzusammenhängen $\Phi_1$ bis $\Phi_4$ der Richtung nach entgegengesetzt war; denn das Kovarianztheorem (I.8) zeigt, daß $\Phi$ nicht als Addition von irgendwie gewichteten internen Maßen $\Phi_1$ bis $\Phi_4$ dargestellt ist. Das Kovarianztheorem besagt vielmehr, daß die totale individuelle Kovarianz zweier Merkmale in zwei additive Teile (mit möglicherweise entgegengesetzten Vorzeichen!) getrennt werden kann. Ein Teil bringt die kollektive Kovarianz zum Ausdruck, ein anderer Teil die gesamte Kovarianz innerhalb der nicht aggregierten Teilgesamtheiten.

Mit Hilfe von (I.8) läßt sich nun der ökologische Fehlschluß anschaulich interpretieren. Falls die von der kollektiven Kovarianz $cov_1$ stammende Information über den Zusammenhang zweier Merkmale auf die Gesamtheit der individuellen statistischen Einheiten übertragen wird, so ist dies offensichtlich nur zulässig, falls $cov_2$ gleich Null ist. Letzteres ist wiederum in zwei Variationen denkbar.

Entweder besteht auf der Ebene der statistischen Teilgesamtheiten kein Zusammenhang zwischen den zwei Merkmalen. Dann stellt die totale individuelle Korrelation eine Korrelation dar, die durch Drittvariablen hervorgerufen ist (Scheinkorrelation). In diesem Falle ist der durchgeführte Schluß zwar formal kein Fehlschluß, aber er ist ein Schluß, der eine Scheinkorrelation betrifft. $cov_2$ kann aber auch Null sein, falls sich etwaig bestehende Korrelationen auf der Ebene der statistischen Teilgesamtheiten durch die Aggregierung gegenseitig aufheben. In diesem Falle impliziert der durchgeführte Schluß, daß keine für sämtliche statistischen Einheiten gültigen Korrelationen vorliegen.

Der Schluß von $cov_1$ auf $cov(x, y)$ ist also in jedem Falle problematisch. Im allgemeinen begeht man einen Fehlschluß und es kann nur gehofft werden, daß dieser nicht erheblich ist. Falls man keinen Fehlschluß begeht, so ist dies aber von Umständen begleitet, die es nahelegen, zusätzliche Merkmale in die statistische Analyse mit einzubeziehen.

Für eine geometrische Interpretation ist die Abbildung I.3 geeignet, die gewisse Aspekte der Scheinkorrelation zu illustrieren half. Sie setzt metrisch skalierte Merkmale voraus. Die unterschiedlichen durchschnittlichen Lagen der drei getrennten Punktewolken, ausgedrückt durch $(\bar{x}_i, \bar{y}_i)$, $i = 1, 2, 3$, besitzen eine Variation, die durch $cov_1$ angegeben ist. Die gesamte gemeinsame Variation innerhalb der drei

Punktewolken wird durch $cov_2$ zum Ausdruck gebracht. Die gesamte Variation zwischen allen Punkten ohne Beachtung ihrer Zugehörigkeit zu einer speziellen Punktewolke wird durch cov(x, y) angegeben. Eine Gleichsetzung von $cov_1$ mit cov(x, y) ist u. a. nur möglich, falls sich die getrennten Punktewolken jeweils in einen einzigen Punkt verdichten oder um jeweils einen Punkt herum so angeordnet sind, daß in diesen Zonen keine linearen Beziehungen zwischen den zwei Merkmalen bestehen. Letzteres ist im Beispiel der Abb. I.3 angenähert erfüllt, so daß dieses Beispiel zugleich eine Veranschaulichung für einen Schluß von $cov_1$ auf cov(x, y) darstellt, der kein ökologischer Fehlschluß ist, jedoch eine Scheinkorrelation betrifft.

Im oben behandelten Beispiel mit zwei qualitativen Merkmalen, der medizinischen Behandlung und der möglichen Heilung, ergeben sich die Werte
$n \ cov(x, y) = 46{,}34$,
$n \ cov_1 = 63{,}49$ und
$n \ cov_2 = -17{,}15$,
falls die Merkmalswerte von X und Y mit 0 und 1 kodiert sind (siehe auch HVE I.8). $cov_1$ entspricht, wie weiter vorn erörtert wurde, ungefähr der kollektiven Korrelation. Der Schluß von $cov_1$ auf cov(x, y) ist, wie erneut sichtbar wird, fehlerhaft - wenn auch nicht fundamental falsch. $cov_2$ ist nicht Null, wie bei einem fehlerfreien Schluß zu fordern wäre. Die Vorzeichen entsprechen natürlich den zuvor festgestellten Korrelationsrichtungen; die Beträge entsprechen selbstverständlich nicht den $\Phi$-Koeffizienten, da Normierungen nicht vorgenommen wurden.

Am Rande sei erwähnt, daß mit Hilfe der Kovarianzzerlegung zahlreiche andere denkbare Fehlschlüsse interpretiert werden können, etwa der Schluß von cov(x, y) auf $cov_1$ (individualistischer Fehlschluß), der Schluß von einem Summanden von $cov_2$ auf cov(x, y) (selektiver Fehlschluß) oder dessen Umkehrung (universalistischer Fehlschluß) oder

der Schluß von einem Summanden von $cov_2$ auf einen anderen Summanden von $cov_2$ (kontextueller Fehlschluß).

## f) Interdependenz und Dependenz

Die Frage der Herkunft einer Korrelation zwischen zwei Merkmalen wurde in Kap. I.1c durch verschiedene Begründungskategorien einer Beantwortung zugeführt. Danach kann eine Korrelation in der Stichprobe
(1) auf dem Zufall oder
(2) im wesentlichen nicht auf dem Zufall beruhen. Im Fall (2) mag
(2a) eine substanzwissenschaftliche Begründung (noch) nicht möglich sein. Der beobachtete überzufällige Zusammenhang könnte aber
(2b) wegen einer stochastischen kausalen Beziehung bestehen oder
(2c) wegen einer nicht kausalen Beziehung, etwa wegen einer
(2ca) formalen Korrelation oder
(2cb) Korrelation durch Drittvariablen.
Dabei ist offensichtlich, daß sich die Kategorien teilweise überschneiden. Dies gilt beispielsweise für (2b) und (2c) (siehe hierzu auch HVE I.4) sowie für die Kategorie (1), die in der Regel mit den übrigen Kategorien verbunden ist.

In der statistischen Methodenlehre hat sich daneben eine andersartige Betrachtungsweise durchgesetzt, die Unterscheidung zwischen einem Dependenz- und einem Interdependenzmodell. Im Dependenzmodell wird die Variation eines Merkmals Y auf die Variation des Merkmals X zurückgeführt - und nicht umgekehrt. Die bislang als gleichartig erachteten Merkmale werden also im Dependenzmodell insofern als ungleichartig angesehen, als das Merkmal X das Merkmal Y beeinflußt - entweder tatsächlich oder nur zum Schein. Seinen bedeutendsten Ausbau hat das Dependenzmodell im Regressionsmodell erfahren, mit dem sich u. a. die Kapitel III und IV ausführlich auseinandersetzen.

Das regressionsanalytische Grundmodell geht in seiner einfachsten Form von insgesamt n in der Stichprobe zusammengefaßten statistischen Einheiten aus, auf die die Einflußgröße X in der Stärke $x_i$ einwirkt. An den statistischen Einheiten werden die Meßwerte $y_i$ der Zielgröße Y festgestellt und der asymmetrische Zusammenhang der Meßwertpaare $(x_i, y_i)$, $i = 1, \ldots, n$, analysiert. Das Dependenzmodell entspricht somit im wesentlichen der kausal begründeten Herkunft eines Zusammenhanges. Die Bedeutung von Drittvariablen im Rahmen des Regressionsmodells wird ausführlich im Kapitel III behandelt.

Im Interdependenzmodell dagegen unterliegt die gemeinsame Variation der Merkmale X und Y einer symmetrischen Betrachtungsweise. Der Zusammenhang zwischen X und Y wird als wechselseitig aufgefaßt und nicht als einseitig, wie im Dependenzmodell. Das Interdependenzmodell wird auch als Korrelationsmodell bezeichnet. Der von uns ursprünglich relativ weit gefaßte Korrelationsbegriff ist hier erneut in spezieller Weise eingeschränkt. Das Korrelationsmodell hat u. a. im Rahmen der Kanonischen Korrelation Bedeutung, die im Kapitel V angesprochen wird.

Ein geeignetes Beispiel für die Beschreibung des korrelationsanalytischen Grundmodells ist die Erhebung, bei der in einer Zufallsstichprobe zwei oder mehr Merkmale gleichzeitig gemessen werden. Die erhobenen Merkmale kommen in der Gesamtheit ohne Einflußnahme des Beobachters vor. Sie sind insofern zunächst einander gleichberechtigt.

Eine Möglichkeit zur Verdeutlichung des regressionsanalytischen Grundmodells ist das Experiment, in dem von vornherein ein Merkmal als exogene Größe definiert ist und in dem der Einfluß einer Änderung ihrer Ausprägung auf eine oder mehrere zu untersuchende Merkmale gemessen wird.

Der Unterschied zwischen dem korrelations- und regressionsanalytischen Grundmodell läßt sich an der Wiederholung der Erhebung bzw. des Experimentes verdeutlichen. Beim Experiment, als Beispiel für die regressionsanalytische Untersuchung, werden in der Versuchswiederholung dieselben Werte der exogenen Größe verwendet, und es werden ihnen neue statistische Einheiten zufällig zugeteilt. Bei der Erhebung, als Beispiel für die korrelationsanalytische Untersuchung, erhält man hingegen alle Merkmalswerte neu durch den Zufallsprozeß.

Das Interdependenzmodell entspricht somit nicht in erster Linie der kausal begründeten Herkunft eines Zusammenhanges. Dem Interdependenzmodell ist die Trennung zwischen Kausalfaktoren und ihren Einflüssen auf die zu analysierenden Merkmale fremd. Auf Grund seiner erheblichen Distanz zur erklärenden Theorie gilt es daher in der wissenschaftlichen Diskussion häufig als nicht genügend objektadäquat.

Im Rahmen des korrelationsanalytischen Grundmodells wird bewußt keine statistische Aussage darüber getroffen, welches Merkmal "was" erklärt. Offensichtlich besteht aber eine Differenzierung zwischen mindestens zwei Merkmalen, deren wechselseitige Beziehung gemessen wird.

Beachtung verdient nun überraschenderweise der Fall, bei dem auf den ersten Blick nicht einmal mehr zwischen zwei Merkmalen unterschieden wird, nämlich der statistische Zusammenhang eines Merkmales "mit sich selbst" oder, präziser gesagt, die Korrelation der Werte eines Merkmals mit zeitlich vorausgegangenen Werten des gleichen Merkmals. Der statistische Zusammenhang zwischen zeitlich geordneten Werten eines Merkmals wird als Autokorrelation bezeichnet. Die Idee der Messung dieses Zusammenhanges erscheint auf den ersten Blick fremd und unvernünftig. Unser Alltagsleben ist aber gerade durch die bewußte Verfolgung dieses Gedankens geprägt. Man denke etwa an die Vorhersage des Wetters für den nächsten Tag (Wetter der Vortage und deren Zusammenhänge untereinander) oder an die Vorhersage des Aufprallpunktes eines Balles (Verlängerung der durchflogenen Punkte auf einer Flugkurve). Die Verfahren, die diesem einfachen Gedanken folgen, basieren auf der Zeitreihenanalyse, auf die wir in Kapitel VI eingehen.

## 2. Adäquates erklärendes Modell

Der erste Teil dieses Kapitels war der Deskription sowie der Frage nach der Herkunft einer Korrelation gewidmet. Im folgenden gehen wir der Frage nach, in welchem Verhältnis dies zur wissenschaftlichen Erklärung eines Phänomens und seiner modellhaften Erfassung steht.

### a) Erklärung

In der Literatur zur Wissenschaftstheorie[1] wird die Frage der Herkunft bzw. der Ursache eines Phänomens (wie etwa der Korrelation) als Problem der Erklärung behandelt.

Allgemein ist unter einer Erklärung die Begründung zu verstehen, warum ein bestimmtes Phänomen auftritt. Die logische Struktur der Erklärung folgt der eines Argumentes[2]. Ein Argument besteht aus Prämissen $P_1$, $P_2$, ..., einem Hinweis darauf, daß ein Schluß vorgenommen wird (Argumentationsschritt) und der Konklusion (Schlußfolgerung) K.

Beispielsweise werden die Prämissen gesetzt

$P_1$ - Nahrungsmittel sind für die menschliche Existenz unerläßlich,

$P_2$ - Die Anziehung zwischen den Geschlechtern ist notwendig und wird in ihrem jetzigen Umfang fortdauern.

Der Argumentationsschritt erfolgt durch den Hinweis auf den vorzunehmenden Schluß durch den Ausdruck "Daraus folgt" bzw. "Daher" oder "Also".

K - Die Fortpflanzungsfähigkeit der menschlichen Bevölkerung ist viel größer als die erforderlichen Ernährungsmöglichkeiten.

---

[1] Z. B. STEGMÜLLER, W.: Erklärung, Begründung, Kausalität (2. Auflg.). Berlin 1983.

[2] Siehe KLEITER, G. D.: BAYES Statistik. Berlin 1981, S. 3f. und 278ff.

Falls nun ein Argument als Prämissen Gesetzesaussagen bzw. Hypothesen $G_1$, $G_2$, ... sowie Randbedingungen $A_1$, $A_2$, ... (Antecedensbedingungen) enthält und als Konklusion Daten[1] bzw. Einzelbeobachtungen $D_1$, $D_2$, ..., so wird diese Form des Argumentes als HEMPEL-OPPENHEIM-Schema der wissenschaftlichen Erklärung[2] bezeichnet.

| | | |
|---|---|---|
| $A_1$, $A_2$, ...<br>$G_1$, $G_2$, ... | $\Longrightarrow$ | $D_1$, $D_2$, ... |
| Explanans | | Explanandum |

Abb. I.4: HEMPEL-OPPENHEIM-Schema der wissenschaftlichen Erklärung

Obiges Schema ist geeignet, die Verwandtschaft zwischen einer Erklärung, Prognose und Diagnose aufzuzeigen.

| | Prognose | Erklärung | Diagnose |
|---|---|---|---|
| $A_1$, $A_2$, ... | + | + | - |
| $G_1$, $G_2$, ... | + | - | + |
| $D_1$, $D_2$, ... | - | + | + |

gesucht (-), gegeben (+)

Abb. I.5: Prognose, Erklärung, Diagnose

Die wissenschaftliche Erklärung für z. B. eine Einzelbeobachtung erfolgt also dadurch, daß eine Gesetzesaussage oder Hypothese gesucht wird, aus der - zusammen mit der Randbedingung - die Einzelbeobachtung folgt.

[1] $D_1$, $D_2$, ... können selbst Gesetzesaussagen sein, falls $G_1$, $G_2$, ... Gesetzesaussagen mit höherem Allgemeinheitsgrad darstellen.

[2] HEMPEL, C. G.: Aspects of Scientific Explanation. New York 1965.

Gegeben sind beispielsweise $D_1$ und $A_1$,

$D_1$ - In der Stadt X ist die Selbstmordrate höher als in der Stadt Y,

$A_1$ - In X ist die soziale Isolierung stärker als in Y.

Gesucht ist $G_1$. Beispielsweise könnte $G_1$ sein:

$G_1$ - Wenn in einer bestimmten Gruppe die soziale Isolierung höher ist als in einer anderen Gruppe, dann ist in dieser Gruppe auch die Selbstmordrate höher als in der anderen Gruppe.

Daß also in X die Selbstmordrate höher als in Y ist, folgt aus der Tatsache, daß in X die soziale Isolierung stärker als in Y ist und daß immer dann, wenn die soziale Isolierung relativ stark ist, auch die Selbstmordrate relativ hoch ist.

Das Modell der wissenschaftlichen Erklärung ist für ein Phänomen angemessen, falls vier Bedingungen erfüllt sind:

- Das Explanandum muß aus dem Explanans logisch korrekt hergeleitet sein,
- Das Explanans muß mindestens eine allgemeine Gesetzesaussage enthalten bzw. einen Satz, aus dem die Gesetzesaussage logisch folgt,
- Das Explanans muß einen empirischen Gehalt besitzen und
- Das Explanans muß wahr sein.

Obige Adäquatheitsbedingungen besagen, vereinfacht gesagt, daß die Gesetzesaussage deterministisch ist, sowie gemeinsam mit der Randbedingung und dem Explanandum in der Wirklichkeit vorliegen muß. Das Explanandum darf dabei nicht aus einer Prämisse ableitbar sein, die nur singuläre Sätze oder Pseudogesetzesaussagen enthält[1].

Die Problematik des HEMPEL-OPPENHEIM-Schemas liegt darin, daß auf der empirischen Ebene Randbedingungen und deterministische Gesetzesaussagen nicht ohne weiteres identifiziert werden können. Für die wirtschafts- und sozialwissenschaftliche Praxis ist charakteristisch:

[1] Vgl. z. B. ESSER, H./KLENOVITS, K./ZEHNPFENNIG, H.: Wissenschaftstheorie 1. Stuttgart 1977, S. 101ff.

- Die Randbedingungen sind nicht erschöpfend angebbar und
- Die Gesetzesaussagen sind nicht deterministisch, sondern im allgemeinen stochastisch; d. h. sie gelten nur in einem bestimmten Prozentsatz der Fälle.

Die durch die Einführung von Wahrscheinlichkeiten denkbare Modifizierung des Schemas zu einem statistisch-inferentiellen Erklärungsmodell führt jedoch zu logischen Widersprüchen, wie z. B. STEGMÜLLER[1] anhand des statistischen Syllogismus zeigt.

Hieraus läßt sich folgern: Die Erklärung für eine spezielle Ausprägung des Phänomens Korrelation ist nicht streng wissenschaftlich möglich im Sinne des HEMPEL-OPPENHEIM-Schemas. Lediglich die Kategorie der kausalen (ätialen) Begründung steht dem Schema der wissenschaftlichen Erklärung relativ nah, ohne ihm vollständig zu entsprechen, da das Kausalgesetz zwar als Element des Explanans aufgefaßt werden kann, das deterministische Prinzip jedoch durch das stochastische abzulösen ist. Wir verfahren deshalb im folgenden weiterhin so, das Problem der Erklärung einer Korrelation als Frage nach der Herkunft einer Korrelation (vgl. Kap. I.1b) zu verstehen.

### b) Theorie und Modell

Der in den Wirtschafts- und Sozialwissenschaften verwendete Begriff der Theorie ist eng mit dem Ziel der wissenschaftlichen Erklärung jener Phänomene verbunden, die in einem Realitätsausschnitt angetroffen werden und Gegenstand des Interesses sind. Man könnte den Versuch, einen Realitätsausschnitt gedanklich zu ordnen und die dort angetroffenen Phänomene wissenschaftlich (im Sinne des HEMPEL-OPPENHEIM-Schemas) zu erklären, als Theorie bezeichnen. Die konstituierenden Elemente

[1] STEGMÜLLER, W., a. a. O., S. 781ff.

des Theoriebegriffs sind in der folgenden Definition expressis verbis genannt: "Eine Theorie ist eine Menge von untereinander verbundenen widerspruchsfreien Gesetzesaussagen oder Hypothesen, die einen systematischen Überblick über die Einzelerscheinungen eines Gegenstandsbereiches durch Spezifizierung der Beziehungen zwischen den Einzelereignissen erlauben, so daß es möglich ist, diese Einzelereignisse logisch abzuleiten und somit ihr Auftreten zu prognostizieren."[1]

Für die Erklärung der Phänomene in einem bestimmten Realitätsausschnitt können in der Regel konkurrierende Theorien entwickelt werden. Soll eine Theorie $T_1$ gegenüber einer anderen Theorie $T_2$ Bestand haben, muß $T_1$ eine Reihe von Bewährungsproben anhand objektiver Kriterien bestehen[2]. $T_1$ wird $T_2$ vorgezogen, falls

- $T_1$ durch eine zuverlässigere Informationsbasis gestützt ist (z. B. methodisch exaktere Untersuchungen, bessere empirische Belege usw.),
- $T_1$ keine oder geringere interne Widersprüche aufweist,
- $T_1$ eine größere Zahl von Möglichkeiten zur empirischen Falsifikation enthält, also letztlich einen größeren empirischen Gehalt besitzt,
- $T_1$ auch die mögliche Nicht-Falsifikation von $T_2$ einschließt,
- $T_1$ weitere Aussagen von $T_2$ zu bestärken in der Lage ist.

Vom Theoriebegriff ist der Modellbegriff zu unterscheiden. Ein Modell stellt den Versuch dar, die Realität abzubilden, wobei die für eine bestimmte Fragestellung bzw. Theorie relevanten Gesichtspunkte möglichst einfach und zugleich umfassend berücksichtigt sind. Wie ein Modell angelegt ist, welche Untersuchungsinstrumente und Auswertungsmethoden verwendet werden, hängt ersichtlich von der Theorie ab, die durch die Untersuchung überprüft werden soll. Insbesondere für die Wirtschafts- und Sozialwissenschaften sind für die Charakterisierung eines Modells

---

[1] ALEMANN, H. v.: Der Forschungsprozeß. Stuttgart 1977, S. 42.

[2] Diese Problematik stand im Mittelpunkt der erkenntnistheoretischen Diskussion der letzten 50 Jahre und ist mit Arbeiten u. a. von POPPER, CARNAP, LAKATOS und FEYERABEND verbunden. Eine kurze Zusammenfassung enthält z. B. FRIEDRICHS, J.: Methoden empirischer Sozialforschung. Reinbeck 1973, S. 70ff.

folgende Elemente wesentlich[1]:

- Ein Modell enthält neben normativen Sätzen mindestens einen hypothetischen Satz.
- Mindestens eine der in den funktionalen Beziehungen vorkommenden Variablen kommt in mindestens einer anderen funktionalen Beziehung des Gleichungssystems vor. Die Variablen stellen geplante (ex ante) Größen dar.
- Ein Modell macht transparent, welche Variablen erklärende und welche zu erklärende Variablen sind.
- Ein Modell enthält genau so viele voneinander unabhängige Funktionen wie zu erklärende Variablen.
- Die durch die Funktionen festgelegten Kausalrichtungen (Ätialrichtungen) zwischen den einzelnen Variablen oder gegebenenfalls die Funktionenklasse sind bis auf eine numerische Spezifikation der Parameter vor der Modellkonstruktion bekannt.
- Ein Modell enthält den Hinweis, wie der Übergang von den nicht direkt beobachtbaren ex ante Größen zu ex post Größen zu vollziehen ist.

Aus obiger Modellcharakterisierung können drei wichtige Eigenschaften eines Modells abgeleitet werden:

1) Ein Modell ist gegenüber der Realität nicht immunisiert, kann also durch Daten falsifiziert werden. Dies ergibt sich aus der Verwendung mindestens einer hypothetischen Aussage sowie der Einbeziehung beobachtbarer ex post Größen.
2) Ein Modell läßt sich als Gleichung darstellen, in der nur noch eine zu erklärende Variable enthalten ist; denn für die zu erklärenden Variablen existiert eine eindeutige Lösung. Ein Modell ohne diese Eigenschaft wird meist ebenfalls als Modell angesehen, jedoch eingeschränkt als unvollständiges Modell bezeichnet.
3) Die Theorie ist dem Modell logisch vorgelagert; denn die Kausalrichtung und die Funktionenklasse werden von der Theorie vorgegeben.

[1] Vgl. ASSENMACHER, W.: Einführung in die Ökonometrie. München 1980, S. 19ff.

Die Formulierung eines Modells erfolgt häufig in Form einer oder mehrerer Gleichungen, die Variablen und Koeffizienten als Elemente enthalten. Die algebraische Modellformulierung bezeichnen wir als formale Form des Modells. Die formale Form des Modells hat den Vorteil, die Verwendung mathematischer und statistischer Verfahren zu ermöglichen, wie z. B. algebraische Umformungen, Schätzen der Werte der Koeffizienten in der Grundgesamtheit und Angabe von Fehlerbereichen für Schätzwerte.

Bezogen auf die in Kap. I.1 behandelte Problematik des statistischen Zusammenhanges kann festgestellt werden: Die Interdependenz- oder Dependenzanalyse basiert auf einer Theorie und einem Modell, wobei letzteres in der Form eines Eingleichungsmodells einfacherer Bauart ist. Die Analyse des statistischen Zusammenhanges stellt deshalb im Grunde nur eine, wenn auch bedeutende, Vorstufe für die Verwendung eines umfassenderen Modells dar.

### c) Adäquates Modell

Der in den Gesellschaftswissenschaften zu vollziehende Prozeß der Erkenntnisbildung läßt sich auf die folgenden wesentlichen Gesichtspunkte vereinfachen. Ausgangspunkt sei eine Problemstellung, die sich im Bereich der wirtschafts- und sozialwissenschaftlichen Realität stellt und zu lösen ist. Beispielsweise ist die Frage zu beantworten, ob und in welcher spezifischen Weise das Waldsterben in Deutschland von der Verunreinigung der Luft abhängt. Um die für ein derartiges komplexes Problem verwendbaren analytischen Verfahren und Methoden nutzbringend anwenden zu können, bedarf es zunächst einer Transformation der Problemstellung in eine formale Form, dem Modell. Die Schwierigkeit dieser Übersetzung besteht darin, ein Modell zu entwickeln, das dem realen Problem angemessen ist. Dieses Problem wird als Adäquationsproblem[1] bezeichnet (Korrespondenzproblem bzw. - in einem eher technischen Sinne - Spezifikationsproblem). Das Adäquationsproblem liegt mit anderen Worten darin, einem realen Problem eine ihm angemessene formale Form zuzuordnen, damit geeignete Verfahren angewendet werden können, die eine zunächst formale Lösung des realen Problems erlauben.

Das Problem beispielsweise, ob das Waldsterben auf die Verunreinigung der Luft zurückzuführen ist, läßt sich durch konkurrierende Modelle darstellen, die Ausdruck rivalisierender Theorien sind. Ein mögliches Modell besteht darin, dem Schwefeldioxyd, das als Rückstand in zahlreichen Verbrennungsvorgängen auftritt, eine Schlüsselstellung einzuräumen. Schwefeldioxyd ist die Hauptursache dafür, daß die Niederschläge in unseren Breiten säurehaltig sind. Dies führt zu einer Versauerung der Waldböden und über komplexe biologische Vorgänge im Boden zu einer Mangelernährung der Bäume.

Eine andere und von anderen Experten für adäquater erachtete Nachbildung des realen Sachverhaltes weist weder dem sauren Regen eine hervorgehobene Bedeutung zu, noch den hierdurch angeblich versauerten Waldböden. Vielmehr würden unter dem Einfluß der Luftverunreinigungen - auch der sauren Verbindungen - Nährstoffe aus den Nadeln und Blättern der Bäume ausgewaschen. Das direkte Auswaschen der Nährstoffe wird durch Schwefeldioxyd, Ozon oder Frost begünstigt, da hierdurch die Zellmembranen beschädigt werden und - sozusagen von oben, nicht vom Wurzelbereich her - die Bäume absterben.

Obiges Beispiel zeigt die Bedeutung der Lösung des Adäquationsproblems für alles Weitere: Die Lösung des Problems im formalen Bereich wie

[1] Die Adäquationsaufgabe ist ein generelles Problem und tritt auch auf anderen Stufen des Prozesses der Erkenntnisbildung auf. Vgl. z. B. BOTT, D.: Adäquationsprozeß und Entscheidungsproblem. In: Statistische Hefte (1981), S. 2ff. sowie GROHMANN, H.: Vom theoretischen Konstrukt zum statistischen Begriff. Das Adäquationsproblem. In: Allgemeines Statistisches Archiv (1985), S. 1-15.

auch dessen Interpretation[1] für das reale Problem hängen vom Modell ab, das als adäquat akzeptiert wird.

Die Abbildung I.6 skizziert und ergänzt das eben verwendete Muster eines verkürzten Prozesses der Erkenntnisbildung in den Gesellschaftswissenschaften[2], das u. a. den Standort der Adäquation erkennen läßt. Der besseren Übersichtlichkeit wegen wurden zahlreiche denkbare Rückkopplungen und Querverbindungen fortgelassen.

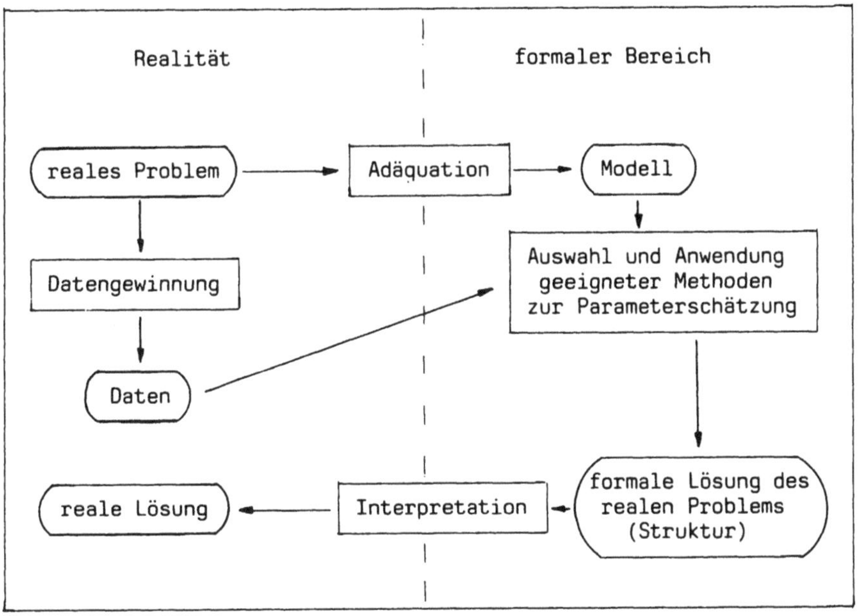


Abb. I.6: Vereinfachtes Schema zum Prozeß der Erkenntnisbildung

1 " ... semantische Rekolorierung, d. h. die Wiederherstellung des Wertbezugs durch den das statistische Resultat interpretierenden, verstehenden Wissenschaftler ... ". MENGES, G.: Die statistische Adäquation. In: Jahrbücher für Nationalökonomie und Statistik (1982), S. 297.

2 Ein ähnliches Schema siehe bei SCHÄFFER, K.-A., a. a. O., S. 2.

Die Adäquation ist ein fundamentales Problem der empirischen Forschung. Soweit konkurrierende Theorien zu unterschiedlichen Modellen führen, wie etwa im Beispiel des Waldsterbens, ist auf die bereits weiter oben (Kap. I.2b) erwähnten Entscheidungskriterien zu verweisen. Bestehen zwischen alternativen Modellen keine gravierenden Differenzen bezüglich der vorgelagerten Theorie, so ist das Adäquationsproblem gewöhnlich als Kompromiß zwischen zwei konträren Anforderungen zu lösen:

- Die Komplexität der Realität macht die Beachtung einer Vielzahl von Variablen und Variablenzusammenhängen erforderlich.
- Das Erreichen einer formalen Lösung, die zu einer sinnvollen Behandlung des realen Problems beitragen kann, setzt zumeist ein Modell voraus, das nicht sehr kompliziert ist; d. h. insbesondere sollte die Anzahl der Variablen nicht zu groß und deren Zusammenhang relativ einfach (z. B. linear) strukturiert sein.

Die verbale Kompromißformel für die Lösung des Adäquationsproblems lautet: Ein adäquates Modell umfaßt alle wesentlichen Eigenschaften des realen Sachverhaltes und ist zugleich einfach und übersichtlich. Eine gleichzeitige Realisierung beider Prämissen ist hierbei unmöglich. "Und an dieser Stelle kommt die Kunst, genauer die Baukunst, ins Spiel, also Intuition, Erfahrung, vielleicht sogar eine gewisse Ästhetik."[1] Im Einzelfall wird man sich an den folgenden Grundsätzen orientieren[2]:

- Theoretische Plausibilität: Das Modell sollte Aussagen "gesicherter" Theorien nicht widersprechen.
- Zuverlässigkeit der Parameterschätzwerte: Die Parameter des Modells sollten auf Grund der Daten überhaupt geschätzt werden können (Identifikationsproblem) und dabei so genau, daß ihr Schätzfehler nicht zu hoch ist.

---

[1] MENGES, G.: Grundzüge der Modellbaukunst. In: Ökonometrische Modelle und sozialwissenschaftliche Erkenntnisprogramme. Mannheim 1978, S. 43.

[2] Nach FROHN, J.: Grundausbildung in Ökonometrie. Berlin 1980, S. 4f.

- Gute Anpassung: Das Modell sollte die beobachtete Entwicklung der zu erklärenden Variablen möglichst gut widerspiegeln.
- Hoher Prognosewert: Das Modell sollte (z. B. bei Zeitreihenuntersuchungen) möglichst gute Prognosen der Werte der zu erklärenden Variablen über einen möglichst langen Zeitraum erlauben.
- Einfachheit: Eine einfache Gleichung (geringe Variablenanzahl und/oder einfache funktionale Form) ist bei annähernd gleich guter Erfüllung obiger Leitsätze einer komplizierten Gleichung vorzuziehen.

Aus dem bei der Lösung des Adäquationsproblems zu entwickelnden Kompromiß und wegen anderer Überlegungen, auf die wir weiter unten eingehen, ergibt sich für die in einem Modell enthaltenen Variablen: Ihre Beziehungen untereinander sind - abgesehen von Identitäten und Definitionen - nicht deterministisch, sondern stochastisch, d. h. zufallsgestört bzw. unscharf. Die Begründung für einen stochastischen Modellansatz kann durch drei sich ergänzende Überlegungen vertreten werden[1]:

1) Die Modellbegriffe der ökonomischen bzw. sozialwissenschaftlichen Theorien und die Konzepte der statistischen Erhebung bei der Datengewinnung stimmen nicht immer überein. Die Unschärfe der Begriffe kann zu zahlenmäßigen Variationen der Variablen beitragen.

2) In einem operablen Modell können nur die wesentlichen Variablen berücksichtigt werden. Die Effekte der nicht beobachteten Variablen überlagern die Effekte der ins Modell aufgenommenen Variablen. Dies kann dazu führen, daß bei gleichen Werten für die erklärenden Variablen unterschiedliche Werte für die zu erklärende Variable beobachtet werden.

3) Das menschliche Verhalten ist erfahrungsgemäß einem ständigen Wandel unterworfen. Deshalb kann vermutet werden, daß bei der quantitativen Bestimmung von Plangrößen auch unter gleichbleibenden Rahmenbedingungen zu unterschiedlichen Zeitpunkten unterschiedliche Werte festgelegt werden.

---

[1] Nach ASSENMACHER, W., a. a. O., S. 23ff.

Hieraus folgt, daß jede Variable eines Modells eine systematische (deterministische) und eine unsystematische (stochastische) Komponente enthält. Die deterministischen Komponenten der Variablen sind durch die Modellgleichungen untereinander verbunden und durch die Theorie begründet. Die stochastische Komponente jeder Variablen faßt die drei stochastischen Einflüsse zu einer einzigen Größe zusammen, die als Störgröße bezeichnet wird. Je größer die deterministische Komponente einer Variablen ist, desto weniger unscharf lassen sich die Zusammenhänge zwischen den Variablen eines Modells darstellen. Hierzu werden wir in den folgenden Kapiteln zahlreiche Beispiele kennenlernen.

## 3. Einfache, multiple und multivariate Verfahren

Die wissenschaftliche Analyse von Daten erfolgt unter Verwendung von Modellen und Beachtung der entsprechenden vorgelagerten Theorie. Datenanalyse stellt somit keine Aktivität dar, die etwa arbeitsteilig von Irgendjemandem vollständig durchgeführt werden kann ohne Kenntnis des realen Problems; denn dann wäre eine sinnvolle Interpretation der formalen Resultate der Datenanalyse nur schwer vorstellbar (siehe auch Kap. I.1c).

Datenanalyse - wie etwa die Korrelationsanalyse - kann ein eigenständiges Anliegen der empirischen Forschung sein. Sie ist - direkt oder indirekt - häufig aber lediglich eine Vorstufe für die Erstellung eines vollständigen Modells.

a) Systematisierung

Die Datenanalyseverfahren der Statistik sind keine Verfahren in dem Sinne, von einem bestimmten Anfangszustand zu einem bestimmten Endzustand zu gelangen, sondern sie stellen Modelle dar. Die Gemeinsamkeiten und Unterschiede zwischen ihnen sind nur mit Schwierigkeit übersichtlich zu ordnen. Im folgenden werden hierfür die wichtigsten Klassifizierungskriterien betrachtet und ein Systematisierungsversuch dargestellt. Bei dieser Gelegenheit werden die Bezeichnungen einiger Verfahren verwendet, ohne daß auf Details der Modelle eingegangen wird. Dies ist den folgenden Kapiteln für ausgewählte Modelle vorbehalten.

Unter Punkt 1f) dieses Kapitels wurde bereits der Unterschied zwischen einem Dependenz- und einem Interdependenzmodell erläutert. Statistische Analyseverfahren, die dem Interdependenzmodell entsprechen, sind korrelationsanalytische Verfahren. Hierzu zählen u. a. die Kanonische Korrelationsanalyse und Faktorenanalyse. Verfahren, die dem Dependenzmodell entsprechen (Verfahren mit sog. Außenkriterium), sind beispielsweise die Regressionsanalyse und Varianzanalyse.

Ein zweites Klassifizierungskriterium ist die Anzahl $r$ der simultan zu erklärenden Variablen. Falls $r = 1$, liegt der Fall einer univariaten Analyse vor. Beispiele hierzu sind die einfache und multiple Regressionsanalyse. Falls $r > 2$, werden die Verfahren als multivariate Verfahren bezeichnet. Einheitlichkeit besteht nicht für den Fall $r = 2$. Gelegentlich werden die entsprechenden Verfahren als bivariat, häufig ebenfalls als multivariat bezeichnet. Multivariate Verfahren sind im übrigen zugleich ein Sammelbegriff für komplexe statistische Techniken. Die multiple Regressionsanalyse wird deshalb nicht selten ebenfalls zu den multivariaten Verfahren gezählt. Beispiele für multivariate Verfahren im oben enger definierten Sinne stellen die Faktorenanalyse, die Kanonische Korrelationsanalyse, Clusteranalyse und multivariate Regressionsanalyse dar.

Falls in einem Modell eine Variable lediglich im Zusammenhang mit einer anderen Variablen gesehen wird, liegt eine einfache Analyseform vor, wie etwa in den Fällen der einfachen Regression und Korrelation. Im letzteren Fall wird auch die Bezeichnung Bivariabilität verwendet. Ist die Zahl der unabhängigen Variablen größer als Eins, wird das entsprechende Modell der multiplen Analyse zugerechnet. Ein Beispiel hierfür ist die multiple Regressionsanalyse.

Ein viertes Klassifizierungskriterium ist das Meßniveau der Variablen. Trotz der großen Bedeutung dieses Kriteriums hat sich eine einheitliche Bezeichnung für hiernach ableitbare Verfahrensgruppen nicht durchgesetzt, sieht man einmal vom Begriff der Kontingenztafelanalyse ab, der für nicht metrische Variablen vorbehalten ist.

Weitere Klassifizierungskriterien sind der Gegenstand der Untersuchung (Variablen versus statistische Einheiten), die Anzahl der Variablengruppen, die Verteilung der Variablen, die Trennung in manifeste und latente Variablen usw.

Die Abbildung I.7 faßt die bisherigen Ausführungen über multiple und multivariate Verfahren zum großen Teil zusammen und ergänzt sie in einigen Punkten[1]. Für den Experten ist dieser Systematisierungsversuch sicherlich noch unvollständig. Dies erweist sich u. a. daran, daß es sich z. B. bei der Clusteranalyse nicht um ein einzelnes Verfahren handelt, sondern um eine Verfahrensgruppe, die sowohl der Dependenz- als auch der Interdependenzanalyse dient. Die Abbildung I.7 ordnet teilweise lediglich die Schwerpunkte von Verfahrensgruppen. Darüber hinaus ist zu erwähnen, daß von WOLD ein hiervon völlig abweichender Systematisierungsversuch stammt, der kurz unter HVE I.9 dargestellt ist.

---

[1] Ein ähnliches Schema enthält STEINHAUSEN, D./LANGER, K.: Clusteranalyse. Berlin 1977, S. 48.

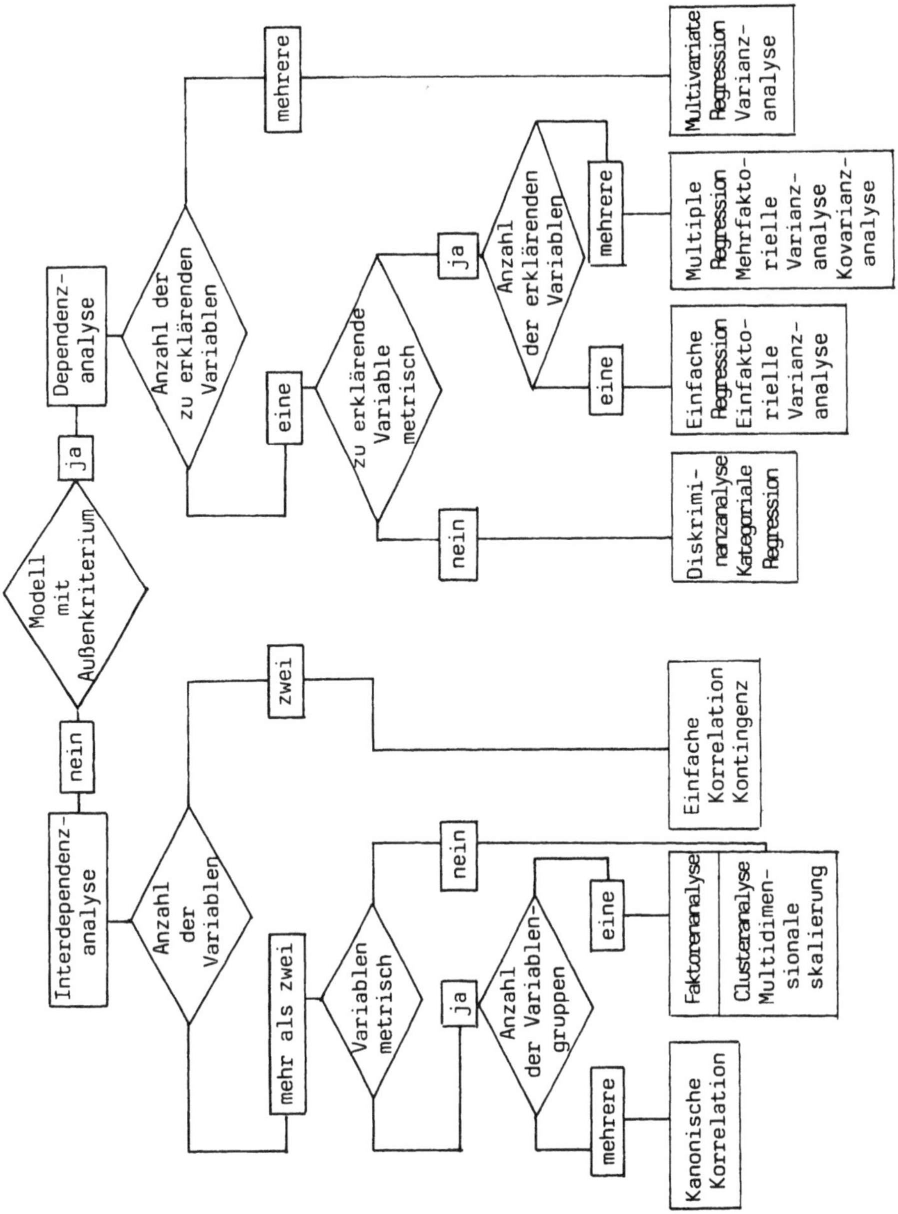


Abb. I.7: Ordnung für einfache, multiple und multivariate Verfahren

### b) Problemstruktur und adäquates statistisches Verfahren

Im folgenden werden einige Hinweise auf die Struktur des realen Problems angeführt, für das jeweils die erwähnten multiplen und multivariaten Modelle adäquat sein könnten. Dabei handelt es sich um eine skizzenartige Übersicht, die keinen Anspruch auf Vollständigkeit erhebt und lediglich dazu dient, den Versuch einer Ordnung ausgewählter Verfahren bzw. Verfahrensgruppen bezüglich der zu behandelnden realen Probleme zu ergänzen. Diesem Anliegen dienen auch ausgewählte Beispiele für reale Probleme. Auch die Beispiele sind skizzenartig formuliert.

Dem Dependenzproblem, eine metrisch skalierte Variable (präziser: deren Varianz) durch eine andere metrisch skalierte Variable zu erklären, ist das einfache Regressionsmodell angemessen. Beispiel: Zu entscheiden ist, ob und in welchem Ausmaß die Schnelligkeit eines Kurzstreckenläufers von einem gezielten Krafttraining (wofür ein geeigneter metrisch skalierter Indikator vorliege) abhängt.

Falls die erklärende Variable nominales Meßniveau besitzt und polytom ist, wird dem realen Problem häufig die Varianzanalyse einfacher Klassifikation als angemessenes Modell zugeordnet. Beispiel: Von Interesse ist zu erfahren, ob der Ertrag einer bestimmten Pflanze durch unterschiedliche Düngungsarten beeinflußt wird.

Sofern das reale Problem darin besteht, eine metrisch skalierte Variable durch mehrere andere zu erklären, kann das multiple Regressionsmodell adäquat sein. Beispiel: Welche Bedeutung haben das Lebensalter und die Häufigkeit des Arbeitsplatzwechsels für das Monatseinkommen in einem bestimmten Berufszweig?

Bei anderem als metrischem Meßniveau der erklärenden Variablen treten unter bestimmten Umständen die Varianzanalyse mehrfacher Klassifikation sowie die Kovarianzanalyse als mögliche Modelle in Betracht. Beispiel für die Varianzanalyse mehrfacher Klassifikation: Zu analysieren ist die Lesbarkeit kurzer Werbetexte, die durch die gewählte Druckfarbe, die Drucktype oder die besondere Verbindung zwischen Farbe und Type beeinflußt werden könnte. Beispiel für die Kovarianzanalyse: Zu untersuchen ist, ob die geplanten Ausgaben für Ferienreisen von der Art der Prospekte beeinflußt werden, die die Reiseveranstalter in Umlauf bringen. Zu berücksichtigen ist hierbei, daß das Einkommen der Personen für die geplanten Ausgaben eine bedeutende Einflußgröße darstellt.

Sind eine oder mehrere abhängige Variablen bei einem Dependenzproblem qualitativ (kategorial), könnte das Modell der kategorialen Regression Anwendung finden. Beispiel[1]: Zu analysieren ist die in den Kategorien "Ja" und "Nein" erhobene Präferenz von Frauen bezüglich einer bestimmten Zeitschrift. Erklärende Größen sind die Berufstätigkeit, das Alter und die Schulbildung.

Falls in einem Dependenzproblem die Varianz von mehreren metrisch skalierten Variablen simultan durch mehrere andere Variablen zu erklären ist, könnten die multivariaten Modelle der multiplen Regressionsanalyse und der Varianzanalyse adäquat sein. Die multivariate multiple Regressionsanalyse ist dabei für eine Situation angemessen, in der innerhalb der Gruppe der zu erkärenden und erklärenden Variablen jeweils voneinander unabhängige Faktoren vermutet werden. Die nicht beobachtbaren Faktoren in beiden Gruppen werden dabei in der Weise gebildet, daß sie zwischen den Gruppen paarweise miteinander maximal korrelieren. Das mit diesem Verfahren verbundene Reduktionsziel der Variablenanzahl bzw. das Ziel der Identifikation von Konstrukten ist ebenfalls in der Faktorenanalyse enthalten. Die multivariate Regressionsanalyse unterscheidet sich von der Kanonischen Korrelation dadurch, daß erstere zur Klasse der Dependenzmodelle und letztere zur Klasse der Interdependenzmodelle zählt. Beispiel zur multivariaten multiplen Regressions-

---

1 Nach HAMERLE, A./KEMENY, P./TUTZ, G.: Kategoriale Regression. In: Multivariate statistische Verfahren (Hrsg. FAHRMEIR, L./HAMERLE, A.). Berlin 1984, S. 234.

analyse[1]: Im Rahmen einer medizinischen Untersuchung ist von Bedeutung zu entscheiden, ob die Behandlungen von Versuchspersonen mit LSD, Alkohol und einem Vitaminplacebo die Merkmale künstlerische Qualität und klinische Auffälligkeit erklären. - Beispiel zur multivariaten Varianzanalyse: Zu analysieren ist das Problem, ob die Ertragsmenge und Qualität einer bestimmten Pflanze von der Art der Düngung und der Bodenart abhängen.

Die Diskriminanzanalyse ist für ein reales Problem angemessen, in dem eine Gruppe von Objekten optimal zu trennen, d. h. zu diskriminieren ist. Die Klassifizierung der Objekte erfolgt unter Beachtung der Werte von Merkmalen, die die Objekte tragen. Festgestellt wird dabei sowohl der Beitrag der einzelnen Merkmale zum Klassifikationsergebnis, als auch die Wahrscheinlichkeit, mit der neu hinzutretende Objekte zutreffend eingeordnet werden können. Die spezielle Position der Diskriminanzanalyse im Rahmen der Abbildung I.7 erklärt sich dadurch, daß im Rahmen dieses Verfahrens eine Gruppierungsvariable gebildet wird, die die Klassenzugehörigkeit der Objekte angibt und somit von nicht metrischem Meßniveau ist. Beispiel[2]: Bei einer Warentest- und Verkaufsstudie über Stereolautsprecherboxen werden neben technischen Merkmalen (Nenn- und Musikleistung, Impedanz, Frequenzgang) elektroakustische Eigenschaften gemessen. Zudem wird die Klangqualität bewertet. Sämtliche Boxen werden in Preisklassen geordnet. Von Interesse ist, ob und inwieweit sich die Gruppen bezüglich der erhobenen Merkmale unterscheiden. Für den Käufer ist die Frage von Interesse, in welcher Preisklasse eine Box gewünschter Eigenschaft voraussichtlich zu finden ist.

Dem Interdependenzproblem, das darin besteht, den wechselseitigen Zusammenhang zwischen zwei Variablen zu analysieren, ist die einfache Korrelations- bzw. Kontingenzanalyse angemessen. Beispiel: Zu analy-

[1] Nach LIENERT, G. A.: Verteilungsfreie Methoden in der Biostatistik Bd. II. Meisenheim 1978, S. 852ff.

[2] Nach STEINHAUSEN, D./LANGER, K., a. a. O., S. 39f.

sieren ist der Zusammenhang zwischen der Länge der Arbeitslosigkeit und der Entwicklung einer persönlichen Depression.

Falls die Beziehungen zwischen mehr als zwei metrischen Variablen zu analysieren sind, könnte die Faktorenanalyse ein adäquates Modell sein. Das Ziel der Faktorenanalyse liegt in der Reduktion korrelierender Variablen auf eine geringere Anzahl von Faktoren, d. h. nicht beobachtbaren und voneinander unabhängigen Konstrukten. Dabei ist die konkurrierende Forderung zu berücksichtigen, daß die Faktoren die beobachteten Variablen, also den hierdurch erfaßten Ausschnitt der Empirie, relativ gut erklären. Beispiel: Acht Variablen (schulische Leistungen in acht Fächern) sollen die Begabung der Schüler messen. Die Faktorenanalyse könnte als Ergebnis haben, daß die Begabung am besten durch zwei Faktoren zum Ausdruck gebracht wird, etwa eine Begabung, die als sprachlich-musische und eine, die als mathematisch-naturwissenschaftliche Begabung bezeichnet werden könnte.

Die Clusteranalyse (Mustererkennung, Numerische Taxonomie, Automatische Klassifikation, Gruppierungsstrategie) ist eine Verfahrensgruppe, deren Ziele verschiedenartig sind. Dabei verzichten wir auch auf die Skizze eines typischen Beispiels. Gemeinsam ist den Verfahren das deskriptive Ziel, die Struktur einer Objektmenge auf Grund vorliegender Daten ohne zusätzliche A-priori-Informationen darzustellen.In diesem Punkt unterscheiden sich clusteranalytische Verfahren von der bereits erwähnten Diskriminanzanalyse und Faktorenanalyse sowie den Klassifikationsverfahren (Musterwiedererkennung). Für clusteranalytische Verfahren ist also typisch, daß die Anzahl der Klassen (bzw. Faktoren) a priori nicht bekannt ist.

Die multidimensionale Skalierung ist eine Verfahrensgruppe, deren Gemeinsamkeiten geringer sind als etwa die der clusteranalytischen Verfahren. Zu den Verfahren der multidimensionalen Skalierung zählen die klassische multidimensionale Skalierung, nicht metrische multidimensionale Skalierung und die sog. Unfolding-Verfahren. Das den Verfahren gemeinsame Vorgehen kann anhand eines Beispiels[1] erläutert werden: Eine bestimmte Anzahl von Politikern ist von Versuchspersonen hinsichtlich ihres Sympathiegrades einzustufen. Dies erfolgt beispielsweise durch die paarweise Gegenüberstellung der Politiker und die Zuordnung eines Wertes, der auf einer vorgegebenen Skala liegt. Anschließend läßt sich zwischen den Politikern ein Ähnlichkeitsmaß definieren, wie z. B. die mittlere Ähnlichkeitseinstufung jedes Politikerpaares über alle Versuchspersonen.

Die kanonische Korrelation ist einem Interdependenzproblem adäquat. Sie unterscheidet sich von der multivariaten multiplen Regression lediglich in diesem Punkt. Die zwischen zwei Merkmalsbereichen (wie z. B. Interesse und Temperament) bestehende Korrelation wird also in Faktoren zerlegt, die innerhalb jedes Merkmalbereiches voneinander unabhängig sind. Das Ergebnis des Verfahrens legt offen, von welchen Komponenten der Zusammenhang zwischen den Faktoren der Merkmalbereiche geprägt ist.

[1] Nach STEINHAUSEN, D./LANGER, K., a. a. O., S. 47.

## Hintergründe, Vertiefung, Ergänzungen

1.) Zusammenhänge bezeichneten wir als Korrelationen im weitesten Sinne. Sie sind Oberbegriffe für die Kontingenz und Korrelation im engeren Sinne.

Die Kontingenz betrifft den Zusammenhang zwischen qualitativen Merkmalen. Häufig wird der Begriff der Kontingenz durch den der Assoziation ersetzt, falls der Sonderfall einer 2 × 2-Tafel vorliegt. Die Korrelation im engeren Sinne bezieht sich auf quantitative Merkmale. Bei ordinalen Merkmalen wird der Zusammenhang meist als Rangkorrelation bezeichnet. Wird bei kardinalen Merkmalen der Korrelationsbegriff verwendet, so ist die Korrelation im engsten Sinne gemeint, die auch als Maßkorrelation bezeichnet wird. Formal handelt es sich in diesem Falle um die Produkt-Moment-Korrelation, eine ebenfalls gebräuchliche Bezeichnung. Im übrigen ist der Sprachgebrauch nicht einheitlich.

2.) Falls zwischen zwei Merkmalen ein statistischer Zusammenhang besteht, so sind die Merkmale definitionsgemäß voneinander abhängig. Statistische Abhängigkeit und Korreliertheit bzw. der statistische Zusammenhang werden bei diesem Sprachgebrauch gleichgesetzt.

Der Begriff der Abhängigkeit wird im Rahmen der Erhebung von Daten mit dem Begriff der Verbundenheit von Stichproben gleichgesetzt, worauf wir kurz eingehen wollen.

Bekanntlich legt die Struktur einer vorliegenden Problemstellung eine bestimmte Erhebungsart nahe. Liegt das Problem etwa darin, für Personen festzustellen, ob die Dauer der Arbeitslosigkeit von der beruflichen Qualifikation abhängt, bietet es sich an, jeweils einfache Zufallsstichproben aus den unterschiedlichen Qualifikationsgruppen zu ziehen. Der Vergleich zwischen den gruppenspezifischen Mittelwerten der Dauer der Arbeitslosigkeit läßt bei der späteren Auswertung Aufschlüsse über die Bedeutung der Qualifikation zu. Derartige Stichproben sind unabhängige Stichproben, weil generell die Wahrscheinlichkeit dafür, daß eine Person z. B. in der ersten Gruppe eine bestimmte Zeitdauer arbeitslos ist, so groß ist wie die (bedingte) Wahrscheinlichkeit, daß diese Person eine bestimmte Zeit arbeitslos ist unter der Bedingung, daß eine Person z. B. in der 2. Gruppe eine bestimmte Zeit ohne Arbeit ist.

Liegt eine andere Problemstellung vor, etwa die Frage nach der Bedeutung der Ausleuchtung eines Arbeitsplatzes für die Fehlerhaftigkeit einer Bearbeitung, könnten, ähnlich wie oben, unabhängige Stichproben für unterschiedliche Beleuchtungen gezogen werden. Es besteht jedoch die Möglichkeit für eine andere Erhebungsart. Man könnte zunächst eine einfache Zufallsstichprobe ziehen, die aus Personen besteht, und an ihnen die Fehlerhaftigkeit einer Arbeit jeweils bei unterschiedlichen Beleuchtungsbedingungen erheben. Dabei wird jede Person bezüglich der Fehler nicht nur einmal, wie im Falle der unabhängigen Stichprobe, sondern entsprechend der Anzahl der unterschiedlichen Beleuchtungen beobachtet. Im vorliegenden Falle werden die Stichproben als abhängig bzw. verbunden bezeichnet; denn im allgemeinen kann davon ausgegangen werden, daß die bei jeder Person gemessenen Bearbeitungsfehler unter einer Beleuchtungsbedingung nicht unabhängig von den Fehlern unter einer anderen Bedingung sind, weil die jeweilige Individualität einer Person die Zahl der Bearbeitungsfehler mitprägt.

Abhängige Stichproben in Form der Meßwiederholung bei gleichen statistischen Einheiten können in besonderen Situationen erschwert oder nicht möglich sein. Führt z. B. die Messung unter einer Bedingung dazu, daß die statistische Einheit hierbei stark verändert oder gar zerstört wird, kann diese Einheit unter einer zweiten Bedingung nicht mehr beobachtet werden. In diesem Falle kann versucht werden, die ausgefallene (oder nicht existierende) statistische Einheit durch eine möglichst ähnliche Einheit zu ersetzen (paarweise zugeordnete Meßwerte bei Personen z. B. durch den "eineiigen Zwilling", bei Pflanzen z. B. durch die gleiche spezielle Art).

Der Unabhängigkeitsbegriff wird in der statistischen Methodenlehre noch in einem anderen Sinne verwendet. Im Rahmen des Regressionsmodells etwa oder der Modelle zur Varianzanalyse wird die Variable als unabhängig angesehen, deren Werte exogen vorgegeben werden. Abhängig ist die Variable, deren Werte sich u. a. auf Grund der unabhängigen Variablen ergeben.

3.) Die Beziehung zwischen Teil- und Gesamtgrößen, die als Teil-Ganzheits-Korrelation behandelt wurde, wird in der statistischen Methodenlehre auch auf andere Weise dargestellt. Gliederungszahlen[1], eine besondere Kategorie statistischer Maßzahlen, werden dadurch gebildet, daß Teile eines Ganzen an diesem gemessen werden. Anteilswerte stellen also Gliederungszahlen dar. Einige Aspekte der Teil-Ganzheits-Korrelation könnten somit zusätzlich in der Abfolge von Anteilswerten zum Ausdruck gebracht werden. Beispielsweise könnte sich im Falle der Konsumfunktion (vgl. Kap. I.1da) ergeben, daß die Korrelation zwischen dem privaten Verbrauch und dem Volkseinkommen relativ hoch ist, wobei der Anteil der Verbrauchsausgaben am Volkseinkommen (die Konsumquote) im Zeitablauf sinkt.

4.) Einige Kategorien der Begründungen für beobachtete Korrelationen überschneiden sich. Hierauf weist KOLLER[2] hin: "Die Typisierung hat sich nicht so streng ... durchführen lassen, daß jeder praktische Korrelationsfall eindeutig nur einem Typ zugeordnet werden könnte. ... Selbst formale Korrelationen sind nicht streng von kausalen unter-

[1] Vgl. z. B. PFANZAGL, J.: Allgemeine Methodenlehre der Statistik (5. Auflg.). Berlin 1972, S. 36ff.

[2] KOLLER, S., a. a. O., S. 73f.

scheidbar. Bruttolohn und Lohnsteuer sind in jeder Steuerklasse durch den Tarif rechnerisch verbunden; trotzdem kann man den Zusammenhang als kausal bezeichnen. Im Beispiel einer Korrelation zwischen den Lohnsummen (X) und den gesamten Herstellungskosten für Häuser (X + Y) wird zwar ein Teil mit dem Ganzen korreliert, aber tatsächlich sind ja die gezahlten Löhne eine wesentliche Komponente für die Herstellungskosten, und es liegt in der Spannweite der zulässigen wissenschaftlichen Ausdrucksweise, sie als Teil- und Mit"ursachen" zu bezeichnen - sofern man überhaupt den Ursachenbegriff zuläßt."

5.) HARTWIG (1907 - 1981) hielt Ende 1954 vor der Wirtschafts- und Sozialwissenschaftlichen Fakultät der Universität Frankfurt eine Antrittsvorlesung zum Thema "Naturwissenschaftliche und sozialwissenschaftliche Statistik". Der Vortrag wurde 1956 in der Zeitschrift für die gesamte Staatswissenschaft publiziert[1]. Für die erkenntnistheoretische Grundlage der dort erwähnten stochastischen Variante des Kausalprinzips wurde von HARTWIG der Begriff "Ätialität" vorgeschlagen. Unter diesem Namen ist der entsprechende Sachverhalt in der Statistik weitgehend unbekannt geblieben. Die große Ausnahme stellte MENGES dar, der den Vortrag vermutlich selbst gehört hat und der in seinen statistischen und ökonometrischen Monographien und Artikeln selten versäumte, auf die Bedeutung des Ätialprinzips und dessen Urheber hinzuweisen[2]. In der statistischen und ökonometrischen Standardliteratur wird das Ätialprinzip im allgemeinen nicht behandelt - ausgenommen, wie erwähnt, MENGES und neuerdings ASSENMACHER[3]. Die Zurückhaltung läßt sich damit begründen, daß die mit dem Begriff Ätialprinzip angesprochene Problematik in der Literatur über Grundfragen der Wahrschein-

---

[1] HARTWIG, H., a. a. O., S. 225ff.

[2] Z. B. MENGES, G.: Ökonometrie. Wiesbaden 1961, S. 21ff. Ders.: Ökonometrische Prognosen. Köln/Opladen 1967, S. 14f. Ders.: Statistik 1. Theorie. Opladen 1972, S. 30f. Ders.: Ätialität und Adäquation. In: Statistische Hefte (1981), S. 144ff. Ders.: Die Statistik. Wiesbaden 1982, S. 29ff.

[3] ASSENMACHER, W., a. a. O., S. 19ff. Siehe auch KUß, U.: Ein allgemeines statistisches entscheidungstheoretisches Modell als Konsequenz der Ätialität und der Forderung nach weicher Modellbildung. In: Statistische Hefte (1980), S. 168-173.

lichkeitstheorie und der Literatur über die Wissenschaftstheorie als unentbehrliches Prinzip für den Erkenntnisfortschritt dem Grunde nach bekannt ist.

Dies ergibt sich beispielsweise aus den Berichten über die 1. und 2. Tagung für Erkenntnislehre der exakten Wissenschaften in Prag (1929) bzw. Königsberg (1930), die von der geistigen Strömung der modernen Physik geprägt sind. Nicht zufällig wurde beispielsweise parallel zur 1. Tagung für Erkenntnislehre zugleich die 5. Deutsche Physiker- und Mathematikertagung veranstaltet. Insbesondere die scharfsinnigen Vorträge von Hans REICHENBACH[1] über "Kausalität und Wahrscheinlichkeit" sowie von Werner HEISENBERG[2] über "Kausalgesetz und Quantenmechanik" befassen sich mit Problemen, mit denen sich ca. 25 Jahre später auch HARTWIG auseinandergesetzt hat und ihn zum - in der Tat originären - Begriff des Ätialprinzips geführt haben.

Meines Erachtens hat HEISENBERG in seinem auf der 2. Tagung für Erkenntnislehre der exakten Wissenschaften gehaltenen Vortrag HARTWIG vorweggenommen, indem er sich bereits dort - wie später HARTWIG - expressis verbis auf KANT bezieht und die Unzweckmäßigkeit des Kausalgesetzes als apodiktisch gewisses Prinzip feststellt. Er führt u. a. aus: " ... Bei KANT ist also das Prinzip von Ursache und Wirkung ... ein 'synthetisches Urteil a priori', das für ihn die Grundlage der Naturwissenschaft bildet. Wenn an irgendeiner Stelle das physikalische Geschehen nicht determiniert erscheint, so ist dies nach der KANTschen Formulierung des Kausalgesetzes nur ein Zeichen für das Vorhandensein einer noch ungelösten Aufgabe. ... es wird sich herausstellen,daß seine Beibehaltung gegenüber den Tatsachen der modernen Atomphysik unzweckmäßig ist." (S. 176)

---

[1] REICHENBACH, H.: Kausalität und Wahrscheinlichkeit. In: Erkenntnis Bd. I (1930/31), S. 158-188.

[2] HEISENBERG, W.: Kausalgesetz und Quantenmechanik. In: Erkenntnis Bd. II (1932/33), S. 175ff.

Deshalb ist MENGES nicht zu folgen, daß HARTWIG keinen Vorläufer hat, wenn er das Kausalgesetz als apodiktisch gewisses Prinzip kritisiert und vorschlägt, an seine Stelle das Ätialprinzip zu setzen: "Er (nämlich HARTWIG. Der Verf.) hat der stochastischen Theorie der Statistik ... das 'apodiktisch gewisse Prinzip' nachzuweisen versucht. Mit dieser seiner ureigensten Idee hat er keine Vorläufer; er fußt unmittelbar auf KANT, und das Verdienst an der Entdeckung gebührt allein ihm."[1]

Was verbirgt sich hinter dem Ätialprinzip? Das Kausalprinzip besagt, daß gleiche Ursachen gleiche Wirkungen notwendig zur Folge haben: Auf die Ursache A folgt notwendig die Wirkung B. Das Kausalprinzip betrifft Einzelerscheinungen, d. h. logisch selbständige Einheiten. Diese sind in der Realität gewöhnlich nicht alleinstehend, sondern von anderen Beziehungen begleitet und überlagert. Letztere Beziehungen stellen die allgemeinen Bedingungen der interessierenden Beziehung dar. Werden diese berücksichtigt, so besagt das Kausalprinzip, daß bei unveränderten allgemeinen Bedingungen die gleiche Ursache die gleiche Wirkung hat. Einzelerscheinungen, für die das Kausalprinzip Bedeutung hat, stehen nicht im Mittelpunkt der Statistik. Die belangvolle Zusammenfassung der Einzelfälle bzw. Elemente stellt die statistische Masse dar, auf die sich gewöhnlich das Interesse konzentriert, wobei den Beziehungen zwischen den Merkmalen der Elemente eine besondere Bedeutung zukommt.

Der Form nach dem Kausalprinzip ähnlich, im Wesen aber von ihm völlig verschieden, ist das Ätialprinzip. Es betrifft im Gegensatz zum Kausalprinzip Erscheinungen statistischer Massen. Das Ätialprinzip besagt, daß eine gleiche allgemeine Ursache bzw. ein spezieller Ursachenkomplex bei gleichbleibenden allgemeinen Bedingungen mehrere Wirkungen notwendig zur Folge hat, die mit zugehörigen Wahrscheinlichkeiten auftreten. Hierbei ist unter einer allgemeinen Ursache eine Ursache zu verstehen, die das Verteilungsgesetz eines Merkmals eindeutig be-

[1] MENGES, G.: Ätialität und Adäquation, a. a. O., S. 144.

stimmt. Formal[1] läßt sich feststellen: "Sei mit $\xi$ die Menge aller dieser allgemeinen Ursachen bezeichnet, so gehört also zu jedem $X \varepsilon \xi$ eine Verteilung (= Wahrscheinlichkeitsmaß) $P_X$ auf dem Meßraum $(Y, \sigma)$ der zahlenmäßigen Charakteristiken einer statistischen Masse." Kurz gesagt, auf die allgemeine Ursache X folgen notwendig die Wirkungen $Y_1, Y_2, \ldots, Y_r$ mit den Wahrscheinlichkeiten $p_1 = P(Y_1)$, $p_2 = P(Y_2)$, $\ldots$, $p_r = P(Y_r)$. Verändern sich die allgemeinen Bedingungen, so ändern sich die Wirkungen und/oder die zugehörigen Wahrscheinlichkeiten.

Für das Kausalprinzip gilt: A ist Prädiktor von B. Für das Ätialprinzip gilt: X ist Prädiktor von $Y_1, Y_2, \ldots, Y_r$ im stochastischen Sinne. Falls X besteht, folgen die Wirkungen $Y_1, Y_2, \ldots, Y_r$ auf die Dauer im $p_1$-ten, $p_2$-ten, $\ldots$, $p_r$-ten Teil aller Fälle.

Beispielsweise mag für einen Einzelfall gelten, daß eine bestimmte Person durch eine bestimmte medizinische Behandlung (A) geheilt wird (Wirkung B). Wir können uns vorstellen, daß die Gültigkeit des Kausalprinzips unter den näheren Umständen lückenlos belegt werden kann. Hingegen muß die Heilung nicht für alle Einzelpersonen einer Gruppe eintreten. Man kann sich vorstellen, daß eine andere Einzelperson durch A nicht geheilt wird (Wirkung $\bar{B}$), was ebenfalls im Einzelfall belegt werden könnte. Für die statistische Masse, bestehend aus einer größeren Anzahl von Einzelpersonen, ist das Ätialprinzip angemessen: X führt mit einer Wahrscheinlichkeit $p_1$ zu B und mit einer Wahrscheinlichkeit $p_2$ zu $\bar{B}$.

6.) SIMPSONs Paradoxon zählt zu jenen kuriosen Phänomenen aus dem Bereich der empirischen Sozialforschung, die selbst auf den zweiten Blick noch widersinnig erscheinen. Wir betrachten dazu das folgende Beispiel[1]: In New York und Richmond wurden Weiße und Farbige unter

[1] KUß, U., a. a. O., S. 169.

[2] Daten nach COHEN, M. R./NAGEL, E.: An Introduction to Logic and Scientific Method. London 1934, S. 449.

dem Gesichtspunkt der Tbc-Todesraten analysiert. Dabei ergab sich, daß die Tbc-Todesraten sowohl bei den Weißen als auch den Farbigen in Richmond kleiner als in New York waren, 0,162% zu 0,179% bei den Weißen, 0,332% zu 0,559% bei den Farbigen. Paradoxerweise ergab sich aber zugleich, daß die gesamte Tbc-Todesrate in Richmond höher als in New York war, 0,224% zu 0,186%.

Die Erklärung für dieses irritierende Resultat liegt darin, daß in Richmond der Anteil der Farbigen an der Gesamtbevölkerung größer als in New York und daß in Richmond der Anteil der farbigen Tbc-Toten an der Gesamtbevölkerung größer als in New York war, 0,121% zu 0,011%.

All dies läßt sich den folgenden Daten entnehmen:

| Rasse \ Tbc-Tod | ja | nein | $\Sigma$ |
|---|---|---|---|
| Weiß | 8365 | 4666809 | 4675174 |
| Farbig | 513 | 91196 | 91709 |
| $\Sigma$ | 8878 | 4758005 | 4766883 |

New York

$\Phi_1 = -0{,}0121$

| Rasse \ Tbc-Tod | ja | nein | $\Sigma$ |
|---|---|---|---|
| Weiß | 131 | 80764 | 80895 |
| Farbig | 155 | 46578 | 46733 |
| $\Sigma$ | 286 | 127342 | 127628 |

Richmond

$\Phi_2 = -0{,}0173$

Tab. I.13: Rasse und Tbc-Tod in New York und Richmond (1910)

Bei korrelationsanalytischer Betrachtung ergibt sich zwischen den Merkmalen "Rasse" und "Tbc-Tod" in New York und Richmond ein schwacher Zusammenhang; die entsprechenden $\Phi$-Koeffizienten sind $\Phi_1 = -0{,}0121$ und $\Phi_2 = -0{,}0173$. Für die zusammengefaßte Bevölkerung gilt $\Phi = -0{,}0117$, ein Wert, der nicht zwischen $\Phi_1$ und $\Phi_2$ liegt; er liegt (absolut) darunter. Offensichtlich schwächt die Drittvariable "Region" die Korrelation im vorliegenden Fall ab.

7.) Die Kovarianzzerlegung (I.8) erfolgt analog zur Quadratsummenzerlegung, die im Kapitel II unter HVE II.1 durchgeführt wird. Interessiert dort nur die Variation eines Merkmals, so ist hier die gemeinsame Variation zweier Merkmale von Belang. Bei der Kovarianzzerlegung wird von der Identität

$$(x_{ij}-\bar{x})(y_{ij}-\bar{y}) = [(x_{ij}-\bar{x}_i)+(\bar{x}_i-\bar{x})][(y_{ij}-\bar{y}_i)+(\bar{y}_i-\bar{y})] \;, \; i = 1, \ldots, r, \; j = 1, \ldots, n_i,$$

ausgegangen. Anschließend summiert man über j und multipliziert aus. Alles weitere folgt dem unter HVE II.1 entwickelten Muster.

8.) Werden in einer 2 × 2-Kontingenztafel die Merkmalswerte mit $x_1 = 0$, $x_2 = 1$, $y_1 = 0$ und $y_2 = 1$ kodiert, so ergibt sich für die gesamte Kovarianz durch Einsetzen und geeignetes Umformen

$$n \operatorname{cov}(x, y) = b_{22} - \frac{1}{n} b_{.2} b_{2.} \quad .$$

$b_{22}$ ist die beobachtete Häufigkeit für die Merkmalswertekombination $(x_2, y_2)$ in der aggregierten Kontingenztafel. $b_{.2}$ und $b_{2.}$ stellen über den ersten bzw. zweiten Index summierte Häufigkeiten dieser Kontingenztafel dar, sind also Werte aus den beiden Randverteilungen (absolute Häufigkeiten).

Entsprechend ergibt sich für die gesamte interne Kovarianz

$$n \operatorname{cov}_2 = b_{22} - \sum_i \frac{1}{n_i} b_{.2(i)} b_{2.(i)} \quad .$$

$b_{22}$ ist wieder die beobachtete Häufigkeit in der aggregierten Kontingenztafel. $b_{.2(i)}$ und $b_{2.(i)}$ stellen Häufigkeiten aus den Randverteilungen der Kontingenztafeln für die i-te statistische Teilmasse dar.

9.) Von WOLD[1] stammt ein Versuch, einerseits den Standort der multivariaten Analyseverfahren im umfassenderen Bereich der statistischen Methoden zu umreißen und zugleich eine Systematisierung der Verfahren zu erreichen. WOLD orientiert sich hierbei nicht an den eher formalen Kriterien wie Anzahl der Variablen, Meßniveau usw., sondern an anderen bedeutenden Aspekten der statistischen Problematik. Die drei von WOLD verwendeten Kriterien zur allgemeinen Charakterisierung multivariater Verfahren orientieren sich sowohl an gewissen Charakteristiken des zu lösenden realen Problems als auch an der Art der erfolgten Datengewinnung und der sonstigen vorliegenden Informationen:

1) Experimentelle versus nicht experimentelle Situationen und Daten,
2) Komplexität des zu analysierenden realen Problems und
3) Umfang der a priori-Information für das zu lösende reale Problem.

Multivariate Verfahren können demnach umfassend als Modelle charakterisiert werden, die überwiegend auf komplexe, nicht experimentelle Situationen (mit zahlreichen Variablen) zugeschnitten sind und in der Regel Eingleichungsmodelle einfacherer Konstruktion darstellen.

Zur weiteren Einordnung und Klassifizierung multivariater Verfahren verwendet WOLD im folgenden das 1. Kriterium sowie als zusätzliches Kriterium, ob sich das Verfahren für überwiegend deskriptive oder erkärende Analyseziele eignet. WOLD unterscheidet also multivariate Verfahren danach, ob sie eher dem Problembereich der

a) Deskription mit experimentellen Daten,
b) Deskription mit nicht experimentellen Daten,
c) Erklärung mit experimentellen Daten oder der
d) Erklärung mit nicht experimentellen Daten angehören.

Die von WOLD vorgeschlagenen Klassen sind nicht disjunkt, sondern lassen Raum für zahlreiche intermediäre Probleme bzw. Daten. Die meisten multivariaten Verfahren sind nach WOLD dem Bereich d) zuzuord-

[1] WOLD, H.: Multivariate Analyse. In: Handwörterbuch der Mathematischen Wirtschaftswissenschaften Bd. 2. Wiesbaden 1979, S. 85-95.

nen (sog. R-Linie) sowie dem Zwischenbereich zu b) und d) (sog. S-Linie).

Auf der R-Linie liegen u. a. die einfache und multiple Regression. Sie sind "verwandt" mit nicht multivariaten Verfahren wie den Kausalkettensystemen und interdependenten Systemen.

Auf der S-Linie liegen u. a. die Clusteranalyse, Klassifikationsverfahren, Diskriminanzanalyse, Faktorenanalyse und Kanonische Korrelation.

Weitere Details enthält die erwähnte Arbeit von WOLD.

# Kapitel II
# Grundformen der Varianzanalyse

Varianzanalytische Verfahren stellen Modelle dar, die sich für die Streuungsanalyse eines oder mehrerer metrischer Merkmale eignen. Bei allen Varianzanalysen werden Meßwertevarianzen derart in Komponenten zerlegt, daß diese auf unterschiedliche Ursachenkategorien (Faktoren) zurückgeführt werden können. Varianzanalysen stellen also Dependenzanalysen dar, wobei die erklärende(n) Variable(n) nicht metrisch skaliert sind. In späteren Kapiteln wird sich zeigen, daß bestimmte Formen der Varianzanalyse als Spezialfall der Regressionsanalyse dargestellt werden können. Auch deshalb verzichten wir im vorliegenden Kapitel auf einen zu starken Ausbau der Varianzanalyse.

Die unterschiedlichen varianzanalytischen Verfahren lassen sich unter Verwendung von drei oder vier Hauptkriterien ordnen. Bezieht man sich auf die Zahl der Untersuchungsvariablen, läßt sich die univariate Varianzanalyse, bei der nur eine Untersuchungsvariable auftritt, von der multivariaten Varianzanalyse trennen. Betrachtet man die Anzahl der systematisch variierten Faktoren, die die Untersuchungsvariable beeinflussen, läßt sich die einfaktorielle Varianzanalyse (Varianzanalyse einfacher Klassifikation) von der mehrfaktoriellen Varianzanalyse (Varianzanalyse mehrfacher Klassifikation) unterscheiden. Im ersten Fall beträgt die Zahl der Faktoren Eins. Darüberhinaus werden Varianzanalysen danach unterschieden, ob die Werte der systematischen Faktoren vorgegeben sind (Modell mit festgelegten Effekten, Fix-Faktor-Modell) oder erst in der Stichprobe ermittelt werden (Modell mit randomisierten Effekten, Random-Faktor-Modell). Des weiteren lassen sich einige nicht parametrische Prüfverfahren als Varianzanalysen auffassen, bei denen das Meßniveau der Untersuchungsvariablen nicht metrisch ist. In der Tab. II.1 sind die erwähnten Gesichtspunkte für eine Ordnung von Varianzanalysen übersichtlich zusammengestellt. Weitere differenzierende Kriterien, wie beispielsweise gleiche oder ungleiche Zellbesetzungen, unabhängige oder abhängige (verbundene) Stichproben, werden wir später erwähnen.

| Kriterium | Bezeichnung der Varianzanalyse | |
|---|---|---|
| Zahl der Untersuchungsvariablen | bei einer Untersuchungsvariablen:<br>univariate Varianzanalyse | bei mehreren Untersuchungsvariablen:<br>multivariate Varianzanalyse |
| Zahl der Faktoren | bei einem Faktor:<br>einfaktorielle Varianzanalyse | bei mehreren Faktoren:<br>mehrfaktorielle Varianzanalyse |
| Festlegung der Faktorstufen | im Versuchsplan vorgegebene Faktorstufen:<br>Fix-Faktor-Modell | Faktorstufen ergeben sich in der Stichprobe:<br>Random-Faktor-Modell |
| Meßniveau der Untersuchungsvariablen | metrisch:<br>(klassische) Varianzanalyse | nicht metrisch:<br>spezielle Bezeichnungen; Rangvarianzanalyse (H-Test), FRIEDMAN-Test u. a. |

Tab. II.1: Hauptordnung für varianzanalytische Modelle

Im Rahmen dieser Einführung beschränken wir uns im wesentlichen auf die Grundlagen der ein- und mehrfaktoriellen Varianzanalysen, wobei die Darlegung des Modells mit festgelegten Faktorstufen im Vordergrund steht, sowie auf einige grundlegende Elemente der multivariaten Varianzanalyse. Letztere sind in größerer Allgemeinheit im Kapitel V enthalten, das sich u. a. mit dem Modell der multivariaten Regressionsanalyse befaßt, welches bedeutende Aspekte der multivariaten Varianzanalyse einschließt.

## 1. Einfaktorielle Varianzanalyse mit vorgegebenen Faktorstufen

Das Modell der einfaktoriellen Varianzanalyse ist für eine reale Situation adäquat, in der zu untersuchen ist, ob eine metrisch skalierte Untersuchungsvariable von einer nicht metrischen Variablen, dem Faktor, signifikant beeinflußt wird. Das vorliegende Problem wird im Rahmen von Varianzanalysen auf unterschiedliche Arten konkretisiert.

Grundlage der folgenden Erörterung ist ein Versuchsplan (Design), in dem der Faktor A in r Stufen, die a priori festgelegt sind, auf die metrisch skalierte Untersuchungsvariable Y einwirkt. Das sich hierauf beziehende Modell wird als einfaktorielle Varianzanalyse mit vorgegebenen Faktorstufen (mit festgelegten Effekten, Fix-Faktor-Modell) bezeichnet. Man erhält r unabhängige Stichproben der Umfänge m und die entsprechenden Stichprobenmittelwerte $\bar{y}_i$, $i = 1, \ldots, r$. Deren Unterschiede sind zu beurteilen. Falls sie sich nicht signifikant unterscheiden sollten, wäre ein wesentlicher Einfluß von A auf Y zu verneinen.

Der Versuchsplan sieht im einfachsten Fall ferner vor, daß die Untersuchungsvariable Y an jeder der $r \cdot m = n$ statistischen Einheiten nur einmal gemessen wird. Alle Werte $y_{ij}$ stammen also von verschiedenen statistischen Einheiten. Für wiederholte Beobachtungen der gleichen Einheiten (z. B. Beobachtung jeder Versuchsperson unter allen Versuchsanordnungen) existiert eine modifizierte einfaktorielle Varianzanalyse[1]. Sie wird auch als einfaktorielle Block-Varianzanalyse be-

[1] Siehe z. B. EIMER, E.: Varianzanalyse. Stuttgart 1978, S. 42ff.

zeichnet[1]. Wir gehen davon aus, daß sämtliche Stichprobenumfänge gleich groß sind. Tabelle II.2 stellt den Versuchsplan der entsprechenden Varianzanalyse dar.

| Faktor A \ Nr. innerhalb der Stichprobe | 1 ... j ... m | $\frac{1}{m}\sum_j y_{ij}$ |
|---|---|---|
| Stufe 1<br>:<br>Stufe i<br>:<br>Stufe r | $y_{ij}$ | $\bar{y}_1$<br>:<br>$\bar{y}_i$<br>:<br>$\bar{y}_r$ |

$y_{ij}$ - j-ter Meßwert bei der i-ten Stufe von Faktor A.
An jeder der rm = n statistischen Einheiten wird ein Wert $y_{ij}$ ermittelt.

Tab. II.2: Plan einer einfaktoriellen Varianzanalyse

a) Modell

Das varianzanalytische Modell läßt sich in Analogie zum regressionsanalytischen Modell darstellen, worauf in Kap. IV.1c eingegangen wird, oder in spezifischer, am varianzanalytischen Versuchsplan orientierter,

[1] Siehe z. B. GLASER, W. R.: Varianzanalyse. Stuttgart 1978, S. 184ff. Von der zweifaktoriellen Varianzanalyse mit einer Beobachtung pro Zelle (Punkt 3b dieses Kapitels) unterscheidet sich die einfaktorielle Block-Varianzanalyse dadurch, daß im entsprechenden Versuchsplan verbundene Stichproben vorgesehen sind.

Weise. Letztere Modellform wird als Effektdarstellung bezeichnet und steht im Vordergrund dieses Kapitels[1]. Die Effektdarstellung besteht zunächst aus einer auf den Meßwert $y_{ij}$ der Untersuchungsvariablen bezogenen Identität:

(II.1) $$y_{ij} = \mu + (\mu_i - \mu) + (y_{ij} - \mu_i), \quad i = 1, \ldots, r, \quad j = 1, \ldots, m .$$

Die erste Komponente $\mu$ ist eine für alle Meßwerte konstante Größe. Sie reflektiert als arithmetisches Mittel der Grundgesamtheit das Gesamtniveau der Meßwerte.

Die zweite Komponente $\mu_i - \mu$ ist eine für alle Meßwerte der Klasse i konstante Größe. Sie reflektiert als Abweichung des arithmetischen Mittels der Meßwerte der i-ten Klasse vom Gesamtmittel in der Grundgesamtheit die Wirkung des Faktors auf seiner i-ten Stufe. Deshalb wird

$$\alpha_i = \mu_i - \mu$$

als Effekt der i-ten Faktorstufe bezeichnet.

Die Komponente

$$e_{ij} = y_{ij} - \mu_i$$

ist eine für alle Meßwerte variable Größe. Sie reflektiert die Wirkung der Störvariablen (vgl. Kap. I.2c), die stochastische Eigenschaften besitzt. Störvariablen werden im vorliegenden Kontext auch als Versuchsfehlervariablen bezeichnet.

Somit läßt sich (II.1) als

(II.1a) $$y_{ij} = \mu + \alpha_i + e_{ij}, \quad i = 1, \ldots, r, \quad j = 1, \ldots, m,$$

abkürzen.

[1] Die folgenden gewählten Notationen stellen die in der Literatur überwiegend verwendeten dar, sie sind jedoch nicht kompatibel mit z. B. den Indizierungen der Regressionsanalyse. Der Leser beachte die jeweils vereinbarten Bedeutungen der Indizes.

Die Beziehung (II.1a) bringt auch zum Ausdruck, daß jeder Meßwert $y_{ij}$ in eine deterministische Komponente $\mu+\alpha_i$ und eine stochastische Komponente $e_{ij}$ getrennt werden kann.

Die Identität (II.1) bzw. (II.1a) ist für jeden Wert $y_{ij}$ zutreffend, also auch für die zugehörige Variable $Y_{ij}$, so daß gilt,

$$\text{(II.1b)} \qquad Y_{ij} = \mu + \alpha_i + E_{ij}, \quad i = 1, \ldots, r, \quad j = 1, \ldots, m.$$

In der Stichprobe ist das arithmetische Mittel aller Meßwerte $\bar{y}$ eine geeignete Schätzung für $\mu$ und die Gruppenmittelwerte $\bar{y}_i$ geeignete Schätzwerte für $\mu_i$.

Das Problem der Beurteilung der Unterschiede zwischen den Stichprobenmittelwerten $\bar{y}_i$ ist inferenzstatistisch möglich, wie noch zu erörtern sein wird, sofern vier Voraussetzungen erfüllt sind:

1. Die Störvariable $E_{ij}$ muß normalverteilt sein für alle i und j. (II.1b) zeigt, daß deshalb auch die Untersuchungsvariable normalverteilt sein muß. Y muß also in den r Grundgesamtheiten nach $N(\mu_i; \sigma_i)$ verteilt sein. Die Prüfung dieser Voraussetzung ist mit Hilfe eines geeigneten Anpassungstestes möglich, z. B. in besonderen Fällen auch durch den KOLMOGOROFF/SMIRNOW-Ein-Stichproben-Anpassungstest[1]. Sollte sich ergeben, daß die vorliegenden Daten nicht aus normalverteilten Grundgesamtheiten stammen, kann das Modell der Varianzanalyse dennoch verwendet werden, weil es in diesem Punkt relativ robust ist.

2. Die normalverteilten Grundgesamtheiten müssen gleiche Varianzen aufweisen, $\sigma_i = \sigma$ für alle i. Y muß also in den r Grundgesamtheiten nach $N(\mu_i; \sigma)$ verteilt sein. Zur Prüfung dieser Homogenitätsbedingung

[1] Siehe z. B. TIEDE, M./VOß, W.: Prüfverfahren in der Wirtschafts- und Sozialstatistik (2. Auflg.). Bochum 1982, S. 79ff.

ist unter bestimmten Voraussetzungen der BARTLETT-Test[1] verwendbar. Falls keine Varianzhomogenität besteht, sollte auf den Einsatz der klassischen Varianzanalyse verzichtet und das Problem mit dem KRUSKAL/WALLIS-H-Test[2] gelöst werden. Wird dennoch die klassische Varianzanalyse eingesetzt, sollte die Klassenbesetzung nicht zu klein (Untergrenze 10 bis 20) und in jeder Klasse gleich groß sein[3].

3. Alle möglichen Paare der Störvariablen müssen unabhängig sein. Somit müssen alle Paare der Untersuchungsvariablen unabhängig sein. Dies wird durch Einhaltung des Konzepts der einfachen Zufallsstichprobe erreicht.

4. Die r Stichproben sollten gleich groß sein bzw. in bestimmten Proportionen zueinander stehen (siehe HVE II.4). Dies läßt sich durch eine geeignete Versuchsplanung erreichen bzw. nachträglich durch zufällige Elimination überflüssiger statistischer Einheiten.

b) Test der Faktorwirkung

Falls die unterschiedlichen Faktorstufen für die Untersuchungsvariable unwesentlich sind, muß die Faktorwirkung $\alpha_i$ für alle r Faktorstufen gleich Null sein. Als Nullhypothese wird deshalb formuliert

$H_o$: $\alpha_i = 0$ bzw. $H_o$: $\mu_i = \mu$ für alle i.

Zu testen ist gegen die Alternative

$H_a$: $\mu_i \neq \mu$ für mindestens ein $\mu_i$.

---

1 Siehe z. B. TIEDE, M./VOß, W., a. a. O., S. 140f.

2 Dgl., S. 99ff.

3 Nach BOX, G. E. P.: Some Theorems on Quadratic Forms Applied in the Study of Analysis of Variance Problems. In: The Annals of Mathematical Statistics (1954), S. 290-302 und S. 484-498.

Behauptet wird somit, daß die Stichprobenmittelwerte $\bar{y}_i$ nur zufällig untereinander abweichen. Bei Beachtung der zuvor genannten zwei ersten Voraussetzungen der Varianzanalyse sowie unter Einbezug der Nullhypothese wird also zugleich behauptet, daß alle Stichprobenwerte $y_{ij}$ aus einer einzigen Grundgesamtheit stammen, die nach $N(\mu; \sigma)$ verteilt ist.

Die Entwicklung einer geeigneten Prüfvariablen basiert auf einer speziellen Quadratsummenzerlegung (siehe HVE II.1). Hierbei handelt es sich um eine algebraische Beziehung, wonach die gesamte Variation q der Daten, ausgedrückt als Summe der Quadrate der Abweichungen der Meßwerte $y_{ij}$ von ihrem Mittelwert $\bar{y}$, in zwei additive Teile $q_1$ und $q_2$ getrennt wird. $q_1$ stellt die Variation der Stichprobenmittelwerte dar (Summe der Quadrate der Abweichungen der $\bar{y}_i$ von $\bar{y}$). $q_2$ bezeichnet die Variation innerhalb der Stichproben (Summe der Quadrate der Abweichungen der $y_{ij}$ von den jeweiligen $\bar{y}_i$):

$$(II.2) \qquad q = q_1 + q_2 , \qquad q = \sum_i^r \sum_j^m (y_{ij} - \bar{y})^2 ,$$

$$q_1 = m\sum_i (\bar{y}_i - \bar{y})^2 ,$$

$$q_2 = \sum_i \sum_j (y_{ij} - \bar{y}_i)^2 .$$

Die Abb. II.1 auf der folgenden Seite veranschaulicht die Quadratsummenzerlegung (II.2).

Der Einfluß des Zufalls bewirkt, daß $q_1$ und $q_2$ gewöhnlich Werte von größer Null annehmen. Falls nun die vorgegebenen Faktorstufen für die Variation der Untersuchungsvariablen wesentlich sind, wird sich dies in einer zusätzlichen Variation der Stichprobenmittelwerte niederschlagen. Die Höhe von $q_2$ wird also von der Stärke des Zufallseinflusses geprägt, während die Höhe von $q_1$ hiervon ebenfalls abhängt, zusätzlich jedoch noch von der Stärke der Einwirkung des Faktors.

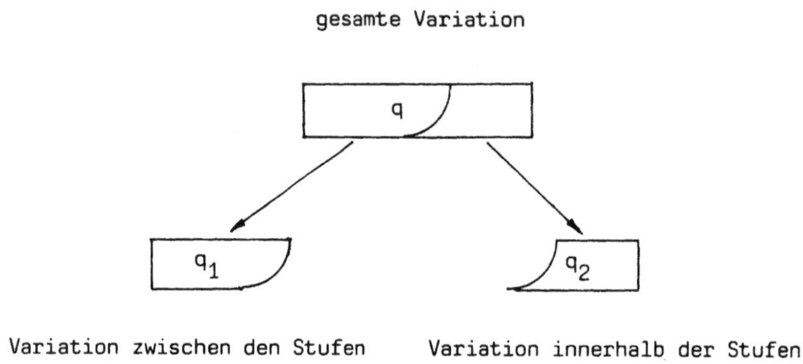


Abb. II.1: Zerlegung der Variation bei der einfaktoriellen Varianzanalyse

Ein Vergleich zwischen $q_1$ und $q_2$ gibt allerdings noch keine Aufschlüsse über die Bedeutung des Faktors, da $q_1$ und $q_2$ unterschiedliche Freiheitsgrade besitzen und deshalb keine vergleichbaren Schätzungen für die tatsächliche Variation sind. Werden $q_1$ und $q_2$ durch ihre jeweiligen Freiheitsgrade r-1 und n-r dividiert, ergeben sich die Varianzen

(II.3) $$s_1^2 = \frac{q_1}{r-1}$$ und

(II.4) $$s_2^2 = \frac{q_2}{n-r} \quad .$$

Nun läßt sich zeigen (siehe HVE II.2): Falls die Nullhypothese zutrifft und damit der Faktor für die Untersuchungsvariable keine Bedeutung hat, dürfen sich die unabhängigen Varianzen $s_1^2$ und $s_2^2$ nur noch in den Grenzen unterscheiden, die zufälligen Einflüssen zuzubilligen sind. Dies läßt sich bekanntlich mit dem Varianzquotiententest[1] prüfen. Für Anwendungen empfiehlt sich das folgende Rechenschema:

[1] Siehe z. B. TIEDE, M./VOß, W., a. a. O., S. 130.

| Variationsgrund | Quadrat-summen | Freiheits-grade | Varianzen |
|---|---|---|---|
| Faktor und Zufall | $q_1$ | r-1 | $s_1^2 = \frac{q_1}{r-1}$ |
| Zufall | $q_2$ | n-r | $s_2^2 = \frac{q_2}{n-r}$ |
| Insgesamt | q | n-1 | |

Tab. II.3: Rechenschema für eine einfaktorielle Varianzanalyse

Hierzu betrachten wir ein Beispiel[1]. Untersuchungsvariable ist der Ertrag einer Pflanze. Zu prüfen ist, ob unterschiedliche Düngungen den Ertrag beeinflussen. Hierzu wird ein Versuchsplan aufgestellt, wonach Düngungen in fünf Abstufungen verwendet werden. Die entsprechenden Erträge werden jeweils viermal unabhängig voneinander ermittelt.

| Düngung \ Nr. innerhalb der Stichprobe | 1 | 2 | 3 | 4 | Durchschnitts-ertrag |
|---|---|---|---|---|---|
| Stufe 1 | 67 | 67 | 55 | 42 | 57,75 |
| Stufe 2 | 98 | 96 | 91 | 66 | 87,75 |
| Stufe 3 | 60 | 69 | 50 | 35 | 53,50 |
| Stufe 4 | 79 | 64 | 81 | 70 | 73,50 |
| Stufe 5 | 90 | 70 | 79 | 88 | 81,75 |

Tab. II.4: Ertrag einer Pflanzensorte (Beispiel für Tab. II.2)

[1] Daten nach FISZ, M.: Wahrscheinlichkeitsrechnung und mathematische Statistik (7. Auflg.). Berlin 1973, S. 616.

Nach wenigen Rechnungen ergibt sich die der Tab. II.3 entsprechende Übersicht:

| Variationsgrund | Quadrat-summen | Freiheits-grade | Varianzen |
|---|---|---|---|
| Düngung und Zufall | 3 536,3 | 4 | 884,1 |
| Zufall | 2 162,3 | 15 | 144,2 |
| Insgesamt | 5 698,6 | 19 | |

Tab. II.5: Einfaktorielle Varianzanalyse (Beispiel für Tab. II.3)

Die Stichprobenrealisation der $F^4_{15}$-verteilten Prüfvariablen ist $\frac{884,1}{144,2} = 6,13$. Bei 5% Signifikanzniveau liegt der Rückweisungspunkt im Wert 3,06. Die Nullhypothese ist also zu verwerfen. Mindestens eine der festgelegten Abstufungen der Düngung hat einen wesentlichen Einfluß auf den Ertrag.

### c) Kontraste

Darüber hinausgehend ist die Frage von Interesse, welche der Faktorstufen für die Untersuchungsvariable von besonderer Bedeutung ist. Diese Problematik läßt sich grundsätzlich ebenfalls in spezifischer Weise varianzanalytisch behandeln. Dabei ist die Systematik der Fragestellung durch die Konstruktion von sog. Kontrasten[1] gegeben, mit denen wir uns kurz befassen wollen.

[1] Zum Konzept des Kontrastes, der Orthogonalität und der quadratischen Form siehe z. B. MENGES, G./SKALA, H.: Statistik 2. Daten. Opladen 1973, S. 141ff.

Wir definieren allgemein mit

$$\text{(II.5)} \quad C_j = \sum_{i=1}^{n} y_i c_{ji} \; , \quad j = 1, \ldots, \nu,$$

den Kontrast der Daten $y_i$, $i = 1, \ldots, n$. Hierbei stellen die Werte $c_{ji}$ Koeffizienten mit der Eigenschaft

$$\sum_{i=1}^{n} c_{ji} = 0 \quad \text{für alle } j$$

dar. Verschiedene Kontraste $C_1$ und $C_2$ der Daten ergeben sich also durch verschiedene Koeffizientenmengen $\{c_{1i}\}$ und $\{c_{2i}\}$. Zwei Kontraste $C_1$ und $C_2$ sind voneinander unabhängig (sind zueinander orthogonal), falls gilt

$$\sum_{i=1}^{n} c_{1i} c_{2i} = 0 \; .$$

Im Rahmen der einfaktoriellen Varianzanalyse lassen sich Kontraste der Mittelwerte $\bar{y}_i$ bilden,

$$\text{(II.5a)} \quad C_j = \sum_{i=1}^{r} \bar{y}_i c_{ji} \; , \quad j = 1, \ldots, r-1,$$

die für die Frage bedeutungsvoll sind, zwischen welchen Faktorstufen in der Grundgesamtheit Unterschiede bezüglich der Einwirkung auf die Untersuchungsvariable bestehen.

Zur Veranschaulichung betrachten wir das Beispiel eines Faktors, der in drei Stufen auf die Untersuchungsvariable wirkt[1]. Aus den entsprechenden drei Gruppenmittelwerten $\bar{y}_1$, $\bar{y}_2$ und $\bar{y}_3$ läßt sich beispielsweise der Kontrast

$$C_1 = \sum_{i=1}^{3} \bar{y}_i c_{1i}$$

mit $c_{11} = 1$, $c_{12} = -0{,}5$ und $c_{13} = -0{,}5$ bilden.

---

[1] Für ungleich große Stichprobenumfänge vgl. z. B. GLASER, W. R., a. a. O., S. 120ff.

Der Kontrast $C_1$ bringt die Differenz zwischen der Wirkung der ersten und dem Durchschnitt der zweiten und dritten Faktorstufe zum Ausdruck; denn die Wirkung der ersten Faktorstufe findet im Mittelwert $\bar{y}_1$ ihren Niederschlag, die der zweiten Stufe in $\bar{y}_2$ und die der dritten Stufe in $\bar{y}_3$. Die Differenz zwischen $\bar{y}_1$ und dem Durchschnitt aus $\bar{y}_2$ und $\bar{y}_3$, $\frac{1}{2}(\bar{y}_2 + \bar{y}_3)$, ist

$$\bar{y}_1 - 0{,}5\bar{y}_2 - 0{,}5\bar{y}_3 .$$

Diese Differenz entspricht somit dem speziellen Kontrast $C_1$.

Der Kontrast $C_2$ mit $c_{21} = 0$, $c_{22} = 1$ und $c_{23} = -1$,

$$C_2 = \bar{y}_2 - \bar{y}_3 ,$$

bringt die Differenz zwischen der Wirkung der zweiten und dritten Faktorstufe zum Ausdruck.

Der Kontrast $C_3$ mit $c_{31} = 1$, $c_{32} = 0$ und $c_{33} = -1$,

$$C_3 = \bar{y}_1 - \bar{y}_3 ,$$

zeigt die Differenz zwischen der Wirkung der ersten und dritten Faktorstufe.

Im vorliegenden Beispiel sind allerdings nur $C_1$ und $C_2$ voneinander unabhängig. $C_3$ ist von $C_1$ und $C_2$ linear abhängig; denn $C_3 = C_1 + 0{,}5C_2$. Hiermit ist eine wichtige Folgerung verknüpft: Die mit der Bildung des Kontrastes $C_3$ aufgeworfene Frage, ob in der Grundgesamtheit zwischen der Wirkung der ersten und dritten Faktorstufe ein Unterschied besteht, ist also bereits implizit beantwortet, sofern die mit $C_1$ und $C_2$ aufgeworfenen Fragen beantwortet sind.

Allgemein läßt sich feststellen[1]: Für n Daten können $\nu = n-1$ ortho-

[1] Vgl. z. B. MENGES, G./SKALA, H., a. a. O., S. 142.

gonale Kontraste gebildet werden. Für r Mittelwerte $\bar{y}_i$ bzw. r Faktorstufen lassen sich also $\nu$ = r-1 unabhängige Kontraste bilden, die jeweils bestimmte Fragen bezüglich der Wirkung von Faktorstufen aufwerfen.

Ein häufig verwendetes Routineverfahren[1] zur Festlegung von Zahlenwerten für die Koeffizienten $c_{ji}$ ist in der folgenden Tabelle enthalten. Die entsprechenden orthogonalen Kontraste besitzen eine spezifische inhaltliche Bedeutung. Sie zeigen den Vergleich zwischen der Wirkung einer Faktorstufe und einer oder mehreren anderen Faktorstufen. Legen spezielle inhaltliche Fragestellungen die Überprüfung anderer Kontraste nahe, so ist diese Tabelle nicht verwendbar. Hinweise über nicht orthogonale Kontraste sind in HVE II.5 enthalten.

| Faktorstufe i | $c_{1i}$ | $c_{2i}$ | $c_{3i}$ | ... | $c_{[r-1]i}$ |
|---|---|---|---|---|---|
| 1 | 1 | 0 | 0 | | 0 |
| 2 | -1/(r-1) | 1 | 0 | | 0 |
| 3 | -1/(r-1) | -1/(r-2) | 1 | | 0 |
| ⋮ | ⋮ | ⋮ | ⋮ | | ⋮ |
| r-1 | -1/(r-1) | -1/(r-2) | -1/(r-3) | | 1 |
| r | -1/(r-1) | -1/(r-2) | -1/(r-3) | | -1/[r-(r-1)] |

Tab. II.6: Werte für die Koeffizienten $c_{ji}$ in der Beziehung (II.5a)

Für das gewählte Beispiel der drei Mittelwerte $\bar{y}_1$, $\bar{y}_2$ und $\bar{y}_3$ sind also für die Konstruktion von $C_1$ die Koeffizienten

$$c_{11} = 1,\ c_{12} = -\frac{1}{r-1} \text{ und } c_{13} = -\frac{1}{r-1}$$

mit r = 3 verwendbar und für $C_2$ die Koeffizienten

$$c_{21} = 0,\ c_{22} = 1 \text{ und } c_{23} = -\frac{1}{r-2}\ .$$

[1] MOOSBRUGGER, H.: Multivariate statistische Analyseverfahren. Stuttgart 1978, S. 80.

Die Frage nach der Signifikanz eines Kontrastes (zum korrigierten Signifikanzniveau siehe HVE II.6) läßt sich auf zwei äquivalente Arten beantworten, auf einem regressions- und einem varianzanalytischen Weg.

Wie in Kap. IV ausführlich erörtert wird, lassen sich die Koeffizienten $c_{ji}$ der Kontraste als Ausprägungen von Kodiervariablen im Rahmen des regressionsanalytischen Modells auffassen. Im Rahmen des dort entwikkelten Modells wird die Frage nach der Signifikanz eines Kontrastes in einer Weise gestellt, die wir an unserem Beispiel der drei Stichprobenmittelwerte $\bar{y}_1$, $\bar{y}_2$ und $\bar{y}_3$ verdeutlichen wollen. Für den ersten Kontrast wird die Nullhypothese

$$H_o\colon \mu_1 - \frac{\mu_2+\mu_3}{2} = 0$$

formuliert; d. h. für die Grundgesamtheit wird behauptet, daß der Kontrast $C_1$ (die Differenz zwischen der Wirkung der ersten Faktorstufe und dem Durchschnitt der Wirkung, die von der zweiten und dritten Faktorstufe herrührt) gleich Null ist. Wie in Kap. IV erläutert wird, ist diese Nullhypothese einer Nullhypothese äquivalent, die sich auf einen bestimmten Parameter des Regressionsmodells bezieht, den zu $X_1$ gehörenden Regressionskoeffizienten $\beta_1$,

$$H_o\colon \beta_1 = 0.$$

Nähere Erläuterungen zur Prüfung dieser Hypothese enthalten die Kapitel III und IV.

Der varianzanalytische Weg zur Prüfung der Frage nach der Signifikanz eines Kontrastes folgt der Idee, die in (II.2) enthaltene Quadratsumme $q_1$ in weitere Komponenten zu zerlegen. Wie sich nachweisen läßt[1], gilt die Beziehung

[1] Beachte den Hinweis in MENGES, G.:/SKALA, H., a. a. O., S. 142 zum 1. Satz.

(II.6) $q = q_1 + q_2$

mit $q$ und $q_2$ wie in (II.2) sowie

$$q_1 = m \sum_{i=1}^{r} (\bar{y}_i - \bar{y})^2 = m \sum_{j=1}^{r-1} \frac{C_j^2}{\sum_{i=1}^{r} c_{ji}^2} .$$

Hieraus geht für $q_1$ hervor, daß sich die Variation zwischen den Stufen durch die Summe von in bestimmter Weise normierten und quadrierten orthogonalen Kontrasten darstellen läßt. Wir kürzen letztere mit

$$k_j = m \frac{C_j^2}{\sum_{i=1}^{r} c_{ji}^2} \quad \text{ab, so daß} \quad q_1 = \sum_{j=1}^{r-1} k_j .$$

Die Quadratsummenzerlegung (II.6) veranschaulicht die Abbildung II.4.

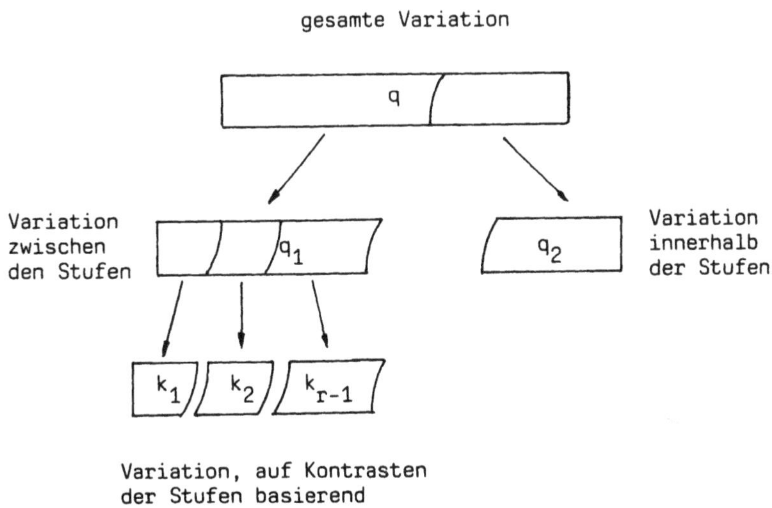


Abb. II.2: Kontraste und Zerlegung der Variation bei der einfaktoriellen Varianzanalyse

Der Einfluß des Zufalls bewirkt, daß $k_j$ gewöhnlich in der Stichprobe einen Wert von größer Null annimmt. Falls der entsprechende Kontrast $C_j$ in der Grundgesamtheit von Null verschieden ist, wird sich dies in einer zusätzlichen Erhöhung des Wertes für $k_j$ in der Stichprobe niederschlagen. Die Höhe von $k_j$ wird also von der Stärke des Zufallseinflusses und der des Kontrastes in der Grundgesamtheit geprägt.

Nun läßt sich nachweisen[1]: Unter den vier weiter vorn formulierten Voraussetzungen der klassischen Varianzanalyse und unter der Nullhypothese[2]

$$H_o: C_j = 0$$

gilt, daß sich

$$\text{(II.7)} \quad s_{j1}^2 = \frac{k_j}{1} = k_j$$

von

$$\text{(II.4)} \quad s_2^2 = \frac{q_2}{n-r},$$

jeweils für $j = 1, \ldots, r-1$, nur noch in den Grenzen unterscheiden darf, die zufälligen Einflüssen zuzubilligen sind. Dies läßt sich für jeden Kontrast $C_j$ mit dem Varianzquotiententest prüfen. Getestet wird jeweils gegen die Alternative

$$H_a: C_j \neq 0.$$

Für Anwendungen empfiehlt sich das Rechenschema Tab. II.7. Hierzu betrachten wir erneut das Beispiel, in dem unterschiedliche Düngungen den Ertrag einer Pflanze beeinflussen. Hierbei zeigte sich, daß mindestens eine der festgelegten Abstufungen der Düngungen einen wesent-

---

[1] Siehe MENGES, G./SKALA, H., a. a. O., S. 142.

[2] Hierfür sind in (II.5a) statt $\bar{y}_i$ die Grundgesamtheitswerte $\mu_i$ zu setzen.

| Variationsgrund | Quadrat-summen | Freiheits-grade | Varianzen |
|---|---|---|---|
| Kontrast 1 und Zufall | $k_1$ | 1 | $s_{11}^2 = k_1$ |
| ⋮ | ⋮ | ⋮ | ⋮ |
| Kontrast r-1 und Zufall | $k_{r-1}$ | 1 | $s_{(r-1)1}^2 = k_{r-1}$ |
| Faktor und Zufall | $q_1$ | r-1 | $s_1^2 = \frac{q_1}{r-1}$ |
| Zufall | $q_2$ | n-r | $s_2^2 = \frac{q_2}{n-r}$ |
| Insgesamt | q | n-1 | |

Tab. II.7: Rechenschema für eine einfaktorielle Varianzanalyse unter Einbezug von Kontrasten

lichen Einfluß auf den Ertrag hat. Wir prüfen nunmehr die Frage nach der Signifikanz der vier orthogonalen Kontraste, die sich für die fünf Stufen bilden lassen. Nach wenigen Rechnungen erhalten wir die Übersicht der Tab. II.8, die dem Rechenschema Tab. II.7 entspricht.

Die Bestimmung z. B. der dort ausgewiesenen Quadratsumme 858,1 erfolgt gemäß (II.6) und (II.5a):

$$C_1 = \sum_{i=1}^{5} \bar{y}_i c_{1i} = 57,75 - \frac{1}{4}87,75 - \frac{1}{4}53,5 - \frac{1}{4}73,5 - \frac{1}{4}81,75 = -16,375 \ ,$$

$$\sum_{i=1}^{5} c_{1i}^2 = 1^2 + 0,25^2 + 0,25^2 + 0,25^2 + 0,25^2 = 1,25 \ ,$$

$$k_1 = 4 \ \frac{(-16,375)^2}{1,25} = 858,1 \ .$$

Die vier F-Tests führen bei 5%-Signifikanzniveau[1] zu den in der Tab. II.9 ausgewiesenen Resultaten.

[1] Bei dem auf 1,27% korrigierten Signifikanzniveau (vgl. HVE II.6) wird lediglich die Hypothese bzgl. des Kontrastes 3 verworfen.

| Variationsgrund | Quadrat-summen | Freiheits-grade | Varianzen |
|---|---|---|---|
| Düngungsstufe 1 verglichen mit dem Durchschnitt der Stufen 2 bis 5 und Zufall | 858,1 | 1 | 858,1 |
| Düngungsstufe 2 verglichen mit dem Durchschnitt der Stufen 3 bis 5 und Zufall | 990,1 | 1 | 990,1 |
| Düngungsstufe 3 verglichen mit dem Durchschnitt der Stufen 4 und 5 und Zufall | 1 552,0 | 1 | 1 552,0 |
| Düngungsstufe 4 verglichen mit der Stufe 5 und Zufall | 136,1 | 1 | 136,1 |
| Düngung und Zufall | 3 536,3 | 4 | 884,1 |
| Zufall | 2 162,3 | 15 | 144,2 |
| Insgesamt | 5 162,6 | 19 | |

Tab. II.8: Einfaktorielle Varianzanalyse unter Einbezug von Kontrasten (Beispiel für Tab. II.7)

Der Rückweisungspunkt der nach $F^1_{15}$ verteilten Prüfvariablen liegt im Wert 4,54. Lediglich der vierte Kontrast läßt sich auf den Zufall zurückführen; d. h. die Wirkung der Düngung 4 unterscheidet sich nicht wesentlich von der Wirkung der Düngung 5. Hingegen besteht ein wesentlicher Unterschied

- zwischen der Wirkung der Düngung 1 und dem Durchschnitt der Wirkungen der übrigen Düngungen (1. Kontrast),
- zwischen der Wirkung der Düngung 2 und dem Durchscnitt der Wirkungen der Düngungen 3, 4 und 5 (2. Kontrast)

- sowie zwischen der Wirkung der Düngung 3 und dem Durchschnitt der Wirkungen der Düngungen 4 und 5 (3. Kontrast).

| Signifikanzprüfung für | $\frac{s_{j1}^2}{s_2^2}$ | Entscheidung |
|---|---|---|
| Kontrast 1 | 5,95 | $H_0$-Ablehnung |
| Kontrast 2 | 6,87 | $H_0$-Ablehnung |
| Kontrast 3 | 10,76 | $H_0$-Ablehnung |
| Kontrast 4 | 0,94 | $H_0$-Annahme |

Tab. II.9: Signifikanzprüfung für Kontraste bei einer einfaktoriellen Varianzanalyse

Die Tab. II.10 faßt die bislang betrachteten Tests zusammen.

| Prüfung der Wirkung von | Nullhypothese | Alternativ-hypothese | Varianzquotient |
|---|---|---|---|
| Faktor mit r Stufen | $\mu_i = \mu$ für alle i | $\mu_i \neq \mu$ für mindestens ein $\mu_i$ | $\frac{s_1^2}{s_2^2}$ |
| Kontrast 1 | $C_1 = 0$ | $C_1 \neq 0$ | $\frac{s_{11}^2}{s_2^2}$ |
| Kontrast 2 | $C_2 = 0$ | $C_2 \neq 0$ | $\frac{s_{21}^2}{s_2^2}$ |
| ⋮ | ⋮ | ⋮ | ⋮ |
| Kontrast r-1 | $C_{r-1} = 0$ | $C_{r-1} \neq 0$ | $\frac{s_{(r-1)1}^2}{s_2^2}$ |

Anmerkung zu den Hypothesen für Kontraste: In (II.5a) sind statt $\bar{y}_i$ die Grundgesamtheitswerte $\mu_i$ zu setzen.

Tab. II.10: Tests bei einer einfaktoriellen Varianzanalyse

## 2. Einfaktorielle Varianzanalyse mit zufälligen Faktorstufen

Das Modell mit vorgegebenen Faktorstufen bildet in den Sozial- und Wirtschaftswissenschaften den Regelfall, so daß es im Vordergrund der weiteren Betrachtungen stehen soll. Lediglich im überschaubaren Fall der einfaktoriellen Varianzanalyse wollen wir kurz auf die Grundform des Modells mit zufälligen (randomisierten) Faktorstufen (Effekten) eingehen[1]. Wir werden sehen, daß der hier verwendbare Varianzquotiententest, der den Faktor betrifft, formal mit dem entsprechenden Test unter Punkt 1b) dieses Kapitels übereinstimmt. Die sich auf das Testergebnis stützende Schlußfolgerung ist jedoch wegen einer im Vergleich zur Varianzanalyse mit vorgegebenen Faktorstufen inhaltlich andersartigen Nullhypothese auf einen anderen Sachverhalt bezogen.

### a) Modell

Das varianzanalytische Modell mit zufälligen Faktorstufen (Random-Faktor-Modell) stellt ein Dependenzmodell dar, in dem die Werte des Faktors nicht a priori festgelegt sind, sondern sich erst bei der Stichprobenziehung ergeben. Die Faktorstufen besitzen deshalb die Eigenschaft von Stichprobenrealisationen und sind vom Experimentator nicht mehr bewußt und substanzwissenschaftlich begründet ausgewählt. Ein in dieser Hinsicht allgemeineres einfaktorielles Modell der Varianzanalyse ist für eine Situation angemessen, in der ein Interesse daran besteht zu ergründen, ob die spezifische Auswahl der Faktorstu-

[1] Die regressionsanalytische Fassung des Modells der mehrfaktoriellen Varianzanalyse mit zufälligen Faktorstufen (stochastische Regressoren) ist mit beträchtlichen methodischen Problemen verbunden. Siehe hierzu SCHÖNFELD, P.: Methoden der Ökonometrie Bd. II. München 1971, S. 149ff.

fen für die Variation der Werte der Untersuchungsvariablen bedeutsam ist. Beispielsweise[1] ist die Frage gestellt, ob im Rahmen einer Reihe von psychologischen Experimenten die empirischen Befunde von der Unterschiedlichkeit der Versuchsleiter (Aussehen, Persönlichkeit usw.) beeinflußt sind. Die Stufen des Faktors "Versuchsleiter" bestehen in der Stichprobe aus den r zufällig ausgewählten Versuchsleitern und in der Grundgesamtheit aus der gesamten Menge der l möglichen Versuchsleiter, wobei wir annehmen wollen, daß l beträchtlich größer als r ist. Zur Beantwortung der gestellten Frage führen nun alle Versuchsleiter der Stichprobe das gleiche psychologische Experiment durch. Etwaige Unterschiede in den empirischen Befunden lassen sich somit auf den Faktor "Versuchsleiter" und den Einfluß des Zufalls zurückführen. Die Trennung der Faktor- von der Zufallseinwirkung ist wiederum Gegenstand der varianzanalytischen Auswertung.

Das der vorliegenden Problemlage angemessene Modell (Effektdarstellung) enthält zunächst ebenfalls die auf den Meßwert $y_{ij}$ der Untersuchungsvariablen bezogene Identität (II.1) bzw. (II.1a). Abweichend hiervon ist nunmehr dem Stichprobencharakter der Faktorstufen Rechnung zu tragen. Dies wird in der Identität

$$\text{(II.8)} \quad y_{ij} = \mu + (\mu_i - \mu) + (y_{ij} - \mu_i), \quad i = 1, \ldots, r, \quad j = 1, \ldots, m,$$

durch die Stichprobennotation des Effektes

$$a_i = \mu_i - \mu$$

zum Ausdruck gebracht. Die Interpretation der drei Komponenten $\mu$, $a_i$ und $e_{ij} = y_{ij} - \mu_i$, aus denen sich $y_{ij}$ zusammensetzt, entspricht ansonsten der bereits im Anschluß an (II.1) gegebenen Erläuterung. Unter Verwendung obiger Abkürzungen entspricht (II.8) der Identität

$$\text{(II.8a)} \quad y_{ij} = \mu + a_i + e_{ij}, \quad i = 1, \ldots, r, \quad j = 1, \ldots, m,$$

[1] Nach DIEHL, J.: Varianzanalyse (4. Auflg.). Frankfurt 1983, S. 249f.

bzw. in Variablenschreibweise

(II.8b) $Y_{ij} = \mu + A_i + E_{ij}$, $i = 1, \ldots, r$, $j = 1, \ldots, m$.

Das Problem der Beurteilung der Unterschiede zwischen den Stichprobenmittelwerten $\bar{y}_i$ läßt sich unter bestimmten Voraussetzungen lösen. Wie im Modell mit vorgegebenen Faktorstufen ist von den Störvariablen $E_{ij}$ zu fordern, daß sie normalverteilt sind mit dem Mittelwert von Null und der für alle Faktorstufen gleichen Grundgesamtheitsvarianz, die wir im vorliegenden Kontext mit $\sigma_E^2$ bezeichnen. Weiterhin müssen die Störvariablen unabhängig sein, was auch von den Effektvariablen $A_i$ gefordert wird. Die Verteilungen der Variablen $A_i$ besitzen den Mittelwert Null und die Varianz $\sigma_A^2$. Ferner müssen $E_{ij}$ und $A_i$ paarweise unabhängig sein. Wie bisher setzen wir gleich große Stichprobenumfänge voraus.

b) Test der Faktorwirkung

Falls die unterschiedlichen Faktorstufen für die Untersuchungsvariable keine Bedeutung besitzen, muß für alle möglichen Faktorstufen l gelten, daß die entsprechenden Mittelwerte der Untersuchungsvariablen $\mu_i$ in der Grundgesamtheit gleich groß sind,

$H_0$: $\mu_i = \mu$ für $i = 1, \ldots, r, \ldots, l$.

Eine äquivalente Formulierung der Nullhypothese ist

$H_0$: $\sigma_A^2 = 0$,

wobei $\sigma_A^2$ die Grundgesamtheitsvarianz der Effekte des Faktors bezeichnet. Beide Nullhypothesen sind äquivalent; denn die Hypothese über die Abwesenheit eines Effektes auf allen Faktorstufen bedeutet natürlich auch, daß die Effekte eine Varianz von Null besitzen. Letztere

Nullhypothese ist, wie sich zeigen wird, für die Entwicklung einer geeigneten Prüfvariablen von Vorteil.
Entsprechend lautet die Alternativhypothese

$H_a: \sigma_A^2 > 0$ .

Die Entwicklung einer geeigneten Prüfvariablen basiert wiederum auf der Quadratsummenzerlegung (II.2), die ja die gesamte Variation der Untersuchungsvariablen in die Variation zwischen den Stufen und innerhalb der Stufen trennt. Es läßt sich nun zeigen (siehe HVE II.3), daß stets gilt:

$$E(S_1^2) = m\sigma_A^2 + \sigma_E^2.$$

Der Durchschnitt der aus den Variationen zwischen den Gruppenmitteln gebildeten Varianzen entspricht also der gewichteten Summe der zwei Grundgesamtheitsvarianzen $\sigma_A^2$ und $\sigma_E^2$.

Ferner läßt sich die Gültigkeit der Beziehung

$$E(S_2^2) = \sigma_E^2$$

herleiten (siehe HVE II.3). Der Durchschnitt der aus den Variationen innerhalb der Gruppen gebildeten Varianzen entspricht also der Grundgesamtheitsvarianz der Störvariablen.

Falls nun die Nullhypothese $\sigma_A^2 = 0$ zutrifft, muß

$$E(S_1)^2 = \sigma_E^2$$

gelten. Unter der Nullhypothese dürfen sich, wie bei der einfaktoriellen Varianzanalyse mit vorgegebenen Faktorstufen, die Stichprobenvarianzen $s_1^2$ gemäß (II.3) und $s_2^2$ gemäß (II.4) also nur noch in den Grenzen unterscheiden, die zufälligen Einflüssen zuzubilligen wären. Dies läßt sich mit dem Varianzquotiententest prüfen. Im Vergleich zum Modell mit vorgegebenen Faktorstufen ergeben sich somit keine lösungstechnischen Unterschiede. Deshalb kann auf ein Anwendungsbeispiel verzichtet werden.

Noch einmal hervorgehoben seien jedoch die Unterschiede zwischen den Schlußfolgerungen, die im Rahmen der zwei Modelle gezogen werden. Hierzu verwenden wir das weiter vorn erläuterte Beispiel des Faktors "Versuchsleiter" bei psychologischen Experimenten. Im Random-Faktor-Modell betrifft die Schlußfolgerung die Grundgesamtheit der Versuchsleiter, wobei der Versuchsplan vorsieht, daß alle Versuchsleiter in der Stichprobe das gleiche psychologische Experiment durchführen. Der Test der Faktorwirkung könnte beispielsweise zum Schluß führen, daß Versuchsleiter einen wesentlichen Einfluß auf die Resultate psychologischer Experimente ausüben. Im Fix-Faktor-Modell betrifft die Schlußfolgerung die systematisch variierten Experimente der a priori vorgegebenen Versuchsleiter. Der Test der Faktorwirkung könnte hier beispielsweise zum Schluß führen, daß die Resultate psychologischer Experimente wesentlich von der variierten Bedingung (Treatment) geprägt sind, unter der die Experimente durchgeführt wurden.

Bei praktischen Problemen, in denen das primäre Interesse auf der zuletzt genannten Schlußfolgerung gerichtet ist und in denen zugleich der Versuchsleitereffekt berücksichtigt werden soll, müssen weitergehende Überlegungen angestellt werden[1].

## 3. Zweifaktorielle Varianzanalyse mit vorgegebenen Faktorstufen

Das Modell der zweifaktoriellen Varianzanalyse ist für eine reale Situation adäquat, in der davon ausgegangen wird, daß zwei Faktoren eine metrisch skalierte Untersuchungsvariable beeinflussen. Für die modellhafte Erfassung dieses Problems bestehen im Rahmen der Varianz- und darüber hinausgehend generell der Dependenzanalyse mehrere Möglichkeiten, auf die grundsätzlich bereits unter Kap. I.1db) hingewiesen

[1] Siehe z. B. DIEHL, J., a. a. O., S. 255ff.

wurde[1]:

- Das einfaktorielle Modell der Varianzanalyse wird weiterhin verwendet, der potentiell wirksame zweite Faktor wird jedoch bei der Erhebung konstant gehalten. Ist beispielsweise bei einer Untersuchung das Merkmal "Zugehörigkeit zu einer sozialen Schicht" ein vermutlich wirksamer zweiter Faktor, könnte auf einer seiner Stufen, z. B. der Stufe der Arbeiter, eine einfaktorielle Varianzanalyse durchgeführt werden. Dieser zweite Faktor beeinflußt dann in der Beziehung (II.1) jeden Wert $y_{ij}$ der Untersuchungsvariablen lediglich in der Komponente $\mu$, die das Gesamtniveau der Meßwerte und damit die kombinierte Wirkung aller konstant gehaltenen Faktoren zum Ausdruck bringt. Von Nachteil ist, daß die Ergebnisse der Varianzanalyse nur im Rahmen der konstant gehaltenen Variablen verallgemeinert werden können. Sie sind also nur für die jeweilige Stufe des zweiten Faktors gültig, beispielsweise für die Stufe "Arbeiter".
- Das einfaktorielle Modell der Varianzanalyse wird weiterhin verwendet, der potentiell wirksame zweite Faktor wird jedoch kontrolliert. Dies bedeutet, er wird bei der Erhebung nicht konstant gehalten, sondern gemessen und erst im Rahmen der statistischen Analyse rechnerisch konstant gehalten. Die rechnerische Ausschaltung des zweiten Faktors erfolgt durch die Anwendung eines Regressionsmodells für diesen Faktor und die Untersuchungsvariable. Das entsprechende Modell wird im Rahmen der Kovarianzanalyse in Kap. IV.3 erörtert. Es entspricht dem Konzept der semi-partiellen Regression (Kap. III.2c).
- Das einfaktorielle Modell der Varianzanalyse wird nicht weiter verwendet, sondern durch ein zweifaktorielles Modell der Varianzanalyse abgelöst. Im zweifaktoriellen Modell werden beide Faktoren systematisch variiert, um ihre Bedeutung für die damit einhergehende Variation der Untersuchungsvariablen beurteilen zu können.

Wir befassen uns im folgenden mit der zuletzt erwähnten Möglichkeit.

---

[1] Siehe auch BORTZ, J.: Lehrbuch der Statistik (2. Auflg.). Berlin 1985, S. 349f.

a) Modell

Das allgemeine Modell der zweifaktoriellen Varianzanalyse mit vorgegebenen Faktorstufen entwickeln wir als Verallgemeinerung des Modells der entsprechenden einfaktoriellen Analyse. Hierzu bedarf es zunächst einiger Vereinbarungen über die verwendete Notation. Der Faktor A besitzt die Stufen $i = 1, \ldots, r$ und der Faktor B die Stufen $k = 1, \ldots, t$. Bei jeder Stufenkombination der Faktoren wird die metrische Untersuchungsvariable in der Stichprobe m-mal unabhängig voneinander erhoben. Der Meßwert $y_{ikj}$ bezeichnet die j-te Messung, $j = 1, \ldots, m$, der Untersuchungsvariablen auf der i-ten Stufe von A und der k-ten Stufe von B. In der Grundgesamtheit bezeichnet $\mu$ das arithmetische Mittel aller Meßwerte. $\mu_{ik}$ bezeichnet den Grundgesamtheitsmittelwert der Untersuchungsvariablen für die Stufenkombination i des Faktors A mit k des Faktors B.

$$\mu_{i.} = \frac{1}{t} \sum_k \mu_{ik}$$

stellt den Grundgesamtheitsmittelwert der Untersuchungsvariablen für die i-te Stufe von A dar und

$$\mu_{.k} = \frac{1}{r} \sum_i \mu_{ik}$$

für die k-te Stufe von B.

Die Darstellung des Modells besteht wiederum zunächst aus einer Identität, die auf den Meßwert der Untersuchungsvariablen bezogen ist:

$$\text{(II.9)} \quad y_{ikj} = \mu + (\mu_{i.}-\mu) + (\mu_{.k}-\mu) + [\mu_{ik}-\mu-(\mu_{i.}-\mu)-(\mu_{.k}-\mu)] + (y_{ikj}-\mu_{ik}), \qquad i = 1, \ldots, r,\; k = 1, \ldots, t,\; j = 1, \ldots, m.$$

$y_{ikj}$ besteht also aus fünf additiven Komponenten. Die Interpretation der Komponenten

$\mu$ (Gesamtniveau der Meßwerte),

$\alpha_i = \mu_{i.} - \mu$ (Haupteffekt der i-ten Stufe des Faktors A),

$\beta_k = \mu_{.k} - \mu$ (Haupteffekt der k-ten Stufe des Faktors B) und

$e_{ikj} = y_{ikj} - \mu_{ik}$ (Wirkung der Störvariablen)

ergibt sich durch analoge Überlegungen zu den bereits im Anschluß an (II.1) durchgeführten.

Die Komponente

$\gamma_{ik} = [\mu_{ik}-\mu-(\mu_{i.}-\mu)-(\mu_{.k}-\mu)] = \mu_{ik} - \mu - \alpha_i - \beta_k$

ist eine für alle Meßwerte konstante Größe, die der Einwirkung der i-ten Stufe des Faktors A und der k-ten Stufe des Faktors B ausgesetzt ($\mu_{ik}$) und von der die kombinierte Wirkung aller konstant gehaltenen Faktoren ($\mu$) sowie die Haupteffekte der beiden Faktoren ($\alpha_i$, $\beta_k$) subtrahiert sind. $\gamma_{ik}$ reflektiert somit die Wirkung der Faktoren A und B, die wegen einer speziellen Kombination ihrer Stufen besteht. Deshalb wird $\gamma_{ik}$ als Wechselwirkung (Interaktion)[1] bezeichnet.

Eine Wechselwirkung der Faktoren tritt nicht auf ($\gamma_{ik} = 0$), falls diese voneinander unabhängig sind; denn bei unabhängigen Faktoren ist die Wirkung von A auf jeder Stufe von B gleich groß und die Wirkung von B auf jeder Stufe von A gleich groß. Die Wirkungen von A und B werden in diesem Falle als additiv bezeichnet.

Unter Verwendung obiger Abkürzungen entspricht (II.9) der Identität

(II.9a) $$y_{ikj} = \mu + \alpha_i + \beta_k + \gamma_{ik} + e_{ikj}, \quad \begin{array}{l} i = 1, \ldots, r, \\ k = 1, \ldots, t, \\ j = 1, \ldots, m, \end{array}$$

bzw. in Variablenschreibweise

---

[1] Im Rahmen der Regressionsanalyse (Kap. III) wird die Korrelation zwischen Faktoren bzw. Variablen als Kollinearität oder Multikollinearität bezeichnet. Diese Korrelation tritt im Rahmen der Varianzanalyse erst in ihrer Wirkung auf die Untersuchungsvariable hervor und wird hier als Wechselwirkung bezeichnet.

(II.9b) $$Y_{ikj} = \mu + \alpha_i + \beta_k + \gamma_{ik} + E_{ikj}, \quad \begin{array}{l} i = 1, \ldots, r, \\ k = 1, \ldots, t, \\ j = 1, \ldots, m. \end{array}$$

Das Problem der Beurteilung der verschiedenartigen Effekte der Faktoren wird im folgenden unter Berücksichtigung von zwei unterschiedlichen Versuchsplänen behandelt.

b) Eine Beobachtung pro Zelle

In der einfachsten und, wie noch zu erläutern sein wird, am schlechtesten geplanten Untersuchung wird ein Versuchsplan verwendet, in dem die Untersuchungsvariable bei den rt = n Wertekombinationen der Faktoren nur jeweils einmal erhoben wird (eine Beobachtung pro Zelle). An jeder der n statistischen Einheiten wird ein Wert $y_{ik}$ ermittelt. Der Index j in (II.9) bis (II.9b) kann in diesem Falle wegen m = 1 für alle Kombinationen von i und k fortgelassen werden[1]. Deshalb entspricht hier der Stichprobenmittelwert $\bar{y}_{ik}$ dem Meßwert $y_{ik}$. Die Auswirkung der Störvariablen in der Stichprobe, $e_{ik} = y_{ik} - \bar{y}_{ik}$, kann somit nicht ohne weiteres gemessen werden.

Die Tab. II.11 stellt den Versuchsplan dieser zweifaktoriellen Varianzanalyse dar. Die Mittelwerte in den zwei Randverteilungen stellen geeignete Schätzwerte für die entsprechenden Mittelwerte $\mu_{i.}$ bzw. $\mu_{.k}$ in den Grundgesamtheiten dar.

---

[1] Falls die Zahl der statistischen Einheiten r beträgt und an jeder Einheit nur ein Faktor in t Stufen erhoben wird (verbundene Stichproben), liegt der Versuchsplan für eine einfaktorielle Block-Varianzanalyse vor. Siehe auch den Hinweis auf S. 76.

| Faktor B / Faktor A | Stufe 1 ... Stufe k ... Stufe t | $\frac{1}{t}\sum_k y_{ik}$ |
|---|---|---|
| Stufe 1<br>⋮<br>Stufe i<br>⋮<br>Stufe r | $y_{ik}$ | $\bar{y}_{1.}$<br>⋮<br>$\bar{y}_{i.}$<br>⋮<br>$\bar{y}_{r.}$ |
| $\frac{1}{r}\sum_i y_{ik}$ | $\bar{y}_{.1}$ ... $\bar{y}_{.k}$ ... $\bar{y}_{.t}$ | |

$y_{ik}$ - Meßwert bei der i-ten Stufe von Faktor A und der k-ten Stufe von Faktor B.

An jeder der rt = n statistischen Einheiten wird ein Wert $y_{ik}$ ermittelt.

Tab. II.11: Plan einer zweifaktoriellen Varianzanalyse mit einer Beobachtung pro Zelle

ba) Tests der Faktorwirkungen

Die Beurteilung der verschiedenartigen Effekte der Faktoren ist unter Voraussetzungen möglich, die denen der entsprechenden einfaktoriellen Varianzanalyse analog sind. $E_{ik}$ und damit $Y_{ik}$ müssen normalverteilt und unabhängig sein und gleiche Varianzen aufweisen. Die $Y_{ik}$ folgen also voraussetzungsgemäß der Verteilung $N(\mu_{ik}; \sigma)$. Wie wir noch begründen werden, muß zusätzlich die Abwesenheit von Wechselwirkungen unterstellt werden.

Die zweifaktorielle Varianzanalyse mit einer Beobachtung pro Zelle dient der Überprüfung des Einflusses beider Faktoren. Zu unterscheiden ist die generelle Hypothese, daß beide Faktoren gemeinsam nicht die Variation der Untersuchungsvariablen erklären können, von den entsprechenden, jeweils auf die beiden einzelnen Faktoren bezogenen Hypothesen.

Die generelle Nullhypothese lautet

$H_o$: $\alpha_i = \beta_k = 0$ bzw. $H_o$: $\mu_{ik} = \mu$ für alle i und k

und die Alternativhypothese

$H_a$: $\mu_{ik} \neq \mu$ für mindestens ein $\mu_{ik}$.

Die Nullhypothese

$H_o$: $\alpha_i = 0$ bzw. $H_o$: $\mu_{i.} = \mu$ für alle i

betrifft den Effekt das Faktors A, die Nullhypothese

$H_o$: $\beta_k = 0$ bzw. $H_o$: $\mu_{.k} = \mu$ für alle k

den Effekt des Faktors B. Die Alternativhypothesen sind der Alternativhypothese zur generellen Nullhypothese analog.

Der Entwicklung geeigneter Prüfvariablen für die formulierten Nullhypothesen dient die Quadratsummenzerlegung

$$\text{(II.10)} \quad q = q_1 + q_1 + q_3 , \quad q = \sum_i^r \sum_k^t (y_{ik} - \bar{y})^2, \quad q_1 = t\sum_i(\bar{y}_{i.} - \bar{y})^2 ,$$

$$q_2 = r\sum_k(\bar{y}_{.k} - \bar{y})^2 ,$$

$$q_3 = \sum_i \sum_k (y_{ik} - \bar{y}_{i.} - \bar{y}_{.k} + \bar{y})^2 ,$$

wobei $\bar{y}_{i.}$ und $\bar{y}_{.k}$ gemäß Tab. II.11 definiert sind.

Für die Interpretation von $q_3$ ist eine andere algebraische Schreibweise dienlich:

$$q_3 = \sum_i \sum_k [(y_{ik}-\bar{y}) - (\bar{y}_{i.}-\bar{y}) - (\bar{y}_{.k}-\bar{y})]^2.$$

In $q_1$ kommt der Haupteffekt des einen und in $q_2$ der Haupteffekt des anderen Faktors zum Ausdruck. Im Vergleich zu (II.9a) fällt auf, daß die Quadratsummenzerlegung (II.10) keine Trennung zwischen der Wechselwirkung und der Auswirkung der Störvariablen (des Zufalls) zuläßt. Eine derartige Trennung ist wegen nur einer Beobachtung pro Zelle nicht möglich, weil eine Variation innnerhalb der Zellen, die dem Zufall allein zuzuschreiben wäre, nicht bestimmt werden kann. Für alles Weitere muß deshalb unterstellt werden, daß die Variation zwischen den Kombinationen der Stufen der beiden Faktoren, wie sie durch $q_3$ zum Ausdruck gebracht wird, ausschließlich durch den Zufall bedingt ist und nicht durch Wechselwirkungen der Faktoren. Anderenfalls gäbe es für die Prüfung der Hypothesen über die Abwesenheit der verschiedenen Effekte keine geeignete Bezugsgröße. Nach Möglichkeit sollte deshalb der Versuchsplan vor der Datenerhebung so gestaltet werden, daß mehr als eine Beobachtung pro Zelle vorgesehen ist.

Falls die zwei Faktoren beim Plan mit einer Beobachtung pro Zelle tatsächlich nicht voneinander unabhängig sind und deshalb Wechselwirkungen bestehen, wird dies zu einer Erhöhung von $q_3$ führen und die Prüfung der Hypothesen zugunsten ihrer Beibehaltung beeinflussen.
In der spezielleren Literatur sind Verfahren entwickelt, die die Abwesenheit von Wechselwirkungen für den vorliegenden Versuchsplan prüfen[1].

Die Quadratsummenzerlegung (II.10) wird durch die Abb. II.3 veranschaulicht.

---

[1] Siehe TUKEY, J. W.: One degree of freedom for nonadditivity. In: Biometrics (1949), S. 232-242. Vgl. auch die Hinweise bei SACHS, L.: Statistische Auswertungsmethoden (2. Auflg.). Berlin 1969, S. 518f. oder BORTZ, J., a. a. O., S. 394ff.

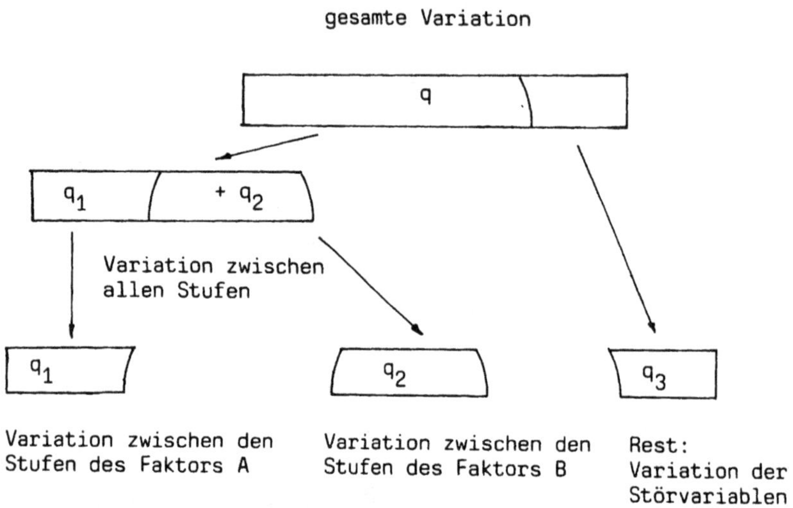


Abb. II.3: Zerlegung der Variation bei der zweifaktoriellen Varianzanalyse mit einer Beobachtung pro Zelle

Die Division der in (II.10) enthaltenen Quadratsummen $q_1$, $q_2$ und $q_3$ durch ihre jeweiligen Freiheitsgrade führt zu den Varianzen

(II.11) $$s_1^2 = \frac{q_1}{r-1} ,$$

(II.12) $$s_2^2 = \frac{q_2}{t-1} ,$$

(II.13) $$s_{1+2}^2 = \frac{q_1+q_2}{r+t-2} \quad \text{und}$$

(II.14) $$s_3^2 = \frac{q_3}{(r-1)(t-1)} .$$

Ähnlich wie im Rahmen der einfaktoriellen Varianzanalyse mit vorgegebenen Faktorstufen läßt sich zeigen, daß unter der umfassenden Nullhypothese $H_o$: $\mu_{ik} = \mu$ für alle i und k gilt:

$$E(S_{1+2}^2) = E(S_3^2) = \sigma^2 .$$

$s_{1+2}^2$ und $s_3^2$ dürfen dann also nur noch in den durch den Zufall gesetzten Grenzen voneinander abweichen. Dies läßt sich mit einem entsprechenden Varianzquotiententest überprüfen.

Unter den für die Faktoreffekte formulierten Nullhypothesen gilt entsprechend

$E(S_1^2) = E(S_3^2) = \sigma^2$ bzw. $E(S_2^2) = E(S_3^2) = \sigma^2$ .

Die Abwesenheit eines Effektes von Faktor A läßt sich also durch einen Varianzquotiententest mit (II.11) im Zähler und (II.14) im Nenner und die Abwesenheit eines Effektes von B durch (II.12) im Zähler und (II.14) im Nenner der Prüfvariablen testen.

Für Anwendungsrechnungen empfiehlt sich das Rechenschema der Tab. II.12.

| Variationsgrund | Quadratsummen | Freiheitsgrade | Varianzen |
|---|---|---|---|
| Faktor A und Zufall | $q_1$ | r-1 | $s_1^2 = \frac{q_1}{r-1}$ |
| Faktor B und Zufall | $q_2$ | t-1 | $s_2^2 = \frac{q_2}{t-1}$ |
| Faktor A, B und Zufall | $q_1+q_2$ | r+t-2 | $s_{1+2}^2 = \frac{q_1+q_2}{r+t-2}$ |
| Zufall | $q_3$ | (r-1)(t-1) | $s_3^2 = \frac{q_3}{(r-1)(t-1)}$ |
| Insgesamt | q | n-1 | |

Tab. II.12: Rechenschema für eine zweifaktorielle Varianzanalyse mit einer Beobachtung pro Zelle

Hierzu betrachten wir ein Beispiel[1]. Untersuchungsvariable ist die monatliche Gewichtszunahme von Schweinen. Faktor A bezeichnet das

[1] Daten nach KREYSZIG, E.: Statistische Methoden und ihre Anwendungen (7. Auflg.). Göttingen 1979, S. 252f.

Anfangsgewicht, Faktor B die Futterart.

| Futterart / Anfangsgewicht | Stufe 1 | Stufe 2 | Stufe 3 | Durchschnittliche Gewichtszunahme bei den Anfangsgewichten |
|---|---|---|---|---|
| Stufe 1 | 7,0 | 14,0 | 8,5 | $\bar{y}_{1.} = 9,8333$ |
| Stufe 2 | 16,0 | 15,5 | 16,5 | $\bar{y}_{2.} = 16,0$ |
| Stufe 3 | 10,5 | 15,0 | 9,5 | $\bar{y}_{3.} = 11,6667$ |
| Stufe 4 | 13,5 | 21,0 | 13,5 | $\bar{y}_{4.} = 16,0$ |
| Durchschnittliche Gew. bei den Futterarten | $\bar{y}_{.1} = 11,75$ | $\bar{y}_{.2} = 16,375$ | $\bar{y}_{.3} = 12,0$ | |

Tab. II.13: Gewichtszunahme von Schweinen (Beispiel für Tab. II.11)

Nach wenigen Rechnungen ergibt sich die Übersicht der Tab. II.14.

| Variationsgrund | Quadratsummen | Freiheitsgrade | Varianzen |
|---|---|---|---|
| Anfangsgewicht und Zufall | 87,73 | 3 | 29,24 |
| Futterart und Zufall | 54,12 | 2 | 27,06 |
| Anfangsgewicht, Futterart und Zufall | 141,85 | 5 | 28,37 |
| Zufall | 28,21 | 6 | 4,70 |
| Insgesamt | 170,06 | 11 | |

Tab. II.14: Zweifaktorielle Varianzanalyse mit einer Beobachtung pro Zelle (Beispiel für Tab. II.12)

Die Beurteilung der umfassendsten Hypothese über die Unwirksamkeit beider Faktoren erfolgt durch den Vergleich des Stichprobenwertes $\frac{28,37}{4,7} = 6,04$ der nach $F_6^5$ verteilten Prüfvariablen mit dem Rückweisungspunkt, der bei 5% Signifikanzniveau im Wert 4,39 liegt. Mindestens eine Stufe des Faktors Anfangsgewicht oder Futterart übt also einen signifikanten Einfluß auf die Gewichtszunahme aus.

Die Effekte der beiden Faktoren werden einzeln durch die Tests mit

$F_6^3 = \frac{29,24}{4,7} = 6,22$ und

$F_6^2 = \frac{27,06}{4,7} = 5,76$

beurteilt. Im ersten Varianzquotiententest liegt der Rückweisungspunkt bei 5% Signifikanzniveau im Wert 4,76. Mindestens eine Anfangsgewichtsklasse beeinflußt also wesentlich die Gewichtszunahme bei der Fütterung. Im zweiten Test liegt (bei 5% Signifikanzniveau) der Rückweisungspunkt im Wert 5,14. Mindestens eine Futterart übt also auf die Gewichtszunahme einen signifikanten Einfluß aus.

bb) Kontraste

Die weitergehenden Fragen, welche der Gewichtsklassen bzw. welche der Futterartenklassen bedeutungsvoll sind, lassen sich unter Verwendung geeignet formulierter Kontraste beurteilen.

Analog zu den Ausführungen unter Punkt 1c) dieses Kapitels werden hierzu die Quadratsummen $q_1$ und $q_2$ von (II.10) jeweils in weitere orthogonale Komponenten zerlegt. Gemäß Abb. II.2 wäre in Abb. II.3 die entsprechende weitere Zerlegung von $q_1$ in insgesamt r-1 Komponenten und $q_2$ in t-1 Komponenten zu ergänzen. Unter den Voraussetzungen der klassischen Varianzanalyse und unter der Nullhypothese, daß der zu Faktor A gehörende Kontrast $C_{jA}$ (bzw. der zum Faktor B gehörende Kontrast $C_{jB}$) gleich Null ist, gilt auch hier, daß sich $k_{jA}$ (bzw. $k_{jB}$), das analog zum Vorgehen in (II.6) zu bilden ist, von der Varianz (II.14) nur noch in den Grenzen unterscheiden darf, die dem Zufall zuzuschreiben sind. Hierbei bedeuten analog zu (II.5a)

$$\text{(II.5b)} \qquad C_{jA} = \sum_{i=1}^{r} \bar{y}_{i.} c_{ji} , \qquad j = 1, \ldots, r-1,$$

$$\text{(II.5c)} \qquad C_{jB} = \sum_{k=1}^{t} \bar{y}_{.k} c_{jk} , \qquad j = 1, \ldots, t-1 .$$

Für $q_1$ und $q_2$ gilt analog zu (II.6)

$$q_1 = \sum_{j=1}^{r-1} k_{jA} \quad \text{mit } k_{jA} = t \frac{C_{jA}^2}{\sum_{i=1}^{r} c_{ji}^2} \quad \text{und}$$

$$q_2 = \sum_{j=1}^{t-1} k_{jB} \quad \text{mit } k_{jB} = r \frac{C_{jB}^2}{\sum_{k=1}^{t} c_{jk}^2}$$

Für Anwendungen muß das Rechenschema der Tab. II.12 entsprechend erweitert werden (Tab. II.15). Zur Prüfung der insgesamt r+t-2 orthogonalen Kontraste sind also r+t-2 Varianzquotiententests erforderlich. In unserem Beispiel erhalten wir die Übersicht der Tab. II.16. Die Bestimmung z. B. der dort ausgewiesenen Quadratsumme 50,17 erfolgt gemäß (II.5b) und der dort folgenden Spezifizierung für $k_{1A}$ sowie unter Nutzung der Tab. II.6 für die Koeffizienten $c_{ji}$:

$$C_{1A} = 9{,}8333 - \tfrac{1}{3}\cdot 16{,}0 - \tfrac{1}{3}\cdot 11{,}6667 - \tfrac{1}{3}\cdot 16{,}0 = -4{,}722267 ,$$

$$\sum_{i=1}^{4} c_{1i}^2 = 1^2 + (\tfrac{1}{3})^2 + (\tfrac{1}{3})^2 + (\tfrac{1}{3})^2 = 1{,}3333 ,$$

$$k_{1A} = 3 \frac{(-4{,}722267)^2}{1{,}3333} = 50{,}17 .$$

| Variationsgrund | Quadrat-summen | Freiheits-grade | Varianzen |
|---|---|---|---|
| Kontrast 1A und Zufall | $k_{1A}$ | 1 | $s_{(1A)1}^2 = k_{1A}$ |
| ⋮ | ⋮ | ⋮ | ⋮ |
| Kontrast r-1A und Zufall | $k_{r-1A}$ | 1 | $s_{(r-1A)1}^2 = k_{r-1A}$ |
| Faktor A und Zufall | $q_1$ | r-1 | $s_1^2 = \frac{q_1}{r-1}$ |
| Kontrast 1B und Zufall | $k_{1B}$ | 1 | $s_{(1B)2}^2 = k_{1B}$ |
| ⋮ | ⋮ | ⋮ | ⋮ |
| Kontrast t-1B und Zufall | $k_{t-1B}$ | 1 | $s_{(t-1B)2}^2 = k_{t-1B}$ |
| Faktor B und Zufall | $q_2$ | t-1 | $s_2^2 = \frac{q_2}{t-1}$ |
| Faktor A, B und Zufall | $q_1+q_2$ | r+t-2 | $s_{1+2}^2 = \frac{q_1+q_2}{r+t-2}$ |
| Zufall | $q_3$ | (r-1)(t-1) | $s_3^2 = \frac{q_3}{(r-1)(t-1)}$ |
| Insgesamt | q | n-1 | |

Tab. II.15: Rechenschema für eine zweifaktorielle Varianzanalyse mit einer Beobachtung pro Zelle unter Einbezug von Kontrasten

Zur Prüfung der in Tab. II.16 ausgewiesenen Kontraste der Anfangsgewichte sind 3 Tests erforderlich. Der erste Test betrifft

$$\frac{k_{1A}}{s_3^2} = \frac{50,17}{4,7} = 10,67 .$$

Zur Prüfung der Kontraste der Futterart müssen 2 Tests durchgeführt

| Variationsgrund | Quadrat-summen | Freiheits-grade | Varianzen |
|---|---|---|---|
| Gewichtsstufe 1 verglichen mit dem Durchschnitt der Stufen 2 bis 4 und Zufall | 50,17 | 1 | 50,17 |
| Gewichtsstufe 2 verglichen mit dem Durchschnitt der Stufen 3 und 4 und Zufall | 9,39 | 1 | 9,39 |
| Gewichtsstufe 3 verglichen mit der Stufe 4 und Zufall | 28,17 | 1 | 28,17 |
| Anfangsgewicht und Zufall | 87,73 | 3 | 29,24 |
| Futterstufe 1 verglichen mit dem Durchschnitt der Stufen 2 und 3 und Zufall | 15,84 | 1 | 15,84 |
| Futterstufe 2 verglichen mit der Stufe 3 und Zufall | 38,28 | 1 | 38,28 |
| Futterart und Zufall | 54,12 | 2 | 27,06 |
| Anfangsgewicht, Futterart und Zufall | 141,85 | 5 | 28,37 |
| Zufall | 28,21 | 6 | 4,7 |
| Insgesamt | 170,06 | 11 | |

Tab. II.16: Zweifaktorielle Varianzanalyse mit einer Beobachtung pro Zelle unter Einbezug von Kontrasten (Beispiel für Tab. II.15)

werden. Die Prüfvariable ist jeweils nach $F_6^1$ verteilt. Bei 5% Signifikanzniveau[1] liegt der Rückweisungspunkt im Wert 5,99. Die Tab. II.17 faßt die Testentscheidungen zusammen.

| Signifikanzprüfung für | Varianzquotient | Entscheidung |
|---|---|---|
| Kontrast 1 Anfangsgewicht | 10,67 | $H_0$-Ablehnung |
| Kontrast 2 Anfangsgewicht | 2,00 | $H_0$-Annahme |
| Kontrast 3 Anfangsgewicht | 5,99 | $H_0$-Ablehnung |
| Kontrast 1 Futterart | 3,37 | $H_0$-Annahme |
| Kontrast 2 Futterart | 6,87 | $H_0$-Ablehnung |

Tab. II.17: Signifikanzprüfung für Kontraste bei einer zweifaktoriellen Varianzanalyse mit einer Beobachtung pro Zelle

Die Signifikanzprüfungen zeigen, daß insbesondere der Kontrast 1 des Anfangsgewichtes bedeutsam ist. Das Anfangsgewicht der Stufe 1 übt somit im Vergleich zum Durchschnitt der Anfangsgewichte der Stufen 2 bis 4 für die Gewichtszunahme einen wesentlichen (und unerwünschten) Einfluß aus. Von den Futterarten wirkt sich die Kategorie 2 vergleichsweise günstig auf die Gewichtszunahme aus. Der Effekt ist jedoch nicht sehr deutlich ausgeprägt und ist bei Verwendung des korrigierten Signifikanzniveaus nicht mehr signifikant.

Die Tab. II.18 faßt die Tests im Rahmen der zweifaktoriellen Varianzanalyse mit einer Beobachtung pro Zelle zusammen.

[1] Bei Verwendung korrigierter Signifikanzniveaus (siehe HVE II.6) von 1,695% für die Kontraste des Anfangsgewichtes und von 2,532% für die Kontraste der Futterart zeigt sich, daß nur der Kontrast 1 Anfangsgewicht signifikant ist.

| Prüfung der Wirkung von | Nullhypothese | Alternativ-hypothese | Varianzquotient |
|---|---|---|---|
| Faktor A mit r und B mit t Stufen | $\mu_{ik} = \mu$ für alle i und k | $\mu_{ik} \neq \mu$ für mindestens ein $\mu_{ik}$ | $\frac{s_{1+2}^2}{s_3^2}$ |
| Faktor A mit r Stufen | $\mu_{i.} = \mu$ für alle i | $\mu_{i.} \neq \mu$ für mindestens ein $\mu_{i.}$ | $\frac{s_1^2}{s_3^2}$ |
| Faktor B mit t Stufen | $\mu_{.k} = \mu$ für alle k | $\mu_{.k} \neq \mu$ für mindestens ein $\mu_{.k}$ | $\frac{s_2^2}{s_3^2}$ |
| Kontrast 1A | $C_{1A} = 0$ | $C_{1A} \neq 0$ | $\frac{s_{(1A)1}^2}{s_3^2}$ |
| ⋮ | ⋮ | ⋮ | ⋮ |
| Kontrast r-1A | $C_{r-1A} = 0$ | $C_{r-1A} \neq 0$ | $\frac{s_{(r-1A)1}^2}{s_3^2}$ |
| Kontrast 1B | $C_{1B} = 0$ | $C_{1B} \neq 0$ | $\frac{s_{(1B)2}^2}{s_3^2}$ |
| ⋮ | ⋮ | ⋮ | ⋮ |
| Kontrast t-1B | $C_{t-1B} = 0$ | $C_{t-1B} \neq 0$ | $\frac{s_{(t-1B)2}^2}{s_3^2}$ |

Anmerkung zu den Hypothesen für Kontraste: In (II.5b) bzw. (II.5c) sind statt $\bar{y}_{i.}$ bzw. $\bar{y}_{.k}$ die Grundgesamtheitswerte $\mu_{i.}$ bzw. $\mu_{.k}$ zu setzen.

Tab. II.18: Tests bei einer zweifaktoriellen Varianzanalyse mit einer Beobachtung pro Zelle

c) Mehrere Beobachtungen pro Zelle

Wir gehen im folgenden von einem Versuchsplan mit mehreren Beobachtungen pro Zelle aus. Bei gleich großen Stichprobenumfängen der Untersuchungsvariablen (siehe hierzu auch HVE II.4) für jede Stufenkombination der zwei Faktoren können wir uns jetzt auf das bereits unter Punkt 3a) dieses Kapitels entwickelte Modell stützen. Die Tab. II.19 charakterisiert den entsprechenden Versuchsplan[1].

| Faktor B / Faktor A | Stufe 1 ... Stufe k ... Stufe t | $\frac{1}{tm}\sum_k\sum_j y_{ikj}$ |
|---|---|---|
| Stufe 1<br>⋮<br>Stufe i<br>⋮<br>Stufe r | Nr. $1 \ldots j \ldots m$<br>$y_{ikj}$ | $\bar{y}_{1.}$<br>⋮<br>$\bar{y}_{i.}$<br>⋮<br>$\bar{y}_{r.}$ |
| $\frac{1}{rm}\sum_i\sum_j y_{ikj}$ | $\bar{y}_{.1}$ ... $\bar{y}_{.k}$ ... $\bar{y}_{.t}$ | |

$y_{ikj}$ - j-ter Meßwert bei der i-ten Stufe von Faktor A und der k-ten Stufe von Faktor B.

An jeder der rtm = n statistischen Einheiten wird ein Wert $y_{ikj}$ ermittelt.

Die Mittelwerte $\bar{y}_{ik}$ für die Werte $y_{ikj}$ in den Zellen der Tabelle ergeben sich gemäß $\bar{y}_{ik} = \frac{1}{m}\sum_j y_{ikj}$ .

Tab. II.19: Plan einer zweifaktoriellen Varianzanalyse mit mehreren Beobachtungen pro Zelle

[1] Pläne mit wiederholten Beobachtungen (verbundene Stichproben) oder Pläne mit ungleich großen Stichprobenumfängen sind in der spezielleren Literatur behandelt. Zur Einführung vgl. z. B. EIMER, E., a.a.O.

Die Beurteilung der in (II.9) zum Ausdruck gebrachten verschiedenartigen Effekte der zwei Faktoren ist unter den bereits unter Punkt 3ba) erwähnten Voraussetzungen möglich, wobei die Abwesenheit von Wechselwirkungen nicht mehr zu fordern ist.

Im einzelnen lassen sich mehr oder weniger umfassende Unabhängigkeitshypothesen formulieren. Die allgemeinste Unabhängigkeitshypothese behauptet, daß sämtliche Faktorstufen und sämtliche Stufenkombinationen für die Untersuchungsvariable bedeutungslos sind,

$H_o$: $\alpha_i = \beta_k = \gamma_{ik} = 0$ bzw. $H_o$: $\mu_{ik} = \mu$ für alle i und k.

Die Alternativhypothese behauptet, daß mindestens eine der erwähnten Stufen bzw. Kombinationen wesentlich ist,

$H_a$: $\mu_{ik} \neq \mu$ für mindestens ein $\mu_{ik}$.

Für den Haupteffekt des Faktors A gilt die Nullhypothese

$H_o$: $\alpha_i = 0$ bzw. $H_o$: $\mu_{i.} = \mu$ für alle i

und für den Haupteffekt des Faktors B

$H_o$: $\beta_k = 0$ bzw. $H_o$: $\mu_{.k} = \mu$ für alle k.

Die Nullhypothese für die Wechselwirkung zwischen A und B ist

$H_o$: $\gamma_{ik} = 0$ bzw. $H_o$: $\mu_{ik} - \alpha_i - \beta_k = \mu$ für alle i und k.

Die Alternativhypothesen behaupten jeweils, daß mindestens eine Stufe wesentlich ist.

Der Entwicklung geeigneter Prüfvariablen für obige Hypothesen dient die Quadratsummenzerlegung (II.15). Die dort enthaltenen Mittelwerte $\bar{y}_{i.}$, $\bar{y}_{.k}$ und $\bar{y}_{ik}$ sind gemäß Tab. II.19 definiert.

$$\text{(II.15)} \quad q = q_1 + q_2 + q_3 + q_4 , \quad q = \sum_i^r \sum_k^t \sum_j^m (y_{ikj} - \bar{y})^2$$

$$q_1 = mt \sum_i (\bar{y}_{i.} - \bar{y})^2 , \qquad q_2 = mr \sum_k (\bar{y}_{.k} - \bar{y})^2 ,$$

$$q_3 = m \sum_i \sum_k (\bar{y}_{ik} - \bar{y}_{.k} - \bar{y}_{.i} + \bar{y})^2 , \quad q_4 = \sum_i \sum_k \sum_j (y_{ikj} - \bar{y}_{ik})^2 .$$

Die Interpretation von $q_3$ ist erleichtert durch die algebraische Form

$$q_3 = m \sum_i \sum_k [(\bar{y}_{ik} - \bar{y}) - (\bar{y}_{i.} - \bar{y}) - (\bar{y}_{.k} - \bar{y})]^2 .$$

Hieraus ergibt sich, daß in $q_1$ der Haupteffekt des Faktors A und in $q_2$ der des Faktors B zum Ausdruck kommt, während $q_3$ durch die Wechselwirkung von A und B geprägt ist. Zusätzlich werden diese Quadratsummen durch Zufallseinflüsse tangiert. In $q_4$ hingegen wirkt sich ausschließlich die Störvariable (der Zufall) aus. Die Quadratsummenzerlegung wird durch die Abb. II.4 veranschaulicht.

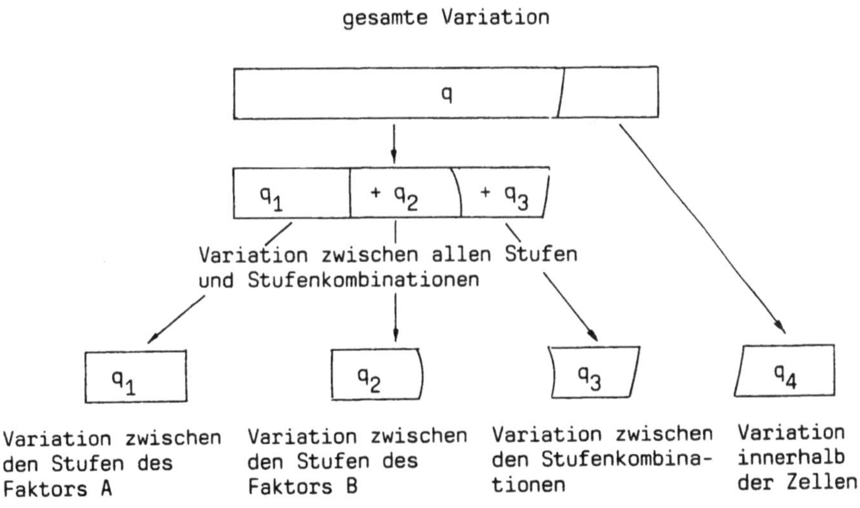


Abb. II.4: Zerlegung der Variation bei der zweifaktoriellen Varianzanalyse mit mehreren Beobachtungen pro Zelle

Die Division der in (II.15) enthaltenen Quadratsummen durch ihre jeweiligen Freiheitsgrade führt wiederum zu Varianzen, die in der Tab. II.20 spezifiziert sind. Ähnlich wie zuvor läßt sich zeigen, daß die Varianzen bei zutreffenden Nullhypothesen unabhängig sind und erwartungstreue Schätzungen für die Grundgesamtheitsvarianz $\sigma^2$ darstellen. Die jeweiligen Stichprobenvarianzen dürfen dann nur noch zufällig voneinander abweichen. Dies läßt sich mit geeigneten Varianzquotiententests überprüfen. Für die vier weiter oben spezifizierten Nullhypothesen gilt:

$\frac{s_{1+2+3}^2}{s_4^2}$ ist die Prüfvariable für die umfassendste Unabhängigkeitshypothese. $\frac{s_1^2}{s_4^2}$ ist die Prüfvariable, mit der die Signifikanz der Hauptwirkung des Faktors A festgestellt werden kann. Über $\frac{s_2^2}{s_4^2}$ läßt sich die Hauptwirkung des Faktors B beurteilen und über $\frac{s_3^2}{s_4^2}$ die Wechselwirkung zwischen A und B.

| Variationsgrund | Quadratsummen | Freiheitsgrade | Varianzen |
|---|---|---|---|
| Faktor A und Zufall | $q_1$ | r-1 | $s_1^2 = \frac{q_1}{r-1}$ |
| Faktor B und Zufall | $q_2$ | t-1 | $s_2^2 = \frac{q_2}{t-1}$ |
| Wechselwirkung und Zufall | $q_3$ | (r-1)(t-1) | $s_3^2 = \frac{q_3}{(r-1)(t-1)}$ |
| Faktor A, B, Wechselwirkung und Zufall | $q_1+q_2+q_3$ | rt-1 | $s_{1+2+3}^2 = \frac{q_1+q_2+q_3}{rt-1}$ |
| Zufall | $q_4$ | n-rt | $s_4^2 = \frac{q_4}{n-rt}$ |
| Insgesamt | q | n-1 | |

Tab. II.20: Rechenschema für eine zweifaktorielle Varianzanalyse mit mehreren Beobachtungen pro Zelle

Hierzu betrachten wir ein Beispiel[1]. Zu analysieren ist die Lesbarkeit kurzer Werbetexte, die durch die gewählte Druckfarbe (Faktor A), die Drucktype (Faktor B) oder die besondere Verbindung zwischen Farbe und Type (Wechselwirkung) beeinflußt werden könnte. 24 Personen werden zufällig ausgewählt und in sechs Gruppen gleicher Größe aufgeteilt.

| Type / Farbe | Antiqua | Fraktur | Kapitälchen | Durchschnittliche Lesbarkeit bei den Farben |
|---|---|---|---|---|
| blau | 6 4<br>7 5 | 4 2<br>3 5 | 2 2<br>1 3 | $\bar{y}_{1.} = 3{,}667$ |
| schwarz | 5 4<br>3 4 | 2 1<br>3 4 | 5 4<br>3 3 | $\bar{y}_{2.} = 3{,}417$ |
| Durchschnittliche Lesbarkeit bei den Drucktypen | $\bar{y}_{.1} = 4{,}75$ | $\bar{y}_{.2} = 3{,}0$ | $\bar{y}_{.3} = 2{,}875$ | |

Tab. II.21: Lesbarkeit kurzer Werbetexte (Beispiel für Tab. II.19)

Die erforderlichen Berechnungen ergeben die Übersicht der Tab. II.22.

| Variationsgrund | Quadratsummen | Freiheitsgrade | Varianzen |
|---|---|---|---|
| Farbe und Zufall | 0,374 | 1 | 0,374 |
| Type und Zufall | 17,583 | 2 | 8,792 |
| Wechselwirkung und Zufall | 12,251 | 2 | 6,126 |
| Farbe, Type, Wechselwirkung und Zufall | 30,21 | 5 | 6,04 |
| Zufall | 21,75 | 18 | 1,208 |
| Insgesamt | 51,958 | 23 | |

Tab. II.22: Zweifaktorielle Varianzanalyse mit mehreren Beobachtungen pro Zelle (Beispiel für Tab. II.20)

[1] Daten nach GLASER, W. R., a. a. O., S. 149ff

Die Varianzquotiententests führen (bei jeweils 5% Signifikanzniveau) zu den Aussagen:
Wegen $F^5_{18} = 5{,}00$ (der Rückweisungspunkt liegt im Wert 2,77) ist die generelle Unabhängigkeitshypothese zu verwerfen; d. h. mindestens eine der Farb- oder Typenabstufungen oder der Kombinationen von ihnen ist für die Lesbarkeit der Texte wesentlich. Der Haupteffekt der beiden Farben ist als nicht signifikant anzusehen, da $F^1_{18} = \frac{0{,}374}{1{,}208} = 0{,}31$ im Annahmebereich liegt (Rückweisungspunkt 4,41). Hingegen ist der Haupteffekt der drei Drucktypen signifikant; denn $F^2_{18} = \frac{8{,}792}{1{,}208} = 7{,}278$ (Rückweisungspunkt 3,55). Die zwei Farben haben allerdings auf den drei Stufen der Drucktypen signifikant verschiedene Effekte (Wechselwirkung); denn $F^2_{18} = \frac{6{,}126}{1{,}208} = 5{,}071$ (Rückweisungspunkt 3,55). Die Farbe hat also, vereinfacht gesagt, für die Lesbarkeit von kurzen Werbetexten nur in Verbindung mit den verschiedenen Drucktypen Bedeutung.

Die Prüfung geeignet formulierter Kontraste ist auch im Falle der Varianzanalyse mit mehreren Beobachtungen pro Zelle möglich, wobei allerdings die Anwendung orthogonaler Kontraste auf die Wechselwirkung mit gewissen Schwierigkeiten verbunden ist[1]. Bei mehrfaktoriellen Varianzanalysen geht zudem rasch die Übersichtlichkeit der zu untersuchenden Problemstellungen und Lösungen verloren, so daß die praktische Bedeutung der Analyse von Kontrasten herabgesetzt ist. Deshalb gehen wir hierauf nicht erneut näher ein. Gegebenenfalls können die Erläuterungen unter Punkt 3bb) dieses Kapitels herangezogen werden. Die Tabelle II.23, die die Tests zusammenfaßt, ist insofern unvollständig.

[1] Vgl. EIMER, E., a. a. O., S. 92f.

| Prüfung der Wirkung von | Nullhypothese | Alternativhypothese | Varianzquotient |
|---|---|---|---|
| Faktor A, B und deren Kombination | $\mu_{ik} = \mu$ für alle i und k | $\mu_{ik} \neq 0$ für mindestens ein $\mu_{ik}$ | $\frac{s_{1+2+3}^2}{s_4^2}$ |
| Faktor A mit r Stufen | $\mu_{i.} = \mu$ für alle i | $\mu_{.k} \neq \mu$ für mindestens ein $\mu_{i.}$ | $\frac{s_1^2}{s_4^2}$ |
| Faktor B mit t Stufen | $\mu_{.k} = \mu$ für alle k | $\mu_{.k} \neq \mu$ für mindestens ein $\mu_{.k}$ | $\frac{s_2^2}{s_4^2}$ |
| Kombination von A mit B | $\mu_{ik}-\alpha_i-\beta_k = \mu$ für alle i und k | $\mu_{ik}-\alpha_i-\beta_k \neq \mu$ für mindestens eine dieser Differenzen | $\frac{s_3^2}{s_4^2}$ |

Tab. II.23: Tests bei einer zweifaktoriellen Varianzanalyse mit mehreren Beobachtungen pro Zelle (ohne Prüfung von Kontrasten)

## 4. Einfaktorielle multivariate Varianzanalyse

Die multivariate Varianzanalyse stellt ein Modell dar, das zur Analyse eines Problems angemessen ist, bei dem die Variation mehrerer metrischer Untersuchungsvariablen simultan auf einen oder mehrere Faktoren und deren Kombination zurückgeführt werden kann. Derartige Probleme stellen insbesondere im Bereich der Wirtschafts- und Sozialwissenschaften nicht die Ausnahme, sondern den Normalfall dar; denn erfahrungsgemäß beeinflussen Faktoren nicht nur eine Variable, die zu einem Forschungskomplex gehört, sondern gleichzeitig eine Vielzahl verschiedener Variablen. In Kap. I.1c) wurde auf diesen Regelfall u. a. im Zusammenhang der ätialen Folgen bereits hingewiesen.

Beispielsweise liegt ein Untersuchungsziel darin, die Ertragsmenge $Y_1$ einer Kulturpflanze in Abhängigkeit von der Düngung $X_1$ und der Bodenart $X_2$ zu analysieren. Gleichzeitig ist von Interesse, ob sich $X_1$ und $X_2$ z. B. auf die Qualität $Y_2$ der Erträge auswirken, wobei $Y_2$ ein metrisch skalierter Indikator sei. Im vorliegenden Beispiel ist also u. a. zu prüfen, ob die Haupteffekte von $X_1$ und $X_2$ sowie die Wechselwirkung für $Y_1$ bzw. $Y_2$ signifikant sind. Die gestellten Fragen könnte man in zwei getrennten univariaten Varianzanalysen zu beantworten suchen.

Die Zerlegung eines Problems in Teilprobleme, die beziehungslos zueinander analysiert werden, ist jedoch nicht immer unproblematisch. Es könnte sich nämlich z. B. ergeben, daß weder die Variation von $Y_1$ noch die von $Y_2$ durch die Faktoren signifikant erklärt werden kann. Jedoch ist damit noch nicht die komplexere Frage beantwortet, ob die Kovariation von $Y_1$ und $Y_2$ durch die Faktoren erklärt werden kann, ob also - im gewählten Beispiel - erst die Ertragsmenge in Verbindung mit verschiedenen Qualitätsstufen des Ertrages wesentlich durch $X_1$ und $X_2$ geprägt sind. Eine derartige Problemstellung läßt sich mit den bislang behandelten Varianzanalysen nicht beantworten. Die Frage, wann eine multivariate Varianzanalyse an Stelle mehrerer getrennter univariater Analysen durchgeführt werden sollte, entspricht der grundsätzlichen Frage nach dem adäquaten Modell (siehe Kap. I.2). Die Anwendung einer multivariaten Varianzanalyse ist demnach grundsätzlich angemessen, wenn die Faktoren simultane Wirkungen auf verschiedenartige, aber zu einer Forschungsfrage gehörende, relevante Merkmale ausüben können.

Das Modell der multivariaten Varianzanalyse, die Formulierung der Hypothesen, die an die Daten zu stellenden Voraussetzungen usw., lassen sich auf drei unterschiedlichen Wegen darstellen:

- Bestimmte Formen der multivariaten Varianzanalyse sind Fälle der multivariaten Regressionsanalyse, wobei die exogenen Variablen nominales Meßniveau aufweisen. Deshalb werden wir die multivariate Varianzanalyse eingehender erst im Anschluß an die Behandlung der multivariaten Regressionsanalyse in Kapitel V erörtern.
- In der traditionellen Darstellungsart der multivariaten Varianzanalyse wird versucht, die bislang behandelten Varianzanalysen für den multivariaten Fall zu verallgemeinern. Wir wollen uns in diesem Kapitel darauf beschränken, auf diesem Wege lediglich die Prüfung der generellen Unwirksamkeitshypothese eines Faktors bezüglich mehrerer Untersuchungsvariablen zu skizzieren.
- Die Problemstellung der multivariaten Varianzanalyse entspricht jener, die in der ökonometrischen Literatur[1] unter der Thematik der simultanen Gleichungssysteme (Systeme von Regressionsgleichungen) behandelt wird. Dabei handelt es sich um einen relativ unproblematischen Fall dieses Themenbereiches, da die gemeinsam abhängigen Untersuchungsvariablen einander nicht erklären.

Was den Schwierigkeitsgrad der mathematischen Behandlung betrifft, läßt sich für die drei Analysearten feststellen, daß ohne Nutzung der Vektoren- und Matrizenrechnung keine befriedigende Übersichtlichkeit und Allgemeinheit zu erreichen ist.

Grundlage der folgenden Betrachtungen ist ein Versuchsplan, bei dem die Faktoren $X_g$, $g = 1, \ldots, f$, jeweils in $r_g$ a priori festgelegten Stufen auf die Untersuchungsvariablen $Y_h$, $h = 1, \ldots, l$, einwirken. Der Versuchsplan sieht vor, daß an jeder statistischen Einheit jede Untersuchungsvariable erhoben wird. Die Zahl der statistischen Einheiten ist also so groß wie bei den zuvor erörterten univariaten Varianzanalysen. Bei gleich großen Stichprobenumfängen m für alle Zellen und bei nur f = 2 Faktoren stellt bereits die Tab. II.19 die wesentlichen Teile des Versuchsplanes einer zweifaktoriellen multivariaten Varianzanalyse dar. Lediglich die Zelleninhalte sind entsprechend

[1] Vgl. z. B. SCHÖNFELD, P., a. a. O., S. 149ff.

der Zahl l der Untersuchungsvariablen um das l-fache zu erhöhen, um zum Plan der multivariaten Varianzanalyse zu gelangen. Dies veranschaulicht die Tab. II.24, bei der eine der $r_1 r_2$ Zellen vollständig dargestellt ist.

<table>
<tr><td>Faktor $X_2$<br>Faktor $X_1$</td><td>Stufe 1 ... Stufe k ... Stufe $r_2$</td></tr>
<tr><td>Stufe 1<br>⋮<br>Stufe i<br>⋮<br>Stufe $r_1$</td><td><table><tr><td>Nr.<br>Y</td><td>1...j...m</td></tr><tr><td>$Y_1$<br>⋮<br>$Y_h$<br>⋮<br>$Y_l$</td><td>$y_{hikj}$</td></tr></table></td></tr>
</table>

$y_{hikj}$ - j-ter Meßwert der h-ten Untersuchungsvariablen bei der i-ten Stufe von Faktor $X_1$ und der k-ten Stufe von Faktor $X_2$ .

An jeder der $r_1 r_2 m = n$ statistischen Einheiten werden die l Werte $y_{1ikj}, \ldots, y_{hikj}, \ldots, y_{likj}$ ermittelt.

Tab. II.24: Plan einer zweifaktoriellen l-variaten Varianzanalyse mit m Beobachtungen pro Zelle

Die entsprechende Datenmatrix beinhaltet die gesamte und noch zu differenzierende Variation der Werte der Untersuchungsvariablen in der Stichprobe. Diese Variation läßt sich durch eine Reihe von Maßzahlen zum Ausdruck bringen, die übersichtlich in einer Varianz-Kovarianz-Matrix zusammengestellt sind, die als Dispersionsmatrix bezeichnet wird:

$$(II.16) \quad \underline{\Sigma} = \begin{pmatrix} s_1^2 & cov(y_2, y_1) & \dots & cov(y_l, y_1) \\ \vdots & \vdots & & \vdots \\ cov(y_1, y_l) & cov(y_2, y_l) & \dots & s_l^2 \end{pmatrix}$$

Diese Matrix ist mit l Zeilen und l Spalten quadratisch. In der Hauptdiagonalen stehen die Varianzen der l Untersuchungsvariablen. Die obere und untere Dreiecksmatrix enthält Kovarianzen, die die Variationen zwischen den Untersuchungsvariablen angeben[1]. $\underline{\Sigma}$ stellt die multivariate Varianz der Vektoren der Untersuchungsvariablen in der Stichprobe dar.

Für Tests im Rahmen der multivariaten Varianzanalyse werden, ähnlich wie bei der univariaten Analyse, keine Varianzen oder Kovarianzen benötigt, sondern die zugehörigen Quadratsummen $\underline{q}$. Die Elemente der entsprechenden Matrix $\underline{q}$ stellen die für die Berechnung der Varianzen und Kovarianzen in (II.16) erforderlichen Zählerausdrücke (Produktsummen bzw. Quadratsummen) dar.

Im vorliegenden Kapitel beschränken wir uns, wie bereits begründet wurde, auf den Fall der einfaktoriellen Analyse. Dazu und unter Verzicht auf die Behandlung von Kontrasten ist auszuführen:

Das Modell der einfaktoriellen multivariaten Varianzanalyse läßt sich als Verallgemeinerung der entsprechenden univariaten Analyseform darstellen. Wir verwenden die in der Tab. II.24 verwendete Notation.
Im Rahmen der einfaktoriellen multivariaten Varianzanalyse bezeichnet also $y_{hij}$ den j-ten Meßwert der h-ten Untersuchungsvariablen bei der i-ten Stufe des Faktors. Der Faktor besitzt r Stufen, die Anzahl der Untersuchungsvariablen ist l und der Stichprobenumfang für jede Untersuchungsvariable bei jeder Faktorstufe m.

[1] Für standardisierte Ursprungswerte gilt, daß die Hauptdiagonale der Dispersionsmatrix aus Einsen besteht und die Dreiecksmatrizen aus binären Korrelationskoeffizienten.

Das univariate Modell (II.1a) wird im folgenden für jede Untersuchungsvariable h verwendet, so daß gilt

$$(II.17) \quad y_{hij} = \mu_h + \alpha_{hi} + e_{hij}\,, \qquad \begin{array}{l} h = 1, \ldots, l\,, \\ i = 1, \ldots, r\,, \\ j = 1, \ldots, m\,. \end{array}$$

Die Vektorform von (II.17) ist

$$(II.17a) \quad \underline{y}_{ij} = \underline{\mu} + \underline{\alpha}_i + \underline{e}_{ij} = \begin{pmatrix} \mu_1 \\ \vdots \\ \mu_l \end{pmatrix} + \begin{pmatrix} \alpha_{1i} \\ \vdots \\ \alpha_{li} \end{pmatrix} + \begin{pmatrix} e_{1ij} \\ \vdots \\ e_{lij} \end{pmatrix}$$

bzw. in Variablenschreibweise

$$(II.17b) \quad \underline{Y}_{ij} = \underline{\mu} + \underline{\alpha}_i + \underline{E}_{ij}\,.$$

Vorausgesetzt ist, daß $\underline{E}_{ij}$ der multivariaten Normalverteilung[1] $N(\underline{0};\, \sqrt{\underline{\Sigma}^*})$ folgt, wobei die Matrix $\underline{\Sigma}^*$ wie die Matrix (II.16) aufgebaut ist; an die Stelle der dort verwendeten Werte der Untersuchungsvariablen treten lediglich die der Störvariablen in der Grundgesamtheit.

Die Hypothese der Unabhängigkeit der Untersuchungsvariablen vom Faktor ist

$H_o$: $\underline{\alpha}_i = 0$ .

Die Alternative behauptet, daß mindestens einer der Faktoreffekte nicht Null ist.

Die Entwicklung einer geeigneten Prüfvariablen ist auf dem folgenden Weg möglich. Analog zur Beziehung (II.2), die für die univariate einfaktorielle Varianzanalyse mit vorgegebenen Stufen gilt, läßt sich die totale multivariate Variation $\underline{q}$ in die Produktsumme $\underline{q}_1$ zwischen

1 Zur multivariaten Normalverteilung siehe z. B. HARTUNG, J./ELPELT, B.: Multivariate Statistik. München 1984, S. 64ff.

den Stichprobenmittelwerten und die Produktsumme $\underline{q}_2$ innerhalb der Stichproben zerlegen,

(II.18) $\underline{q} = \underline{q}_1 + \underline{q}_2$ .

Ebenfalls analog zu den Überlegungen zur univariaten Analyse dürfen sich

$$\underline{\Sigma}_1 = \frac{\underline{q}_1}{r-1} \quad \text{und} \quad \underline{\Sigma}_2 = \frac{\underline{q}_2}{n-r}$$

nur zufällig unterscheiden, falls die Hypothese zutrifft, daß die festgelegten r Stufen des Faktors für die multivariate Variation der l Untersuchungsvariablen keine Bedeutung haben.

Diese Hypothese sollte mit einem globalen Test geprüft werden und nicht durch wiederholt durchgeführte, jeweils auf eine Untersuchungsvariable bezogene, F-Tests (siehe HVE II.6). Auf WILKS[1] geht der Vorschlag zurück, als Prüfvariable den Quotienten der Determinanten von $\underline{q}_2$ und $\underline{q}$ zu verwenden; denn falls die Nullhypothese zutrifft, folgt dieser Quotient der nach WILKS benannten $\Lambda$-Verteilung (siehe HVE II.9):

(II.19) $$\Lambda = \frac{|\underline{Q}_2|}{|\underline{Q}|} = \frac{|\underline{Q}_2|}{|\underline{Q}_1 + \underline{Q}_2|} .$$

Werte von $\Lambda$, die knapp unterhalb der Eins liegen, stützen die Nullhypothese; je kleiner $\Lambda$ ist, desto stärker sind die Zweifel daran, daß die Hypothese in Wahrheit zutrifft.

In der Praxis hat sich die auf BARTLETT zurückgehende Approximation durch die $\chi^2$-Verteilung mit $l\upsilon_1$ Freiheitsgraden,

(II.20) $$\chi^2 = a \cdot \ln \Lambda$$

mit $a = \upsilon_2 - 0{,}5(l - \upsilon_1 + 1)$ ,

---

[1] WILKS, S.: Sample criteria for testing equality of means, equality of variances and equality of covariances in a normal multivariate distribution. In: Annals of Mathematical Statistics (1946), S. 257-281.

bewährt, wobei l die Zahl der Untersuchungsvariablen bezeichnet, $\upsilon_1$ die Freiheitsgrade von $q_1$ und $\upsilon_2$ die Freiheitsgrade von $q_2$. Eine algebraische Umformung von (II.20) ist

$$\text{(II.20a)} \qquad \chi^2 = -[\upsilon_1+\upsilon_2-0{,}5(l+\upsilon_1+1)]\ln\Lambda \ .$$

Im vorliegenden Fall der einfaktoriellen multivariaten Varianzanalyse gilt also wegen $\upsilon_1 = r-1$ und $\upsilon_2 = n-r$

$$\chi^2 = -[n-1-0{,}5(l+r)]\ln\Lambda \ .$$

Hierzu betrachten wir abschließend ein Beispiel. Zwei verschiedene Schlafmittel (Faktor mit r = 2 vorgegebenen Stufen) sollen an l = 3 Untersuchungsvariablen bezüglich ihrer pharmakodynamischen Qualitäten verglichen werden. Es werden die folgenden Untersuchungsvariablen betrachtet:

$Y_1$ - Wirkungsdauer (in Stunden),
$Y_2$ - Resorption (in % der Dosis),
$Y_3$ - Bioverfügbarkeit (in % der Dosis).

Die erforderlichen Daten werden an m = 10 Probanden erhoben (Tab. II.25).

| | Schlafmittel 1 | | | | | | | | | | Schlafmittel 2 | | | | | | | | | |
|---|---|---|---|---|---|---|---|---|---|---|---|---|---|---|---|---|---|---|---|---|
| Y \ Pers. Nr. | 1 | 2 | 3 | 4 | 5 | 6 | 7 | 8 | 9 | 10 | 1 | 2 | 3 | 4 | 5 | 6 | 7 | 8 | 9 | 10 |
| $Y_1$ | 10 | 6 | 5 | 5,5 | 7 | 6 | 6,5 | 7 | 5 | 6 | 8 | 9 | 10 | 7 | 8 | 9,5 | 7 | 8 | 7,5 | 9 |
| $Y_2$ | 55 | 45 | 40 | 60 | 50 | 49 | 52 | 48 | 43 | 53 | 80 | 75 | 85 | 70 | 82 | 29 | 74 | 87 | 91 | 72 |
| $Y_3$ | 30 | 25 | 30 | 40 | 35 | 27 | 32 | 26 | 28 | 33 | 50 | 60 | 55 | 40 | 51 | 58 | 46 | 53 | 61 | 49 |

Tab. II.25: Wirkungsdauer ($Y_1$), Resorption ($Y_2$) und Bioverfügbarkeit ($Y_3$) bei Personen (Teilbeispiel für Tab. II.24)

Zur Prüfung der umfassendsten Unabhängigkeitshypothese, die behauptet, daß sich die beiden Schlafmittel weder bezüglich der Wirkungsdauer, der Resorption, noch der Bioverfügbarkeit unterscheiden, müssen zunächst die Matrizen $\underline{q}$, $\underline{q_1}$ und $\underline{q_2}$ berechnet werden. Es ergeben sich die Resultate

$$\underline{q} = \begin{pmatrix} 46{,}55 & & \\ 325{,}5 & 5237 & \\ 235{,}35 & 3675{,}5 & 2926{,}95 \end{pmatrix},$$

$$\underline{q_1} = \begin{pmatrix} 18{,}05 & & \\ 285 & 4500 & \\ 206{,}15 & 3255 & 2354{,}45 \end{pmatrix}, \quad \underline{q_2} = \begin{pmatrix} 28{,}5 & & \\ 40{,}5 & 737 & \\ 29{,}2 & 420{,}5 & 572{,}5 \end{pmatrix}$$

Die Determinante für $\underline{q}$ bzw $\underline{q_2}$ ist

$|\underline{q}| = 47\,628\,115{,}6$ , $|\underline{q_2}| = 6\,412\,826{,}92$ .

Hieraus ergibt sich gemäß (II.19)

$\Lambda = 0{,}1346$ und gemäß (II.20a)

$\chi^2 = 33{,}08$.

Bei $\nu = 3$ Freiheitsgraden und 5% Signifikanzniveau liegt der Rückweisungspunkt im Wert 7,81, so daß die Nullhypothese zurückzuweisen ist.

Hieran anschließend kann unter Verwendung univariater F-Tests die Bedeutung der einzelnen Untersuchungsvariablen für die festgestellte umfassende Abhängigkeit geprüft werden. Die Tests sind jedoch voneinander abhängig, so daß deren Interpretation erschwert ist[1]. Im vorliegenden Beispiel ergibt der univariate Test bzgl. $Y_1$ den Wert der Prüfvariablen

$F_8^1 = \frac{18{,}05}{\frac{28{,}5}{8}} = 5{,}07$. Bei 5% Signifikanzniveau (Rückweisungspunkt 5,32) wird die Hypothese der Unabhängigkeit zwischen der Wirkungsdauer und den Schlafmitteln nicht verworfen.

Im Gegensatz dazu wird bei diesem Signifikanzniveau sowohl die Hypothese der Unabhängigkeit zwischen der Resorption und den Schlafmitteln,

[1] Siehe MORRISON, D. F.: Multivariate statistical methods (2. Aufl.). New York 1976.

$F_8^1 = \frac{4500}{\frac{737}{8}} = 48{,}85$, als auch die der Unabhängigkeit zwischen der Bioverfügbarkeit und den Schlafmitteln, $F_8^1 = \frac{2354{,}45}{\frac{572{,}5}{8}} = 32{,}9$, verworfen.

Des weiteren ist die Beurteilung linearer Kontraste des Faktors möglich. Auf die entsprechenden Tests wollen wir im Rahmen unserer einführenden Darstellung nicht näher eingehen[1].

[1] Siehe z. B. LINDER, A./BERCHTOLD, W.: Statistische Methoden III. Multivariate Verfahren. Basel 1982, S. 114ff.

# Hintergründe, Vertiefung, Ergänzungen

1.) Die Herleitung der Quadratsummenzerlegung (II.2) basiert auf der Identität

$y_{ij} - \bar{y} = (y_{ij}-\bar{y}_i) + (\bar{y}_i-\bar{y})$ , $i = 1, \ldots, r,$ $j = 1, \ldots, m.$

Beide Seiten werden quadriert und zunächst über j summiert, so daß sich ergibt

$$\sum_j^m (y_{ij}-\bar{y})^2 = \sum_j (y_{ij}-\bar{y}_i)^2 + 2\sum_j (y_{ij}-\bar{y}_i)(\bar{y}_i-\bar{y}) + \sum_j (\bar{y}_i-\bar{y})^2 , \quad i = 1, \ldots, r.$$

Das mittlere Glied auf der rechten Seite hat den Wert Null. Das letzte Glied entspricht $m(\bar{y}_i-\bar{y})^2$.

Nach Summation über i ergibt sich (II.2).

Bei der Herleitung der Quadratsummenzerlegung mehrfaktorieller Varianzanalysen ist analog zu verfahren.

2.) Falls bei der einfaktoriellen Varianzanalyse (Fix-Faktor-Modell) die Hypothese der Wirkungslosigkeit des Faktors zutrifft, dürfen sich die Varianzen $s_1^2$ gemäß (II.3) und $s_2^2$ gemäß (II.4) nicht wesentlich unterscheiden. Bei zutreffender Nullhypothese sind $S_1^2$ und $S_2^2$ erwartungstreue Schätzfunktionen für $\sigma^2$, was im Folgenden nur für $S_1^2$ erläutert wird. Bezüglich der Unabhängigkeit von $S_1^2$ und $S_2^2$ vgl. den Hinweis in HVE II.5.

Wir gehen von $q_1$ in (II.2) aus und betrachten die entsprechenden Stichprobenvariablen,

$Q_1 = m\sum_i (\bar{Y}_i-\bar{Y})^2$ .

Für den Erwartungswert von $Q_1$ gilt:

$$E(Q_1) = mE[\sum_i^r(\bar{Y}_i-\bar{Y})^2].$$

Wir erweitern in der Klammer um μ, quadrieren, lösen die Summe auf und erhalten unter Beachtung von

$$E[\sum_i(\bar{Y}_i-\mu)] = r(\bar{Y}-\mu)$$

die Beziehung

$$E(Q_1) = m\{\sum_i E[(\bar{Y}_i-\mu)^2] - 2r(\bar{Y}-\mu)^2 + rE[(\bar{Y}-\mu)^2]\} .$$

Der erste Summand in der großen Klammer entspricht $var(\bar{Y}_i)$, falls die Nullhypothese zutrifft. Der gesamte Ausdruck läßt sich hierdurch beträchtlich vereinfachen:

$$E(Q_1) = mr[var(\bar{Y}_i)-var(\bar{Y})] .$$

Bei normalverteilten Grundgesamtheiten und unter der Nullhypothese ist $\bar{Y}_i$ nach $N(\mu; \frac{\sigma}{\sqrt{m}})$ und $\bar{Y}$ nach $N(\mu; \frac{\sigma}{\sqrt{n}})$ verteilt. Somit ergibt sich

$$E(Q_1) = mr(\frac{\sigma^2}{m} - \frac{\sigma^2}{n}) = (r-1)\sigma^2 .$$

Deshalb gilt

$$E(S_1^2) = \sigma^2 .$$

3.) Für die Entwicklung der Prüfvariablen im Modell mit randomisierten Effekten sind die Beziehungen

$E(S_1^2) = m\sigma_A^2 + \sigma_E^2$ und

$E(S_2^2) = \sigma_E^2$

wesentlich, deren Herleitungen angedeutet werden sollen.
Wir gehen von der Identität

(II.8) $\quad y_{ij} = \mu + a_i + e_{ij}, \quad i = 1, \ldots, r, \quad j = 1, \ldots, m$

aus, summieren beide Seiten über j und teilen durch m. Hierdurch erhalten wir

$$\bar{y}_i = \mu + a_i + \bar{e}_i, \quad \bar{y}_i = \frac{1}{m}\sum_j y_{ij}, \quad \bar{e}_i = \frac{1}{m}\sum_j e_{ij} .$$

Nach Summation über i ergibt sich

$$\bar{y} = \mu + \bar{a} + \bar{e}, \quad \bar{y} = \frac{1}{r}\sum_i \bar{y}_i, \quad \bar{a} = \frac{1}{r}\sum_i a_i, \quad \bar{e} = \frac{1}{r}\sum_i \bar{e}_i .$$

Nach Einsetzen in (II.3) und (II.4) mit $q_1$ und $q_2$ gemäß (II.2) erhalten wir

$$s_1^2 = \frac{m}{r-1} \sum_i [(a_i-\bar{a})+(\bar{e}_i-\bar{e})]^2 \quad \text{und}$$

$$s_2^2 = \frac{1}{n-r} \sum_i\sum_j (e_{ij}-\bar{e}_i)^2 .$$

Diese Beziehungen gelten ebenfalls für die entsprechenden Stichprobenvariablen $S_1^2$, $A_i$, $\bar{A}$ usw. Von Interesse ist zunächst $E(S_1^2)$. Wir quadrieren, lösen die Summe auf und erhalten:

$$E(S_1^2) = mE[\frac{1}{r-1} \sum_i (A_i-\bar{A})^2] + mE[\frac{1}{r-1} \sum_i (\bar{E}_i-\bar{E})^2] + \frac{2m}{r-1} \sum_i E[(A_i-\bar{A})(\bar{E}_i-\bar{E})] .$$

Der erste Summand auf der rechten Seite entspricht $m\sigma_A^2$, da der angegebene Erwartungswert eine erwartungstreue Schätzfunktion für die entsprechende Grundgesamtheitsvarianz darstellt. Der zweite Summand ist $\sigma_E^2$, weil die durchschnittliche Abweichung von Stichprobenmitteln vom Gruppenmittel stets so groß ist wie die durch den Stichprobenumfang dividierte Grundgesamtheitsvarianz, hier: $\frac{1}{m}\sigma_E^2$. Der Erwartungswert dieser konstanten Zahl entspricht dieser Zahl, und die Multiplikation mit m führt zu $\sigma_E^2$. Der dritte Summand ist Null, da voraussetzungsgemäß $A_i$ und $E_{ij}$ paarweise unabhängig sind. Somit gilt:

$$E(S_1^2) = m\sigma_A^2 + \sigma_E^2 .$$

Für $E(S_2^2)$ ergibt sich entsprechend:

$$E(S_2^2) = \frac{1}{r(m-1)} E[\sum_i\sum_j (E_{ij}-\bar{E}_i)^2] .$$

Da $E[\frac{1}{m-1}\sum_j(E_{ij}-\bar{E}_i)^2]$ eine erwartungstreue Schätzfunktion für $\sigma_E^2$ darstellt, gilt:

$$E(S_2^2) = \frac{1}{r}\sum_i \sigma_E^2 = \sigma_E^2 \ .$$

4.) Varianzanalysen setzen voraus, daß die Zellenbesetzungen gleich groß sind bzw. in bestimmten Proportionen zueinander stehen[1], wie die folgende Überlegung zeigt. Die Nullhypothesen bezüglich der Haupteffekte der Faktoren sowie der Wechselwirkungen werden unabhängig voneinander geprüft. Dies erfordert unabhängige Schätzfunktionen $S_1^2$, $S_2^2$ usw. oder - präziser formuliert - paarweise orthogonale Varianzschätzungen. Wie sich zeigen läßt, ist diese Forderung nur erfüllt, falls die Zellenbesetzungen gleich groß[2] oder von Zeile zu Zeile und von Spalte zu Spalte zueinander proportional sind[3]. Praktisch ist dies natürlich durch eine geeignete Versuchsplanung zu erreichen. Nachträglich könnten zu hoch besetzte Zellen durch entsprechende zufällige Elimination von statistischen Einheiten korrigiert werden. Im übrigen bietet in diesem Falle die regressionsanalytische Fassung der varianzanalytischen Problemstellung einige Vorteile, worauf auch im Kapitel IV eingegangen wird.

5.) Die Zahl der Kontraste, die voneinander unabhängig sind, entspricht der Zahl der Freiheitsgrade. Letztere ist nicht immer groß genug, damit alle interessierenden Fragen so gestellt werden können, daß

---

[1] Durch Modelländerungen sind diese Voraussetzungen weniger restriktiv. Vgl. z. B. EIMER, E., a. a. O., S. 36ff und S. 97ff.

[2] Siehe den Beweis für den Fall der einfaktoriellen Varianzanalyse bei FISZ, M., a. a. O., S. 612f.

[3] Siehe EDWARDS, A. L.: Versuchsplanung in der psychologischen Forschung. Weinheim 1971. Kap. 12.

sie zueinander orthogonal sind. Im Rahmen der statistischen Methoden sind einige Verfahren entwickelt, die die Analyse nicht orthogonaler Kontraste zum Ziel haben. Hierzu zählen u. a. DUNCANs multipler Spannweitentest[1], DUNNETs Test für nicht orthogonale Kontraste zu einer Kontrollgruppe[2] sowie insbesondere SCHEFFÉs Test[3]. Darstellungen dieser Verfahren sind auch in der einführenden, spezielleren Literatur[4] enthalten.

6.) Die zu prüfenden Hypothesen im Rahmen von Varianzanalysen bilden ein System, bei dem allgemeinere Hypothesen mehrere speziellere implizieren und bei dem speziellere Hypothesen u. U. zueinander orthogonal sind. Beispielsweise impliziert bei der zweifaktoriellen Varianzanalyse mit einer Beobachtung pro Zelle die Hypothese der Wirkungslosigkeit beider Faktoren die Hypothese der Wirkungslosigkeit eines speziellen Faktors. Hingegen ist die Hypothese, daß der Kontrast 1 Null ist, von der Hypothese unabhängig, daß ein anderer Kontrast Null ist, falls beide Kontraste so gebildet sind, daß sie zueinander orthogonal sind. Dies nehmen wir zum Anlaß, die Frage zu überprüfen, ob sich hieraus Konsequenzen für die einzelnen statistischen Tests ergeben.

Zunächst ist offensichtlich, daß sich aus den r Mittelwerten auf den r Stufen eines Faktors insgesamt

$$\binom{r}{2} = \frac{r!}{2!\,(r-2)!} = \frac{r(r-1)}{2}$$

Vergleiche zwischen zwei Mittelwerten bilden lassen, die jeweils mit einem t-Test für die Differenz zweier Mittelwerte auf Signifikanz des Unterschiedes geprüft werden können. Die möglichen $\frac{r(r-1)}{2}$ Tests

---

[1] DUNCAN, D. B.: Multiple range and multiple F-tests. In: Biometrics (1955), S. 1-42.

[2] DUNNETT, C. W.: A multiple comparison procedure for comparing several treatments with a control. In: Journal of the American Statistical Association (1955), S. 607-611.

[3] SCHEFFÉ, H.: A method of judging all contrasts in the analysis of variance. In: Biometrika (1953), S. 87-104.

[4] Z. B. DIEHL, J., a. a. O., S. 39ff.

sind jedoch nicht voneinander unabhängig, da sich aus r Mittelwerten lediglich r-1 orthogonale Mittelwertvergleiche (orthogonale Kontraste) bilden lassen (vgl. Punkt 1c. dieses Kapitels). Allgemein können deshalb lediglich r-1 voneinander unabhängige Mittelwertvergleiche durchgeführt werden[1].

Die Hypothese der Wirkungslosigkeit eines Faktors impliziert sämtliche Hypothesen über die zugehörigen orthogonalen Kontraste. Man könnte nun vermuten, daß die umfassendere Hypothese zu verwerfen ist, falls wenigstens eine spezielle Hypothese über einen Kontrast mit einem t-Test zu verwerfen ist. Grundsätzlich ist dieser Vermutung nicht zu widersprechen; die umfassendere Hypothese läßt sich auch mit einem Satz entsprechender t-Tests prüfen. Zu berücksichtigen ist jedoch, daß in diesem Falle das einem globalen F-Test vorgegebene Signifikanzniveau beim multiplen Vergleich mit den r-1 t-Tests insgesamt erheblich überschritten werden kann. Legt man für jeden der r-1 t-Tests das Signifikanzniveau $\alpha$ des globalen F-Tests zugrunde, beträgt in den r-1 Tests die Wahrscheinlichkeit für mindestens einen Fehler 1. Art

$$\alpha' = 1 - \binom{r-1}{0}\alpha^0(1-\alpha)^{r-1} = 1 - (1-\alpha)^{r-1} .$$

Ist beispielsweise, wie im Beispiel zur einfaktoriellen Varianzanalyse (Tab. II.8), $\alpha = 5\%$ und $r-1 = 4$, so hat die Wahrscheinlichkeit $\alpha'$, daß in den 4 Signifikanzprüfungen der Kontraste mindestens eine Nullhypothese fälschlicherweise verworfen wird, den Wert

$$\alpha' = 1 - 0{,}95^4 = 0{,}1855 .$$

Um das Signifikanzniveau des globalen Tests nicht zu überschreiten, müßte das Signifikanzniveau bei jedem einzelnen der voneinander unabhängigen t-Tests verringert werden. Die entsprechend korrigierten Signifikanzniveaus der Einzeltests lassen sich durch Auflösen der obigen Beziehung nach $\alpha$ bestimmen,

[1] Der für einen Kontrast durchgeführte F-Test entspricht einem t-Test wegen der Beziehung $F^1_\upsilon = t^2$ .

$$\alpha = 1 - (1-\alpha')^{\frac{1}{r-1}} .$$

Im gewählten Beispiel kann demnach der 5%ige globale Test für den Faktor um vier Tests für die Kontraste ergänzt werden, wobei jeweils ein Signifikanzniveau in Höhe von

$$1 - 0{,}95^{0{,}25} = 0{,}01274$$

anzulegen ist. Dieses 1,274%ige Signifikanzniveau führt jetzt bei den 4 Einzeltests insgesamt nur noch mit einer Wahrscheinlichkeit von

$$1 - (1-0{,}01274)^{4} = 5\%$$

zum Fehler 1. Art und entspricht somit dem Signifikanzniveau des globalen Tests.

Ob bei den Einzeltests eine Korrektur des Signifikanzniveaus erforderlich ist, hängt auch von der Art der Alternativhypothese ab[1].

Zu konstatieren ist, daß in der Praxis die obigen Überlegungen nicht immer Berücksichtigung finden (eine explizite Beachtung erfolgt beim SCHEFFÉ-Test). Eine Adjustierung wäre im übrigen analog auf den globalen $\Lambda$-Test und die einzelnen F-Tests im Rahmen der multivariaten Varianzanalyse anzuwenden.

7.) Die Parameter der Modelle der mehrfaktoriellen Varianzanalyse werden unter Verwendung von Daten geschätzt, die i. a. auf der Grundlage faktorieller Versuchsanordnungen erhoben wurden. Im Gegensatz zum klassischen Experiment, das vereinfacht als wiederholbare Messung (gewöhnlich nur eines Faktors) unter kontrollierten Bedingungen beschrieben werden kann, wird bei der faktoriellen Versuchsanordnung versucht, den Einfluß von zwei oder mehreren Faktoren auf eine oder mehrere Untersuchungsvariablen sowie den Einfluß von Wechselwirkungen auf

[1] Siehe HAGER, W./WESTERMANN, R.: Entscheidung über statistische und wissenschaftliche Hypothesen: Probleme bei mehrfachen Signifikanztests zur Prüfung einer wissenschaftlichen Hypothese. In: Zeitschrift für Sozialpsychologie (1983), S. 106-117.

die Untersuchungsvariablen und die Kovariation der Untersuchungsvariablen zu erheben. Eine faktorielle Versuchsanordnung sieht also vor, daß mehrere Faktoren[1] gleichzeitig variiert werden, wobei - wie beim klassischen Experiment - auch das Ziel verfolgt wird, die Wirkungen der einzelnen Faktoren separat zu studieren. Hinzu tritt das weitere Ziel der Analyse von Wechselwirkungen. Dabei orientieren sich faktorielle Versuchsanordnungen in ihrer Logik am klassischen Experiment, sie setzen es aber weniger restriktiv in die Forschungspraxis um[2]. Faktorielle Versuchsanordnungen stehen somit zwischen der Feldstudie, die für eine Beschränkung auf die Beobachtung von Ereignissen unter nicht manipulierten, lebensnahen Bedingungen typisch ist, und dem Experiment, für das das künstlich geschaffene Umfeld typisch ist, in dem möglichst alle Störfaktoren auf das Untersuchungsergebnis kontrolliert werden.

8.) Versuchspläne zur Varianzanalyse werden mit wachsender Zahl der Untersuchungsvariablen oder Faktoren unübersichtlich und führen zu steigenden Erhebungskosten. Deshalb verdient ein spezieller zweifaktorieller Versuchsplan besondere Beachtung, mit dem die Effekte nicht nur von zwei, sondern von drei Faktoren analysiert werden können. Dies ist unter bestimmten Bedingungen möglich:

- Die Anzahl der Stufen der Faktoren A, B und C müssen gleich groß sein. Die entsprechende zweidimensionale Tabelle mit A und B als Zeilen- bzw. Spaltenkriterium (z. B. gemäß Tab. II.11 oder Tab. II.19) ist also quadratisch.
- Jede Stufe des dritten Faktors C tritt nur einmal in jeder Zeile sowie nur einmal in jeder Spalte auf; d. h. alle Faktorstufen sind

[1] " ... Häufig ist unbekannt, welche Faktoren 'am kausalsten' sind, ... . Darum wird es häufig zweckmäßig sein, beim Planen des Versuchs mehrere Faktoren simultan zu berücksichtigen." MENGES, G./SKALA, H., a. a. O., S. 160.

[2] Vgl. z. B. KROMREY, H.: Empirische Sozialforschung (3. Auflg.). Opladen 1986, S. 318f. oder MENGES, G./SKALA, H., a. a. O., S. 137ff bzw. FISHER, R. A.: The Design of Experiments (7. Auflg.). Edinburgh 1960.

untereinander in dem Sinne vollständig balanciert, daß jede Faktorstufe eines Faktors gleich häufig mit jeder Stufe jedes anderen Faktors kombiniert auftritt.

Ein derartiger dreifaktorieller Versuchsplan, der in einen zweifaktoriellen Plan integriert ist, entspricht dem Muster eines Lateinischen Quadrates, einer Art besonderer mathematischer Zahlenspiele, die von von R. A. FISHER aufgegriffen und für die Versuchsplanung nutzbar gemacht wurden.

Die Tab. II.26 stellt eine Möglichkeit dar, wie ein Versuchsplan nach dem Lateinischen Quadrat bei jeweils vier Faktorstufen gebildet werden kann. In den Zellen der Tabelle sind die Faktorstufen von C aufgeführt, um die Kombinationen der Stufen aller drei Faktoren besser erkennen zu können. Real werden die Zellen jedoch durch die Werte der Untersuchungsvariablen in Abhängigkeit von der Faktorstufenkombination belegt. Auch hier ist der Fall einer Beobachtung pro Zelle vom Fall mehrerer Beobachtungen zu unterscheiden.

| Faktor B / Faktor A | $B_1$ | $B_2$ | $B_3$ | $B_4$ |
|---|---|---|---|---|
| $A_1$ | $C_1$ | $C_2$ | $C_3$ | $C_4$ |
| $A_2$ | $C_2$ | $C_1$ | $C_4$ | $C_3$ |
| $A_3$ | $C_3$ | $C_4$ | $C_1$ | $C_2$ |
| $A_4$ | $C_4$ | $C_3$ | $C_2$ | $C_1$ |

Tab. II.26: Plan einer dreifaktoriellen Varianzanalyse nach dem Lateinischen Quadrat mit vier Faktorstufen

Die entsprechende Varianzanalyse[1] hat allerdings Nachteile. Die verschiedenartigen Wechselwirkungen zwischen den Faktoren können nicht voneinander getrennt analysiert werden. Ebenso läßt sich nicht jeder Haupteffekt eines Faktors von jeder Wechselwirkung trennen. Die Abwesenheit von Wechselwirkungen muß deshalb für die Analyse vorausgesetzt werden.

9.) Die WILKS-$\Lambda$-Verteilung[2] basiert auf der multivariaten Verallgemeinerung der $\chi^2$-Verteilung, der WISHART-Verteilung. Sie besitzt drei Parameter, nämlich - bezogen auf die einfaktorielle multivariate Varianzanalyse - l, die Anzahl der Untersuchungsvariablen, $\nu_2$, die Freiheitsgrade für $q_2$, und $\nu_1$, die Freiheitsgrade für $q_1$. Die Berechnung exakter Wahrscheinlichkeiten für Wertebereiche von $\Lambda$ in Abhängigkeit der drei Parameter ist numerisch relativ aufwendig.

Eine Approximationsmöglichkeit durch die rechentechnisch einfacher zu handhabende $\chi^2$-Verteilung stammt von BARTLETT, wonach bei nicht zu kleinen Stichproben gilt:

$$\text{(II.20)} \quad -a \cdot \ln\Lambda(1, \upsilon_2, \upsilon_1) = \chi^2 \quad \text{mit } l\upsilon_1 \text{ Freiheitsgraden,}$$

wobei $a = \upsilon_2 - 0{,}5(l-\upsilon_1+1)$ .

Darüberhinaus existieren Approximationen durch die F-Verteilung, die in der spezielleren Literatur enthalten sind.

---

1 Siehe z. B. GLASER, W. R., a. a. O., S. 197ff oder MENGES, G.: Die Statistik. Wiesbaden 1982, S. 136f und S. 226f.

2 Näheres siehe z. B. FAHRMEIR, L./HAMERLE, A.: Mehrdimensionale Zufallsvariablen und Verteilungen. In: Multivariate statistische Verfahren. Berlin 1984, S. 38ff.

10.) Die Prüfvariable

$$\Lambda = \frac{|\underline{Q}_2|}{|\underline{Q}_1 + \underline{Q}_2|} \tag{II.19}$$

läßt sich äquivalent durch

$$\Lambda = |\underline{I} + (\underline{Q}_2)^{-1}\underline{Q}_1|^{-1} \tag{II.19a}$$

zum Ausdruck bringen. Hierbei ist $\underline{I}$ die l×l-Einheitsmatrix.

Bezeichnen wir mit $\lambda_1, \lambda_2, \ldots, \lambda_l$ die Eigenwerte von $\underline{Q}_2{}^{-1}\underline{Q}_1$, gilt des weiteren

$$\Lambda = \prod_{h=1}^{l} (1+\lambda_h)^{-1} \quad . \tag{II.19b}$$

# Kapitel III
# Multiple Regressionsanalyse bei metrischem Meßniveau der exogenen Variablen

Das Kapitel III befaßt sich zu Beginn mit den wichtigsten Aspekten eines bedeutenden Dependenzmodells, dem klassischen Regressionsmodell, das in zahlreichen Wissensgebieten Verwendung findet. Es ist für ein reales Problem angemessen, in dem eine Untersuchungsvariable (metrischen Meßniveaus) im wesentlichen von nur einer anderen Größe (metrischen Meßniveaus) abhängt. Das hierfür adäquate Modell, das in der einfachsten Form eine lineare Verknüpfung zwischen den beiden Variablen vorsieht, ist leicht durchschaubar. Dies mag einer der Gründe dafür sein, daß es selbst dann noch hartnäckig verwendet wird, wenn eine komplexe Wirklichkeit entsprechend differentielle Analyseverfahren geboten erscheinen läßt.

Das einfache Regressionsmodell kann als Grundlage des multiplen Modells angesehen werden. Es wird im zweiten Teil dieses Kapitels für Situationen entwickelt, in denen eine Untersuchungsgröße von mehr als nur einer anderen Größe abhängt. Der Ausbau zu einem multiplen Modell kann zu einer erheblichen Ausweitung des formalen Gerüstes sowie zu schwierigen Interpretationen gewisser statistischer Maßzahlen führen. Dies gilt insbesondere dann, wenn die erklärenden Größen, von denen der Untersuchungsgegenstand in Abhängigkeit gesehen wird, ihrerseits gegenseitig voneinander abhängen. In diesem Falle, der in der Praxis recht häufig auftritt, verlieren einige statistische Maßzahlen und Koeffizienten des multiplen Modells fast jeglichen Aussagewert. Gleiches gilt für die Schätzungen und Tests dieser Maßzahlen und Koeffizienten.

Ein beträchtlicher Teil der Irritation, der in diesem Falle häufig bei unkritischen Verwendern der multiplen Regressionsanalyse auftritt, läßt sich jedoch rasch auflösen. Das Grundmodell der multiplen Regressionsanalyse ist nur für Situationen angemessen, in denen die exogenen Variablen weitgehend unabhängig voneinander auf eine Untersuchungsvariable einwirken. Für andere Situationen sollte das Adäquationsproblem angemessen gelöst werden, d. h. von der Verwendung des klassischen multiplen Regressionsmodells sollte Abstand genommen werden.

Im dritten Teil dieses Kapitels wird den einzelnen denkbaren Modellverstößen nachgegangen. Hierbei werden die jeweiligen Verfahren zur Erkennung von Verstößen gegen das Annahmensystem für die Störvariablen, die Linearität des Modells sowie gegen die Unkorreliertheit der erklärenden Größen angesprochen.

## 1. Das grundlegende Modell der einfachen linearen Regression

Das einfache lineare Regressionsmodell eignet sich sowohl für Zwecke der Deskription als auch der inferenzstatistischen Beurteilung. Wir erörtern zunächst das für die Grundgesamtheit geltende Modell und anschließend seine wichtigsten deskriptiven Aspekte.

### a) Regression in der Grundgesamtheit

Wir gehen davon aus, daß ein reales Problem in die folgende angemessene formale Form übersetzt werden kann. Zwischen den Variablen Y und X besteht ein Zusammenhang, der durch die Gleichung

$$\text{(III.1)} \quad y_i = \alpha + \beta x_i + u_i, \qquad i = 1, \ldots, n, \quad \beta \neq 0,$$

zum Ausdruck gebracht werden kann. Der Meßwert $y_i$ der Untersuchungsvariablen (Zielvariable, Regressand) Y wird bei den n Meßwertpaaren ($y_i$, $x_i$) als stochastisch linear abhängig vom Wert $x_i$ der erklärenden Variablen (Regressor, Prädiktor, Kriterium) X angesehen. Y stellt also die modellendogene und X die exogene Variable dar. Jeder Wert $y_i$ läßt sich aus zwei Komponenten zusammengesetzt auffassen:

$\alpha + \beta x_i$ bringt zum Ausdruck, welchen Wert $y_i$ bei vorgegebenem Wert für $x_i$ regelmäßig annehmen würde, falls der Zusammenhang zwischen Y und X streng deterministisch wäre. Die Regressionskoeffizienten $\alpha$ und $\beta$ spezifizieren den deterministischen Teil des Zusammenhanges. $\alpha$ und $\beta$ stellen die "wahren" Parameter für die gesamte Population dar. (III.1) betrifft deshalb den Zusammenhang zwischen Y und X in der Grundgesamtheit.

$u_i$ bringt zum Ausdruck, in welchem Ausmaß $y_i$ bei vorgegebenem Wert für $x_i$ von seiner deterministischen Komponente $\alpha + \beta x_i$ abweicht. Der Betrag dieser Abweichung ist im einzelnen nicht vorhersagbar. $u_i$ bringt somit den stochastischen Teil von $y_i$ zum Ausdruck. $u_i$ ist der Wert der Störgröße $U_i$ (siehe auch Kap. I.2c). Die Verteilung von $U_i$ spezifiziert den stochastischen Teil des Zusammenhanges. (III.1) gilt für sämtliche verschiedene Werte für $x_i$.

Die Abbildung III.1 veranschaulicht die Struktur des realen Problems, für das das einfache Regressionsmodell eine angemessene formale Übertragung darstellt.

Für das Verständnis des Regressionsmodells ist wichtig, sich Klarheit über die Bedeutung der drei Variablen X, Y und U zu verschaffen.

X ist im einfachsten Fall eine Größe ohne stochastische Eigenschaften. Ihre Werte werden z. B. beim Experiment vorgegeben bzw. kontrolliert, und man stellt fest, welche Ausprägungen von Y hiermit einhergehen.

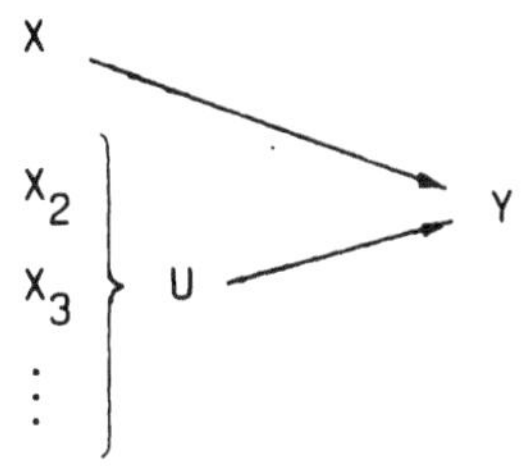


Abb. III.1: Reales Problem, für das das einfache Regressionsmodell adäquat ist

Dies entspricht im Rahmen der Varianzanalyse dem Modell mit vorgegebenen Faktorstufen. Sollte X nicht ohne Meßfehler sein, so ist ein andersartiges Modell (mit Fehlern in den Variablen) zu verwenden, worauf im Rahmen dieses Buches nicht eingegangen wird[1].

$U_i$ sind Störgrößen mit stochastischen Eigenschaften, deren Begründung im Rahmen der allgemeinen Erörterung des adäquaten Modells (Kap. I.2c) bereits gegeben wurde. Für das vorliegende Modell läßt sich feststellen: Im einfachen Regressionsmodell werden nicht alle für die Untersuchungsvariable bedeutenden Einflußgrößen erfaßt worden sein; $u_i$ drückt deshalb den Nettoeffekt der nicht beachteten Variablen aus. Weiterhin könnte die "wahre" Beziehung zwischen der erklärenden und der Untersuchungsvariablen nicht linear sein; $u_i$ bringt deshalb gegebenenfalls zugleich den Fehler des gewählten Funktionstyps zum Ausdruck. Der Einfachheit wegen wollen wir aber im folgenden davon ausgehen, daß der unterstellte lineare Zusammenhang auch adäquat ist.

Da nicht angegeben werden kann, welchen Wert $U_i$ bei vorgegebenem Wert $x_i$ annimmt, läßt sich $U_i$ als Zufallsvariable auffassen. Über die Verteilung von $U_i$ lassen sich Annahmen treffen, die weiter unten erörtert werden. Da $U_i$ als Zufallsvariable aufgefaßt wird, besitzt auch die Untersuchungsvariable $Y_i$ Eigenschaften einer Zufallsvariablen. Das Modell (III.1) läßt sich deshalb auch in Variablenschreibweise zum Ausdruck bringen:

[1] Vgl. z. B. SCHNEEWEIß, H.: Ökonometrie (3. Auflg.). Würzburg 1978, S. 216ff.

(III.1a) $Y_i = \alpha + \beta x_i + U_i, \qquad i = 1, \ldots, n, \qquad \beta \neq 0.$

Jeder exogene Wert $x_i$ ist kombiniert mit verschiedenen möglichen Werten $y_i$ der Zufallsvariablen $Y_i$.

In (III.1a) sind fast alle Terme unbekannt. $U_i$ sind unbekannte Zufallsvariablen, $\alpha$ und $\beta$ sind unbekannte Grundgesamtheitskoeffizienten. Lediglich die exogen vorgegebenen Werte $x_i$ sind bekannt. Von den Variablen $Y_i$ ist jeweils eine Stichprobenrealisation $y_i$ bekannt. Da für die formale Lösung eines realen Problems ein operables Modell erforderlich ist, müssen die unbekannten Regressionskoeffizienten der Grundgesamtheit geschätzt werden. Hierfür sind in der statistischen Methodenlehre verschiedene Verfahren entwickelt worden, unter denen die Methode der kleinsten Quadrate wegen einiger erwünschter Eigenschaften, die später erläutert werden, besonders hervorzuheben ist. Allerdings müssen zuvor über die Störvariablen bestimmte Annahmen getroffen werden, mit denen wir uns im folgenden auseinandersetzen wollen.

Das Annahmensystem des klassischen Modells der linearen Einfachregression besteht im wesentlichen aus drei bzw. vier konkreten Charakterisierungen der Störvariablen. Eine Festlegung betrifft ihren Mittelwert, eine zweite ihre Varianz und eine dritte ihre wechselseitige Unabhängigkeit. Eine vierte Annahme, die im Zusammenhang der Methode der kleinsten Quadrate nicht benötigt wird, betrifft die Verteilung der Störvariablen.

Die erste Annahme besagt: Die Erwartungswerte der n Störvariablen sind gleich Null,

(III.2) $E(U_i) = 0 \quad$ für alle i.

Die Plausibilität der Annahme (III.2) läßt sich durch die folgende Überlegung verdeutlichen. Exogen vorgegeben wird der Wert $x_i$ der Einflußgröße X. Beispielsweise hat eine zufällig ausgewählte Person einen

Liter Bier zu trinken. Gemessen wird der Wert $y_i$ der Untersuchungsvariablen $Y_i$, etwa die Reaktionszeit im Straßenverkehr. $x_i$, der Liter Bier, wird dieser Person nun - in einem gedanklichen Experiment - wiederholt und sehr oft vorgegeben. Entsprechend häufig realisiert die Zufallsvariable $Y_i$ Werte, die wir mit $y_{iv}$ bezeichnen. Jeder Wert $y_{iv}$ läßt sich analog zu (III.1) in einen deterministischen Teil $\alpha + \beta x_i$ und einen stochastischen Teil $u_{iv}$ zerlegen. Die Annahme (III.2) besagt nun, daß der Durchschnitt der Werte $u_{iv}$ Null ist. Dies bedeutet für das gewählte Beispiel: Der Durchschnitt der Werte $y_{iv}$, der die durchschnittlich auftretende Reaktionszeit beim Konsum von einem Liter Bier im Straßenverkehr darstellt, entspricht der deterministischen Komponente jedes Wertes $y_{iv}$. Bezogen auf den Einzelfall, dem nur einmaligen Verbrauch von einem Liter Bier, kann argumentiert werden: Da sich die Effekte der zur Störgröße zusammengefaßten Faktoren bei Versuchswiederholungen im Durchschnitt gegenseitig kompensieren, ist es nicht unvernünftig zu erwarten, daß sich diese Effekte auch beim einmaligen Verbrauch von einem Liter Bier gegenseitig auslöschen; d. h. $E(U_i) = 0$ für die betrachtete i-te Ausprägung von X. Somit ist zu erwarten, daß nach dem Verbrauch von einem Liter Bier eine Reaktionszeit gemessen wird, die der deterministischen Komponente entspricht. Dies gilt analog für andere Werte für $x_i$, beispielsweise für den Verbrauch von 1,2 Liter Bier usw. Ergänzend ist darauf hinzuweisen, daß die Annahme (III.2) zur Identifizierung des Modells erforderlich ist (siehe HVE III.2).

Die zweite Annahme lautet: Die Varianzen der n Störvariablen sind gleich groß (Homoskedastizität),

$$\text{(III.3)} \qquad var(U_i) = \sigma_U^2 \quad \text{für alle i.}$$

Die Annahme (III.3) besagt somit auch, daß die Varianz der Verteilung der Störvariablen $U_i$ nicht von der Größenordnung für die Werte der exogenen Variablen geprägt ist. Diese Annahme ist nicht immer überzeugend. Im zuvor gewählten Beispiel liegt die Vorstellung zu Grunde, daß die Streuungen der Reaktionsgeschwindigkeiten im Straßenverkehr bei unterschiedlichen Mengen verbrauchten Bieres gleich groß sind.

Die dritte Annahme lautet: Die n Störvariablen sind unkorreliert; die Kovarianz cov($U_i$, $U_j$) ist für alle Paare der Störvariablen Null, falls $i \neq j$. Die Annahmen 2 und 3 lassen sich analytisch zusammenfassen zu

$$\text{(III.4)} \qquad \operatorname{cov}(U_i, U_j) = \begin{cases} 0 & \text{für } i \neq j, \quad i, j = 1, \ldots, n, \\ \sigma_U^2 & \text{für } i = j, \quad i, j = 1, \ldots, n. \end{cases}$$

Im gewählten Beispiel liegt also - vereinfacht gesagt - die Vorstellung zu Grunde, daß z. B. die Verteilung der Werte für $U_i$, die sich beim Gedankenexperiment des wiederholten Konsums von einem Liter Bier ergibt, nicht durch die Verteilung der Werte für $U_{i+1}$ geprägt ist, die sich beim wiederholten Konsum von z. B. 1,2 Liter Bier ergibt.

Für die gebräuchlichen Verfahren der Intervallschätzungen und Prüfungen von Hypothesen bezüglich der Regressionskoeffizienten ist eine vierte Annahme erforderlich, die besagt, daß die Verteilung der Störvariablen einer Normalverteilung mit dem Mittelwert Null und der Standardabweichung $\sigma_U$ folgt:

$$\text{(III.5)} \qquad U_i \text{ folgt } N(0;\ \sigma_U) \qquad \text{für alle } i.$$

Diese Annahme ist für bestimmte Verfahren entbehrlich (z. B. Punktschätzung der Regressionskoeffizienten mit der Methode der kleinsten Quadrate), für andere von großem Vorteil (z. B. Herleitung der exakten Prüfverteilung für Regressionskoeffizienten). Im gewählten Beispiel liegt also die Vorstellung zu Grunde, daß die Verteilungen für die Störvariablen $U_i$ alle gleich sind, nämlich einer GAUßschen Fehlerkurve mit den angegebenen Parametern entsprechen. Damit sind die Verteilungen für die Reaktionszeiten $Y_i$ ebenfalls normalverteilt, wobei hier zwar die Streuungen $\sigma_U$ gleich sind, hingegen nicht die Mittelwerte mit dem jeweiligen Betrag $\alpha + \beta x_i$.

Die Abb. III.2 gibt eine zusammenfassende graphische Veranschaulichung des Modells der linearen Einfachregression unter Einschluß der vier Annahmen über die Störvariablen, soweit dies möglich ist. Beispielsweise wird deutlich: Der exogene Wert $x_i$ ist kombiniert mit verschiede-

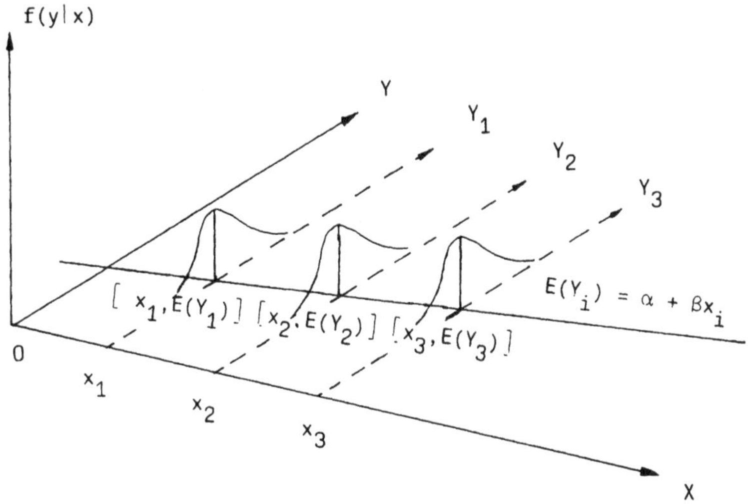


Abb. III.2: Einfache lineare Regression in der Grundgesamtheit

nen möglichen Werten $y_{1v}$ (diese liegen auf der Achse $Y_1$), die mit unterschiedlichen Wahrscheinlichkeitsdichten $f(y|x)$ auftreten können. Die Annahme (III.2) führt dazu, daß im Durchschnitt die deterministische Komponente von $Y_1$, $E(Y_1) = \alpha + \beta x_i$, realisiert wird. Entsprechendes gilt für $x_2$, $x_3$ usw. Die Annahme (III.3) führt dazu, daß die skizzierten Verteilungen gleich große Streuungen $\sigma_U$ aufweisen. Die Annahme (III.5) konkretisiert die Gestalt der Verteilungen. Sie sind deckungsgleiche GAUßsche Fehlerkurven. Der geometrische Ort aller

Punkte mit den Koordinaten $[x_i, E(Y_i)]$ stellt die Regressionsgerade in der Grundgesamtheit dar.

b) Schätzung der Modellparameter

Das Regressionsmodell (III.1) bzw. (III.1a) enthält unter Beachtung der Annahmen (III.2) und (III.4) drei unbekannte Grundgesamtheitsparameter, nämlich $\alpha$, $\beta$ und $\sigma_U^2$. Hierfür sind unter Verwertung von Informationen aus der Stichprobe möglichst gute Schätzwerte zu finden.

Für die Schätzung stehen eine Reihe von Verfahren zur Verfügung. Die in den Annahmen am wenigsten restriktive Methode ist die Methode der kleinsten Quadrate, die wir im folgenden verwenden werden. BAYES-Schätzungen, die Maximum-Likelihood-Methode sowie die $L_1$-Norm finden im Rahmen dieses Buches keine Berücksichtigung.

Zur Darstellung der Methode der kleinsten Quadrate betrachten wir eine Stichprobe, die aus n Wertepaaren $(x_i, y_i)$ der exogenen Variablen X und der Untersuchungsvariablen Y besteht. In der Stichprobe bezeichnen wir die geschätzte deterministische Komponente von $y_i$ mit $\hat{y}_i$,

(III.6) $\hat{y}_i = a + bx_i, \quad i = 1, \ldots, n.$

a und b stellen die Regressionskoeffizienten in der Stichprobe dar. Sie sind so festzulegen, daß sie möglichst gut die unbekannten Regressionskoeffizienten $\alpha$ und $\beta$ der Grundgesamtheit abschätzen. Geometrisch entspricht (III.6) einer Geraden, so daß obige Funktion als Regressionsgerade bezeichnet wird.

Mit der Methode der kleinsten Quadrate werden die Regressionskoeffizienten der Stichprobe so festgelegt, daß die Forderung der Zielfunktion

$$\text{(III.7)} \qquad z = \sum_{i}^{n}(y_i - \hat{y}_i)^2 = \sum d_i^2 \longrightarrow \text{Minimum!}$$

erfüllt ist. Die Summe der quadrierten Differenzen zwischen den beobachteten Werten $y_i$ und den über (III.6) geschätzten Werten $\hat{y}_i$ soll also einen möglichst kleinen Wert haben. Die Abbildung III.3 ist hierzu eine geometrische Veranschaulichung.

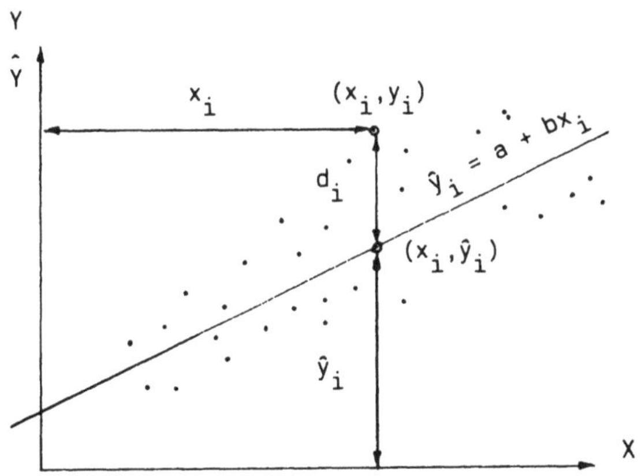


Abb. III.3: Einfache lineare Regression in der Stichprobe

Im dargestellten Streuungsdiagramm bezeichnen die markierten Punkte die Wertepaare der Stichprobe. Das Wertepaar $(x_i, y_i)$ ist in die Teile $(x_i, \hat{y}_i)$ und $(x_i, d_i)$ zerlegt. Dies gilt für jede statistische Einheit i und ist in der Abb. III.3 für eine ausgewählte Einheit dargestellt. Die Zielfunktion (III.7) fordert nun, daß die Regressionsgerade so durch die "Punktewolke" zu legen ist, daß die Summe der quadrierten senkrechten Abstände der Punkte von der Regressionsgeraden minimiert ist.

In der Stichprobe stellt $a + bx_i$ die geschätzte deterministische Komponente von $y_i$ dar und $d_i$ die geschätzte stochastische Komponente. Somit gilt in der Stichprobe analog zu (III.1) die Beziehung

$$\text{(III.8)} \quad y_i = a + bx_i + d_i, \quad i = 1, \ldots, n, \quad b \neq 0,$$

bzw. unter Einbezug von (III.6)

$$\text{(III.8a)} \quad y_i = \hat{y}_i + d_i, \quad i = 1, \ldots, n, \quad b \neq 0.$$

Gemäß (III.7) ist $\sum d_i^2$ zu minimieren. $\frac{1}{n}\sum d_i^2$ ist die Varianz[1] der Werte $d_i$; denn

$\text{var}(d) = \frac{1}{n}\sum(d_i - \bar{d})^2 = \frac{1}{n}\sum d_i^2$ wegen $\bar{d} = \frac{1}{n}\sum d_i = 0$. Letzteres ergibt sich aus der 1. Normalgleichung, die weiter unten erwähnt ist.

Nun läßt sich die Varianz der Störvariablen in der Grundgesamtheit unter Beachtung der Annahmen (III.2) und (III.3) ausdrücken als

$$\sigma_U^2 = \frac{1}{n}\sum(u_i - 0)^2 = \frac{1}{n}\sum u_i^2 .$$

Das Prinzip der Methode der kleinsten Quadrate besagt also für die Schätzung der drei unbekannten Grundgesamtheitsparameter $\alpha$, $\beta$ und $\sigma_U^2$: Die Schätzwerte für $\alpha$ und $\beta$ sind so festzulegen, daß der Schätzwert für $\sigma_U^2$ minimiert wird.

Die Minimierung der Zielfunktion (III.7) ist mit Hilfe der Differentialrechnung leicht durchführbar. Man setzt (III.6) in (III.7) ein und erhält

$$z = \sum(y_i - a - bx_i)^2 \longrightarrow \text{Minimum!}$$

Sodann bildet man die partiellen Ableitungen von z(a, b) nach a und b und setzt diese gleich Null. Aus den beiden Normalgleichungen wird a und b isoliert. Das Ergebnis ist

[1] Hierbei handelt es sich um die Varianz im deskriptiven Kontext; vgl. mit der erwartungstreuen Schätzfunktion (III.15).

(III.9) $b = \frac{cov(x,\ y)}{var(x)}$ ,

(III.10) $a = \bar{y} - b\bar{x}$ .

Hierbei bezeichnet

$cov(x,\ y) = \frac{1}{n}\sum(x_i-\bar{x})(y_i-\bar{y})$

die Stichprobenkovarianz der Werte $x_i$ und $y_i$,

$var(x) = \frac{1}{n}\sum(x_i-\bar{x})^2$

die Stichprobenvarianz der $x_i$ und $\bar{x}$ bzw. $\bar{y}$ die Stichprobenmittelwerte.

Für die Beurteilung der Qualität der Punktschätzungen a und b sind eine Reihe von Gütekriterien[1] heranzuziehen. Wie sich zeigen läßt[2], führt die Methode der kleinsten Quadrate im vorliegenden Falle zu erwartungstreuen Schätzwerten:

(III.11) $E(B) = \beta$ ,

(III.12) $E(A) = \alpha$ .

Hierbei sind A und B die zu a und b gehörenden Stichprobenvariablen, für die (III.9) und (III.10) entsprechend gelten:

(III.9a) $B = \frac{cov(x,\ Y)}{var(x)}$ ,

(III.10a) $A = \bar{Y} - B\bar{x}$ .

Ferner läßt sich nachweisen[3], daß die Schätzfunktionen A und B die

---

1 Siehe z. B. TIEDE, M./VOß, W.: Stichproben und statistische Inferenz (2. Auflg.). Bochum 1982, S. 197ff.

2 Siehe z. B. JOHNSTON, J.: Econometric Methods (2. Auflg.). New York 1972, S. 18ff.

3 JOHNSTON, J., a. a. O., S. 20.

minimale Varianz besitzen, so daß a und b effiziente Schätzungen sind,

$$\text{(III.13)} \qquad var(B) = \frac{\sigma_U^2}{\sum(x_i-\bar{x})^2} ,$$

$$\text{(III.14)} \qquad var(A) = \frac{\sigma_U^2 \sum x_i^2}{n\sum(x_i-\bar{x})^2} .$$

Außerdem ist die Schätzfunktion var(D), die wir auch mit dem Symbol $S_d^2$ abkürzen,

$$\text{(III.15)} \qquad var(D) = S_d^2 = \frac{1}{n-2} \sum D_i^2 = \frac{1}{n-2} \sum(Y_i-\hat{Y}_i)^2 ,$$

für $\sigma_U^2$ erwartungstreu[1]:

$$\text{(III.16)} \qquad E(S_d^2) = \sigma_U^2 .$$

Obige Eigenschaften werden gewöhnlich als BLUE-Eigenschaft der Schätzwerte a und b zusammengefaßt (best linear unbiased estimators)[2]. Es sei noch einmal darauf hingewiesen, daß für die Punktschätzungen mit der Methode der kleinsten Quadrate die Annahme (III.5) über die Normalverteilung der Störvariablen nicht erforderlich ist.

---

[1] Beachte den Hinweis der Fußnote S. 152.

[2] Häufig wird die BLUE-Eigenschaft mit dem GAUß-MARKOV-Theorem begründet, auf das wir jedoch nicht eingehen wollen.

## c) Determinations- und Korrelationskoeffizient

Die Regressionsanalyse stellt einen Bereich in der statistischen Methodenlehre dar, der sich nicht eindeutig der Deskription oder der induktiven Statistik zuordnen läßt. Sie ist in beiden Bereichen angesiedelt, wobei ihre deskriptiven Elemente für den Verwender der Resultate recht anschaulich und leicht nachvollziehbar sind. Hiermit wollen wir uns im folgenden kurz befassen, bevor weitere inferenzstatistische Fragestellungen verfolgt werden.

Die Varianz der Untersuchungsvariablen läßt sich in zwei Teile zerlegen, in die Varianz der geschätzten deterministischen Teile der Werte der Untersuchungsvariablen $var(\hat{y})$ und in die Varianz der geschätzten stochastischen Teile der Werte der Untersuchungsvariablen $var(d)$ (siehe HVE III.3):

$$(III.17) \qquad var(d) = var(\hat{y}) + var(d),$$

wobei[1] $var(y) = \frac{1}{n}\sum(y_i-\bar{y})^2, \quad var(\hat{y}) = \frac{1}{n}\sum(\hat{y}_i-\bar{y})^2,$

$$var(d) = \frac{1}{n}\sum d_i^{\,2} = \frac{1}{n}\sum(y_i-\hat{y}_i)^2 \ .$$

$var(\hat{y})$ wird häufig abgekürzt als Varianz der geschätzten Werte von Y bzw. als Varianz der durch das Modell erklärten Werte bezeichnet und $var(d)$ als Varianz der geschätzten Werte der Störvariablen bzw. als Varianz der Residuen. $var(\hat{y})$ wird auch in Anlehnung an die geometrische Veranschaulichung des Modells als Varianz auf der Regressionsgeraden und $var(d)$ als Varianz um die Regressionsgerade bezeichnet.

(III.17) dient als Grundlage für die Konstruktion eines statistischen Maßes für die Stärke des Zusammenhanges zweier Variablen, des Determinationskoeffizienten,

---

[1] Im deskriptiven Kontext erfolgt wiederum die Division durch n und nicht durch n-1 bzw. n-2.

$$\text{(III.18)} \quad r^2 = \frac{\text{var}(\hat{y})}{\text{var}(y)} = 1 - \frac{\text{var}(d)}{\text{var}(y)} .$$

Der Determinationskoeffizient $r^2$ gibt an, wie groß der Anteil der Varianz der Untersuchungsvariablen ist, der sich auf die Variation der einen exogenen Variablen zurückführen läßt. Die Aussagefähigkeit des Determinationskoeffizienten wird durch die folgende Überlegung besonders deutlich. Die Werte der Untersuchungsvariablen sind gewöhnlich nicht alle so groß wie ihr arithmetisches Mittel, sondern sie weisen eine gewisse Variation auf, bemessen durch die Varianz var(y). Ein Teil dieser Variation geht einher mit einer Variation der Werte der exogenen Variablen; alternativ geänderten Werten für die exogene Variable entsprechen bestimmte, auf der Regressionsgeraden liegende Werte für die Untersuchungsvariable. Deren Variation $\text{var}(\hat{y})$ wird als im statistischen Sinne erklärt aufgefaßt. Der Determinationskoeffizient bringt nun zum Ausdruck, wie groß der Anteil von $\text{var}(\hat{y})$ an der zuvor erwähnten gesamten Varianz var(y) ist.

$r^2$ läßt sich algebraisch auch anders zum Ausdruck bringen (siehe HVE III.4a), so daß eine formale Beziehung des Dependenz- zum Interdependenzmodell sichtbar wird:

$$\text{(III.18a)} \quad r^2 = \frac{\text{cov}^2(x, y)}{\text{var}(x)\text{var}(y)} .$$

Der Determinationskoeffizient stimmt also mit dem Quadrat des Korrelationskoeffizienten nach BRAVAIS/PEARSON überein (siehe Beziehung (I.1)). Dies stärkt zwar die Aussagekraft des Determinationskoeffizienten als deskriptive Maßzahl, zeigt aber auch seine Grenzen auf, sobald er in den inferentiellen Kontext gestellt wird. Die inferenzstatistisch ausgerichtete Korrelationsanalyse basiert auf der Annahme einer z. B. bivariaten normalverteilten Grundgesamtheit. Die Normalverteilungsannahme läßt sich u. U. für die Untersuchungsvariable vertreten, kaum jedoch für die exogene Variable. Die Aussagekraft des Determinationskoeffizienten wird daher oft überschätzt[1].

d) Intervallschätzung und Testen

Im folgenden wird die Annahme (III.5) über die Normalverteilung der Störvariablen als zutreffend unterstellt. Sie ist für die Intervallschätzung der Regressionskoeffizienten bzw. für die Prüfung von Hypothesen über die Koeffizienten erforderlich. Die unten aufgeführten Ergebnisse[2] gelten approximativ, falls die Störgrößen nicht normalverteilt, aber die Stichprobenumfänge groß sind.

Die Stichprobenvariablen A und B sind normalverteilt, falls (III.5) zutrifft. Unter Verwendung von (III.11) bis (III.14) lassen sich somit als Stichprobenverteilungen für $\alpha$ und $\beta$ feststellen:

(III.19) A ist verteilt nach $N\left[\alpha;\ \sigma_U \sqrt{\frac{\sum x_i^2}{n\sum(x_i-\bar{x})^2}}\ \right]$.

(III.20) B ist verteilt nach $N\left[\beta;\ \sigma_U \sqrt{\frac{1}{\sum(x_i-\bar{x})^2}}\ \right]$.

Da $\hat{Y}_i$ gemäß (III.6) mit A und B verbunden ist, gilt

(III.21) $\hat{Y}_i$ ist verteilt nach $N\left[\alpha + \beta x_i;\ \sigma_U \sqrt{\frac{1}{n} + \frac{(x_i-\bar{x})^2}{\sum(x_i-\bar{x})^2}}\ \right]$, $i=1,\ldots,n$.

---

[1] ASSENMACHER, W.: Einführung in die Ökonometrie. München 1980, S. 118f.

[2] Nach JOHNSTON, J., a. a. O., S. 26ff.

Statistische Tests für Hypothesen über $\alpha$ und $\beta$ sind unter Verwendung von (III.19) bzw. (III.20) durchführbar, falls $\sigma_U^2$ bekannt ist, was nicht der Fall ist. Eine Schätzung von $\sigma_U^2$ durch die Varianz der Stichprobenresiduen $s_d^2$ könnte bei großen Stichprobenumfängen in Betracht kommen, zumal wegen (III.16). Exakt sind die Tests jedoch bei Verwendung einer anderen Prüfvariablen, die von der Kenntnis der Grundgesamtheitsvarianz $\sigma_U^2$ befreit. Wie sich zeigen läßt, gilt[1]

(III.22) $$\frac{(A - \alpha)\sqrt{n\sum(x_i-\bar{x})^2}}{s_d\sqrt{\sum x_i^2}}$$ ist t-verteilt mit $\nu = n-2$ Freiheitsgraden,

(III.23) $$\frac{(B - \beta)\sqrt{\sum(x_i-\bar{x})^2}}{s_d}$$ ist t-verteilt mit $\nu = n-2$ Freiheitsgraden.

Die Prüfung einer Nullhypothese über die Steigung der Regressionsgeraden,

$H_0$: $\beta = \beta_0$ ,

ist mit der t-verteilten Prüfvariablen (III.23) somit durchführbar. Die spezielle Nullhypothese

$H_0$: $\beta = 0$

ist eine Unabhängigkeitshypothese, wie ein Blick auf (III.1) verdeutlicht. Diese Nullhypothese behauptet nämlich, daß der deterministische Teil von $y_i$, $i = 1, \ldots, n$, dem Betrag $\alpha$ entspricht, also nicht von $x_i$ geprägt ist. Die Hypothese behauptet mit anderen Worten, daß bei alternativ steigenden Werten von $x_i$ die Werte für $y_i$ im Durchschnitt unverändert bleiben.

[1] Siehe z. B. HOCHSTÄDTER, D./UEBE, G.: Ökonometrische Methoden. Berlin 1970, S. 57ff.

Die Unabhängigkeitshypothese läßt sich äquivalent unter Verwendung eines varianzanalytischen Konzepts prüfen. Hierzu geht man von einer Quadratsummenzerlegung aus, die sich aus (III.17) herleiten läßt. In (III.17) sind bride Seiten mit n zu multiplizieren, so daß sich

$$\text{(III.24)} \quad \sum(y_i - \bar{y})^2 = \sum(\hat{y}_i - \bar{y})^2 + \sum(y_i - \hat{y}_i)^2$$

$$q \quad = \quad q_1 \quad + \quad q_2$$

ergibt. Die gesamte Variation q der Untersuchungsvariablen um ihren Mittelwert wird also in die Variation auf der Regressionsgeraden $q_1$ und die Variation um die Regressionsgerade $q_2 = d_i^2$ zerlegt. $q_1$ entspricht der Variation der geschätzten Werte für die Untersuchungsvariable und läßt sich somit auf die exogene Variable einerseits und zufällige Einflüsse andererseits (die sich in a und b niederschlagen) zurückführen. Die Höhe von $q_2$ wird ausschließlich durch den Zufall (die Störvariable) geprägt.

Nun läßt sich zeigen (siehe HVE III.6a): Bei zutreffender Nullhypothese dürfen die unabhängigen Varianzen

$$\text{(III.25)} \quad s_1^2 = q_1$$

und

$$\text{(III.26)} \quad s_2^2 = \frac{q_2}{n-2}$$

nur zufällig voneinander abweichen, was durch den Varianzquotiententest mit

$$F^1_{n-2} = \frac{s_1^2}{s_2^2} = \frac{q_1}{\frac{q_2}{n-2}} = \frac{r^2}{\frac{1-r^2}{n-2}}$$

geprüft werden kann. Die rechentechnische Vereinfachung bei Verwendung von $r^2$ ist im Teil HVE III.9 erläutert.

Für Anwendungsfälle empfiehlt sich das Rechenschema der Tab. III.1.

| Variationsgrund | Ausprägung der Variation im Regressionsmodell | Quadratsummen | Freiheitsgrade | Varianzen |
|---|---|---|---|---|
| Exogene Variable und Zufall | Variation auf der Regressionsgeraden | $q_1$ | 1 | $s_1^2 = q_1$ |
| Zufall | Variation um die Regressionsgerade | $q_2$ | n-2 | $s_2^2 = \frac{q_2}{n-2}$ |
| Insgesamt | Variation um den Mittelwert | q | n-1 | |

Tab. III.1: Rechenschema für die varianzanalytische Prüfung der Unabhängigkeitshypothese bei der einfachen Regression

Für Intervallschätzungen von a, b, $\hat{y}_i = a + bx_i$ oder $y_i = a + bx_i + d_i$ konstruiert man gewöhnlich nach dem üblichen Verfahren Konfidenzbereiche[1], die bei vorgegebenem Vertrauensniveau $\gamma$ die entsprechenden Grundgesamtheitsgrößen $\alpha$, $\beta$, $\hat{y}_i = \alpha + \beta x_i$ oder $y_i = \alpha + \beta x_i + u_i$ überdecken. Es ergeben sich die folgenden Konfidenzbereiche:

Konfidenzbereich für den Regressionskoeffizienten $\alpha$:

$$\text{(III.27)} \quad \text{Konf.}(a - t_2 c \leq \alpha \leq a - t_1 c) = \gamma ,$$

wobei

$$c = \frac{s_d \sqrt{\sum x_i^2}}{\sqrt{n \sum (x_i - \bar{x})^2}}$$

und $s_d$ gemäß (III.15) sowie a gemäß (III.10).

[1] Vgl. z. B. TIEDE, M./VOß, W., a. a. O., S. 201ff.

$\gamma$ gibt das Vertrauensniveau an und $t_1$ sowie $t_2$ die Grenzpunkte des Intervalls ($t_1$ ist eine negative Zahl), das symmetrisch zum Nullpunkt liegt und für das gilt

$$P(t_1 \leq t \leq t_2) = \gamma \, .$$

Konfidenzbereich für den Regressionskoeffizienten $\beta$:

$$\text{(III.28)} \qquad \text{Konf.}\left[b - t_2 \frac{s_d}{\sqrt{\sum(x_i-\bar{x})^2}} \leq \beta \leq b - t_1 \frac{s_d}{\sqrt{\sum(x_i-\bar{x})^2}}\right] = \gamma$$

mit $s_d$ gemäß (III.15) sowie b gemäß (III.9).

Konfidenzbereich für die deterministische Komponente von $y_i$, $E(Y_i) = \alpha + \beta x_i$:

$$\text{(III.29)} \qquad \text{Konf.}\left[\hat{y}_i - t_2 c^*_i \leq E(Y_i) \leq \hat{y}_i - t_1 c^*_i\right] = \gamma \, , \qquad i = 1, \ldots, n,$$

wobei

$$c^*_i = s_d \sqrt{\frac{1}{n} + \frac{(x_i-\bar{x})^2}{\sum(x_i-\bar{x})^2}} \, , \qquad i = 1, \ldots, n,$$

mit $s_d$ gemäß (III.15) und $\hat{y}_i$ gemäß (III.6).

Die Konfidenzbereiche für die n deterministischen Komponenten sind um so breiter, je weiter der Wert $x_i$ der exogenen Variablen vom Mittelwert $\bar{x}$ entfernt liegt. Und sie sind um so enger, je größer der Stichprobenumfang n ist.

(III.29) hat auch Bedeutung für Prognosen, die auf der Grundlage des Modells der linearen Einfachregression erstellt werden. Wenn $x_i$ der Wert für eine zukünftige Periode ist, so ist zukünftig für die deterministische Komponente der Untersuchungsvariablen der Wert $E(Y_i) = \alpha + \beta x_i$ zu erwarten. Die beste Punktschätzung hierfür ist $\hat{y}_i = a + bx_i$. (III.29) grenzt den Bereich ab, der mit einem Vertrauen von $\gamma$ die zukünftige deterministische Komponente der Untersuchungsvariablen überdeckt.

Die Abbildung III.4 gibt hierzu eine geometrische Veranschaulichung.

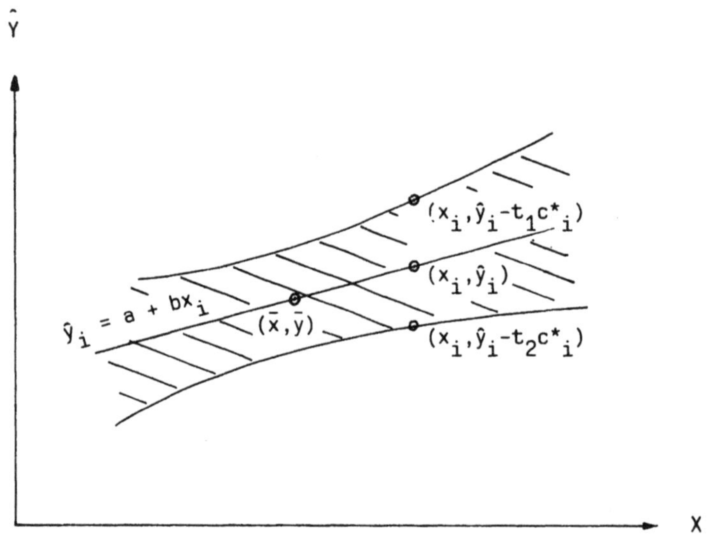


Abb. III.4: Konfidenzbereich für die Regressionsgerade der Grundgesamtheit

Die schraffierte Fläche überdeckt die Zone, in der mit einem Vertrauen von $\gamma$ die Regressionsgerade der Grundgesamtheit liegt. Der Leser beachte, daß die Abb. III.2 u. a. diese Regressionsgerade darstellt. Die Abb. III.4 stellt die Punktschätzung (III.6) dieser (unbekannten) Geraden dar sowie die ergänzende Intervallschätzung (III.29).

Von der Frage nach dem Konfidenzbereich für die deterministische Komponente der Untersuchungsvariablen ist eine andere Frage methodisch zu trennen, die allerdings ähnlich klingt. Von Interesse könnte auch sein, wie groß bei gegebenem $x_i$ der Konfidenzbereich für den individuellen Wert $y_i$ ist. Diese Fragestellung bezieht sich also nicht nur auf die deterministische Komponente von $y_i$, sondern auf diese Komponente plus die stochastische Komponente von $y_i$, die zusammen den Wert $y_i$

ausmachen. Die Frage nach diesem Konfidenzbereich läßt sich wie folgt beantworten[1]:

$$\text{(III.30)} \quad \text{Konf.}(\hat{y}_i - t_2 c^{**}_i \leq y_i \leq \hat{y}_i - t_1 c^{**}_i) = \gamma\,, \quad i = 1, \ldots, n,$$

wobei

$$c^{**}_i = s_d \sqrt{1 + \frac{1}{n} + \frac{(x_i - \bar{x})^2}{\sum (x_i - \bar{x})^2}}\,, \quad i = 1, \ldots, n,$$

mit $s_d$ gemäß (III.15) und $\hat{y}_i$ gemäß (III.6).

Die Beziehung (III.30) hat, ähnlich wie (III.29), ebenfalls eine Bedeutung für Prognosen mittels der linearen Einfachregression. Wenn $x_i$ der Wert für eine zukünftige Periode ist, so ist für die zukünftige Realisation der Zufallsvariablen $Y_i$ festzustellen, daß sie mit einem Vertrauen von $\gamma$ durch den Bereich gemäß (III.30) überdeckt wird. Die Breite des Konfidenzbereiches für $y_i$ ist ceteris paribus größer als der Konfidenzbereich für $E(Y_i)$. Dies zeigt der Vergleich von $c^*_i$ mit $c^{**}_i$. Hiervon abgesehen, kann die Abb. III.4 auch als Veranschaulichung für (III.30) herangezogen werden.

Hierzu betrachten wir ein Beispiel. Ein Freibad wird durch den Einsatz solarer Wärmezellen geheizt. In der Badesaison wird an jedem zweiten Sonntag zur Mittagszeit die Lufttemperatur X und die Wassertemperatur Y gemessen.

| X | 14 | 22 | 16 | 20 | 19 | 16 | 24 | 30 | 25 | 24 | 20 | 17 |
|---|---|---|---|---|---|---|---|---|---|---|---|---|
| Y | 18 | 24 | 26 | 26 | 26 | 23 | 24 | 28 | 27 | 26 | 24 | 20 |

Tab. III.2: Lufttemperatur (X) und Wassertemperatur (Y)

[1] Vgl. z. B. MAAß, S./MÜRDTER, H./RIEß, H.: Statistik für Wirtschafts- und Sozialwissenschaftler II. Berlin 1983, S. 269ff.

Das Streuungsdiagramm der Abb. III.5 zeigt, daß im relevanten Bereich eine lineare Beziehung zwischen X und Y vorzuliegen scheint.

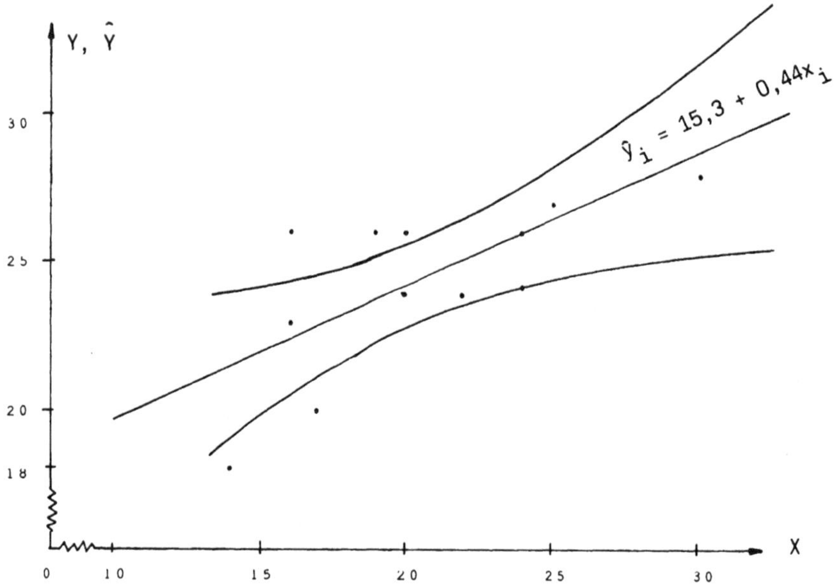


Abb. III.5: Regression zwischen Wassertemperatur (Y) und Lufttemperatur (X). Konfidenzbereich für die Regressionsgerade der Grundgesamtheit (Beispiel für Abb. III.4)

Nach wenigen Rechnungen ergibt sich:

$\bar{x} = 20{,}58 \quad \bar{y} = 24{,}33 \quad \text{cov}(x, y) = 8{,}556$

$\text{var}(x) = 19{,}58 \quad \text{var}(y) = 7{,}722$

Hieraus läßt sich gemäß (III.9) und (III.10) die Regressionsgerade in der Stichprobe (III.6),

$\hat{y}_i = 15{,}34 + 0{,}4370x_i, \quad i = 1, \ldots, 12,$

ermitteln, die in der Abb. III.5 eingezeichnet ist.

Der Determinationskoeffizient (III.18) hat den Wert

$r^2 = 0{,}4842,$

so daß 48% der Varianz der Badewassertemperatur statistisch auf die Variation der Lufttemperatur zurückgeführt werden kann.
Die Unabhängigkeitshypothese

$H_o$: $\beta = 0$

wird gegen die Alternative

$H_a$: $\beta \neq 0$

bei 5% Signifikanzniveau knapp zurückgewiesen. Dies ergibt sich, falls die Prüfung über (III.23) durchgeführt wird. In diesem Falle ist
$t = \sqrt{9,387} = 3,06$ und $t_r = 2,23$.
Bei varianzanalytischer Prüfung ergibt sich äquivalent:

| Variationsgrund | Quadrat-summen | Freiheits-grade | Varianzen |
|---|---|---|---|
| Lufttemperatur und Zufall | 44,87 | 1 | 44,87 |
| Zufall | 47,80 | 10 | 4,780 |
| Insgesamt | 92,67 | 11 | |

Tab. III.3: Varianzanalytische Prüfung der Unabhängigkeitshypothese bei der einfachen Regression (Beispiel für Tab. III.1)

Die nach $F^1_{10}$ verteilte Prüfvariable realisiert den Wert $\frac{44,87}{4,78} = 9,387$, der im Rückweisungsbereich (Rückweisungspunkt 4,96 bei 5% Signifikanzniveau) liegt.
Schließlich ergeben sich bei 95% Konfidenzniveau gemäß (III.27) und (III.28) die relativ großen Konfidenzbereiche

Konf.$(8,641 \leq \alpha \leq 22,03) = 95\%$ und

Konf.$(0,1189 \leq \beta \leq 0,7551) = 95\%$ .

Die Zone, die mit 95%igem Vertrauen die Regressionsgerade der Grundgesamtheit überdeckt, ist in Abb. III.5 eingetragen. Dabei ergeben sich gemäß (III.29) die folgenden Werte:

| $x_i$ | 14 | 16 | 18 | 20 | 22 | 24 | 26 | 28 | 30 | 32 |
|---|---|---|---|---|---|---|---|---|---|---|
| obere Grenze | 24,0 | 24,4 | 24,8 | 25,5 | 26,4 | 27,6 | 28,9 | 30,3 | 31,8 | 33,2 |
| $\hat{y}_i$ | 21,5 | 22,3 | 23,2 | 24,1 | 25,0 | 25,8 | 26,7 | 27,6 | 28,4 | 29,3 |
| untere Grenze | 18,9 | 20,3 | 21,6 | 22,7 | 23,5 | 24,0 | 24,5 | 24,8 | 25,1 | 25,4 |

Tab. III.4: Konfidenzbereich für die deterministische Komponente von $y_i$ (Regressionsgerade der Grundgesamtheit) (Daten für Abb. III.5)

In prognostischer Interpretation lassen sich zwei Feststellungen treffen. Sollte z. B. in der kommenden Badesaison die Lufttemperatur mittags $20^0$ erreichen, wird im Durchschnitt aller Tage, an denen mittags $20^0$ Lufttemperatur gemessen werden, die Wassertemperatur $24{,}1^0 \pm 1{,}4^0$ betragen. Die Sicherheit der Prognose ist 95% .

Wird hingegen die Frage gestellt, welche spezielle Wassertemperatur gemessen wird, falls an einem Tag mittags $20^0$ Lufttemperatur gemessen werden wird, so ist für die Bereichsschätzung nicht (III.29), sondern (III.30) heranzuziehen. Wie sich berechnen läßt, wird die Wassertemperatur an diesem Tage $24{,}1^0 \pm 5{,}1^0$ betragen; mit 95%iger Sicherheit wird an diesem Tage das Wasser eine Temperatur zwischen $19{,}0^0$ und $29{,}2^0$ aufweisen. Die Tab. III.5 enthält die Konfidenzbereiche auch für andere individuelle Werte $y_i$.

| $x_i$ | 14 | 16 | 18 | 20 | 22 | 24 | 26 | 28 | 30 | 32 |
|---|---|---|---|---|---|---|---|---|---|---|
| obere Grenze | 26,9 | 27,6 | 28,3 | 29,2 | 30,0 | 31,0 | 32,1 | 33,2 | 34,3 | 35,6 |
| $y_i$ | 21,5 | 22,3 | 23,2 | 24,1 | 25,0 | 25,8 | 26,7 | 27,6 | 28,4 | 29,3 |
| untere Grenze | 16,0 | 17,1 | 18,1 | 19,0 | 19,9 | 20,6 | 21,3 | 22,0 | 22,6 | 23,1 |

Tab. III.5: Konfidenzbereich für die deterministische plus stochastische Komponente von $y_i$ (individueller Wert für $y_i$ in der Grundgesamtheit)

## 2. Multiple lineare Regression

Das Modell der multiplen linearen Regression wird im folgenden als Erweiterung des einfachen Modells dargestellt.

a) Regression in der Grundgesamtheit

Wir gehen nunmehr davon aus, daß ein reales Problem in eine formale Form übersetzt werden kann, die durch die folgende Gleichung zum Ausdruck gebracht wird:

$$y_i = \beta_o + \sum_{j=1}^{k} \beta_j x_{ji} + u_i \,, \quad i = 1, \ldots, n, \; \beta_j \neq 0 \text{ für alle } j. \tag{III.31}$$

Der Wert $y_i$ der Untersuchungsvariablen Y wird als stochastisch linear abhängig von den Werten $x_{ji}$ der insgesamt k exogenen Variablen $X_j$ gesehen. Diese Beziehung gilt für jede Einheit i. Wie auch im einfachen Regressionsmodell wird jeder Wert $y_i$ als aus zwei Komponenten zusammengesetzt aufgefaßt. Der Teil

$$\beta_o + \sum_j \beta_j x_{ji}$$

bringt zum Ausdruck, welchen Wert $y_i$ bei vorgegebener Wertekonstellation $x_{ji}$, j = 1, ..., k, annehmen würde, falls der Zusammenhang zwischen Y und $X_j$, j = 1, ..., k, streng deterministisch wäre. Dabei spezifizieren die insgesamt k+1 Regressionskoeffizienten den deterministischen Teil des Zusammenhanges in der Grundgesamtheit. Der deterministische Teil läßt sich in die Summanden $\beta_j x_{ji}$, j = 1, ..., k, auflösen, auf deren Interpretation weiter unten (Punkt III.2d dieses Kapitels) eingegangen wird. $\beta_o$ entspricht in der Einfachregression $\alpha$, und $\beta_1$ entspricht $\beta$.

Der andere Teil von $y_i$ ist $u_i$ und stellt, wie im einfachen Modell, den Wert der nicht beobachtbaren Störvariablen $U_i$ dar, also den stochastischen Teil des Zusammenhanges zwischen Y und X in der Grundgesamtheit. Die Störvariablen werden ins multiple Modell mit den gleichen Begründungen wie beim einfachen Modell aufgenommen.

Die Abbildung III.6 veranschaulicht die Struktur des realen Problems, für das das multiple Regressionsmodell adäquat ist.

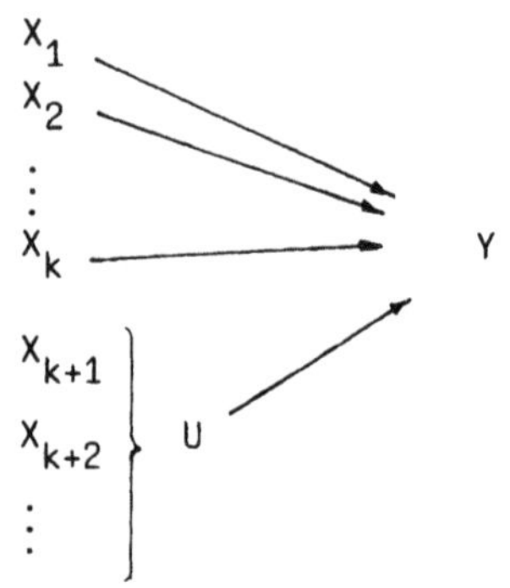


Abb. III.6: Reales Problem, für das das multiple Regressionsmodell adäquat ist

Auf die Untersuchungsvariable Y wirken simultan insgesamt k Variablen $X_j$ ein, die in einem noch zu erörternden Sinne für Y bedeutsam sind. Des weiteren wirken zahlreiche, sich in ihren Wirkungen gegenseitig im Durchschnitt kompensierende Variablen ein, die zur Störgröße U zusammengefaßt sind. Es ist zu beachten, daß zwischen den beeinflussenden Variablen X keine Korrelationen bestehen sollten. Falls diese in praktischen Fällen jedoch vorliegen, sollten sie nur gering sein. Anderenfalls ist das multiple Regressionsmodell, wie wir es entwickeln werden, nicht adäquat. Hierauf gehen wir weiter unten näher ein.

In Variablenschreibweise läßt sich das Regressionsmodell auch wie folgt formulieren:

$$\text{(III.31a)} \quad Y_i = \beta_o + \sum_{j=1}^{k} \beta_j x_{ji} + U_i, \quad i = 1, \ldots, n, \; \beta_j \neq 0 \text{ für alle } j.$$

Jede exogene Wertekonstellation $x_{ji}$, $j = 1, \ldots, k$, ist kombiniert mit verschiedenen möglichen Werten $y_i$ der Zufallsvariablen $Y_i$.

Das Annahmensystem für die Störvariablen ist im multiplen Modell analog zu den Annahmen (III.2) bis (III.5) des einfachen Modells.

Somit besitzt das Modell der multiplen linearen Regression insgesamt k+2 Grundgesamtheitsparameter, nämlich k+1 Regressionskoeffizienten $\beta_j$, $j = 0, 1, \ldots, k$, und die Varianz der Störvariablen $\sigma_U^2$.

### b) Schätzung der Modellparameter

Die Modellparameter sind aus dem Stichprobenbefund heraus zu schätzen. Als Schätzmethode verwenden wir wiederum die Methode der kleinsten Quadrate.

Die Stichprobe besteht aus den n Wertegruppen $(x_{1i}, \ldots, x_{ki}, y_i)$. In der Stichprobe bezeichnen wir die geschätzte deterministische Komponente von $y_i$ mit

$$\text{(III.32)} \quad \hat{y}_i = b_o + \sum_{j=1}^{k} b_j x_{ji} , \quad i = 1, \ldots, n.$$

Die Regressionskoeffizienten $b_j$, $j = 0, 1, \ldots, k$, sind so festzulegen, daß sie möglichst gut mit den entsprechenden Regressionskoeffizienten der Grundgesamtheit $\beta_j$ übereinstimmen. Mit der Methode der kleinsten Quadrate werden die Regressionskoeffizienten wiederum so geschätzt, daß die Forderung der Zielfunktion

$$\text{(III.7)} \qquad z = \sum(y_i - \hat{y}_i)^2 = \sum d_i^2 \longrightarrow \text{Minimum!}$$

erfüllt ist.

Eine geometrische Veranschaulichung analog zur einfachen Regression (Abb. III.3) ist allerdings - mit Ausnahme des Falles zweier exogener Variablen - nicht mehr möglich. Allgemein besteht das Koordinatensystem nunmehr aus k+1 senkrecht aufeinander stehenden Achsen, der Y-, $X_1$-, ... und $X_k$-Achse. Die Stichprobenwerte stellen n Punkte in diesem (k+1)-dimensionalen Raum mit den Koordinaten $(x_{1i}, \ldots, x_{ki}, y_i)$ dar. Die geschätzte deterministische Komponente (III.32) ist geometrisch eine Hyperebene, um die die bezeichneten Punkte streuen. Sie ist so durch die "Punktewolke" zu legen, daß die Summe der Quadrate der Abstände zwischen den Punkten und der Hyperebene minimal ist, wobei die Abstände parallel zur Y-Achse gemessen werden.

Für den Fall einer Untersuchungsvariablen mit zwei exogenen Variablen ist der entsprechende dreidimensionale Raum in der Ebene mit gewissen Begrenzungen noch darstellbar. Die Abbildung III.7 ist der Versuch einer Veranschaulichung. Die (III.32) entsprechende Ebene ist ausschnittsweise dargestellt. Von den Stichprobenwerten ist ein Punkt hervorgehoben. Die ausgewählte Wertegruppe der i-ten statistischen Einheit, $(x_{1i}, x_{2i}, y_i)$, ist in die Teile $(x_{1i}, x_{2i}, \hat{y}_i)$ "auf der Ebene" und $(x_{1i}, x_{2i}, d_i)$ "um die Ebene" zerlegt.

In der Stichprobe stellt $\hat{y}_i$ gemäß (III.32) die geschätzte deterministische Komponente von $y_i$ dar und $d_i$ die geschätzte stochastische Komponente. Analog zu (III.31) gilt also in der Stichprobe

$$\text{(III.33)} \qquad y_i = b_o + \sum_{j=1}^{k} b_j x_{ji} + d_i, \quad i = 1, \ldots, n, \; b_j \neq 0 \text{ für alle } j.$$

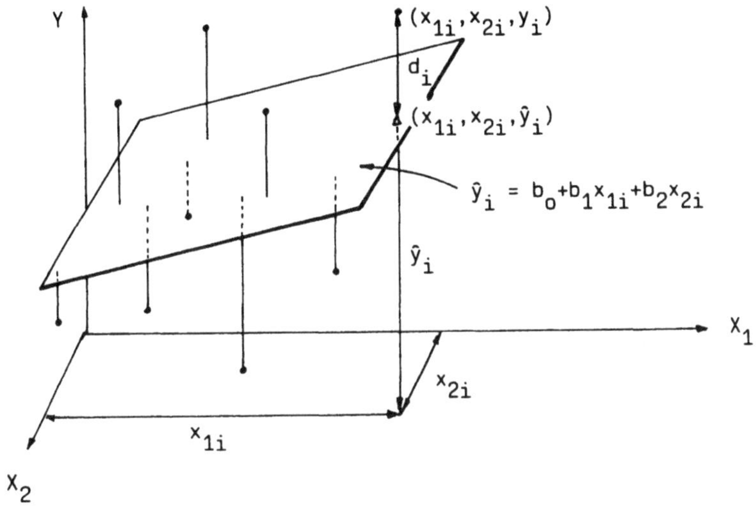


Abb. III.7: Zweifache lineare Regression in der Stichprobe

Die Minimierung der Zielfunktion (III.7) ist wiederum mit Hilfe der Differentialrechnung möglich. Die zum Teil recht aufwendigen Lösungen für die Koeffizienten lassen sich sinnvoll nur noch unter Verwendung der Matrixdarstellung angeben. In der Praxis kann auf bestehende Auswertungsprogramme zurückgegriffen werden, so daß eine eingehende Erörterung der rechentechnischen Details entbehrlich erscheint. Grundsätzlich gilt:

In Matrixschreibweise läßt sich das lineare Regressionsmodell (III.31a) für die Grundgesamtheit formulieren als

(III.31b) $\underline{Y} = \underline{x}\,\underline{\beta} + \underline{U}$ ,

wobei für die Vektoren $\underline{Y}$, $\underline{\beta}$ und $\underline{U}$ bzw. die Matrix $\underline{x}$ die folgenden Festlegungen gelten:

$$\underline{Y} = \begin{pmatrix} Y_1 \\ Y_2 \\ \vdots \\ Y_n \end{pmatrix} , \underline{x} = \begin{pmatrix} x_{o1} & x_{11} & \cdots & x_{k1} \\ x_{o2} & x_{12} & \cdots & x_{k2} \\ \vdots & \vdots & & \vdots \\ x_{on} & x_{1n} & \cdots & x_{kn} \end{pmatrix} , \underline{\beta} = \begin{pmatrix} \beta_o \\ \beta_1 \\ \vdots \\ \beta_k \end{pmatrix} , \underline{U} = \begin{pmatrix} U_1 \\ U_2 \\ \vdots \\ U_n \end{pmatrix} .$$

$\underline{Y}$ ist der Vektor der Untersuchungsvariablen. Seine n Komponenten bezeichnen - in Variablenschreibweise - die Werte der Untersuchungsvariablen. Die Matrix $\underline{x}$ für die Werte der k exogenen Variablen besitzt n Zeilen und k+1 Spalten. Sie wird auch als Designmatrix bezeichnet. Sie enthält in der ersten Spalte die Werte $x_{oi} = 1$ für alle i. Die zu $\beta_o$ gehörende Scheinvariable $X_o$ realisiert also stets den Wert 1. $\underline{\beta}$ ist der unbekannte Vektor der Regressionskoeffizienten. $\underline{U}$ ist der Vektor der Störvariablen mit

(III.2a) $E(\underline{U}) = \underline{0}$

und

(III.4a) $cov(\underline{U}) = \sigma_U^2 \, \underline{I}$ .

Hierbei bezeichnet $\underline{0}$ die Nullmatrix und $\underline{I}$ die Einheitsmatrix.
Für Intervallschätzungen und Tests wird zusätzlich die Normalverteilungsannahme der Störvariablen getroffen.

In Matrixschreibweise läßt sich das multiple Regressionsmodell für die Stichprobe (III.33) formulieren als

(III.33a) $\underline{y} = \underline{x} \, \underline{b} + \underline{d}$ ,

wobei die Vektoren bzw. die Matrix wie unter (III.31b) festgelegt sind. Nach Minimierung der Zielfunktion (III.7) auf dem Wege des vektoriellen Differenzierens nach $\underline{b}$, Nullsetzen des Differentiationsergebnisses und Umgruppieren ergibt sich das Normalgleichungssystem

(III.34) $\underline{x}'\underline{x}\ \underline{b} = \underline{x}'\underline{y}$ .

Hierbei stellt $\underline{x}'$ die Transponierte der Matrix $\underline{x}$ dar.

Im Rahmen der Regressionsanalyse wird vereinbart, daß die Matrix $\underline{x}$ vollen Rang haben muß, $rg(\underline{x}) = k+1$. n, die Anzahl der Meßwertekombinationen, muß also größer oder gleich k+1 sein, wobei k+1 die Anzahl der exogenen Variablen unter Einschluß der Scheinvariablen $X_0$ zum Ausdruck bringt. Somit ist $rg(\underline{x}'\underline{x}) = k+1$, so daß (III.34) eindeutig nach den k+1 Regressionskoeffizienten gelöst werden kann. Es ergibt sich

(III.35) $\underline{b} = (\underline{x}'\underline{x})^{-1}\underline{x}'\underline{y}$ .

Wie sich zeigen läßt[1], besitzen die den Regressionskoeffizienten entsprechenden Schätzfunktionen auch im multiplen linearen Regressionsmodell die unter Punkt 1b) im Zusammenhang des einfachen Modells erwähnte BLUE-Eigenschaft. Erwartungswerte und Varianzen der Schätzfunktionen $B_j$ lassen sich demnach wie folgt zum Ausdruck bringen:

(III.36) $E(B_j) = \beta_j$ , $j = 0, 1, \ldots, k,$

(III.37) $var(B_j) = \sigma_U^2 c_{jj}$ , $j = 0, 1, \ldots, k,$

wobei $c_{jj}$ eine positive reelle Zahl darstellt, das Element j der Hauptdiagonalen der (nicht singulären inversen) Matrix $(\underline{x}'\underline{x})^{-1}$, $j = 0, 1, \ldots, k$.

[1] JOHNSTON, J., a. a. O., S. 125f.

### c) Multiple und partielle Koeffizienten

Wir befassen uns im folgenden mit den Teilen der multiplen Regressionsanalyse, die überwiegend deskriptiv sind. Im Gegensatz zur einfachen Regressionsanalyse sind die deskriptiven Elemente des vorliegenden Modells nicht sehr anschaulich. Sie tragen beim Rezipienten der statistischen Resultate nicht selten sogar zu einer beträchtlichen Konfusion bei. Der Hauptgrund hierfür dürfte jedoch weniger im Modell der multiplen Regression liegen, als vielmehr in dessen nicht adäquater Verwendung. Hierauf wird zurückzukommen sein.

Ein globales Maß für die Anpassung des multiplen Regressionsmodells an die Daten ist der multiple Determinationskoeffizient. Er ist so konstruiert wie der Determinationskoeffizient des einfachen Modells. Die Varianzzerlegungsformel (III.17) gilt auch für den multiplen Fall; d. h. die Streuung der Untersuchungsvariablen läßt sich in die Streuung der geschätzten deterministischen und stochastischen Komponente zerlegen, in einen durch die gemeinsame Variation der exogenen Variablen statistisch erklärten und einen hierdurch nicht erklärten Teil. Der multiple Determinationskoeffizient (multiples Bestimmtheitsmaß) gibt nun an, wie groß der Anteil der Varianz der geschätzten deterministischen Komponente an der gesamten Varianz der Untersuchungsvariablen ist,

$$\text{(III.38)} \quad r^2_{y.12...k} = \frac{\text{var}(\hat{y})}{\text{var}(y)} = 1 - \frac{\text{var}(d)}{\text{var}(y)} \ .$$

Die Indizes von $r^2$ bringen zum Ausdruck, daß der Zusammenhang zwischen der Untersuchungsvariablen Y und den k erklärenden Variablen X bemessen wird. Die Aussagekraft des multiplen Determinationskoeffizienten wird häufig überschätzt. Hierzu vergleiche HVE III.4c, wo auch der sog. bereinigte Determinationskoeffizient entwickelt ist.

Auch im multiplen Fall besteht eine formale Beziehung des vorliegenden Dependenzmodells zum Interdependenzmodell. Man kann herleiten (HVE III.4b), daß die Wurzel aus dem multiplen Determinationskoeffizienten so groß ist wie die nach dem Konzept von BRAVAIS/PEARSON gemessene Korrelation zwischen der Untersuchungsvariablen Y und der multiplen Schätzung ihrer deterministischen Komponente $\hat{Y}$:

$$\text{(III.38a)} \qquad r_{y.12...k}^2 = \frac{\text{cov}^2(y, \hat{y})}{\text{var}(y)\text{var}(\hat{y})} \quad .$$

Die Wurzel des multiplen Determinationskoeffizienten wird als multipler Korrelationskoeffizient bezeichnet. Das Vorzeichen dieses Koeffizienten ist bedeutungslos, da es in Hinblick auf eine exogene Variable positiv und eine andere negativ sein kann.

Der multiple Determinationskoeffizient ist ein globales Maß und für die Beschreibung der spezifischen Einwirkungen der einzelnen exogenen Variablen auf die Untersuchungsvariable ungeeignet. Letzteres ist jedoch unter bestimmten Umständen unter Verwendung der Regressionskoeffizienten möglich, deren Interpretation wir uns zuwenden wollen.

In der Beziehung

$$\text{(III.32)} \qquad \hat{y}_i = b_o + \sum_{j=1}^{k} b_j x_{ji} \, , \qquad i = 1, \, ..., \, n,$$

gibt $b_o$ an, welcher Wert für die deterministische Komponente der Untersuchungsvariablen zu erwarten ist, falls sämtliche exogenen Variablen den Wert Null realisieren. Geometrisch gibt $b_o$ die Schnitthöhe der Hyperebene gemäß (III.32) mit der Y-Achse an.

Die übrigen Koeffizienten $b_j$, j = 1, ..., k, geben (bei Beachtung des jeweiligen Vorzeichens) den (positiven oder negativen) Betrag an, um den sich der Schätzwert für die deterministische Komponente $\hat{y}_i$ des Wertes $y_i$ ändern wird, falls sich der Wert $x_{ji}$ der j-ten exogenen Variablen um eine Einheit erhöht. Zu dieser prognostischen Interpretation sind drei wichtige Feststellungen zu treffen:

1) Die Regressionskoeffizienten $b_j$, $j = 1, \ldots, k$, besitzen jeweils eine Dimension. $b_j$ wird in Einheiten von Y pro Einheit von $X_j$ gemessen. Da die Variablen $X_j$ recht unterschiedliche Maßstäbe haben können, kann gewöhnlich ein Vergleich der Regressionskoeffizienten keinen Hinweis auf die Bedeutung der Variation der Einflußgrößen für die Variation der Untersuchungsvariablen geben. Beispielsweise könnte sich in einer multiplen Regressionsanalyse für $b_1 = 6\ 321$ und für $b_2 = 0{,}24$ ergeben. Die Dimension für $b_1$ sei "DM pro $m^2$" und die für $b_2$ "DM pro Stunde". Offensichtlich gibt ein Größenvergleich von $b_1$ mit $b_2$ keinerlei Anhaltspunkte für eine Beschreibung der Bedeutung der spezifischen Einwirkung von $X_1$ oder $X_2$ auf die Untersuchungsvariable. $X_2$ ist nicht etwa deshalb wichtiger als $X_1$, weil $b_1$ größer als $b_2$ ist.

Die Standardisierung

$$\text{(III.39)} \qquad b^*_j = b_j \frac{\sqrt{\operatorname{var}(x_j)}}{\sqrt{\operatorname{var}(y)}}, \qquad j = 1, \ldots, k,$$

führt zu dimensionslosen Koeffizienten $b^*_j$ und vermeidet somit den erwähnten Mangel der Interpretation der Regressionskoeffizienten. $b^*_j$ gibt an, daß sich $\hat{y}_i$ um das $b^*_j$-fache der Standardabweichung von Y ändern wird, falls $X_j$ um eine Standardabweichung von $X_j$ erhöht wird. Der standardisierte Regressionskoeffizient wird in der Literatur zum Teil - etwas irreführend - als "Beta-Koeffizient" bezeichnet, obwohl sich $b^*_j$ und $\beta_j$ voneinander fundamental unterscheiden.

Zwischen dem multiplen Determinationskoeffizienten und den standardisierten Regressionskoeffizienten besteht (siehe HVE III.8b) die folgende aufschlußreiche Beziehung:

(III.38b) $$r_{y.12...k}^2 = \sum_{j=1}^{k} b^*_j{}^2 + 2 \sum_{j=1}^{k-1} \sum_{l=j+1}^{k} b^*_j b^*_l r_{jl}$$

Hierbei bezeichnet $r_{jj+1}$ den Korrelationskoeffizienten gemäß (I.1), der die Korrelation zwischen der j-ten und (j+1)-ten exogenen Variablen bemißt.

(III.38b) zeigt, daß sich der multiple Determinationskoeffizient in Form von zwei Summanden darstellen läßt, wobei der erste Summand aus der Zusammenfassung quadrierter standardisierter Regressionskoeffizienten besteht und der zweite aus der Zusammenfassung aller Produktpaare der Koeffizienten, die jeweils mit einem binären Korrelationskoeffizienten multipliziert sind. (III.38b) läßt sich wie folgt interpretieren:

Falls die exogenen Variablen unkorreliert sind, d. h. falls die Korrelationskoeffizienten $r_{jl}$ Null sind, gilt

$$r_{y.12...k}^2 = \sum b^*_j{}^2 .$$

In diesem Falle (der orthogonalen exogenen Variablen) ist also über die Quadrate der standardisierten Regressionskoeffizienten eine Zuordnung von erklärten Varianzanteilen der Untersuchungsvariablen zu den jeweiligen exogenen Variablen möglich. Dies ist bekanntlich die idealisierte Situation, für die das multiple Regressionsmodell adäquat ist (vgl. die Abb. III.6).

Falls die Korrelationskoeffizienten $r_{jl}$ von Null verschieden sind, ist die Interpretation von (III.38b) mit Schwierigkeiten verbunden. In diesem Falle kann $\sum b^*_j{}^2$ wegen der möglichen positiven oder negativen Vorzeichen für $r_{jl}$ und $b^*_j$ kleiner oder größer als $r_{y.12...k}^2$ sein. Über das Quadrat des standardisierten Regressionskoeffizienten ist somit die spezifische Bedeutung der zugehörigen exogenen Variablen für die Untersuchungsvariable nicht mehr feststellbar. Falls jedoch alle Koeffizienten $r_{jl}$ und $b^*_j$ positive Vorzeichen besitzen, gilt dies auch für beide Summanden in (III.38b), so daß $\sum b^{*2}_j$ stets kleiner als $r^2_{y.12...k}$ ist. In diesem Falle läßt sich der Anteil der erklärten Varianz, der durch $r^2_{y.12...k}$ zum Ausdruck gebracht wird, sinnvoll als Addition der Zusammenfassung der Hauptwirkungen der exogenen Variablen, die durch $\sum b^{*2}_j$ angegeben werden, mit der Zusammenfassung der gemeinsamen Wirkungen der exogenen Variablen, die durch den zweiten Summanden angegeben werden, interpretieren[1].

2) Im multiplen Modell ist der simultane Einfluß von Faktoren auf die Untersuchungsvariable berücksichtigt. Bei der Interpretation eines Regressionskoeffizienten $b_j$ muß deshalb erwähnt werden, daß die Änderung von $\hat{y}_i$ prognostiziert wird unter der Bedingung, daß bei der Änderung von $x_{ji}$ die Werte der übrigen Faktoren konstant bleiben. Bei der prognostischen Interpretation eines Regressionskoeffizienten wird also der von den Einflüssen der anderen exogenen Variablen isolierte Einfluß einer exogenen Variablen betrachtet. Deshalb werden die Koeffizienten $b_j$, $j = 1, ..., k$, auch als partielle Regressionskoeffizienten bezeichnet (siehe hierzu HVE III.7).

Für die erwähnte Bedingung wird beispielsweise in den Wirtschaftswissenschaften der Begriff der Ceteris-Paribus-Klausel verwendet. Hierunter wird die Untersuchung von Teilzusammenhängen zwischen z. B. zwei Variablen verstanden, wobei sämtlichen anderen im Modell berücksichtigten Variablen konstante Werte unterstellt werden.

Die Problematik der prognostischen Interpretation der partiellen Regressionskoeffizienten liegt darin, daß in zahlreichen realen Si-

[1] Vgl. die hiervon abweichende Interpretation bei HUMMELL, H.-J./ ZIEGLER, R.: Zur Verwendung linearer Modelle bei der Kausalanalyse nicht-experimenteller Daten. In: Korrelation und Kausalität Bd. 1. Stuttgart 1976, S. E 58. " Wie man weiterhin sieht, bedeutet bei konstanter Determination ..., daß die spezifischen Effekte umso geringer sind, je mehr die explikativen Variablen miteinander korreliert sind."

tuationen davon auszugehen ist, daß auch "alles übrige" nicht konstant bleibt. Eine isolierte Erhöhung von z. B. $x_{1i}$ um eine Einheit läßt sich zwar gedanklich durchführen. In der Realität wird diese aber gewöhnlich nur in Verbindung mit Änderungen auch der Werte anderer Faktoren auftreten, wenn wir von unproblematischen experimentellen Situationen absehen.

3) Die im Rahmen eines bestimmten multiplen Regressionsmodells mit k exogenen Variablen geschätzten Regressionskoeffizienten unterscheiden sich nicht von den Regressionskoeffizienten eines anderen, auf den gleichen Datensatz angewandten, multiplen Regressionsmodells mit k+1 exogenen Variablen, falls die exogenen Variablen nicht miteinander korrelieren. Dies ergibt sich u. a. sinngemäß aus den Überlegungen unter HVE III.7. In der Realität bestehen jedoch gewöhnlich mehr oder weniger starke Korrelationen zwischen den exogenen Variablen. Aus diesem Grunde werden sich die erwähnten Regressionskoeffizienten voneinander unterscheiden, da in der Untersuchung mit einer relativ geringen Zahl exogener Variablen der Einfluß der nicht aufgeführten Faktoren über die berücksichtigten Variablen auf Grund der Korrelationen untereinander teilweise mitgemessen werden. Jede Schätzung der Regressionskoeffizienten ist lediglich für ein bestimmtes spezifiziertes Modell gültig. Regressionskoeffizienten sollten deshalb untersuchungsspezifisch interpretiert werden.

Der Zusammenhang zwischen zwei Variablen X und Y kann durch den Einfluß von Drittvariablen verfälscht sein (vgl. Kap. I.1db). Das lineare Regressionsmodell läßt sich nun verwenden, um aus den Werten von X oder Y oder beiden Variablen den Variationsanteil zu eliminieren (auszupartialisieren), der in Zusammenhang mit Drittvariablen steht. Die verbleibende Restvariation ist von Drittvariablen linear unabhängig. Wird lediglich aus X oder Y der durch Drittvariablen vorhersagbare Anteil auspartialisiert, liegt der Fall einer sog. Semi-Partialkorrelation vor (einer dieser Fälle ist in HVE III.7 angesprochen). Wird sowohl aus X als auch aus Y der durch Drittvariablen vorhersagbare Anteil der Variation eliminiert, liegt der Fall einer sog. Partialkorrelation vor.

Die angesprochenen Problemkreise betreffen sowohl reale Situationen, für die - wenn auch mit Vorbehalten - das multiple Regressionsmodell adäquat ist, als auch Situationen, für die ein multivariates Korrelationsmodell adäquat ist. Die folgenden Abbildungen enthalten hierzu ausgewählte Beispiele. Die eingekreisten Beziehungen sind von Interesse und sollen von den skizzierten Beeinflussungen der Drittvariablen bereinigt werden.

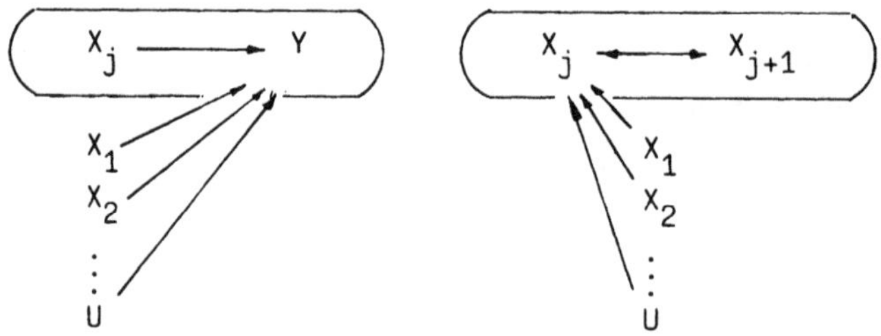


Abb. III.8: Auswahl realer Probleme, für die die Konzepte des semipartiellen Determinations- bzw. Korrelationskoeffizienten adäquat sind

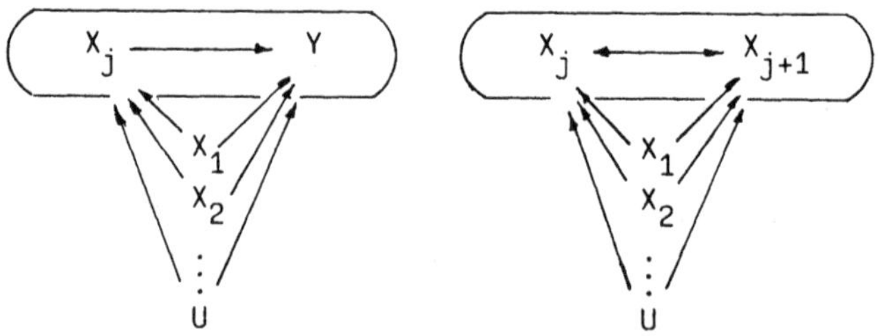


Abb. III.9: Auswahl realer Probleme, für die die Konzepte des partiellen Determinations- bzw. Korrelationskoeffizienten adäquat sind

Wir befassen uns im folgenden kurz mit den partiellen Koeffizienten und verweisen darauf, daß die semi-partiellen Koeffizienten analog zu konstruieren und interpretieren sind.

Allgemein besteht das Ziel darin, den Einfluß von $X_1$, $X_2$, ... auf $X_j$ und Y auszuschalten (siehe den linken Teil der Abb. III.9). Hierzu wird zunächst ein Regressionsmodell mit $X_1$, $X_2$, ... als exogene und Y als Untersuchungsvariable verwendet. Die Residuen

$$d_i = y_i - \hat{y}_i, \quad i = 1, \ldots, n,$$

bezeichnen wir mit $d_{[y]i}$. Der Index [y] weist auf die Zielvariable Y hin. Anschließend wird ein Regressionsmodell mit $X_j$ als Untersuchungsvariable und $X_1$, $X_2$, ... als exogene Variablen verwendet. Die Residuen bezeichnen wir mit $d_{[j]i}$. Der Index [j] weist auf die Zielvariable $X_j$ hin.

Der Einfluß von $X_1$, $X_2$, ... auf Y bzw. $X_j$ ist in $d_{[y]i}$ bzw. $d_{[j]i}$ nicht enthalten. Der interessierende isolierte Zusammenhang zwischen $X_j$ und Y läßt sich jetzt durch den sog. partiellen Determinationskoeffizienten darstellen, dessen Konstruktion in Analogie zum Determinationskoeffizienten (III.18a) erfolgt,

$$\text{(III.40)} \qquad r_{[yj]}^2 = \frac{\text{cov}^2(d_{[y]}, d_{[j]})}{\text{var}(d_{[y]})\text{var}(d_{[j]})}, \qquad j = 1, \ldots, k,$$

wobei

$$d_{[y]i} = y_i - \hat{y}_i, \quad d_{[j]i} = x_{ji} - \hat{x}_{ji}, \quad i = 1, \ldots, n, \quad j = 1, \ldots, k.$$

$\hat{x}_{ji}$ sind Schätzwerte, die analog zu $\hat{y}_i$ interpretiert werden können.

Der partielle Determinationskoeffizient (III.40) gibt den Varianzanteil der (nach Erklärung durch die übrigen exogenen Variablen verbliebenen) Restvarianz der Untersuchungsvariablen Y an, der von der (um den Einfluß der übrigen exogenen Variablen bereinigten) Varianz der exogenen Variablen $X_j$ herrührt.

Zu erwähnen ist, daß der Wurzelausdruck von (III.40) als partieller Korrelationskoeffizient bezeichnet wird.

Es lassen sich gemäß (III.40) insgesamt k partielle Determinationskoeffizienten bilden. Einzuräumen ist, daß ihre Durchschaubarkeit und damit ihr deskriptiver Zweck nur begrenzt ist. Hinzu kommen einige Möglichkeiten für tückische Fehlinterpretationen (näheres hierzu unter Punkt 2e dieses Kapitels), so daß bei konkreten Anwendungen die Notwendigkeit besteht, den Aussagegehalt partieller bzw. semipartieller Determinations- und Korrelationskoeffizienten darzulegen.

### d) Intervallschätzung und Testen

Für eine exakte Lösung inferenzstatistischer Fragestellungen muß auch im multiplen Modell angenommen werden, daß die Störvariablen normalverteilt sind. Anderenfalls sind die Resultate bei großen Stichprobenumfängen approximativ zutreffend.

Wir geben im folgenden die für praktische Anwendungen wichtigsten Folgerungen der theoretischen Statistik an[1].

Die Stichprobenverteilungen für die Regressionskoeffizienten sind bei normalverteilten Störvariablen ebenfalls normalverteilt:

(III.41) $B_j$ ist verteilt nach $N(\beta_j;\ \sigma_U \sqrt{c_{jj}})$ , $j = 0, 1, \ldots, k.$

Hierbei ist $c_{jj}$ eine positive reelle Zahl, die im Zusammenhang mit (III.37) spezifiziert wurde.

[1] Vgl. z. B. JOHNSTON, J., a. a. O., S. 136ff. oder HOCHSTÄDTER, D./ UEBE, G., a. a. O., S. 126ff.

Die Verteilung der Variablen für die Schätzung der deterministischen Komponente von $y_i$ lautet:

(III.42) $\hat{Y}_i$ ist verteilt nach $N(\beta_o + \sum_{j=1}^{k} \beta_j x_{ji};\ \sigma_U \sqrt{g_i})$, $i = 1, \ldots, n$,

wobei $g_i$ eine positive reelle Zahl darstellt,

$g_i = \underline{c}'(\underline{x}'\underline{x})^{-1}\underline{c}$ , $i = 1, \ldots, n$,

mit

$$\underline{c} = \begin{pmatrix} 1 \\ x_{1i} \\ \vdots \\ x_{ki} \end{pmatrix} .$$

(III.42) ist in Matrixschreibweise

(III.42a) $N(\underline{c}'\underline{\beta};\ \sigma_U \sqrt{\underline{c}'(\underline{x}'\underline{x})^{-1}\underline{c}}\ )$ .

Die in Punkt 1d) dieses Kapitels stehenden Erläuterungen zu $\sigma_U^2$ haben auch für den multiplen Fall Bedeutung. Für Tests bezüglich eines einzelnen Regressionskoeffizienten ist demnach die folgende Prüfvariable geeignet:

(III.43) $\frac{B_j - \beta_j}{S_d \sqrt{c_{jj}}}$ ist t-verteilt mit $\nu = n-k-1$ Freiheitsgraden, $j = 0, 1, \ldots, k$,

mit $c_{jj}$, wie im Zusammenhang mit (III.37) erläutert.

Für $S_d^2$ gilt:

(III.44) $S_d^2 = \frac{1}{n-k-1} \sum(Y_i - \hat{Y}_i)^2 = \frac{1}{n-k-1} \sum D_i^2$ .

Die Unabhängigkeitshypothese läßt sich, wie bei der einfachen Regressionsanalyse, äquivalent unter Verwendung eines varianzanalytischen

Konzepts prüfen. Die Frage der Unabhängigkeit ist angesichts der vergrößerten Zahl der exogenen Variablen differenzierter zu stellen als im einfachen Modell.

Wir betrachten zunächst die umfassendste Nullhypothese, die behauptet, daß die Untersuchungsvariable von sämtlichen exogenen Variablen unabhängig ist,

$H_o$: $\beta_j = 0$ für alle j,

$H_a$: $\beta_j \neq 0$ für mindestens ein j.

Zur Entwicklung einer geeigneten Prüfvariablen dienen wiederum die Quadratsummenzerlegung (III.24) und hiermit in Zusammenhang stehende Überlegungen, analog zu den Ausführungen unter Punkt 1d) dieses Kapitels. Bei zutreffender Nullhypothese folgt $Q_1$ einer $\chi^2$-Verteilung mit k Freiheitsgraden und unabhängig hiervon $Q_2$ einer $\chi^2$-Verteilung mit n-k-1 Freiheitsgraden. Der Quotient

$$\frac{(n-k-1)Q_1}{k\;\;Q_2} = \frac{S_1^2}{S_2^2}$$

folgt somit einer F-Verteilung mit k und n-k-1 Freiheitsgraden. Für die Stichprobenvarianzen gilt hier

$$s_1^2 = \frac{q_1}{k}$$

und

$$s_2^2 = \frac{q_2}{n-k-1}$$

mit $q_1$, der Variation auf der Regressionshyperebene, und $q_2$, der Variation um diese Ebene, gemäß (III.24) und (III.32).

Der Varianzquotiententest mit

$$F^k_{n-k-1} = \frac{s_1^2}{s_2^2} = \frac{\frac{q_1}{k}}{\frac{q_2}{n-k-1}} = \frac{\frac{r^2_{y.12...k}}{k}}{\frac{1-r^2_{y.12...k}}{n-k-1}}$$

prüft also auch hier, ob $s_1^2$ und $s_2^2$ nur zufällig voneinander abweichen. Bezüglich der rechentechnisch vereinfachenden Form bei Nutzung des multiplen Determinationskoeffizienten siehe HVE III.9.

Bei Anwendungen wird zweckmäßigerweise ein Rechenschema der folgenden Art verwendet:

| Variationsgrund | Ausprägung der Variation im Regressionsmodell | Quadratsummen | Freiheitsgrade | Varianzen |
|---|---|---|---|---|
| $X_1, \ldots, X_k$ und Zufall | Variation auf der Regressionshyperebene | $q_1$ | $k$ | $s_1^2 = \frac{q_1}{k}$ |
| Zufall | Variation um die Regressionshyperebene | $q_2$ | $n-k-1$ | $s_2^2 = \frac{q_2}{n-k-1}$ |
| Insgesamt | Variation um den Mittelwert | $q$ | $n-1$ | |

Tab. III.6: Rechenschema für die varianzanalytische Prüfung der Hypothese der Unabhängigkeit von sämtlichen exogenen Variablen bei der multiplen Regression

Die spezielle Unabhängigkeitshypothese, die behauptet, daß lediglich die j-te exogene Variable für die statistische Erklärung der Untersuchungsvariablen bedeutungslos ist,

$H_o$: $\beta_j = 0$ ,

läßt sich über die t-verteilte Variable (III.43) prüfen.

Ein äquivalenter Test knüpft an die varianzanalytische Konzeption an. In diesem Falle geht man von einer Quadratsummenzerlegung wie unter (III.24) aus, wobei $q_1$ die Variation unter Einschluß von $X_j$ darstellt und $q_1'$ die unter Ausschluß von $X_j$. Das Regressionsmodell unter Ausschluß einer oder mehrerer exogener Variablen wird allgemein als eingeschränktes (reduziertes) Modell bezeichnet.

Für Anwendungen eignet sich die Übersicht der Tab. III.7.

| Variationsgrund | Ausprägung der Variation im Regressionsmodell | Quadratsummen | Freiheitsgrade | Varianzen |
|---|---|---|---|---|
| $X_1, \ldots, X_{k-1}$ und Zufall | Variation auf der durch Y und $X_1, \ldots, X_{k-1}$ aufgespannten Hyperebene I | $q_1'$ | k-1 | |
| $X_j$ und Zufall | (ohne Veranschaulichung) | $q_1-q_1'$ | 1 | $s_1^2 = q_1-q_1'$ |
| $X_1, \ldots, X_k$ und Zufall | Variation auf der durch Y und $X_1, \ldots, X_k$ aufgespannten Hyperebene II | $q_1$ | k | |
| Zufall | Variation um die Hyperebene II | $q_2$ | n-k-1 | $s_2^2 = \frac{q_2}{n-k-1}$ |
| Insgesamt | Variation um den Mittelwert | q | n-1 | |

Tab. III.7: Rechenschema für die varianzanalytische Prüfung der Hypothese der Unabhängigkeit von einer exogenen Variablen bei der multiplen Regression

Mit den Vereinbarungen für $s_1^2$ und $s_2^2$ gemäß Tab. III.7 läßt sich die Hypothese der Unabhängigkeit der Untersuchungsvariablen von der exogenen Variablen $X_j$ unter Verwendung der Prüfvariablen

$$F^1_{n-k-1} = \frac{s_1^2}{s_2^2} = \frac{q_1-q_1'}{\frac{q_2}{n-k-1}} = \frac{r^2_{y.1\ldots k} - r^2_{y.1\ldots(k-1)}}{\frac{1-r^2_{y.1\ldots k}}{n-k-1}}$$

beurteilen. Die rechentechnische Vereinfachung bei Nutzung multipler Determinationskoeffizienten ist in HVE III.9 begründet. Ein Anwendungsbeispiel hierzu ist auch u. a. im Kapitel IV unter Punkt 2d enthalten.

Für Intervallschätzungen lassen sich wiederum verschiedenartige Konfidenzbereiche konstruieren.

Für die einzelnen Regressionskoeffizienten ergeben sich die Konfidenzbereiche

(III.45) $$\text{Konf.}(b_j - t_2 s_d \sqrt{c_{jj}} \leq \beta_j \leq b_j - t_1 s_d \sqrt{c_{jj}}) = \gamma , \quad j = 0, 1, \ldots, k.$$

Die verwendeten Symbole wurden bereits zuvor unter (III.37) und (III.44) erläutert.

Der Konfidenzbereich für die deterministische Komponente in der Grundgesamtheit,

$E(Y_i) = \beta_o + \sum \beta_j x_{ji}$ , $i = 1, \ldots, n$,

lautet

(III.46) $$\text{Konf.}(\hat{y}_i - t_2 s_d \sqrt{g_i} \leq E(Y_i) \leq \hat{y}_i - t_1 s_d \sqrt{g_i}) = \gamma , \quad i = 1, \ldots, n,$$

wobei $g_i$ unter (III.42) spezifiziert wurde.

Auch im multiplen Fall ist die Frage nach dem Konfidenzbereich für $E(Y_i)$ zu trennen von der Frage nach dem Konfidenzbereich für den Einzelwert $y_i$. Hier ergibt sich

(III.47) $$\text{Konf.}(\hat{y}_i - t_2 s_d \sqrt{h_i} \leq y_i \leq \hat{y}_i - t_1 s_d \sqrt{h_i}) = \gamma , \quad i = 1, \ldots, n,$$

wobei $h_i$ eine positive reelle Zahl darstellt,

$h_i = 1 + \underline{c}'(\underline{x}'\underline{x})^{-1}\underline{c}$ , $i = 1, \ldots, n$, mit $\underline{c}$ wie unter (III.42).

Zu den bislang erörterten deskriptiven und inferenzstatistischen Aspekten des multiplen Regressionsmodells betrachten wir ein Beispiel.

Untersuchungsvariable Y einer alterssoziologischen Untersuchung ist die Frequenz der Interaktionen bei zehn alleinstehenden, älteren Personen mit ihrem sozialen Bezugsfeld, welche in der Anzahl der empfangenen Besuche pro Monat gemessen wird. Die Frequenz der Interaktionen soll statistisch durch die beiden exogenen Variablen "Sozioökonomischer Status" $X_1$ (bemessen am monatlichen verfügbaren Einkommen in 1 000 DM) und "Wohndauer am betreffenden Wohnort" $X_2$ (in Jahren) erklärt werden.

| Y | $X_1$ | $X_2$ |
|---|---|---|
| 3 | 1,315 | 25 |
| 5 | 1,230 | 36 |
| 1 | 0,890 | 9 |
| 6 | 0,710 | 45 |
| 4 | 0,570 | 39 |
| 11 | 1,890 | 31 |
| 2 | 0,625 | 5 |
| 2 | 0,980 | 16 |
| 4 | 1,120 | 23 |
| 9 | 2,100 | 32 |

Tab. III.8: Besuchshäufigkeit (Y), Einkommen ($X_1$) und Wohndauer ($X_2$) bei 10 Personen

Es ergeben sich die Resultate

$\bar{y} = 4,7 \quad \bar{x}_1 = 1,143 \quad \bar{x}_2 = 26,1 \quad \text{var}(y) = 9,21 \quad \text{var}(x_1) = 0,2386$

$\text{var}(x_2) = 153,09$ ,

wobei die Varianzen, wie im deskriptiven Kontext üblich, in nicht erwartungstreuer Form angegeben sind.

Die Schätzung der Regressionskoeffizienten gemäß (III.35) führt über das Zwischenergebnis

$$(\underline{x}'\underline{x})^{-1} = \begin{pmatrix} 0,9363 & -0,4123 & -0,0140 \\ -0,4123 & 0,4345 & -0,0032 \\ -0,0140 & -0,0032 & 0,0007 \end{pmatrix}$$

und nach Einsetzen in (III.32) zur Regressionsebene

$$\hat{y}_i = -3,0761 + 4,1283x_{1i} + 0,1171x_{2i} , \quad i = 1, \ldots, 10 .$$

Der multiple Determinationskoeffizient (III.38) beträgt

$$r_{y.12}^2 = 0,7891 ,$$

so daß 78,91% der Varianz der Besuchshäufigkeiten auf die Variation der Einkommen und der Wohndauer zurückgeführt werden kann.

Die Standardisierung der Regressionskoeffizienten $b_1$ und $b_2$ gemäß (III.39) führt zu

$$b^*_1 = 0,6645 \quad \text{und} \quad b^*_2 = 0,4774.$$

Falls also z. B. das Einkommen um 1 000 DM erhöht wird, ist zu erwarten, daß im Durchschnitt die Zahl der empfangenen Besuche um $b_1 = 4,1283$ pro Monat steigt. Oder: Die durchschnittliche Zahl der empfangenen Besuche erhöht sich um 2,015 (nämlich den $b^*_1 = 0,6645$-ten Teil von $\sqrt{var(y)} = 3,035$), falls das Einkommen um 1000 $\sqrt{var(x_1)} = 488,47$ DM erhöht wird.

Da $b^{*2}_1$ und $b^{*2}_2$ nur bei Unabhängigkeit zwischen dem Einkommen $X_1$ und der Wohndauer $X_2$ die Bedeutung von $X_1$ bzw. $X_2$ für die Besuchshäufigkeit gemäß (III.38b) quantifizieren, ist die Bestimmung des entsprechenden binären Korrelationskoeffizienten aufschlußreich. Es ergibt sich

$$r_{12} = 0,1882 ;$$

d. h. die exogenen Variablen sind schwach korreliert, so daß der zweite Summand von (III.38b) nicht Null ist. Im vorliegenden Fall ist jedoch eine Interpretation erleichtert, da $b^*_1$, $b^*_2$ und $r_{12}$ positive Vorzeichen besitzen. In (III.38b) eingesetzt, ergibt sich

$$0{,}789 = (0{,}442 + 0{,}228) + 0{,}119 = 0{,}670 + 0{,}119 \; .$$

Im multiplen Modell erklärt das Einkommen allein somit 44,2% der Variation der Besuchshäufigkeit und die Wohndauer allein 22,8%. Der gesamte spezifische Einfluß der beiden Variablen ist erheblich größer als ihr gemeinsamer Einfluß in Höhe von 11,9%.

Wird $X_2$ aus Y und $X_1$ auspartialisiert und der nicht mehr gestörte Zusammenhang zwischen Y und $X_1$ analysiert, so ergibt sich für den partiellen Determinationskoeffizienten gemäß (III.40)

$$r_{[y1]}^2 = 0{,}889 \; .$$

Ein Vergleich mit $r_{y1}^2 = 0{,}569$ zeigt, daß die Wohndauer den Zusammenhang zwischen den Besuchen und dem Einkommen teilweise verdeckt hatte.

Wird $X_1$ auspartialisiert, ergibt sich

$$r_{[y2]}^2 = 0{,}511 \; .$$

Verglichen mit $r_{y2}^2 = 0{,}363$, ist auch hier festzustellen, daß die auspartialisierte Variable den Zusammenhang zwischen den übrigen Variablen teilweise verdeckt hatte.

Die globale Nullhypothese, die behauptet, daß die Besuche unabhängig vom Einkommen und der Wohndauer sind, führt bei varianzanalytischer Prüfung zur Übersicht der Tabelle III.9. Für die nach $F_7^2$ verteilte Prüfvariable ergibt sich der Wert

$$\frac{36{,}305}{2{,}774} = 13{,}1 \; .$$

Hierauf wären wir auch über die rechentechnische Vereinfachung

$$\frac{\frac{0{,}7891}{2}}{\frac{1 - 0{,}7891}{10-2-1}} = 13{,}1$$

gekommen. Bei 5% Signifikanzniveau liegt der Rückweisungspunkt im Wert 4,74, so daß die Hypothese zu verwerfen ist; d. h. unter den zwei Variationsgründen "Einkommen" und "Wohndauer" ist wenigstens einer für die Variation der Untersuchungsvariablen wesentlich.

| Variationsgrund | Quadrat-summen | Freiheits-grade | Varianzen |
|---|---|---|---|
| Einkommen, Wohndauer und Zufall | 72,6804 | 2 | 36,305 |
| Zufall | 19,4196 | 7 | 2,774 |
| Insgesamt | 92,1000 | 9 | |

Tab. III.9: Varianzanalytische Prüfung der Unabhängigkeitshypothese von sämtlichen exogenen Variablen (Beispiel für Tab. III.6)

Die Hypothese, daß die empfangenen Besuche nicht vom Einkommen abhängen, könnten wir unter Verwendung der t-verteilten Prüfvariablen (III.43) prüfen (es ergibt sich t = 3,7604). Wir wählen jedoch den äquivalenten varianzanalytischen Test, der in der Tab. III.7 zusammengefaßt ist. Mit Nutzung der rechentechnischen Vereinfachung ergibt sich für die nach $F_7^1$ verteilte Prüfvariable unmittelbar der Wert

$$\frac{0{,}789-0{,}363}{\frac{1-0{,}789}{10-2-1}} = 14{,}1 \ .$$

Bei 5% Signifikanzniveau liegt der Rückweisungspunkt im Wert 5,59; d. h. die Behauptung ist zurückzuweisen, daß die Besuchshäufigkeit vom Einkommen unabhängig ist.

In ausführlicherer Darlegung kann das Rechenschema der Tab. III.7 verwendet werden. Hierzu bedarf es u. a. der Bestimmung von $q_1'$. Wie dem Teil HVE III.9 entnommen werden kann, gilt für $q_1$ die Beziehung

$$q_1 = r_{y.12...k}^2 \cdot q$$

und für $q_1'$ analog

$$q_1' = r_{y.12...(k-1)}^2 \cdot q \ .$$

Im vorliegenden Falle gilt also

$q_1' = r_{y2}^2 \cdot q = 0{,}3632 \cdot 92{,}1 = 33{,}4507$ .

| Variationsgrund | Quadrat-summen | Freiheits-grade | Varianzen |
|---|---|---|---|
| Wohndauer und Zufall | 33,4507 | 1 | |
| Einkommen und Zufall | 39,2297 | 1 | 39,2297 |
| Einkommen, Wohndauer und Zufall | 72,6804 | 2 | |
| Zufall | 19,4196 | 7 | 2,774 |
| Insgesamt | 92,1000 | 9 | |

Tab. III.10: Varianzanalytische Prüfung der Unabhängigkeitshypothese für das Einkommen (Beispiel für Tab. III.7)

Die $F_7^1$-verteilte Prüfvariable realisiert den Wert $\frac{39{,}2297}{2{,}774} = 14{,}1$ , der dem Resultat unter Nutzung der rechentechnischen Vereinfachung entspricht.

Die Hypothese, daß die empfangenen Besuche nicht von der Wohndauer abhängen, ist bei 5% Signifikanzniveau angesichts

$$F_7^1 = \frac{0{,}789-0{,}569}{\frac{1-0{,}789}{10-2-1}} = 7{,}3$$

ebenfalls zu verwerfen.

Zum gleichen Resultat würde eine ausführlichere Darlegung analog der Tab. III.10 führen. Hier würde sich für

$q_1' = r_{y1}^2 \cdot q = 0{,}5691 \cdot 92{,}1 = 52{,}4141$ und

$q_1 - q_1' = 20{,}2663 = s_1^2$ ergeben, so daß

$$F_7^1 = \frac{20{,}2663}{2{,}774} = 7{,}3 \; .$$

Die Konfidenzbereiche für $\beta_1$ und $\beta_2$ sind gemäß (III.45) auch bei 90% Vertrauensniveau wegen der relativ schmalen Datenbasis nicht sehr eng:

$$\text{Konf.}(2{,}05 \leq \beta_1 \leq 6{,}20) = 90\% \ ,$$

$$\text{Konf.}(0{,}035 \leq \beta_2 \leq 0{,}199) = 90\% \ .$$

Dies bedeutet beispielsweise für das Einkommen: Falls es um 1 000 DM steigt, ist bei 90% Vertrauen zu erwarten, daß die Zahl der empfangenen Besuche um 2,05 bis 6,2 steigt.

Konfidenzbereiche für deterministische Komponenten und individuelle Werte gemäß (III.46) und (III.47) seien lediglich exemplarisch für die ausgewählte Wertekombination $x_{11} = 1{,}315$ und $x_{21} = 25$ angegeben. Für $\hat{y}_1$ ergibt sich gemäß (III.32) der Wert 5,2812, der vom Ursprungswert $y_1 = 3$ (vgl. Tab. III.8) abweicht.

Der Konfidenzbereich für die deterministische Komponente gemäß (III.46) ergibt sich bei 90% Vertrauensniveau über

$$\hat{y}_1 \mp t_2 s_d \sqrt{g_1} \quad \text{mit}$$

$$\hat{y}_1 = 5{,}2812, \quad t_2 = 1{,}89, \quad s_d = 1{,}6655 \quad \text{und}$$

$$g_1 = \begin{pmatrix} 1 & 1{,}315 & 25 \end{pmatrix} (\underline{x}'\underline{x})^{-1} \begin{pmatrix} 1 \\ 1{,}315 \\ 25 \end{pmatrix} = 0{,}1312 \ ,$$

so daß $\sqrt{g_1} = 0{,}3622$ .

Als untere Grenze ergibt sich der Wert 4,14 und als obere Grenze 6,42. Dies bedeutet für Personen mit einem Einkommen von 1 315 DM und einer Wohndauer von 25 Jahren, daß sie bei 90% Vertrauen im Durchschnitt zwischen 4,14 und 6,42 Besuche erhalten werden.

Für den Einzelwert gemäß (III.47) ergibt sich bei 90% Vertrauensniveau über

$$\hat{y}_1 \mp t_2 s_d \sqrt{h_1}$$

mit

$h_1 = 1 + g_1 = 1{,}1312$ , so daß

$\sqrt{h_1} = 1{,}0636$ ,

die untere Grenze 1,93 und die obere Grenze 8,63.
Dies bedeutet z. B. für eine Person, die über ein Einkommen von 1 315 DM verfügt und 25 Jahre am betreffenden Wohnort lebte, daß sie bei 90% Vertrauen davon ausgehen darf, zwischen 1,9 und 8,6 Besuche pro Monat zu erhalten.

### e) Bedeutung einzelner exogener Variablen für die Untersuchungsvariable

Die Frage, welche der im allgemeinen zahlreichen Merkmale als exogene Variablen ins multiple Regressionsmodell aufzunehmen sind und welche nicht, ist im Rahmen der Lösung des Adäquations- und des Spezifikationsproblems zu lösen (siehe Kap. I.2c). Demnach sollten die Merkmale theoretisch plausibel, die Schätzwerte für die Koeffizienten zuverlässig, die Güte der Anpassung des Modells an die Daten sowie der Prognosewert zufriedenstellend sein sowie dem Einfachheitspostulat nach Möglichkeit Rechnung tragen.

Zur Lösung des Problems im Rahmen der multiplen Regressionsanalyse kann die Statistik gewisse formale Hilfen bzw. zusätzliche Anhaltspunkte vermitteln. Grundsätzlich gilt dabei, daß aus statistischer Sicht nur jene Merkmale ins Regressionsmodell aufzunehmen sind, deren Veränderungen in dem zu analysierenden Teilbereich des wirtschaftlichen und sozialen Prozesses zu systematischen Veränderungen der Untersuchungsvariablen geführt haben. Demnach zielt das Urteil über die Bedeutung einzelner exogener Variablen auf deren Beiträge für die Erklärung der Varianz der Untersuchungsvariablen.

Im statistischen Sinne ist die Bedeutsamkeit eines Merkmals unter Umständen auf drei unterschiedlichen Wegen erkennbar:

- Wie bereits unter Punkt III.2c dieses Kapitels festgestellt wurde, können die Regressionskoeffizienten hierfür im allgemeinen nicht herangezogen werden, da sie dimensionsgebunden sind. Demgegenüber könnten die standardisierten Regressionskoeffizienten (III.39) die Relevanz der zugehörigen exogenen Variablen anzeigen. Allerdings muß vorausgesetzt werden, daß die exogenen Variablen untereinander unkorreliert sind. In diesem Falle ist, wie (III.38b) zeigt, über die Quadrate der standardisierten Regressionskoeffizienten eine Zuordnung von erklärten Varianzanteilen der Untersuchungsvariablen zu einzelnen exogenen Variablen möglich.
- Der partielle Determinationskoeffizient gemäß (III.40) kann im Falle korrelierender exogener Variablen einen Hinweis auf die Bedeutung der jeweiligen exogenen Variablen geben. Allerdings besteht stets die Gefahr eines Fehlschlusses; denn je stärker die Korrelation zwischen den exogenen Variablen ist, desto kleinere Werte nehmen die partiellen Determinationskoeffizienten an. Dies kann dazu führen, daß wesentliche exogene Variablen nicht erkannt werden, da ihre Bedeutung nur gemeinsam mit anderen Variablen hervortritt.
- Ein häufig verwendetes Verfahren zur Identifizierung bedeutender Merkmale ist die schrittweise (stufenweise) multiple Regressionsanalyse. Dieses Verfahren basiert auf der Idee, die Bedeutung einer Einflußgröße dadurch zu erkennen, daß eine multiple Regressionsanalyse alternativ unter Einschluß und unter Ausschluß dieser Größe durchgeführt wird. Die Intention ist hierbei, daß ein Vergleich der jeweiligen multiplen Determinationskoeffizienten bzw. der bereinigten multiplen Determinationskoeffizienten (siehe HVE III.4c) Aufschluß über die Bedeutung der jeweiligen Variablen gibt. Grundsätzlich ist zur schrittweisen multiplen Regressionsanalyse festzustellen: Eine nur geringe Vergrößerung des multiplen Determinationskoeffizienten bei Neuaufnahme einer exogenen Variablen ist kein

Beweis dafür, daß die Bedeutung des Einflusses dieser Variablen entsprechend gering ist; denn sie kann ihren Einfluß mittelbar über andere mit ihr korrelierte Variablen ausüben.

Das Verlaufsmuster einer der zahlreichen Varianten der schrittweisen multiplen Regression läßt sich wie folgt skizzieren. Aus der Menge der in Frage kommenden k exogenen Variablen wird die Variable gewählt - abgekürzt mit $X_1$ -, die den engsten statistischen Zusammenhang mit der Untersuchungsvariablen Y besitzt. Man prüft inferenzstatistisch, ob der Einfluß von $X_1$ auf Y gesichert ist. Falls ja, wird der Einfluß von $X_1$ auf Y und die restlichen exogenen Variablen regressionsanalytisch ausgeschaltet; $X_1$ wird also auspartialisiert. Aus den verbliebenen k-1 exogenen Variablen wird im folgenden die Variable ausgewählt - abgekürzt mit $X_2$ -, die in partialisierter Form den engsten Zusammenhang mit der partialisierten Untersuchungsvariablen besitzt. Nun bildet man die multiple Regression zwischen Y und den zwei ausgewählten Variablen $X_1$ und $X_2$. Ob der zusätzliche Beitrag von $X_2$ zur Erklärung von Y wesentlich ist, läßt sich wiederum inferenzstatistisch beantworten. Auf dem beschriebenen Weg wird fortgefahren, die bedeutendsten Variablen auszuwählen.

Zu den inferenzstatistischen Prüfungen ist zu bemerken: In der Praxis ist auf Grund der meist bestehenden Korrelationen zwischen den exogenen Variablen und der darauf beruhenden hohen Stichprobenfehler davon auszugehen, daß die Signifikanztests eine nur geringe Trennschärfe besitzen, so daß die Gefahr für das Begehen eines Fehlers zweiter Art relativ groß ist. Die Nullhypothese $\beta_k = 0$ wird also relativ häufig nicht verworfen, obwohl $\beta_k$ tatsächlich und möglicherweise erheblich von Null verschieden ist.

Die schrittweise multiple Regressionsanalyse besitzt keine Bezüge zu substanzwissenschaftlichen Erwägungen und ist deshalb ein Verfahren, das möglichst unter ständiger Rückkopplung mit den theoretischen Überlegungen verwendet werden sollte.

Ziehen wir ein Resumée zur Frage, ob die Bedeutung der exogenen Variablen im multiplen Regressionsmodell erkannt werden kann, so bleibt festzustellen: Die Bedeutung einer exogenen Variablen ist um so weniger scharf erkennbar, je weniger adäquat das Modell der multiplen Regressionsanalyse für das reale Problem ist. Sollte das betrachtete reale Problem eine komplexe Kausalstruktur besitzen, so ist das multiple Regressionsmodell, das eine nicht sehr komplizierte Kausalstruktur unterstellt (vgl. Abb. III.6), für die Erkärung ungeeignet.

## 3. Modellverstöße

Das Modell der multiplen Regression beinhaltet eine Reihe von Annahmen. Erinnert sei an das Annahmensystem für die Störgröße, die Unabhängigkeit der exogenen Variablen sowie die Linearität der Regressionsfunktion. Verstöße gegen eine oder mehrere Annahmen führen u. U. zu erheblichen Interpretationsschwierigkeiten der formalen Lösung des realen Problems.

Im folgenden sollen die wichtigsten Möglichkeiten zur Aufdeckung von Verstößen gegen die Annahmen erörtert werden. Ferner gehen wir den Konsequenzen nach, die sich ergeben, falls ein Modell zur Lösung eines Problems verwendet wird, das ihm nicht in allen Teilen angemessen ist.

a) Verstöße gegen das Annahmensystem für die Störvariablen

Ein Verstoß gegen die Annahme 1 über die Störvariablen,

$$\text{(III.2)} \quad E(U_i) = 0 \quad \text{für alle } i,$$

läßt sich nicht überprüfen, da die Störgrößen nicht beobachtet werden können. Die naheliegende Möglichkeit, die Einhaltung dieser Annahme an den Residuen in der Stichprobe zu überprüfen, besteht nicht, weil die Anwendung der Methode der kleinsten Quadrate stets zu $\sum d_i = 0$ führt. Dies allerdings ist kompatibel mit der Annahme (III.2).

Die Annahme 2 über die Homoskedastizität der Varianzen der Störvariablen,

$$\text{(III.3)} \quad var(U_i) = \sigma_U^2 \quad \text{für alle } i,$$

ist, wie unter Punkt 1a) dieses Kapitels erwähnt wurde, nicht immer eine überzeugende Grundannahme. Wie sich nachweisen läßt[1], gilt (III.36) bei einer Verletzung dieser Annahme weiterhin; d. h. die Schätzungen für die Regressionskoeffizienten sind bei Verwendung der Methode der kleinsten Quadrate weiterhin erwartungstreu. Die Varianz der Schätzungen, ermittelt gemäß (III.37), kann jedoch wesentlich von den tatsächlichen Werten abweichen. Dies hat zur Folge, daß die Berechnung von Konfidenzbereichen und die Durchführung von Signifikanztests nicht mehr zu vertreten ist.

Die Frage, wie Verstöße gegen die Homoskedastizität festgestellt werden können, läßt sich nicht durch eine Analyse der Werte für die Störvariablen beantworten, da diese nicht beobachtbar sind. Eine Überprüfung kann somit nur anhand der Residuen in der Stichprobe erfolgen. Für alles Weitere liegt deshalb die Annahme zugrunde, daß sich die

[1] Siehe ASSENMACHER, W., a. a. O., S. 154ff.

Homo- bzw. Heteroskedastizität der Störvariablen in den Residuen der Stichprobe niederschlägt.

Zur visuellen Analyse der Residuen $d_i$, $i = 1, \ldots, n$, wird im bivariaten Modell ein Streuungsdiagramm entworfen mit D und X (bzw. im multiplen Modell mit D und $\hat{Y}$) als Achsen. Falls (III.3) zutrifft, müßten die Punkte mit den Koordinaten $(x_i, d_i)$ [bzw. im multiplen Modell $(\hat{y}_i, d_i)$] ohne erkennbares regelmäßiges Muster um den Mittelwert $\frac{1}{n}\sum d_i = 0$ verstreut sein. Die visuelle Analyse ist ein Behelf, der zwar stark von der subjektiven Fähigkeit zur Erkennung von Mustern geprägt ist, aber nicht von vornherein unbeachtet bleiben sollte.

Ein Test auf Heteroskedastizität, der relativ robust ist, stammt von GOLDFELD und QUANDT[1]. In einer seiner möglichen Anwendungen wird die Nullhypothese

$H_o$: $\text{var}(U_i) = \sigma_U^2$   für alle i

gegen die Alternative

$H_a$: $\text{var}(U_i) = \sigma_U^2 x_{ji}$   für alle i

getestet. Die Alternativhypothese behauptet also, daß die Varianzen der Störgrößen mit einer der (hier: der j-ten) exogenen Variablen variieren. Zur Prüfung der Nullhypothese werden zunächst die n Wertegruppen $(y_i, x_{1i}, \ldots, x_{ji}, \ldots, x_{ki})$ nach der Größe der Werte für die ausgewählte exogene Variable $X_j$ geordnet. Die Wertegruppen werden anschließend in zwei gleich große Hälften aufgeteilt, wobei bis zu ca. 1/5 der Wertegruppen an der Trennungslinie der zwei Hälften weggelassen werden können. Sodann wird in jeder der beiden gebildeten Teilgruppen, die jeweils aus m Wertegruppen bestehen, eine Schätzung für dieselbe Regressionsgleichung durchgeführt. Die jeweiligen Residuen $d_{i1}$ bzw. $d_{i2}$, $i = 1, \ldots, m$, dienen zur Bestimmung des Wertes der Prüfvariablen

---

[1] GOLDFELD, S. M./QUANDT, R. E.: Some Tests for Homoscedasticity. In: Journal of the American Statistical Association (1965), S. 539ff.

$$\text{(III.48)}\qquad G = \frac{\sum_{i=1}^{m} D_{i2}^{2}}{\sum_{i=1}^{m} D_{i1}^{2}} \quad .$$

Unter der Normalverteilungsannahme der nicht korrelierenden Störvariablen folgen Zähler und Nenner von (III.48) jeweils einer $\chi^2$-Verteilung mit m-k-1 Freiheitsgraden. Die Variable G folgt somit einer F-Verteilung mit entsprechenden Freiheitsgraden. Ist die Stichprobenrealisation von G größer oder gleich dem Rückweisungspunkt, so ist die Hypothese der Homoskedastizität zu verwerfen.

In diesem Falle sollte für die Schätzung der Regressionskoeffizienten die Methode der kleinsten Quadrate in modifizierter Form verwendet werden. Nähere Ausführungen hierzu findet der Leser z. B. in der ökonometrischen Standardliteratur unter dem Stichwort AITKEN-Schätzfunktion[1] bzw. Verallgemeinerte Kleinst-Quadrate-Schätzfunktion.

Die Annahme über die Abwesenheit der Autokorrelation (siehe hierzu auch Kap. VI.1b) der Störvariablen, die in (III.4) mit der Annahme (III.3) zusammengefügt erscheint,

$$\text{(III.4)}\qquad \text{cov}(U_i, U_j) = \begin{cases} 0 & \text{für } i \neq j, \quad i, j = 1, \ldots, n, \\ \sigma_U^2 & \text{für } i = j, \quad i, j = 1, \ldots, n, \end{cases}$$

läßt sich auf Grund der Unmöglichkeit, die Werte der Störvariablen zu beobachten, ebenfalls lediglich anhand der Residuen überprüfen. Im folgenden liegt also die Annahme zugrunde, daß sich eine Autokorrelation der Störvariablen in den Residuen niederschlägt.

Wie sich begründen[2] läßt, sind bei einer Verletzung der Annahme über

[1] AITKEN, A. C.: On Least Squares and Linear Combinations of Observations. In: Proceedings of the Royal Society (1935), S. 42ff.

[2] Vgl. z. B. ASSENMACHER, W., a. a. O., S. 149.

die Unkorreliertheit der Störvariablen die Schätzungen für die Regressionskoeffizienten bei Verwendung der Methode der kleinsten Quadrate weiterhin erwartungstreu. Hingegen wird ein Fehler begangen, falls die Varianz der Schätzungen auch in diesem Falle gemäß (III.37) ermittelt wird, so daß auch die Berechnung von Konfidenzbereichen und die Durchführung von Signifikanztests fehlerhaft ist.

Die Problematik des Erkennens von Autokorrelationen läßt sich im allgemeinen nicht durch ein visuelles Verfahren zur Mustererkennung lösen, obwohl auch hier geeignete statistische Aufbereitungen der Residuen hilfreich sein können. In der Praxis hat sich zur Überprüfung der Autokorrelation der DURBIN/WATSON-Test[1] durchgesetzt. Dieses Prüfverfahren ist jedoch lediglich dazu geeignet, den relativ unkomplizierten Fall einer Autokorrelation,

$$U_i = \rho U_{i-1} + \varepsilon_i, \quad i = 2, \ldots, n,$$

zu behandeln. Hierbei stellt $\varepsilon_i$ eine Störvariable dar, die den Annahmen (III.2) bis (III.4) genügt. $\rho$ ist ein Koeffizient, für den gilt, daß sein absoluter Wert kleiner als Eins ist. Der Index i bezeichnet im allgemeinen Zeitpunkte, so daß der DURBIN/WATSON-Test grundsätzlich ein Test auf Autokorrelation zum Lag Eins darstellt. Falls zwischen den Störvariablen $U_i$ eine kompliziertere Korrelationsstruktur vorliegt, so sind bei einer Anwendung des DURBIN/WATSON-Testes zwar Fehlschlüsse möglich, in der Mehrzahl der praktischen Fälle ist dies aber erfahrungsgemäß nicht so.

Beim DURBIN/WATSON-Test ist die Nullhypothese als

$$H_0: \rho = 0$$

formuliert. Behauptet wird also, daß keine Autokorrelation 1. Ordnung der Störvariablen vorliegt.

---

[1] DURBIN, J./WATSON, G. S.: Testing for Serial Correlation in Least Squares Regression I, II. In: Biometrika (1950), S. 409ff sowie Biometrika (1951), S. 159ff.

Die Alternativhypothese lautet beim einseitigen Test

$H_a$: $\rho > 0$ (positive Autokorrelation) bzw.

$H_a$: $\rho < 0$ (negative Autokorrelation)

und beim zweiseitigen Test

$H_a$: $\rho \neq 0$ .

Die Prüfvariable ist

$$\text{(III.49)} \qquad D = \frac{\sum_{i=2}^{n} (D_i - D_{i-1})^2}{\sum_{i=1}^{n} D_i^2} \quad .$$

Der Stichprobenwert der Prüfvariablen erhält die Notation d und sollte nicht mit dem Residuum $d_i$ verwechselt werden. Den erwähnten Originalschriften oder der geeigneten Sekundärliteratur[1] können die Begründungen für die relativ diffizilen technischen Details der Entscheidungsregeln des Tests entnommen werden. Die statistischen Tabellen zum DURBIN/WATSON-Test enthalten bei vorgegebenem Signifikanzniveau $\alpha$, Stichprobenumfang n und Zahl der exogenen Variablen k (hier einschließlich der Scheinvariablen $X_0$) zwei Werte $d_u$ und $d_o$ (siehe Abb. III.10).

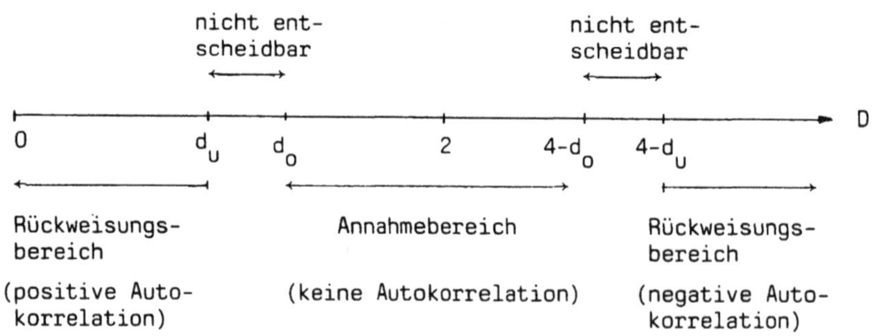


Abb. III.10: Wertebereich der DURBIN/WATSON-Prüfvariablen (III.49)

[1] Z. B. ASSENMACHER, W., a. a. O., S. 146f. oder FROHN, J.: Grundausbildung in Ökonometrie. Berlin 1980, S. 125f.

Für den einseitigen Test gegen positive (negative) Autokorrelation 1. Ordnung gilt:

$H_0$ ist zu verwerfen, falls $d < d_u$ (falls $d > 4-d_u$) ,
$H_0$ ist nicht zu verwerfen, falls $d > d_o$ (falls $d < 4-d_o$) ,
nicht entscheidbar, falls $d_u \leq d \leq d_o$ (falls $4-d_o \leq d \leq 4-d_u$) .

Für den zweiseitigen Test gilt:

$H_0$ ist zu verwerfen, falls $d < d_u$ oder $d > 4-d_u$ ,
$H_0$ ist nicht zu verwerfen, falls $d_o < d < 4-d_o$ ,
nicht entscheidbar, falls $d_u \leq d \leq d_o$ oder $4-d_o \leq d \leq 4-d_u$ .

Eine andere Möglichkeit zur Prüfung der Annahme über die Abwesenheit von Autokorrelation besteht darin, auf die Information der Beträge der Residuen zu verzichten und nur noch die Vorzeichen zu beachten. Eine Zahl "zu geringer" bzw. "zu häufiger" Vorzeichenwechsel deutet darauf hin, daß die Annahme der Unkorreliertheit verletzt ist. Dies läßt sich mit einem entsprechenden Vorzeichentest[1] nachprüfen.

Falls sich herausstellt, daß ein Verstoß gegen die Annahme (III.4) vorliegt, sollte der Versuch einer neuen Spezifikation des Modells unternommen werden. Falls dies nicht möglich ist oder zu keinem Erfolg führt, sollte zur Schätzung der Regressionskoeffizienten - wie im Falle des Verstoßes gegen (III.3) - wiederum die Verallgemeinerte Methode der kleinsten Quadrate verwendet werden.

Ein Verstoß gegen die Annahme 4 der Störvariablen,

(III.5) $U_i$ folgt $N(0; \sigma_U)$ für alle i,

mindert nicht die BLUE-Eigenschaft der Schätzung für die Regressionskoeffizienten. (III.5) sollte jedoch - streng genommen - für Intervall-

[1] Siehe z. B. TIEDE, M./VOß, W.: Prüfverfahren in der Wirtschafts- und Sozialstatistik (2. Auflg.). Bochum 1982, S. 74f.

schätzungen und Tests erfüllt sein (vgl. Punkt 1d dieses Kapitels). Eine Überprüfung könnte unter Verwendung der Werte für die Untersuchungsvariable Y durchgeführt werden, da Y und U (um den Betrag des Mittelwertes verschobene) gleiche Verteilungen haben. Als Anpassungstest kommt u. U. der KOLMOGOROFF/SMIRNOW-Test oder der $\chi^2$-Anpassungstest in Frage. Sollte das Testergebnis jedoch für einen Verstoß gegen die Annahme (III.5) sprechen, kann dieser auf Grund der Robustheit des t-Testes vernachlässigt werden. Ein Verstoß gegen obige Annahme ist also für die Forschungspraxis nicht sehr bedeutsam.

b) Nicht-Linearität

Das betrachtete Regressionsmodell setzt die Linearität voraus. Dies betrifft sowohl die Variablen als auch die Regressionskoeffizienten.

Ein Verstoß gegen die Linearität zwischen den Variablen liegt beispielsweise in der Regressionsgleichung

$$Y = \alpha + \frac{\beta}{x}$$

vor. Er läßt sich in vielen Fällen durch eine geeignete Variablentransformation ausgleichen (siehe HVE III.5). Im vorliegenden Beispiel ist die Variablentransformation

$x^* = \frac{1}{x}$ geeignet.

Eine spezielle Form der Linearität liegt in der Regression zwischen einer Untersuchungsvariablen, zwei exogenen Variablen und einem dritten Faktor, ihrer Wechselwirkung, vor,

$$Y = \beta_0 + \beta_1 x_1 + \beta_2 x_2 + \beta_3 x_1 x_2 \ .$$

Hier eignet sich die Variablentransformation

$$x^* = x_1 x_2 \ .$$

Ein Verstoß gegen die Linearität zwischen den Regressionskoeffizienten, wie er etwa in der Regressionsfunktion

$$Y = \frac{\beta_1}{1-\beta_2} + \frac{\beta_3}{1-\beta_2} x$$

vorliegt, kann durch eine Variablentransformation nicht bereinigt werden. Dies gilt beispielsweise auch für die bekannte logistische Funktion. In derartigen Fällen kann versucht werden, die Zielfunktion (III.7) mit einem leistungsfähigen Suchalgorithmus zu minimieren.

Die Identifizierung eines Verstoßes gegen die Linearität ist wiederum über eine Analyse der Residuen in der Stichprobe möglich. Neben dem visuellen Vorgehen, das in diesem Zusammenhang besondere Beachtung verdient, sind der bereits angeführte Vorzeichentest sowie ein Intervallzerlegungsverfahren zu erwähnen. Bei letzterem wird der Wertebereich von $x_{ji}$, $j = 1, \ldots, k$, in Intervalle zerlegt. Für die Unterstichproben jeder exogenen Variablen wird jeweils dasselbe lineare Regressionsmodell verwendet. Durch einen Vergleich der Steigungen der Geraden in den Stichproben kann geprüft werden, ob die entsprechenden Regressionskoeffizienten in den Stichproben wesentlich voneinander verschieden sind. Gegebenenfalls ist dies ein Hinweis auf einen Verstoß gegen die Linearitätsvoraussetzung. Ein derartiges Verfahren ist ersichtlich von der Art der Intervallaufteilung abhängig. Im Rahmen der Zeitreihenanalyse wird das Intervallzerlegungsverfahren durch die Anwendung gleitender lokaler Modelle konsequent verfolgt (siehe Kapitel VI).

### c) Multikollinearität

Das Modell der multiplen Regressionsanalyse setzt unkorrelierte exogene Variablen voraus. Multikollinearität liegt vor, falls mehr als zwei exogene Variablen einen wechselseitigen statistischen Zusammenhang aufweisen.

Ist die Korrelation zwischen zwei exogenen Variablen in der Grundgesamtheit vollständig,

$$x_{1i} = \gamma + \delta x_{2i}, \quad i = 1, \ldots, n,$$

wird dieser extreme Fall als offene bzw. funktionale Kollinearität bezeichnet. Die Regressionsgleichung in der Grundgesamtheit hat bei drei exogenen Variablen somit die Form

$$y_i = \beta_o + \beta_1(\gamma + \delta x_{2i}) + \beta_2 x_{2i} + \beta_3 x_{3i} + u_i =$$
$$\beta' + \beta'' x_{2i} + \beta_3 x_{3i} + u_i ,$$

wobei

$$\beta' = \beta_o + \beta_1\gamma , \; \beta'' = \beta_1\delta + \beta_2 .$$

Über $\beta''$ kommt der gemeinsame Einfluß von $X_1$ und $X_2$ auf Y zum Ausdruck. Die Einzeleinflüsse von $X_1$ und $X_2$, die grundsätzlich durch $\beta_1$ bzw. $\beta_2$ angegeben werden, sind nicht identifizierbar; denn man kann für ein beliebiges $\beta_1$ den Koeffizienten $\beta_2$ jedes Mal so festlegen, daß sich der feste Wert $\beta''$ ergibt.

Ist die Korrelation zwischen zwei exogenen Variablen in der Grundgesamtheit nicht vollständig, wird dieser Fall als versteckte bzw. stochastische Kollinearität bezeichnet. Die prinzipielle Unmöglichkeit einer Schätzung der Regressionskoeffizienten besteht im Vergleich zur offenen Form der Multikollinearität nicht mehr (vgl. hierzu auch die Ausführungen im Zusammenhang mit (III.38b)). In der Forschungspraxis tritt der Fall der stochastischen Multikollinearität fast regelmäßig auf.

Ein Grund hierfür ist, daß es häufig nicht gelingt, Variablen so zu bestimmen, daß sie jeweils einen eigenständigen Meßbereich besitzen. Dies ist offensichtlich, falls z. B. $X_1$ ein Indikator für die Intelligenz ist und $X_2$ ein Indikator für den Erfolg im Beruf. In diesem Zusammenhang sind auch die in Kap. I.1 erwähnten Gründe für Korrelationen zu erwähnen.

Beim Vorliegen stochastischer Multikollinearität ergeben sich für die statistische Regressionsanalyse in verschiedener Hinsicht bedeutende Konsequenzen. Wie bereits unter Punkt 2e) dieses Kapitels erörtert wurde, ist die Abschätzung der Bedeutung einer exogenen Variablen für die Untersuchungsvariable nur mit Unschärfen lösbar. Des weiteren besitzen die Schätzungen der Regressionskoeffizienten zwar die BLUE-Eigenschaft, sie können aber mit verhältnismäßig großen Streuungen behaftet sein, wie (III.41) zeigt. Dies bedeutet zweierlei. Zum einen kann ein einzelner Schätzwert ziemlich weit vom entsprechenden Grundgesamtheitswert entfernt liegen. Zum anderen sind die statistischen Tests oder Konfidenzbetrachtungen von zweifelhaftem Wert.

Das Problem der Aufdeckung der stochastischen Multikollinearität ist von der statistischen Theorie zwar auf unterschiedlichen Wegen, aber nicht recht befriedigend geklärt worden. Abgesehen vom unrealistischen Fall der A-priori-Kenntnis sind nur relativ vage Erkennungsverfahren bekannt:

- Man könnte (III.38b) zum Ausgangspunkt wählen und die Differenz

  $$r_{y.12...k}^2 - \sum b^{*2}_j$$

  betrachten: Je größer diese Differenz ist, desto stärker ist der gemeinsame Einfluß der exogenen Variablen und damit die Multikollinearität, sofern sämtliche binäre Korrelationskoeffizienten und standardisierte Regressionskoeffizienten positive Vorzeichen besitzen. An Stelle von $\sum b^{*2}_j$ kann auch die Summe der einfachen Determinationskoeffizienten verwendet werden (vgl. HVE III.8a).

- Bei einem anderen Verfahren wird der Idee gefolgt, die Regression jeder exogenen Variablen mit allen übrigen exogenen Variablen durchzuführen. Ein Vergleich der jeweiligen multiplen Determinationskoeffizienten läßt einen Schluß auf das Ausmaß der Multikollinearität zu. Je höher die Koeffizienten sind, desto stärker ist die Multikollinearität.
- Da die Varianzen der Schätzungen beim Vorliegen von Multikollinearität relativ groß sind (siehe (III.41)), werden relativ geringfügig geänderte Ausgangsdaten zu wesentlich anderen Schätzwerten für die Regressionskoeffizienten führen. Ein Experiment in der angedeuteten Richtung deckt deshalb das Vorhandensein von Multikollinearität auf.
- Der Spezialliteratur können weitere Erkennungsverfahren entnommen werden. Ein graphisches Verfahren (Büschelkartenanalyse) stammt von FRISCH[1]; es ist u. a. bei MENGES[2] ausführlich dargestellt. Auf TINTNER[3] geht die sog. Eigenwertmethode zurück.

Die Verfahren zur Verringerung der störenden Multikollinearität lassen sich in zwei Gruppen gliedern. Eine Verfahrensgruppe betrifft die Manipulation der Datenbasis, eine andere stützt sich auf zusätzliche externe Informationen.

- Das schlichteste Verfahren zur Verringerung der Multikollinearität liegt darin, einfach jene Variablen nicht mehr zu beachten, die hierfür verantwortlich sein könnten. Wird nämlich bei der Lösung des Spezifikationsproblems auch dem Einfachheitspostulat gefolgt, so sind keine Variablen zusätzlich in das Modell aufzunehmen, die durch die bereits enthaltenen relativ gut erklärt sind. Beim Ausschalten (Weglassen) einer Variablen besteht stets die Gefahr, die in Wahrheit bedeutende Variable zu eliminieren.

---

1 FRISCH, R.: Statistical Confluence Analysis by Means of Complete Regression Systems. Oslo 1934.

2 MENGES, G.: Ökonometrie. Wiesbaden 1961, S. 146ff.

3 TINTNER, G.: Econometrics. New York 1952, S. 259ff.

- Ein anderes Verfahren, das gewöhnlich nicht im Rahmen der Verfahren zur Überwindung der stochastischen Multikollinearität erwähnt wird, ist die Faktorenanalyse. Faktorenanalytische Verfahren bezwecken die Reduktion einer Anzahl zum Teil korrelierender Variablen auf eine geringere Anzahl von Variablen, die sog. Faktoren. Faktoren stellen aus den Ausgangsvariablen abgeleitete Größen dar, die voneinander (zumeist) unabhängig sind, also keine Multikollinearität mehr aufweisen. Zwar ist nun die störende Multikollinearität beseitigt, dafür aber auch sämtliche exogene Variablen.
- Da Multikollinearität häufig zwischen exogenen Variablen besteht, deren Werte Zeitreihen darstellen und diese häufig mit ähnlichen Trends behaftet sind, kann versucht werden, die Multikollinearität durch Trendausschaltungen mit Mitteln der traditionellen Zeitreihenanalyse (siehe Kap. VI) zu mildern. Dies führt jedoch zu neuen Schwierigkeiten bei der Schätzung der Regressionskoeffizienten[1].
- Bei Verwendung zusätzlicher Informationen kann in besonderen Fällen die Multikollinearität beseitigt werden. Ist beispielsweise das Verhältnis zweier Regressionskoeffizienten

  $\frac{\beta_1}{\beta_2}$ bekannt,

  stört die Kollinearität zwischen den entsprechenden Variablen $X_1$ und $X_2$ nicht. Man geht von der Regressionsgleichung der Grundgesamtheit aus und formt um in

$$y_i = \beta_o + \beta_2\left(\frac{\beta_1}{\beta_2} x_{1i} + x_{2i}\right) + u_i \ .$$

Nun wird die neue Variable Z eingeführt,

$$z_i = \frac{\beta_1}{\beta_2} x_{1i} + x_{2i} \ .$$

Geschätzt werden die Parameter $\beta_o$ und $\beta_2$ der Gleichung

$$y_i = \beta_o + \beta_2 z_i + u_i \ .$$

[1] SCHNEEWEIß, H., a. a. O., S. 141ff.

Anschließend läßt sich $\beta_1$ bestimmen, da $\frac{\beta_1}{\beta_2}$ bekannt war.

Insbesondere in dei Ökonometrie sind Beispiele bekannt, in denen die Multikollinearität auf obigem Wege ausgeräumt werden kann[1].

[1] Siehe z. B. SCHNEEWEIß, H., a. a. O., S. 145ff. oder ASSENMACHER, W., a. a. O., S. 138ff.

# Hintergründe, Vertiefung, Ergänzungen

1.) Unter einer "Regression" wird heute in der Statistik und ihren Nachbardisziplinen das "Zurückführen" der Werte einer Untersuchungsvariablen auf die Werte einer oder mehrerer erklärenden Variablen verstanden. Ursprünglich hatte der Regressionsbegriff eine andere Bedeutung. GALTON[1], der den Begriff "Regression" Ende des vorigen Jahrhunderts in seinem "Gesetz der universalen Regression" prägte, verstand unter einer Regression im Rahmen der Vererbung von Merkmalen des Menschen eine "Rückentwicklung" bzw. einen "Rückschritt": Der vom kollektiven Durchschnitt abweichende Merkmalswert eines Menschen wird von der nachfolgenden Generation - was die Richtung der Abweichung vom Durchschnitt angeht - zwar übernommen, jedoch tendenziell in geringerem Ausmaße. Bezüglich der Abweichung des Merkmalswertes findet somit von Generation zu Generation ein Rückschritt (Regression) zum kollektiven Mittelwert statt.

Eine erste empirische Prüfung geht auf PEARSON[2] zurück, der den Zusammenhang zwischen den Körpergrößen von Söhnen und Vätern analysierte. Große Väter hatten im Durchschnitt große Söhne, kleine Väter im Durchschnitt kleine Söhne. Allerdings waren die Söhne relativ großer Väter im Durchschnitt (angeblich) kleiner als ihre Väter und die Söhne relativ kleiner Väter im Durchschnitt größer als ihre Väter. Die entsprechende Regressionsgerade besitzt also eine positive Steigung, die kleiner als Eins ist. Wäre die Steigung größer als Eins, könnte man vermuten, daß sich die Menschen im Laufe der Zeit zu Riesen und Gnomen entwickeln.

Am Rande sei erwähnt: Nach ANDERSON (sen.)[3] kam aus Sowjet-Russland im Jahre 1931 der Vorschlag, die Regressionsgleichungen in "Progres-

[1] GALTON, F.: Natural inheritance. London 1889.

[2] PEARSON, K./LEE, A.: On the laws of inheritance in man. In: Biometrika (1903), S. 357ff.

[3] ANDERSON, O. (sen.): Probleme der statistischen Methodenlehre (3. Auflg.). Würzburg 1957, S. 198.

sionsgleichungen" umzutaufen - " ... offenbar mit Rücksicht darauf, daß in einem sowjetischen Staat nichts vorkommen dürfe, was etwas mit einem 'Regreß' zu tun habe ...".

2.) Die Annahme (III.2) ist zur Identifizierung des Modells erforderlich. Würde beispielsweise[1] die Annahme

$$E(U_i) = \alpha' + \beta' x_i$$

getroffen, wobei $\alpha'$ und $\beta'$ unbekannte Koeffizienten sind, so könnte dieser Fall im Rahmen des klassischen Regressionsmodells wie folgt behandelt werden. Es sei

$$U_i = \alpha' + \beta' x_i + U_i' \quad \text{mit } E(U_i') = 0 \,.$$

Damit wird

$$Y_i = \alpha + \alpha' + (\beta + \beta')x_i + U_i' = \alpha'' + \beta'' x_i + U_i' \,.$$

Zu schätzen wären $\alpha''$ und $\beta''$. Da aber $\alpha'$ und $\beta'$ unbekannt sind, könnte nicht eindeutig auf $\alpha$ und $\beta$ geschlossen werden.

3.) Zur Herleitung der Varianzzerlegung (III.17) in die Varianz auf und um die Regressionsgerade ist die wegen $d_i = y_i - \hat{y}_i$ bestehende Identität

$$\sum (y_i - d_i)^2 = \sum \hat{y}_i^2$$

der Ausgangspunkt. Nach Ausquadrieren und Auflösen der Summe links vom Gleichheitszeichen ergibt sich

$$\sum y_i^2 + \sum d_i^2 - 2\sum y_i d_i = \sum \hat{y}_i^2 \,.$$

Anschließend wird $\sum y_i^2$ auf die linke Seite der Gleichung gestellt und auf der rechten Seite für $y_i$ die Summe $d_i + \hat{y}_i$ gesetzt,

[1] MAAß, S./MÜRDTER, H./RIEß, H., a. a. O., S. 243f.

$$\sum y_i^2 = \sum \hat{y}_i^2 + 2\sum(d_i+\hat{y}_i)d_i - \sum d_i^2 .$$

Zu beachten ist, daß

$\sum \hat{y}_i d_i = 0$ , weil gilt

$$\sum \hat{y}_i d_i = \sum(a+bx_i)d_i = a\sum d_i + b\sum x_i d_i$$

und $\sum d_i = 0$ (ergibt sich aus der 1. Normalgleichung) sowie

$\sum x_i d_i = 0$ (ergibt sich aus der 2. Normalgleichung).

Somit ergibt sich

$$\sum y_i^2 = \sum \hat{y}_i^2 + \sum d_i^2 .$$

Auf beiden Seiten wird $n\bar{y}^2$ subtrahiert, und beide Seiten werden durch n dividiert. Das Ergebnis ist

$$\frac{1}{n}\sum y_i^2 - \bar{y}^2 = \frac{1}{n}\sum \hat{y}_i^2 - \bar{y}^2 + \frac{1}{n}\sum d_i^2 ,$$

was mit (III.17) übereinstimmt.

4a) In (III.18) ist der Determinationskoeffizient definiert, und (III.18a) stellt die Beziehung zum Korrelationskoeffizienten her. Zur Herleitung von (III.18a) geht man von

$$\mathrm{var}(\hat{y}) = \frac{1}{n}\sum(\hat{y}_i-\bar{y})^2$$

aus, setzt für $\hat{y}_i$ die Beziehung (III.6) ein und für $\bar{y}$ gemäß (III.10), so daß sich ergibt

$$\mathrm{var}(\hat{y}) = b^2\mathrm{var}(x) .$$

Für b wird (III.9) eingesetzt,

$$\mathrm{var}(\hat{y}) = \frac{\mathrm{cov}^2(x,\ y)}{\mathrm{var}(x)} .$$

Dies in (III.18) eingesetzt, ergibt (III.18a).

4b) Im multiplen Fall stellt (III.38) die Definition des multiplen Determinationskoeffizienten dar und (III.38a) seine Gleichheit mit der Korrelation zwischen der Untersuchungsvariablen Y und der multiplen Schätzung ihrer deterministischen Komponente $\hat{Y}$. Diese Gleichheit besteht, wie die folgende Überlegung zeigt. Das Quadrat des einfachen Korrelationskoeffizienten zwischen Y und $\hat{Y}$ ist analog zu (I.1)

$$r^2 = \frac{\text{cov}^2(y,\ \hat{y})}{\text{var}(y)\text{var}(\hat{y})} = \frac{[\sum(y_i-\bar{y})(\hat{y}_i-\bar{y})]^2}{[\sum(y_i-\bar{y})^2][\sum(\hat{y}_i-\bar{y})^2]} \quad .$$

Wegen

$$\sum(y_i-\bar{y})(\hat{y}_i-\bar{y}) = \sum[(\hat{y}_i-\bar{y})+d_i](\hat{y}_i-\bar{y}) = \sum(\hat{y}_i-\bar{y})^2$$

ist der Zähler des obigen Koeffizienten gleich

$$[\sum(\hat{y}_i-\bar{y})^2]^2 \ ,$$

so daß sich nach Kürzen

$$r^2 = \frac{\sum(\hat{y}_i-\bar{y})^2}{\sum(y_i-\bar{y})^2} = \frac{\text{var}(\hat{y})}{\text{var}(y)}$$

ergibt, also der multiple Determinationskoeffizient (III.38).

4c) (III.38) definiert den multiplen Determinationskoeffizienten. Die Varianzen var($\hat{y}$), var(y) und var(d) stellen dabei jeweils Abweichungsquadratsummen dar, die durch n, die Zahl der Elemente, zu dividieren sind. Diese Varianzen sind jedoch nicht erwartungstreu, was erst durch die Division der Abweichungsquadratsummen durch die jeweiligen Freiheitsgrade erreicht wird. Bei Verwendung erwartungstreuer Varianzen läßt sich nun analog zu (III.38) der sog. bereinigte multiple Determinationskoeffizient definieren:

(III.50) $$r^{*2}_{y.12...k} = 1 - \frac{\frac{1}{n-k-1} \sum d_i^2}{\frac{1}{n-1} \sum (y_i - \bar{y})^2}$$

Zwischen $r^{*2}_{y.12...k}$ und $r^2_{y.12...k}$ besteht ein Zusammenhang, der sich durch

(III.50a) $$r^{*2}_{y.12...k} = 1 - \frac{n-1}{n-k-1} (1 - r^2_{y.12...k})$$

zum Ausdruck bringen läßt.

(III.50a) läßt sich umformen, so daß der bereinigte Koeffizient besser interpretiert werden kann:

$$r^{*2}_{y.12...k} = 1 - \frac{n-1}{n-k-1} + \frac{n-1}{n-k-1} r^2_{y.12...k}$$

$$= \frac{n-k-1-n+1}{n-k-1} + \frac{(n-1) + (k+1-k-1)}{n-k-1} r^2_{y.12...k}$$

$$= - \frac{k}{n-k-1} + \frac{(n-k-1) r^2_{y.12...k} + k \cdot r^2_{y.12...k}}{n-k-1}$$

$$= - \frac{k}{n-k-1} + r^2_{y.12...k} + \frac{k}{n-k-1} r^2_{y.12...k}$$

(III.50b) $$r^{*2}_{y.12...k} = r^2_{y.12...k} - \frac{k}{n-k-1} (1 - r^2_{y.12...k})$$

(III.50b) bringt zum Ausdruck, daß $r^{*2}_{y.12...k}$ stets kleiner als $r^2_{y.12...k}$ ist, falls $r^2_{y.12...k}$ gleich Eins oder k gleich Null ist; denn n muß größer als k+1 sein.

$r^{*2}_{y.12...k}$ hat insbesondere Bedeutung, falls die Anzahl der zu schätzenden Regressionskoeffizienten im Vergleich zum Stichprobenumfang relativ groß ist; denn in diesem Falle wird über $r^2_{y.12...k}$ systematisch eine "zu gute" Anpassung des Modells an die Daten angezeigt, da die Varianz der Residuen tendenziell unterschätzt wird.

Des weiteren ist $r^{*2}_{y.12...k}$ im Rahmen der schrittweisen Regression von Relevanz. $r^2_{y.12...k}$ steigt mit wachsendem k, sofern zwischen der Untersuchungsvariablen und der zusätzlichen exogenen Variablen ein statistischer Zusammenhang besteht. Hingegen muß dies nicht für $r^{*2}_{y.12...k}$ gelten. Wie (III.50b) zeigt, kann eine zusätzliche exogene Variable auch zu einer Abnahme von $r^{*2}_{y.12...k}$ führen (k steigt und $r^2_{y.12...k}$ erhöht sich in nur relativ geringem Umfang).

5.) Die Linearität des klassischen Ansatzes ist allgemeiner, als auf den ersten Blick erkennbar. Zahlreiche nicht lineare Funktionen lassen sich in für die Forschungspraxis relevanten Abschnitten durch eine lineare Funktion in guter Annäherung approximieren. Des weiteren lassen sich einige sachgerechte und nicht lineare Regressionsbeziehungen durch Variablentransformationen linearisieren, so daß das lineare Modell weiterhin anwendbar bleibt. Dies gilt z. B. für die Exponentialfunktion, Potenzfunktion und Hyperbelfunktion. Hierzu einige Beispiele, in denen z. T. Variablen unterstellt sind, die nur positive Werte haben.

| Adäquates Modell | Variablentransformation | Modellansatz |
|---|---|---|
| $Y = \alpha e^{\beta x} e^U$ | $Y' = \ln Y$ | $Y' = \ln \alpha + \beta x + U$ |
| $Y = \alpha \beta^x e^U$ | $Y' = \ln Y$ | $Y' = \ln \alpha + x \cdot \ln \beta + U$ |
| $Y = \alpha x^\beta e^U$ | $Y' = \ln Y$, $x' = \ln x$ | $Y' = \ln \alpha + \beta x' + U$ |
| $Y = \alpha + \frac{\beta}{x} + U$ | $x' = \frac{1}{x}$ | $Y = \alpha + \beta x' + U$ |

Tab. III.11: Linearisierungen durch Variablentransformation

Im sachgerechten Ansatz muß die Störvariable in einigen Fällen in nicht linearer Form vorkommen, damit sie im Modellansatz als additive

Größe auftritt. In der Forschungspraxis muß dies meist ohne Begründungsmöglichkeit als zutreffend unterstellt werden.

6a) Die Unabhängigkeitshypothese im Rahmen des Modells der einfachen linearen Regression läßt sich u. a. varianzanalytisch prüfen. Hierzu sind die folgenden Überlegungen von Bedeutung.

B ist gemäß (III.20) normalverteilt. Die Standardisierung von B und die anschließende Quadrierung führen unter der Nullhypothese

$H_0$: $\beta = 0$ ,

zur Variablen

$$\frac{B^2\sum(x_i-\bar{x})^2}{\sigma_U^2} .$$

Das Quadrat einer Standardnormalvariablen entspricht einer $\chi^2$-Verteilung mit einem Freiheitsgrad, so daß obige Variable also dieser Verteilung folgt.

Wie HVE III.4a entnommen werden kann, gilt

$$\text{var}(\hat{y}) = b^2\text{var}(x) ,$$

so daß

$$\sum(\hat{y}_i-\bar{y})^2 = b^2\sum(x_i-\bar{x})^2 .$$

Die Quadratsumme $\sum(\hat{y}_i-y)^2$ ist die Variation auf der Regressionsgeraden $q_1$. Der Ausdruck

$b^2\sum(x_i-\bar{x})^2$ entspricht also $q_1$ und die Variable

$$\frac{B^2\sum(x_i-\bar{x})^2}{\sigma_U^2} \quad \text{der Variablen} \quad \frac{Q_1}{\sigma_U^2} .$$

Somit folgt unter der Nullhypothese die Variable

$$\frac{Q_1}{\sigma_U^2}$$ einer $\chi^2$-Verteilung mit einem Freiheitsgrad.

Es läßt sich nun zeigen[1]: Die Variable

$$\frac{\sum D_i^2}{\sigma_U^2}$$ folgt einer $\chi^2$-Verteilung mit n-2 Freiheitsgraden und ist

unabhängig von den Verteilungen für A (III.19) und B (III.20). Da $\sum d_i^2$ der Quadratsumme $q_2$ (Variation um die Regressionsgerade) entspricht, folgt also

$$\frac{Q_2}{\sigma_U^2}$$ einer $\chi^2$-Verteilung mit n-2 Freiheitsgraden.

Aus zwei unabhängigen $\chi^2$-verteilten Variablen läßt sich durch Quotientenbildung der Art

$$\frac{\frac{\chi_1^2}{\nu_1}}{\frac{\chi_2^2}{\nu_2}}$$ bekanntlich eine F-verteilte Variable bilden.

Im vorliegenden Falle folgt also unter der Nullhypothese die Variable

$$\frac{Q_1}{\frac{Q_2}{n-2}}$$ einer F-Verteilung mit $\nu_1 = 1$ und $\nu_2 = n-2$ Freiheitsgraden.

6b) Die Unabhängigkeitshypothese wird im Korrelationsmodell als

$H_0: \rho = 0$

formuliert, wobei $\rho$ den Korrelationskoeffizienten der Grundgesamtheit bezeichnet. Die Prüfvariable

1 HOCHSTÄDTER, D./UEBE, G., a. a. O., S. 57ff.

$\frac{R}{\sqrt{1-R^2}} \cdot \sqrt{n-2}$ , wobei R die Stichprobenvariable von r bezeichnet,

folgt unter den gegebenen Umständen einer t-Verteilung mit n-2 Freiheitsgraden. Durch elementare algebraische Umformungen kann hergeleitet werden[1], daß obige Variable mit der in HVE III.6a entwickelten Prüfvariablen übereinstimmt.

7a) Die Bezeichnung "partieller" Regressionskoeffizient für die Koeffizienten $b_j$, j = 1, ..., k, im multiplen Regressionsmodell läßt sich durch die folgende Idee begründen. Betrachtet wird z. B. der Fall einer Analyse mit zwei exogenen Variablen $X_1$ und $X_2$. Mit Hilfe des einfachen Regressionsmodells wird die Variation der Werte von $X_1$ um jenen Anteil bereinigt, der aus $X_2$ vorhersagbar ist; $X_2$ wird aus $X_1$ auspartialisiert. Die entsprechenden bereinigten Werte werden mit $d_{[1]i}$ bezeichnet. Entsprechend ist mit den durch $X_1$ erklärbaren Teilen der Werte von $X_2$ zu verfahren; hier ergibt sich $d_{[2]i}$, i = 1, ..., n. Sodann wird die bivariate Regression zwischen den Werten der Untersuchungsvariablen und $d_{[1]i}$ einerseits und den Werten der Untersuchungsvariablen und $d_{[2]i}$ andererseits durchgeführt. Die in diesen Regressionen ermittelten Regressionssteigungen sind mit den Regressionskoeffizienten $b_1$ und $b_2$ im Rahmen der multiplen Schätzung gleich[2].

7b) Der Korrelationskoeffizient, der den Zusammenhang zwischen der Wertereihe $y_i$ und z. B. $d_{[1]i}$ bemißt,

$$r_{y[1]} = \frac{\text{cov}(y, d_{[1]})}{\sqrt{\text{var}(y)}\ \sqrt{\text{var}(d_{[1]})}} ,$$

---

[1] JOHNSTON, J., a. a. O., S. 37.

[2] Vgl. z. B. URBAN, D.: Regressionstheorie und Regressionstechnik. Stuttgart 1982, S. 80.

ist ein semi-partieller Korrelationskoeffizient. Sein Quadrat ist der semi-partielle Determinationskoeffizient, dessen Interpretation analog zum Determinationskoeffizienten ist.

8a) Im einfachen Regressionsmodell ist der standardisierte Regressionskoeffizient b* gemäß (III.39) gleich dem einfachen Korrelationskoeffizienten r gemäß (I.1), so daß gilt

$$r^2 = b^{*2} .$$

Dies ergibt sich dadurch, daß (III.9) in (I.1) eingesetzt und das Ergebnis mit (III.39) verglichen wird.

8b) Im multiplen Regressionsmodell mit zwei exogenen Variablen gilt gemäß (III.38b)

$$r_{y.12}^2 = b^{*2}_1 + b^{*2}_2 + 2b^*_1 b^*_2 r_{12} \quad \text{(für j = 2)} .$$

Dies läßt sich auf dem folgenden Weg herleiten. Ausgangspunkt ist

$$\text{var}(\hat{y}) = \frac{1}{n} \sum(\hat{y}_i - \bar{y})^2 .$$

Für $\hat{y}_i$ und $\bar{y}$ wird gemäß (III.32) eingesetzt und umgeformt:

$$\begin{aligned} \text{var}(\hat{y}) &= \frac{1}{n} \sum(b_o + b_1 x_{1i} + b_2 x_{2i} - b_o - b_1\bar{x}_1 - b_2\bar{x}_2)^2 \\ &= \frac{1}{n} \sum[b_1(x_{1i} - \bar{x}_1) + b_2(x_{2i} - \bar{x}_2)]^2 \\ &= b_1^2\text{var}(x_1) + b_2^2\text{var}(x_2) + 2b_1b_2\text{cov}(x_1, x_2) . \end{aligned}$$

Nach Division durch var(y) und zweckmäßiger Erweiterung des dritten Summanden,

$$\frac{\text{var}(\hat{y})}{\text{var}(y)} = b_1^2 \cdot \frac{\text{var}(x_1)}{\text{var}(y)} + b_2^2 \cdot \frac{\text{var}(x_2)}{\text{var}(y)} + 2b_1b_2 \frac{\text{cov}(x_1, x_2)\text{var}(x_1)\text{var}(x_2)}{\text{var}(y)\text{var}(x_1)\text{var}(x_2)} ,$$

ergibt sich unter Beachtung von (III.39) und (I.1) die Beziehung (III.38b) (für $j = 2$).

Im multiplen Regressionsmodell mit k exogenen Variablen gilt (III.38b), was sich analog herleiten läßt.

9.) Aus der Definition des multiplen Determinationskoeffizienten (III.38) und unter Beachtung der Formeln für var(d) und var(y) gemäß (III.17) sowie der entsprechenden Quadratsummen gemäß (III.24) ergibt sich

$$1 - r_{y.12...k}^2 = \frac{\text{var}(d)}{\text{var}(y)} = \frac{\sum(y_i - \hat{y}_i)^2}{\sum(y_i - \bar{y})^2} = \frac{q_2}{q} \quad ,$$

so daß gilt

$$q_2 = q(1 - r_{y.12...k}^2) \; .$$

Für $q_1$ ergibt sich:

$$q_1 = q - q_2 = q - q(1 - r_{y.12...k}^2) = q \cdot r_{y.12...k}^2 \; .$$

Somit entspricht der Wert der Prüfvariablen für die umfassende Nullhypothese, die behauptet, daß die Untersuchungsvariable von sämtlichen exogenen Variablen unabhängig ist (vgl. Tab. III.6), nach Kürzen von q dem Ausdruck

$$F_{n-k-1}^{k} = \frac{\frac{q_1}{k}}{\frac{q_2}{n-k-1}} = \frac{\frac{r_{y.12...k}^2}{k}}{\frac{1 - r_{y.12...k}^2}{n-k-1}} \; .$$

Analog läßt sich die rechentechnische Vereinfachung der Prüfvariablen für die Unabhängigkeitshypothese herleiten, die sich auf eine einzelne exogene Variable bezieht.

10.) Bei offener Multikollinearität wird die Matrix $\underline{x}'\underline{x}$ singulär und ist nicht mehr invertierbar. Das Normalgleichungssystem (III.34) ist also nicht mehr eindeutig lösbar.

Bei stochastischer Multikollinearität ist die Matrix $\underline{x}'\underline{x}$ unter Umständen fast singulär; die Determinante ist fast gleich Null. Die Inverse enthält also große Elemente. Dies führt, wie (III.35) zeigt, zu großen Werten für die Regressionskoeffizienten und, wie (III.42a) zeigt, zu einem großen Stichprobenfehler für die Schätzung der deterministischen Komponente der Untersuchungsvariablen.

11.) Für rechentechnische Abkürzungen ist es oft vorteilhaft, im Regressionsmodell (III.31b) mittelwertbereinigte (zentrierte) Variablen $\underline{Y_z}$ und $\underline{x_z}$ zu verwenden[1]:

(III.31c) $$\underline{Y_z} = \left(\underline{1},\ \underline{x_z}\right)\begin{pmatrix}\alpha \\ \underline{\beta_z}\end{pmatrix} + \underline{U}\ ,$$

wobei für die entsprechenden Werte gilt:

$$\underline{y_z} = \begin{pmatrix} y_1-\bar{y} \\ y_2-\bar{y} \\ \vdots \\ y_n-\bar{y} \end{pmatrix},\quad \left(\underline{1},\ \underline{x_z}\right) = \begin{pmatrix} 1 & x_{11}-\bar{x}_1 & \dots & x_{k1}-\bar{x}_k \\ 1 & x_{12}-\bar{x}_1 & \dots & x_{k2}-\bar{x}_k \\ \vdots & \vdots & & \vdots \\ 1 & x_{1n}-\bar{x}_1 & \dots & x_{kn}-\bar{x}_k \end{pmatrix},\quad \underline{\beta_z} = \begin{pmatrix} \beta_1 \\ \beta_2 \\ \vdots \\ \beta_k \end{pmatrix}$$

sowie $\alpha = \beta_o + \sum_{j=1}^{k} \beta_j \bar{x}_j$ .

Als Lösung für die Schätzwerte a und $\underline{b_z}$ der Regressionskoeffizienten $\alpha$ und $\underline{\beta_z}$ ergibt sich

(III.35a) $$a = \bar{y} \quad \text{und} \quad \underline{b_z} = (\underline{x_z}'\underline{x_z})^{-1}\underline{x_z}'\underline{y_z}\ .$$

1 Nach FAHRMEIR, L./KAUFMANN, H./KREDLER, C.: Regressionsanalyse. In: Multivariate statistische Verfahren. Berlin 1984, S. 92.

# Kapitel IV
# Multiple Regressionsanalyse bei nicht metrischem Meßniveau der exogenen Variablen

Im Kapitel IV wird wie im vorangegangenen das univariate lineare Regressionsmodell behandelt. Ausgangspunkt ist eine Situation, in der eine Untersuchungsvariable von anderen Variablen beeinflußt wird. Im folgenden werden jedoch Fälle betrachtet, in denen keine oder nicht alle Variablen metrisches Meßniveau besitzen.

Wir werden wiederum von der grundlegenden einfachen Regression ausgehen und hierauf aufbauend die multiple Regression als systematische Erweiterung darstellen. Wie sich erweisen wird, lassen sich einige Grundformen der in Kapitel II behandelten Varianzanalysen als Fälle der Regressionsanalyse darstellen. Darüberhinaus erörtern wir die Kovarianzanalyse, ein Modell, das regressions- und varianzanalytische Bezüge enthält. Die in den Kapiteln II und III angestellten Überlegungen bilden die Grundlage für die Lösung der sich neu stellenden Probleme.

# 1. Lineare Regression mit einer nominalskalierten exogenen Variablen

Wir betrachten ein reales Problem, für welches das einfache Regressionsmodell adäquat ist (vgl. Kapitel III.1). Die Untersuchungsvariable Y sei metrisch skaliert und die exogene Variable X sei nominalskaliert.

Die Werte von X müssen durch Zahlen kodiert werden, um in einem Regressionsmodell numerischen Rechenoperationen unterzogen werden zu können. Besondere Eigenschaften besitzen dabei die kodierten Werte eines dichotomen nominalskalierten Merkmals.

## a) Dichotome exogene Variable

Ein dichotomes Merkmals, wie z. B. das Geschlecht, hat nur zwei verschiedene mögliche Ausprägungen, die Werte (Modalitäten) männlich und weiblich. Die beiden Merkmalswerte könnten durch die Zahlen 0 und 1 kodiert werden. Es ist z. B. alternativ die Kodierung -10 und 20 möglich; denn bei einer Nominalskala bringen die Werte lediglich die Unterschiedlichkeit der Ausprägungen zum Ausdruck.

Von Interesse ist nun eine Antwort auf die Frage, welche Konsequenzen im Rahmen der Regressionsanalyse mit der Festlegung auf eine spezielle Kodierung der dichotomen exogenen Variablen verbunden sind.

Angenommen, wir wählen die Kodierung

$x_i = 0$, falls die eine Ausprägung der Variablen auftritt, und
$x_i = 1$, falls die andere Ausprägung auftritt.

Die Schätzung der beiden Regressionskoeffizienten a und b gemäß (III.10) und (III.9) führt zu Werten, deren Höhe von der gewählten Kodierung abhängen; denn die Werte für $\bar{x}$, var(x) und cov(x, y) sind von ihr geprägt.

Die gewählte Kodierung hat demgegenüber keine Bedeutung für die Varianz der Untersuchungsvariablen. Auch hängt die Varianz um die Regressionsgerade bei einer dichotomen exogenen Variablen nicht von der Kodierung ab, weil die zwei Gruppenmittelwerte der Untersuchungsvariablen in diesem Falle stets auf der Regressionsgeraden liegen. Die Kodierung prägt somit nicht die Höhe des Determinationskoeffizienten, wie anhand von (III.17) und (III.18) zu erkennen ist. Ein Blick auf (III.24) erweist, daß auch die in inferentieller Hinsicht erzielbaren Hauptergebnisse der Regressionsanalyse nicht von der gewählten Kodierung für die exogene Variable abhängen.

Wenn wir also im vorliegenden Fall eine andere Kodierung wählen, etwa

$x_i$ = -10, falls die eine Ausprägung von X auftritt, und
$x_i$ = 20 anderenfalls,

erhalten wir zwar im Vergleich zur ersten Kodierung andere Werte für die Regressionskoeffizienten a und b, jedoch gleiche Ergebnisse z. B. für den Determinationskoeffizienten und für die Prüfung der Unabhängigkeitshypothese.

Wir stellen somit fest: Die Hauptergebnisse der Regressionsanalyse sind invariant gegenüber der Kodierung der exogenen Variablen, hingegen nicht die Regressionskoeffizienten und damit auch nicht deren Interpretation.

Dieses Resultat läßt sich auch in anderer Weise zum Ausdruck bringen. X stellt eine dichotome Variable mit den Werten 0 und 1 dar. Die lineare Transformation

$$Z = -10 + 30X$$

ergibt eine dichotome Variable Z mit den Werten -10 und 20. Die Kodierung -10 und 20 stellt also eine lineare Transformation der Kodierung 0 und 1 dar. Allgemein gilt[1]: Die Hauptergebnisse der Regressionsanalyse sind invariant gegenüber einer linearen Transformation der exogenen Variablen.

Bei der Frage, welche Kodierung für die dichotome exogene Variable gewählt werden soll, werden wir uns von dem Gedanken leiten lassen so vorzugehen, daß die Regressionskoeffizienten nach Möglichkeit eine Interpretation besitzen, die mit dem zu lösenden realen Problem in Beziehung steht. Wir gehen im folgenden zunächst davon aus, daß die eingangs erwähnte (0-1)-Kodierung gewählt wird. Das Regressionsmodell hat somit die Form

$$\text{(IV.1)} \qquad y_i = \alpha + \beta x_i + u_i, \qquad i = 1, \ldots, n,$$

$$x_i = \begin{cases} 1, & \text{falls die eine Realisation von X auftritt,} \\ 0 & \text{anderenfalls,} \end{cases}$$

$$\beta \neq 0.$$

Die dichotome Hilfsvariable X, die an die Stelle der nominalskalierten exogenen Variablen tritt, wird als Kodiervariable bzw. Dummy-Variable bezeichnet.

Die Regressionskoeffizienten besitzen eine Interpretation, die von der gewählten (0-1)-Kodierung abhängt[2]. Wird mit $\mu_0$ der Mittelwert für die Untersuchungsvariable in der Grundgesamtheit ($x_i = 0$) bezeich-

---

[1] Die Auswirkungen einer linearen Transformation u. a. der exogenen Variablen auf die Lösung des Regressionsansatzes sind hergeleitet z. B. bei KÜCHLER, M.: Multivariate Analyseverfahren. Stuttgart 1979, S. 102ff.

[2] Vorgegeben ist also eine bestimmte Kodierung, gefragt ist nach der Aussagefähigkeit der Regressionskoeffizienten (induktiver Ansatz). Umgekehrt könnte für die Regressionskoeffizienten eine bestimmte Bedeutung vorgegeben und nach der hierfür erforderlichen Kodierung gefragt werden (analytischer Ansatz). Vgl. WOLF, G./CARTWRIGHT, B.: Rules for Coding Dummy Variables in Multiple Regression. In: Psychological Bulletin (1974), S. 173ff.

net und mit $\mu_1$ der Mittelwert in der anderen Gesamtheit ($x_i = 1$), so gilt unter den Annahmen des Regressionsmodells[1]:

$$\mu_o = E(Y_i | x_i = 0) = E(\alpha + \beta \cdot 0 + U_i) = \alpha \,,$$
$$\mu_1 = E(Y_i | x_i = 1) = E(\alpha + \beta \cdot 1 + U_i) = \alpha + \beta, \text{ so daß gilt:}$$

$$\text{(IV.2)} \qquad \alpha = \mu_o \,, \qquad \beta = \mu_1 - \mu_o \,.$$

Der Regressionskoeffizient $\alpha$ entspricht also dem Mittelwert der Untersuchungsvariablen in der einen Grundgesamtheit und $\beta$ der Differenz zwischen den Mittelwerten der beiden Grundgesamtheiten.

Für die Stichprobenmittelwerte und Schätzwerte für die Regressionskoeffizienten, ermittelt unter Verwendung der Methode der kleinsten Quadrate, gilt (hier und in späteren Abschnitten) entsprechend

$$a = \bar{y}_o \,, \qquad b = \bar{y}_1 - \bar{y}_o \,.$$

Im vorliegenden Falle ist die Schätzung der Regressionskoeffizienten rechentechnisch also besonders einfach.

Aus der Interpretation für $\beta$ gemäß (IV.2) folgt auch, daß im Modell (IV.1) die Hypothese der Unabhängigkeit zwischen Y und X,

$$H_o: \beta = 0,$$

äquivalent zur Hypothese

$$H_o: \mu_1 - \mu_o = 0$$

ist. Die Hypothese $\beta = 0$ entspricht also der Behauptung, daß sich die Mittelwerte der zwei Grundgesamtheiten nicht voneinander unterscheiden.

Hierzu ein kurzes Beispiel[2]. Es werden zwei Gruppen von 4 bzw. 5 Schü-

[1] Vgl. KMENTA, J.: Elements of Econometrics. New York 1971, S. 410f.

[2] Daten nach TIEDE, M./VOß, W.: Prüfverfahren in der Wirtschafts- und Sozialstatistik (2. Auflg.). Bochum 1982, S. 128.

lern zufällig ausgewählt und durch unterschiedliche Unterrichtsmethoden für die Lösung handwerklicher Probleme vorbereitet. Nach Abschluß der Unterrichtung sollen die 9 Schüler jeweils 30 Probleme lösen.

| | | | | | | |
|---|---|---|---|---|---|---|
| Unterrichtsmethode 1 | 13 | 15 | 17 | 18 | | $\bar{y}_0=15{,}75$ |
| Unterrichtsmethode 2 | 14 | 16 | 18 | 22 | 23 | $\bar{y}_1=18{,}6$ |

Tab. IV.1: Gelöste Probleme

Bei Verwendung des Modells (IV.1) gilt:

| $y_i$ | | $\hat{y}_i$ | | $x_i$ |
|---|---|---|---|---|
| $\begin{pmatrix}13\\15\\17\\18\\14\\16\\18\\22\\23\end{pmatrix}$ | deren deterministische Komponente wird geschätzt durch | $\begin{pmatrix}\hat{y}_1\\\hat{y}_2\\\hat{y}_3\\\hat{y}_4\\\hat{y}_5\\\hat{y}_6\\\hat{y}_7\\\hat{y}_8\\\hat{y}_9\end{pmatrix}$ | $= a + b\cdot$ | $\begin{pmatrix}0\\0\\0\\0\\1\\1\\1\\1\\1\end{pmatrix}$ |

Tab. IV.2: Werte für die Kodier- und Untersuchungsvariable bei unterschiedlichen Unterrichtsmethoden (Modell (IV.1))

Hieraus ergibt sich gemäß (III.9) und (III.10) die Regressionsgerade in der Stichprobe

$$\hat{y}_i = 15{,}75 + 2{,}85x_i, \quad i = 1, \ldots, 9.$$

Der Koeffizient $a = 15{,}75$ entspricht, wie (IV.2) zeigt, dem Mittelwert für die Unterrichtsmethode 1 und $b = 2{,}85$ der Differenz zwischen dem Mittelwert der zweiten und ersten Gruppe.

Die Hypothese, daß die Zahl der gelösten Probleme nicht von der Art der Unterrichtsmethode abhängt,

$H_o$: ß = 0,

wird gegen die Alternative

$H_a$: ß ≠ 0

getestet und bei 5% Signifikanzniveau nicht zurückgewiesen; denn der Wert der Prüfvariablen gemäß (III.35), die 7 Freiheitsgrade hat, beträgt

$$t = \frac{2{,}85 \cdot 1{,}5}{3{,}25} = 1{,}32 .$$

Der Rückweisungspunkt liegt im Wert 1,89. Die Unterrichtsmethoden beeinflussen also die Lösung handwerklicher Probleme nicht wesentlich.

Äquivalente Lösungen liefern der t-Test für die Differenz der Mittelwerte aus zwei unabhängigen Stichproben sowie der Einsatz der einfaktoriellen Varianzanalyse, wobei der Faktor lediglich zwei Stufen aufweist. Auf die Details der einzelnen Rechnungen wollen wir verzichten.

b) Polytome exogene Variable

Ein polytomes Merkmal, wie z. B. die Marke eines PKWs, hat mehr als zwei verschiedene mögliche Ausprägungen. Diese könnten mit den Zahlen 0, 1, 2, ... kodiert werden. Zu fragen ist, ob mit derartigen Daten sinnvoll eine Regressionsanalyse durchgeführt werden kann. Wie sich aus den Überlegungen unter Punkt 1a) dieses Kapitels ergibt, wäre die Frage zu bejahen, falls jede andere Kodierung mit der obigen durch eine lineare Transformation eindeutig ineinander überführt werden kann. Dies trifft für polytome Variablen jedoch ersichtlich nicht zu und hat zur Folge, daß beliebige alternative Kodierungen einer polytomen exogenen Variablen unter sonst unveränderten Daten im Rahmen einer Regressionsanalyse zu unterschiedlichen Hauptergebnissen führen. Deshalb ist eine Anwendung des einfachen regressionsanalytischen Modells von Kapitel III auch auf eine polytome exogene Variable nicht ohne weiteres möglich.

Ein in der Regressionsanalyse gewählter Lösungsweg ist die Ersetzung der polytomen Variablen mit k verschiedenen möglichen Ausprägungen durch k-1 unabhängige dichotome Kodiervariablen, deren Berücksichtigung in der Regressionsanalyse zulässig ist. Wenden wir uns nun der angesprochenen Konzeption zu, eine polytome Variable durch dichotome Kodiervariablen zu ersetzen.

Die polytome exogene Variable X kann die Werte $x_j$, $j = 1, \ldots, k$, realisieren. Eine äquivalente Darstellung ist durch k dichotome Kodiervariablen $X_j$ möglich. Wählen wir wiederum (0-1)-Kodiervariablen, so hat $x_{ji} = 1$, $j = 1, \ldots, k$, die Bedeutung, daß beim i-ten Meßwertpaar $(y_i, x_{ji})$, $i = 1, \ldots, n$, die j-te Ausprägung der polytomen Variablen vorliegt. Anderenfalls nimmt $x_{ji}$ den Wert Null an.

Unter den k Kodiervariablen sind jedoch nur k-1 voneinander unabhängig; denn falls die Realisationen von k-1 Variablen bekannt sind, ist auch der Wert der k-ten Variablen bekannt. Um offene Multikollinearität zu vermeiden (vgl. den Hinweis unter HVE III.10), wird deshalb X lediglich durch k-1 Kodiervariablen ersetzt, die orthogonal sind. Hierbei ist es formal unerheblich, welche von den k Variablen nicht berücksichtigt wird. Im folgenden nehmen wir stets die k-te Kodiervariable nicht mit in den Regressionsansatz auf.

Die einfache lineare Regressionsanalyse mit einer metrischen Untersuchungsvariablen und einer polytomen nominalskalierten exogenen Variablen läßt sich also mit dem Instrumentarium durchführen, das für die multiple lineare Regressionsanalyse mit metrischen Variablen entwickelt wurde. Die in Kap. III.2 enthaltenen Formeln (III.31) bis (III.47) sind für die im vorliegenden Kapitel betrachtete Situation somit verwendbar, wobei (III.31) und sinngemäß auch die übrigen Beziehungen eingeengt sind auf das Modell

$$(IV.3) \quad y_i = \beta_o x_{oi} + \sum_{j=1}^{k-1} \beta_j x_{ji} + u_i, \quad i = 1, \ldots, n,$$

$$x_{oi} = 1 ,$$

$$x_{ji} = \begin{cases} 1, & \text{falls von X der j-te Wert vorliegt,} \\ 0 & \text{anderenfalls,} \end{cases}$$

$$j = 1, \ldots, k-1,$$

$$\beta_j \neq 0 \quad \text{für alle } j .$$

Die Regressionskoeffizienten besitzen auch im vorliegenden polytomen Fall eine Interpretation, die von der gewählten (0-1)-Kodierung abhängt. Bezeichnen wir mit $\mu_k$ den Grundgesamtheitsmittelwert der Untersuchungsvariablen auf der k-ten Stufe der exogenen Variablen, mit $\mu_1$ den auf der ersten Stufe, mit $\mu_2$ den auf der zweiten Stufe usw., so gilt unter den getroffenen Annahmen des Regressionsmodells für die Grundgesamtheit (siehe HVE IV.1 bzw. HVE IV.2):

$$(IV.4) \quad \begin{aligned} \beta_o &= \mu_k \\ \beta_1 &= \mu_1 - \mu_k \\ \beta_2 &= \mu_2 - \mu_k \\ &\vdots \\ \beta_{k-1} &= \mu_{k-1} - \mu_k \end{aligned}$$

Der Regressionskoeffizient $\beta_j$, $j = 1, \ldots, k-1$, gibt nicht die isolierte, sondern die relative Bedeutung der j-ten Ausprägung der polytomen Variablen im Vergleich zu ihrer (bei der Kodierung fortgelassenen) k-ten Ausprägung auf die Untersuchungsvariable an. $\beta_o$ entspricht dem Mittelwert der Untersuchungsvariablen auf der k-ten Stufe der exogenen Variablen. Die Schätzung der Regressionskoeffizienten über Differenzen von Mittelwerten bzw. für $b_o$ durch einen Mittelwert ist rechnerisch natürlich recht einfach durchführbar.

Ein vollständiges Beispiel hierzu werden wir erst im nächsten Abschnitt betrachten. Im vorliegenden Abschnitt beschränken wir uns auf eine kurze Illustration. Die Geschwindigkeit Y bestimmter PKWs wird an einer Meßstelle erhoben, wobei drei PKW-Marken X unterschieden werden.

| | | | | | |
|---|---|---|---|---|---|
| Mercedes | 135 | 147 | 120 | 150 | $\bar{y}_1 = 138$ |
| BMW | 120 | 140 | 160 | 155 | $\bar{y}_2 = 143{,}75$ |
| Porsche | 160 | 155 | 145 | 165 | $\bar{y}_3 = 156{,}25$ |

Tab. IV.3: Geschwindigkeiten von PKWs

Bei Verwendung des Modells (IV.3) gilt:

| $y_i$ | | $\hat{y}_i$ | | $x_{oi}$ | | $x_{1i}$ | | $x_{2i}$ |
|---|---|---|---|---|---|---|---|---|
| $\begin{pmatrix} 135 \\ 147 \\ 120 \\ 150 \\ 120 \\ 140 \\ 160 \\ 155 \\ 160 \\ 155 \\ 145 \\ 165 \end{pmatrix}$ | deren deterministische Komponente wird geschätzt durch | $\begin{pmatrix} \hat{y}_1 \\ \hat{y}_2 \\ \hat{y}_3 \\ \hat{y}_4 \\ \hat{y}_5 \\ \hat{y}_6 \\ \hat{y}_7 \\ \hat{y}_8 \\ \hat{y}_9 \\ \hat{y}_{10} \\ \hat{y}_{11} \\ \hat{y}_{12} \end{pmatrix}$ | $= b_o \cdot$ | $\begin{pmatrix} 1 \\ 1 \\ 1 \\ 1 \\ 1 \\ 1 \\ 1 \\ 1 \\ 1 \\ 1 \\ 1 \\ 1 \end{pmatrix}$ | $+ b_1 \cdot$ | $\begin{pmatrix} 1 \\ 1 \\ 1 \\ 1 \\ 0 \\ 0 \\ 0 \\ 0 \\ 0 \\ 0 \\ 0 \\ 0 \end{pmatrix}$ | $+ b_2 \cdot$ | $\begin{pmatrix} 0 \\ 0 \\ 0 \\ 0 \\ 1 \\ 1 \\ 1 \\ 1 \\ 0 \\ 0 \\ 0 \\ 0 \end{pmatrix}$ |

Tab. IV.4: Werte für die Kodiervariablen und Geschwindigkeiten bei unterschiedlichen PKW-Marken (Modell (IV.3))

Für die Regressionsebene in der Stichprobe ergibt sich über (III.35) oder einfacher gemäß (IV.4) wegen $b_o = \bar{y}_3$, $b_1 = \bar{y}_1 - \bar{y}_3$ und $b_2 = \bar{y}_2 - \bar{y}_3$

$$\hat{y}_i = 156{,}25 - 18{,}25x_{1i} - 12{,}5x_{2i}, \quad i = 1, \ldots, 12 .$$

## c) Regressionsanalytische Behandlung der einfaktoriellen Varianzanalyse

### ca) (0-1)-Dummy-Kodierung

Die einfaktorielle Varianzanalyse (mit vorgegebenen Faktorstufen) hat die Beurteilung der Hypothese über die Wirkungslosigkeit eines Faktors zum Ziel, der in abgestufter Weise auf die Untersuchungsvariable einwirkt.

Das einfache lineare Regressionsmodell mit einer polytomen nominalskalierten exogenen Variablen erlaubt eine ähnliche Analyse. Hierzu fassen wir den Faktor der Varianzanalyse als polytome exogene Variable der Regressionsanalyse auf. Den Faktorstufen entsprechen die Ausprägungen der polytomen Variablen[1]. Die exogene Variable "Faktor" wird im Modell (IV.3) durch k-1 orthogonale (0-1)-Kodiervariablen ersetzt:

$$\text{(IV.3a)} \qquad y_i = \beta_o x_{oi} + \sum_{j=1}^{k-1} \beta_j x_{ji} + u_i, \qquad i = 1, \ldots, n,$$

$$x_{oi} = 1 ,$$

$$x_{ji} = \begin{cases} 1, & \text{falls die j-te Stufe des Faktors vorliegt,} \\ 0 & \text{anderenfalls,} \end{cases}$$

$$j = 1, \ldots, k-1,$$

$$\beta_j \neq 0 \quad \text{für alle } j .$$

Bei diesem Modell besitzen die Regressionskoeffizienten, wie in Abschnitt 1b) erläutert wurde, Interpretationen gemäß (IV.4).

Da sich die Wirkung des Faktors auf seiner ersten Stufe in der Abweichung des Gruppenmittelwertes $\mu_1$ vom Gesamtmittel $\mu$ ausprägt (vgl.

[1] Den $i = 1, \ldots, r$ Faktorstufen in Kap. II.1a entsprechen die $j = 1, \ldots, k$ Faktorstufen des vorliegenden Kapitels.

(II.1a)),

$\beta_1 = \mu_1 - \mu$,

läßt sich der Regressionskoeffizient $\beta_1$ als Ausdruck für die relative Wirksamkeit der Faktorstufe 1 bezüglich der Stufe k interpretieren; denn es gilt gemäß (IV.4):

$\beta_1 = \mu_1 - \mu_k = (\mu_1-\mu) - (\mu_k-\mu) = \alpha_1 - \alpha_k$ .

Allgemein besitzen somit die Regressionskoeffizienten des Modells (IV.3a) im varianzanalytischen Kontext die Interpretation

(IV.4a)
$$\begin{aligned} \beta_o &= \mu_k \\ \beta_1 &= \alpha_1 - \alpha_k \\ &\vdots \\ \beta_{k-1} &= \alpha_{k-1} - \alpha_k \end{aligned}$$

$\beta_j$, $j = 1, \ldots, k-1$, gibt also den Effekt der j-ten Faktorstufe im Vergleich zum Effekt der k-ten Stufe an.

Im Rahmen einer statistischen Erhebung unter Einbezug einer Kontrollgruppe führt die Dummy-Kodierung mit (0-1)-Variablen des Modells (IV.3a) somit zu Regressionskoeffizienten, die sich zur Prüfung der Frage eignen, ob die Wirkung der einzelnen Faktorstufen signifikant ist bezüglich der Nichtwirksamkeit des Faktors in der Kontrollgruppe, die an die Stelle der k-ten Stufe des Faktors tritt.

Von Interesse ist zugleich die Darstellung der Faktorwirkung $\alpha_j$ durch die Regressionskoeffizienten $\beta_j$, die den obigen Interpretationen gemäß (IV.4a) nicht ohne weiteres entnommen werden kann. Der Teil HVE IV.2 enthält jedoch eine allgemeine Darstellung der formalen Bezüge zwischen dem regressionsanalytischen Modell und dem Modell der einfaktoriellen Varianzanalyse. Wie diesem Teil in Verbindung mit HVE IV.3 entnommen werden kann, bestehen zwischen der Wirkung der konstant gehaltenen

Faktoren $\mu$ sowie der Faktorwirkung $\alpha_j$ und den Regressionskoeffizienten $\beta_j$ die folgenden Beziehungen:

$$\text{(IV.5)} \quad \begin{aligned} \mu &= \beta_o + g , \qquad \text{wobei } g = \frac{1}{k} \sum_{j=1}^{k-1} \beta_j , \\ \alpha_1 &= \beta_1 - g \\ &\vdots \\ \alpha_{k-1} &= \beta_{k-1} - g \\ \alpha_k &= -g \end{aligned}$$

Abgesehen von der Darstellung der Faktorwirkung auf den k Stufen durch Koeffizienten des Regressionsmodells, führt eine Betrachtung von (IV.5) zu einer weiteren wesentlichen Aussage. Die Hypothese der Unwirksamkeit des Faktors im Rahmen der Varianzanalyse,

$H_o$: $\alpha_1 = \alpha_2 = \ldots = \alpha_{k-1} = \alpha_k = 0$ ,

ist ersichtlich äquivalent zur Hypothese

$H_o$: $\beta_1 = \beta_2 = \ldots = \beta_{k-1} = 0$

im Rahmen der Regressionsanalyse.

Zur Illustration der regressionsanalytischen Behandlung der einfaktoriellen Varianzanalyse unter Verwendung des Modells (IV.3a) wählen wir aus dem 2. Kapitel das Beispiel zur einfaktoriellen Varianzanalyse (Ertrag einer Pflanzensorte in Abhängigkeit unterschiedlicher Düngungen; Tab. II.4).

$x_{ji} = 1$ hat die Bedeutung, daß an der statistischen Einheit i die Düngung j eingesetzt worden ist. Falls $x_{ji} = 0$, wurde an der betreffenden Einheit die Düngung j nicht verwendet. Im vorliegenden Beispiel gilt also:

| $y_i$ | | $\hat{y}_i$ | | $x_{oi}$ | | $x_{1i}$ | | $x_{2i}$ | | $x_{3i}$ | | $x_{4i}$ |
|---|---|---|---|---|---|---|---|---|---|---|---|---|
| 67 | | $\hat{y}_1$ | | 1 | | 1 | | 0 | | 0 | | 0 |
| 67 | | $\hat{y}_2$ | | 1 | | 1 | | 0 | | 0 | | 0 |
| 55 | | $\hat{y}_3$ | | 1 | | 1 | | 0 | | 0 | | 0 |
| 42 | | $\hat{y}_4$ | | 1 | | 1 | | 0 | | 0 | | 0 |
| 98 | | $\hat{y}_5$ | | 1 | | 0 | | 1 | | 0 | | 0 |
| 96 | | $\hat{y}_6$ | | 1 | | 0 | | 1 | | 0 | | 0 |
| 91 | | $\hat{y}_7$ | | 1 | | 0 | | 1 | | 0 | | 0 |
| 66 | | $\hat{y}_8$ | | 1 | | 0 | | 1 | | 0 | | 0 |
| 60 | deren deter- | $\hat{y}_9$ | | 1 | | 0 | | 0 | | 1 | | 0 |
| 69 | ministische | $\hat{y}_{10}$ | $=b_o\cdot$ | 1 | $+b_1\cdot$ | 0 | $+b_2\cdot$ | 0 | $+b_3\cdot$ | 1 | $+b_4\cdot$ | 0 |
| 50 | Komponente wird | $\hat{y}_{11}$ | | 1 | | 0 | | 0 | | 1 | | 0 |
| 35 | geschätzt durch | $\hat{y}_{12}$ | | 1 | | 0 | | 0 | | 1 | | 0 |
| 79 | | $\hat{y}_{13}$ | | 1 | | 0 | | 0 | | 0 | | 1 |
| 64 | | $\hat{y}_{14}$ | | 1 | | 0 | | 0 | | 0 | | 1 |
| 81 | | $\hat{y}_{15}$ | | 1 | | 0 | | 0 | | 0 | | 1 |
| 70 | | $\hat{y}_{16}$ | | 1 | | 0 | | 0 | | 0 | | 1 |
| 90 | | $\hat{y}_{17}$ | | 1 | | 0 | | 0 | | 0 | | 0 |
| 70 | | $\hat{y}_{18}$ | | 1 | | 0 | | 0 | | 0 | | 0 |
| 79 | | $\hat{y}_{19}$ | | 1 | | 0 | | 0 | | 0 | | 0 |
| 88 | | $\hat{y}_{20}$ | | 1 | | 0 | | 0 | | 0 | | 0 |

Tab. IV.5: Werte für Kodiervariablen und Erträge bei unterschiedlichen Stufen der Düngung (Modell (IV.3a))

Die Schätzung der Regressionskoeffizienten gemäß (III.35) führt zur Regressionshyperebene in der Stichprobe,

$$\hat{y}_i = 81{,}75 - 24x_{1i} + 6x_{2i} - 28{,}25x_{3i} - 8{,}25x_{4i}, \quad i = 1, \ldots, 20 .$$

Die Werte $\hat{y}_i$ entsprechen den jeweiligen Gruppenmittelwerten $\bar{y}_1$, $\bar{y}_2$ usw. Der Regressionskoeffizient $b_1 = -24$ z. B. gibt gemäß (IV.4a) an, daß die Wirkung der Düngungsstufe 1 auf den Pflanzenertrag um 24 Ertragseinheiten geringer ist als die der Düngungsstufe 5. $b_2 = 6$ gibt eine um 6 Ertragseinheiten höhere Wirkung der Düngungsstufe 2 im Vergleich zur Stufe 5 an usw.(siehe auch die Zwischenergebnisse unter HVE IV.4). Der Regressionskoeffizient $b_o = 81{,}75$ entspricht dem Durchschnittsertrag der Düngungsstufe 5. $b_1, \ldots, b_4$ stimmt mit den Differenzen zwischen den Klassenmittelwerten $\bar{y}_1 - \bar{y}_5, \ldots, \bar{y}_4 - \bar{y}_5$

überein. Die Bestimmung der Regressionskoeffizienten über (III.35) ist jedoch sinnvoll, da für Signifikanzprüfungen Zwischenresultate verwendet werden können.

Wir prüfen zunächst die globale Nullhypothese der Unabhängigkeit des Ertrages von allen Düngungsstufen (siehe Kap. III.2d, Tab. III.6). Der Wert der entsprechenden Prüfvariablen entspricht mit

$$F = \frac{(n-k-1)q_1}{k \cdot q_2} = \frac{15 \cdot 3536,3}{4 \cdot 2162,3} = 6,13$$

dem Wert, den wir bereits bei der Verwendung des varianzanalytischen Modells (vgl. Tab. II.5) erhalten hatten. Mindestens eine der festgelegten Abstufungen der Düngungen hat also einen wesentlichen Einfluß auf den Ertrag.

Die Prüfung der Unabhängigkeitshypothesen

$H_o$: $\beta_j = 0$ für einzelne j = 1, ..., 4,

d. h. bezüglich der Differenz zwischen den Stufen 1 und 5, 2 und 5 usw., führen wir über die t-verteilte Prüfvariable (III.43) durch. Die entsprechenden Daten (Zwischenergebnisse siehe HVE IV.5) sind in der folgenden Tabelle zusammengefaßt, wobei ein 5%iges Signifikanzniveau zugrunde gelegt wurde.

| Signifikanzprüfung für | | | t-Wert | Entscheidung |
|---|---|---|---|---|
| Koeffizient | Wirkung Stufe ... im Vergleich zu Stufe ... | | | |
| $b_1$ | 1 | 5 | -2,83 | $H_o$-Ablehnung |
| $b_2$ | 2 | 5 | 0,71 | $H_o$-Annahme |
| $b_3$ | 3 | 5 | -3,33 | $H_o$-Ablehnung |
| $b_4$ | 4 | 5 | -0,97 | $H_o$-Annahme |

Tab. IV.6: Tests für Regressionskoeffizienten (Modell (IV.3a))

Ein Vergleich mit den Resultaten der Tab. II.9 legt für den Verwender die Empfehlung nahe, der Durchführung von Signifikanztests eine sorgfältige Abwägung der substanzwissenschaftlichen Relevanz von Hypothesen voranzustellen. Unter Umständen wären dann die Kontraste in Tab.II.9 anders konstruiert bzw. im Rahmen der Kodierung bei diesem Beispiel nicht die Düngungsstufe 5, sondern z. B. die Stufe 2 oder 3 als Bezugsgröße gewählt worden.

cb) Effekt-Kodierung

Eine andere Möglichkeit zur regressionsanalytischen Darstellung des Modells der Varianzanalyse besteht darin, von der Effektdarstellung des varianzanalytischen Modells (II.1a) auszugehen. Wie in HVE IV.2 begründet wird, ist das Regressionsmodell (IV.6) eine Darstellung dieses varianzanalytischen Modells:

$$(IV.6) \qquad y_i = \beta_o x_{oi} + \sum_{j=1}^{k-1} \beta_j x_{ji} + u_i, \qquad i = 1, \ldots, n,$$

$$x_{oi} = 1 ,$$

$$x_{ji} = \begin{cases} 1, & \text{falls die j-te Faktorstufe vorliegt,} \\ -1, & \text{falls die k-te Faktorstufe vorliegt,} \\ 0 & \text{anderenfalls,} \end{cases}$$

$$j = 1, \ldots, k-1,$$

$$\beta_j \neq 0 \quad \text{für alle } j .$$

Die Kodierung der Variablen $X_j$ wird als Effekt-Kodierung bezeichnet, weil die Interpretation der Regressionskoeffizienten $\beta_j$ durch Effekte des Faktors auf seinen einzelnen Stufen möglich ist. Bevor wir hierauf eingehen, betrachten wir die Kodiervariablen etwas eingehender.

Die k-1 Kodiervariablen $X_j$ sind nicht dichotom, sie besitzen drei mögliche Ausprägungen. Mit ihnen läßt sich dennoch eine Regressionsanalyse sinnvoll durchführen, wie eine Überlegung an folgendem Beispiel zeigt. $X_1$ und $X_2$ stellen dichotome Dummy-Variablen mit den Werten 1 und 0 dar, die sich zur Kodierung einer exogenen Variablen mit drei möglichen Ausprägungen eignen. Die Kombinationen der Werte der beiden Dummy-Variablen lauten:

| $X_1$ | $X_2$ |
|---|---|
| 1 | 0 |
| 0 | 1 |
| 0 | 0 |

Die lineare Transformation

$$Z = X_1 - X_2$$

ergibt eine Variable Z, die drei Werte realisieren kann,

$$z_1 = 1 - 0 = 1, \quad z_2 = 0 - 1 = -1, \quad z_3 = 0 - 0 = 0 .$$

Da die Hauptergebnisse der Regressionsanalyse invariant gegenüber einer linearen Transformation der Kodiervariablen sind (vgl. Punkt 1a) dieses Kapitels), läßt sich also auch mit der Kodierung durch $X_j$ in (IV.6) eine Regressionsanalyse sinnvoll durchführen.

Wie dem Teil HVE IV.2 entnommen werden kann, haben die Regressionskoeffizienten $\beta_j$ im Modell (IV.6) die folgende Interpretation:

$$\text{(IV.7)} \quad \begin{aligned} \beta_0 &= \mu \\ \beta_1 &= \alpha_1 \\ &\vdots \\ \beta_{k-1} &= \alpha_{k-1} \end{aligned}$$

$\beta_j$, j = 1, ..., k-1, gibt also den Effekt des Faktors auf seiner j-ten Stufe an. Die Effektkodierung des Modells (IV.6) führt somit zu Regressionskoeffizienten, die im inferentiellen Kontext der varianzanalytischen Fragestellung näher stehen als die Regressionskoeffizienten des Modells (IV.3a).

Die allgemeine Hypothese der Unwirksamkeit des Faktors,

$H_o: \alpha_1 = \ldots = \alpha_k = 0$ ,

läßt sich - wie im Modell (IV.3a) - äquivalent durch eine auf Regressionskoeffizienten bezogene Hypothese

$H_o: \beta_1 = \ldots = \beta_{k-1} = 0$

formulieren.

Als Beispiel für eine Verwendung des Modells (IV.6) wählen wir für Vergleichszwecke erneut das Beispiel zur einfaktoriellen Varianzanalyse (Ertrag einer Pflanzensorte in Abhängigkeit von unterschiedlichen Düngungen; Tab. II.4). Die Werte der Kodiervariablen u. a. enthält die Tabelle IV.7.

Die Schätzung der Regressionskoeffizienten gemäß (III.35) führt zur Regressionshyperebene in der Stichprobe,

$\hat{y}_i = 70{,}85 - 13{,}1x_{1i} + 16{,}9x_{2i} - 17{,}35x_{3i} + 2{,}65x_{4i}, \quad i = 1, \ldots, 20$ .

Die Werte $\hat{y}_i$ entsprechen wiederum den jeweiligen Gruppenmittelwerten $\bar{y}_1$, $\bar{y}_2$ usw. Die Interpretation der Regressionskoeffizienten lautet gemäß (IV.7): $b_o$ gibt den Mittelwert aus allen Meßwerten für die Untersuchungsvariable an; $b_1 = -13{,}1$ besagt, daß der Effekt des Faktors auf seiner ersten Stufe negativ ist und in Höhe von 13,1 Ertragseinheiten unter dem Durchschnitt aller Stufen liegt. Zwischenergebnisse sind unter HVE IV.6 enthalten.

Eine Prüfung der globalen Hypothese der Unabhängigkeit des Ertrages von allen Düngungsstufen ist entbehrlich, da sich das gleiche Ergebnis wie bei der (0-1)-Dummy-Kodierung ergibt; denn die Dummy- und Effektkodierung führen zu gleichen Schätzwerten $\hat{y}_i$.

| $y_i$ | | $\hat{y}_i$ | | $x_{0i}$ | | $x_{1i}$ | | $x_{2i}$ | | $x_{3i}$ | | $x_{4i}$ |
|---|---|---|---|---|---|---|---|---|---|---|---|---|
| 67 | | $\hat{y}_1$ | | 1 | | 1 | | 0 | | 0 | | 0 |
| 67 | | $\hat{y}_2$ | | 1 | | 1 | | 0 | | 0 | | 0 |
| 55 | | $\hat{y}_3$ | | 1 | | 1 | | 0 | | 0 | | 0 |
| 42 | | $\hat{y}_4$ | | 1 | | 1 | | 0 | | 0 | | 0 |
| 98 | | $\hat{y}_5$ | | 1 | | 0 | | 1 | | 0 | | 0 |
| 96 | | $\hat{y}_6$ | | 1 | | 0 | | 1 | | 0 | | 0 |
| 91 | | $\hat{y}_7$ | | 1 | | 0 | | 1 | | 0 | | 0 |
| 66 | | $\hat{y}_8$ | | 1 | | 0 | | 1 | | 0 | | 0 |
| 60 | deren deter- | $\hat{y}_9$ | | 1 | | 0 | | 0 | | 1 | | 0 |
| 69 | ministische | $\hat{y}_{10}$ | $=b_0\cdot$ | 1 | $+b_1\cdot$ | 0 | $+b_2\cdot$ | 0 | $+b_3\cdot$ | 1 | $+b_4\cdot$ | 0 |
| 50 | Komponente wird | $\hat{y}_{11}$ | | 1 | | 0 | | 0 | | 1 | | 0 |
| 35 | geschätzt durch | $\hat{y}_{12}$ | | 1 | | 0 | | 0 | | 1 | | 0 |
| 79 | | $\hat{y}_{13}$ | | 1 | | 0 | | 0 | | 0 | | 1 |
| 64 | | $\hat{y}_{14}$ | | 1 | | 0 | | 0 | | 0 | | 1 |
| 81 | | $\hat{y}_{15}$ | | 1 | | 0 | | 0 | | 0 | | 1 |
| 70 | | $\hat{y}_{16}$ | | 1 | | 0 | | 0 | | 0 | | 1 |
| 90 | | $\hat{y}_{17}$ | | 1 | | -1 | | -1 | | -1 | | -1 |
| 70 | | $\hat{y}_{18}$ | | 1 | | -1 | | -1 | | -1 | | -1 |
| 79 | | $\hat{y}_{19}$ | | 1 | | -1 | | -1 | | -1 | | -1 |
| 88 | | $\hat{y}_{20}$ | | 1 | | -1 | | -1 | | -1 | | -1 |

Tab. IV.7: Werte für Kodiervariablen und Erträge bei unterschiedlichen Stufen der Düngung (Modell (IV.6))

Die Signifikanztests für die Regressionskoeffizienten $b_1$ bis $b_4$ sind in der Tab. IV.8 zusammengefaßt, wobei ein Signifikanzniveau in Höhe von 5% zugrunde gelegt wurde.

Ein Vergleich mit den Resultaten der Tab. IV.6 zeigt, daß auch dort die vierte Düngungsart als bedeutungslos für den Ertrag beurteilt wird. Der positve Effekt der Düngungsstufe 2 ist signifikant.

| Signifikanzprüfung für | | t-Wert | Entscheidung |
|---|---|---|---|
| Koeffizient | Effekt auf Stufe | | |
| $b_1$ | 1 | -2,44 | $H_0$-Ablehnung |
| $b_2$ | 2 | 3,15 | $H_0$-Ablehnung |
| $b_3$ | 3 | -3,23 | $H_0$-Ablehnung |
| $b_4$ | 4 | 0,49 | $H_0$-Annahme |

Tab. IV.8: Tests für Regressionskoeffizienten (Modell (IV.6))

cc) Kontrast-Kodierung

Die im Rahmen der Varianzanalyse konstruierten Kontraste traten in den beiden regressionsanalytischen Modellen (IV.3a) und (IV.6) nicht in Erscheinung. Eine Berücksichtigung läßt sich durch das Regressionsmodell (IV.8) erreichen, das im Teil HVE IV.2 dargestellt ist und - wie (IV.6) - von der Effektdarstellung des Modells der Varianzanalyse ausgeht:

(IV.8) $$y_i = \beta_0 x_{0i} + \sum_{j=1}^{k-1} \beta_j x_{ji} + u_i, \quad i = 1, \ldots, n,$$

$x_{0i} = 1/k$ ,

$x_{ji}$ gemäß Tab. IV.9, falls die j-te Faktorstufe vorliegt,

$j = 1, \ldots, k-1,$

$\beta_j \neq 0$ für alle j .

Die k-1 Kodiervariablen $X_j$ haben Werte, die den $c_{ji}$-Werten der Tab. II.6 entsprechen und die als Tab. IV.9 übernommen wird.

| Faktorstufe \ $X_j$ | $X_1$ | $X_2$ | $X_3$ | ... | $X_{k-1}$ |
|---|---|---|---|---|---|
| 1 | 1 | 0 | 0 | | 0 |
| 2 | -1/(k-1) | 1 | 0 | | 0 |
| 3 | -1/(k-1) | -1/(k-2) | 1 | | 0 |
| ⋮ | ⋮ | ⋮ | ⋮ | | ⋮ |
| k-1 | -1/(k-1) | -1/(k-2) | -1/(k-3) | | 1 |
| k | -1/(k-1) | -1/(k-2) | -1/(k-3) | | -1 |

Tab. IV.9: Werte der Kodiervariablen bei der Kontrast-Kodierung

Die Kodiervariablen sind mit Ausnahme von $X_1$ nicht dichotom, sondern sie können drei verschiedene Werte annehmen, den Wert 0, den Wert 1 und einen dritten Wert, der für die Variablen zwischen -1/(k-1) und -1/[k-(k-1)] = -1 variiert. Mit ihnen läßt sich ebenfalls sinnvoll eine Regressionsanalyse durchführen, weil sie sich jeweils auf eine lineare Transformation zweier dichotomer Variablen, ähnlich wie unter Punkt 1cb) dieses Kapitels, zurückführen lassen.

Die vorliegende Kodierung wird wegen der besonderen Interpretation der Regressionskoeffizienten in (IV.8) als Kontrast-Kodierung bezeichnet, wie dem Teil HVE IV.2 entnommen werden kann.

(IV.9)
$$\beta_0 = \sum_1^k \mu_j$$
$$\beta_1 = \mu_1 - \frac{1}{k}\sum_1^k \mu_j$$
$$\beta_2 = \mu_2 - \frac{1}{k-1}\sum_2^k \mu_j$$
$$\vdots$$
$$\beta_{k-1} = \mu_{k-1} - \frac{1}{2}\sum_{k-1}^k \mu_j$$

$\beta_j$, j = 1, ..., k-1, gibt also die Bedeutung der j-ten Faktorstufe im Vergleich zur durchschnittlichen Bedeutung der j bis k-ten Faktorstufe an. $\beta_j$ läßt sich, wie ein Blick in Kap. II.1a) erweist, nicht mit dem dort definierten Kontrast gleichsetzen. Falls hierfür jedoch die Nullhypothese formuliert wird, gilt, daß

$$H_o: \beta_j = 0, \quad j = 1, ..., k-1,$$

eine äquivalente Nullhypothese ist (siehe HVE IV.8).

Im Vergleich zu (IV.3a) oder (IV.6) ist das Modell (IV.8) wesentlich unübersichtlicher. (IV.8) besitzt jedoch den Vorteil, daß die im Rahmen der Varianzanalyse bedeutungsvolle Analyse von Kontrasten auch im Regressionsmodell möglich ist. Darüber hinaus ist bei (IV.8) vorteilhaft, daß die bei der Lösung nach den Regressionskoeffizienten auftretende Diagonalmatrix rechentechnisch ohne besonderen Aufwand invertierbar ist.

Zur Illustration verwenden wir erneut das Beispiel zur einfaktoriellen Varianzanalyse (Tab. II.4). Die Tab. IV.10 enthält u. a. die Werte der entsprechenden Kodiervariablen.

Die Schätzung der Regressionskoeffizienten gemäß (III.35) führt zur Regressionshyperebene in der Stichprobe:

$$\hat{y}_i = 354{,}25x_{oi} - 13{,}1x_{1i} + 13{,}625x_{2i} - 16{,}0833x_{3i} - 4{,}125x_{4i}, \quad i = 1, ..., 20.$$

Die Zwischenergebnisse hierzu sind unter HVE IV.9 enthalten.

Die geschätzten deterministischen Komponenten $\hat{y}_i$ entsprechen wiederum den jeweiligen Gruppenmittelwerten, so daß eine Prüfung der globalen Unabhängigkeitshypothese zum gleichen Resultat führen würde wie unter Punkt 1ca) dieses Kapitels.

Die Interpretation der Regressionskoeffizienten gemäß (IV.9) lautet:

| $y_i$ | | $\hat{y}_i$ | | $x_{oi}$ | | $x_{1i}$ | | $x_{2i}$ | | $x_{3i}$ | | $x_{4i}$ |
|---|---|---|---|---|---|---|---|---|---|---|---|---|
| 67 | | $\hat{y}_1$ | | 1/5 | | 1 | | 0 | | 0 | | 0 |
| 67 | | $\hat{y}_2$ | | 1/5 | | 1 | | 0 | | 0 | | 0 |
| 55 | | $\hat{y}_3$ | | 1/5 | | 1 | | 0 | | 0 | | 0 |
| 42 | | $\hat{y}_4$ | | 1/5 | | 1 | | 0 | | 0 | | 0 |
| 98 | | $\hat{y}_5$ | | 1/5 | | -1/4 | | 1 | | 0 | | 0 |
| 96 | | $\hat{y}_6$ | | 1/5 | | -1/4 | | 1 | | 0 | | 0 |
| 91 | | $\hat{y}_7$ | | 1/5 | | -1/4 | | 1 | | 0 | | 0 |
| 66 | deren | $\hat{y}_8$ | | 1/5 | | -1/4 | | 1 | | 0 | | 0 |
| 60 | determi- | $\hat{y}_9$ | | 1/5 | | -1/4 | | -1/3 | | 1 | | 0 |
| 69 | nistische | $\hat{y}_{10}$ | $=b_o \cdot$ | 1/5 | $+b_1 \cdot$ | -1/4 | $+b_2 \cdot$ | -1/3 | $+b_3 \cdot$ | 1 | $+b_4 \cdot$ | 0 |
| 50 | Komponente | $\hat{y}_{11}$ | | 1/5 | | -1/4 | | -1/3 | | 1 | | 0 |
| 35 | wird | $\hat{y}_{12}$ | | 1/5 | | -1/4 | | -1/3 | | 1 | | 0 |
| 79 | geschätzt | $\hat{y}_{13}$ | | 1/5 | | -1/4 | | -1/3 | | -1/2 | | 1 |
| 64 | durch | $\hat{y}_{14}$ | | 1/5 | | -1/4 | | -1/3 | | -1/2 | | 1 |
| 81 | | $\hat{y}_{15}$ | | 1/5 | | -1/4 | | -1/3 | | -1/2 | | 1 |
| 70 | | $\hat{y}_{16}$ | | 1/5 | | -1/4 | | -1/3 | | -1/2 | | 1 |
| 90 | | $\hat{y}_{17}$ | | 1/5 | | -1/4 | | -1/3 | | -1/2 | | -1 |
| 70 | | $\hat{y}_{18}$ | | 1/5 | | -1/4 | | -1/3 | | -1/2 | | -1 |
| 79 | | $\hat{y}_{19}$ | | 1/5 | | -1/4 | | -1/3 | | -1/2 | | -1 |
| 68 | | $\hat{y}_{20}$ | | 1/5 | | -1/4 | | -1/3 | | -1/2 | | -1 |

Tab. IV.10: Werte für Kodiervariablen und Erträge bei unterschiedlichen Stufen der Düngung (Modell (IV.8))

$b_o$ gibt die Summe aller Gruppenmittelwerte an. $b_1 = -13,1$ bezeichnet die Differenz zwischen der Wirkung der ersten Stufe und dem Durchschnitt aller Stufen. $b_1$ entspricht somit dem Effekt der ersten Stufe und stimmt erwartungsgemäß mit $b_1$ des Modells der Effekt-Kodierung überein. $b_2 = 13,625$ bezeichnet die Wirkung der zweiten Stufe im Vergleich zur durchschnittlichen Wirkung der Stufen zwei bis fünf.

Die Signifikanztests für die Regressionskoeffizienten, die den Tests für Kontraste äquivalent sind, unterscheiden sich nicht von den varianzanalytisch durchgeführten Tests für Kontraste[1].

[1] Die Quadrate der Werte der t-verteilten Prüfvariablen von Tab. IV.11 entsprechen den Werten der F-verteilten Prüfvariablen von Tab. II.9. Zwischen den beiden Prüfvariablen besteht die Beziehung

$$t^2 = F .$$

| Signifikanzprüfung für | | t-Wert | Entscheidung |
|---|---|---|---|
| Koeffizient | Kontrast | | |
| $b_1$ | 1 | -2,44 | $H_0$-Ablehnung |
| $b_2$ | 2 | 2,62 | $H_0$-Ablehnung |
| $b_3$ | 3 | -3,28 | $H_0$-Ablehnung |
| $b_4$ | 4 | -0,97 | $H_0$-Annahme |

Tab. IV.11: Tests für Regressionskoeffizienten (Modell (IV.8))

Ein Vergleich mit den Resultaten der Dummy- und Effekt-Kodierung zeigt, daß hier wie dort die Düngungsart 4 als bedeutungslos für den Ertrag ausgewiesen wird. Der Test für $b_1$ entspricht, wie bereits erwähnt, dem Test für $b_1$ im Rahmen der Effekt-Kodierung. Der Test für $b_4$ (Stufe 4 in Vergleich zur Stufe 5, falls $H_0$ zutrifft) entspricht dem Test für $b_4$ im Rahmen der Dummy-Kodierung.

## 2. Lineare Regression mit mehreren nominalskalierten exogenen Variablen

Das einfache lineare Regressionsmodell mit einer polytomen nominalskalierten exogenen Variablen läßt sich in das entsprechende multiple Modell ohne besondere Probleme verallgemeinern, falls die exogenen Variablen voneinander unabhängig sind. Letzteres ist in den folgenden Abschnitten 2a) und 2b) unterstellt. Anderenfalls müssen die bestehenden Wechselwirkungen (Interaktionen) berücksichtigt werden, worauf wir in den Abschnitten 2c) und 2d) eingehen.

a) Ohne Wechselwirkungen

Betrachtet wird also zunächst die dem multiplen Regressionsmodell adäquate Situation, daß eine metrisch skalierte Untersuchungsvariable durch zwei oder mehr unabhängige exogene Variablen beeinflußt wird, die im folgenden nominalskaliert sind.

Mit der gleichen Begründung wie unter den Abschnitten 1a) und 1b) werden die exogenen Variablen jeweils durch orthogonale Kodiervariablen ersetzt, bei denen die Anwendung der multiplen Regressionsanalyse zulässig und sinnvoll ist.

Für die Kodierung der ersten exogenen Variablen werden $k_1-1$ Kodiervariablen benötigt, für die zweite $k_2-1$ usw., für l Variablen insgesamt also k-l Kodiervariablen $X_j$. Die Kodiervariablen $X_j$, j = 1, ..., $k_1-1$, ersetzen somit die erste exogene Variable, $X_j$, j = $k_1$, ..., $k_2-2$, die zweite exogene Variable usw. Unter dieser Festlegung für $X_j$, die eine bestimmte Reihenfolge für die Werte aller exogener Variablen impliziert, läßt sich das Modell der linearen Regression mit l unabhängigen nominalskalierten exogenen Variablen, falls die (0-1)-Dummy-Kodierung gewählt wird, wie folgt darstellen[1]:

$$\text{(IV.10)} \quad y_i = \beta_o x_{oi} + \sum_{j=1}^{k-l} \beta_j x_{ji} + u_i, \quad i = 1, \ldots, n,$$

$$x_{oi} = 1\,,$$

$$x_{ji} = \begin{cases} 1, & \text{falls der j-te Wert der exogenen Variablen vorliegt,} \\ 0 & \text{anderenfalls,} \end{cases}$$

$$j = 1, \ldots, k-l,$$

$$\beta_j \neq 0 \quad \text{für alle j.}$$

[1] (IV.10) und (IV.3) unterscheiden sich äußerlich lediglich in der Summationsobergrenze für j, die hier k-l und in (IV.3) k-1 ist.

Die Regressionskoeffizienten besitzen eine Interpretation, die von der gewählten Kodierung abhängt. Hierzu betrachten wir lediglich den Fall zweier exogener Variablen mit $k_1 = 3$ und $k_2 = 2$ Merkmalswerten, der sich problemlos auf weitere Variablen verallgemeinern läßt. Das Regressionsmodell (IV.10) besteht bei diesem Beispiel also aus der Gleichung

$$y_i = \beta_o + \beta_1 x_{1i} + \beta_2 x_{2i} + \beta_3 x_{3i} + u_i \; .$$

Die Variablen $X_1$ und $X_2$ kodieren die drei Merkmalswerte der einen, die Variable $X_3$ die zwei Merkmalswerte der anderen exogenen Variablen.

Wir bezeichnen mit $\mu_{jh}$ den Grundgesamtheitsmittelwert der Untersuchungsvariablen auf der j-ten Stufe der einen exogenen Variablen, j = 1, 2, 3, und der h-ten Stufe der anderen exogenen Variablen, h = 1, 2.

Unter den Annahmen des Regressionsmodells gilt (siehe HVE IV.11):

(IV.11)
$$\begin{aligned}
\beta_o &= \mu_{32} \\
\beta_1 &= \mu_{12} - \mu_{32} = \mu_{11} - \mu_{31} = \mu_{1.} - \mu_{3.} \\
\beta_2 &= \mu_{22} - \mu_{32} = \mu_{21} - \mu_{31} = \mu_{2.} - \mu_{3.} \\
\beta_3 &= \mu_{11} - \mu_{12} = \mu_{21} - \mu_{22} = \mu_{31} - \mu_{32} = \mu_{.1} - \mu_{.2}
\end{aligned}$$

Die Regressionskoeffizienten geben also wiederum keine isolierte, sondern die relative Bedeutung der Ausprägung einer Variablen im Vergleich zu ihrer (bei der Kodierung) fortgelassenen Ausprägung auf die Untersuchungsvariable an. $\beta_o$ entspricht dem Mittelwert der Untersuchungsvariablen auf der $k_1$- und $k_2$-ten (3. und 2.) Stufe der beiden exogenen Variablen.

Obige Interpretationen sind nur unter der selten gerechtfertigten Annahme gültig, daß die exogenen Variablen keine Wechselwirkung ausüben. Gegebenenfalls sind diese bei der Formulierung des Modells zu berücksichtigen; dies hat Konsequenzen für die Interpretation der Regressionskoeffizienten (näheres unter Punkt 2c dieses Kapitels).

Ein Beispiel zum Modell (IV.10) betrachten wir im folgenden Abschnitt.

### b) Regressionsanalytische Behandlung der zweifaktoriellen Varianzanalyse mit einer Beobachtung pro Zelle

Das im vorangegangenen Abschnitt behandelte Modell der Regressionsanalyse mit mehreren nominalskalierten exogenen Variablen, die keine Wechselwirkung auf die Untersuchungsvariable ausüben, erlaubt eine ähnliche Analyse wie die zweifaktorielle Varianzanalyse ohne Wechselwirkungen. Im folgenden beziehen wir uns zunächst auf den Sonderfall des Stichprobenumfangs Eins pro Faktorstufenkombination (vgl. Kap. II.2a).

Wir fassen die zwei Faktoren als polytome nominalskalierte exogene Variablen der Regressionsanalyse auf. Den einzelnen Faktorstufen entsprechen die $k_1$ bzw. $k_2$ Ausprägungen der polytomen Variablen[1]. Für die Kodierung des ersten Faktors werden $k_1$-1 Kodiervariablen benötigt, für den zweiten Faktor $k_2$-1 Variablen, insgesamt also $k_1+k_2-2 = k-2$ Variablen. Das Regressionsmodell dieser Varianzanalyse hat somit die Form (IV.10a).

Bei diesem Modell besitzen die Regressionskoeffizienten, wie unter Punkt 2a) dieses Kapitels für $k_1 = 3$ und $k_2 = 2$ begründet wurde, Interpretationen gemäß (IV.11), die an dieser Stelle nicht wiederholt werden müssen.

[1] Den i = 1, ..., r und k = 1, ..., t Faktorstufen in Kap. II.2a (Varianzanalyse) entsprechen die j = 1, ..., k Faktorstufen des vorliegenden Kapitels.

$$\text{(IV.10a)} \quad y_i = \beta_o x_{oi} + \sum_{j=1}^{k-2} \beta_j x_{ji} + u_i, \quad i = 1, \ldots, n,$$

$$x_{oi} = 1 ,$$

$$x_{ji} = \begin{cases} 1, & \text{falls die j-te Stufe der Faktoren vorliegt,} \\ 0 & \text{anderenfalls,} \end{cases}$$

$$j = 1, \ldots, k-2,$$

$$\beta_j \neq 0 \quad \text{für alle } j .$$

Wie sich (analog zu HVE IV.3) herleiten läßt[1], bestehen zwischen den Effekten[2] im Rahmen der Varianzanalyse und den Regressionskoeffizienten von (IV.10a) die folgenden Beziehungen:

$$\text{(IV.12)} \quad \mu = \beta_o + a + b , \quad \text{wobei } a = \frac{1}{k_1} \sum_{g=1}^{k_1-1} \beta_g \quad \text{und} \quad b = \frac{1}{k_2} \sum_{g=k-k_2}^{k-2} \beta_g ,$$

$$\begin{aligned}
\alpha_1 &= \beta_1 - a \\
\alpha_2 &= \beta_2 - a \\
&\vdots \\
\alpha_{k_1-1} &= \beta_{k_1-1} - a \\
\alpha_{k_1} &= -a \\
\delta_1 &= \beta_{k-k_2} - b \\
\delta_2 &= \beta_{k-k_2+1} - b \\
&\vdots \\
\delta_{k_2-1} &= \beta_{k-2} - b \\
\delta_{k_2} &= -b
\end{aligned}$$

---

1 Vgl. KMENTA, J., a. a. O., S. 417.

2 Um eine Doppeldeutigkeit der Symbole zu vermeiden, ersetzen wir $\beta$ in (II.9a), den Haupteffekt des Faktors B, durch $\delta$.

Die Hypothese im Rahmen der Varianzanalyse über die Unwirksamkeit des einen Faktors,

$$H_o: \alpha_1 = \alpha_2 = \ldots = \alpha_{k_1} = 0 ,$$

ist, wie aus (IV.12) erkennbar, äquivalent zu

$$H_o: \beta_1 = \beta_2 = \ldots = \beta_{k_1-1} = 0$$

im Rahmen des Regressionsmodells. Gleiches gilt für den anderen Faktor;

$$H_o: \delta_1 = \delta_2 = \ldots = \delta_{k_2} = 0$$

ist äquivalent zu

$$H_o: \beta_{k-k_2} = \beta_{k-k_2+1} = \ldots = \beta_{k-2} = 0 .$$

Zur Veranschaulichung der regressionsanalytischen Behandlung der zweifaktoriellen Varianzanalyse mit einer Beobachtung pro Zelle unter Verwendung des Modells (IV.10a) eignet sich ein bereits unter Kap. II.2a eingeführtes Beispiel (Tab. II.13; monatliche Gewichtszunahme von Schweinen in Abhängigkeit vom Anfangsgewicht und der Futterart), bei dem die zwei exogenen Variablen vier bzw. drei mögliche verschiedene Realisationen aufweisen, so daß die Konstruktion von fünf Kodiervariablen erforderlich ist. Vorausgesetzt ist die Abwesenheit von Wechselwirkungen. Ihre Berücksichtigung würde weitere sechs Kodiervariablen erforderlich machen (vgl. Punkt 2c) dieses Kapitels), so daß ein Modell mit insgesamt 12 Parametern formuliert wäre. Bei 12 Wertekombinationen der exogenen Variablen und jeweils nur einer Beobachtung wären die Regressionskoeffizienten nicht sinnvoll schätzbar. Erneut zeigt sich, daß ein Versuchsplan mit nur einer Beobachtung pro Zelle nach Möglichkeit vermieden werden sollte.

Die Werte der Kodier- und Untersuchungsvariablen sind in der Tab. IV.12 übersichtlich dargestellt. Die Kodiervariablen $X_1$ bis $X_3$ kodieren die vier Anfangsgewichtsklassen ($A_1$ bis $A_4$) und $X_4$ bis $X_5$ die drei Futterarten ($F_1$ bis $F_3$). Der besseren Übersicht wegen sind die Wertekombinationen der exogenen Variablen als Zusatzspalte mit in Tab. IV.12 aufgenommen.

| $y_i$ | | $\hat{y}_i$ | | $x_{oi}$ | | $x_{1i}$ | | $x_{2i}$ | | $x_{3i}$ | | $x_{4i}$ | | $x_{5i}$ | Kombin. |
|---|---|---|---|---|---|---|---|---|---|---|---|---|---|---|---|
| 7,0 | | $\hat{y}_1$ | | 1 | | 1 | | 0 | | 0 | | 1 | | 0 | $A_1F_1$ |
| 14,0 | | $\hat{y}_2$ | | 1 | | 1 | | 0 | | 0 | | 0 | | 1 | $A_1F_2$ |
| 8,5 | deren | $\hat{y}_3$ | | 1 | | 1 | | 0 | | 0 | | 0 | | 0 | $A_1F_3$ |
| 16,0 | deter- | $\hat{y}_4$ | | 1 | | 0 | | 1 | | 0 | | 1 | | 0 | $A_2F_1$ |
| 15,5 | mini- stische | $\hat{y}_5$ | | 1 | | 0 | | 1 | | 0 | | 0 | | 1 | $A_2F_2$ |
| 16,5 | Kompo- | $\hat{y}_6$ | $=b_o\cdot$ | 1 | $+b_1\cdot$ | 0 | $+b_2\cdot$ | 1 | $+b_3\cdot$ | 0 | $+b_4\cdot$ | 0 | $+b_5\cdot$ | 0 | $A_2F_3$ |
| 10,5 | nente wird | $\hat{y}_7$ | | 1 | | 0 | | 0 | | 1 | | 1 | | 0 | $A_3F_1$ |
| 15,0 | ge- | $\hat{y}_8$ | | 1 | | 0 | | 0 | | 1 | | 0 | | 1 | $A_3F_2$ |
| 9,5 | schätzt durch | $\hat{y}_9$ | | 1 | | 0 | | 0 | | 1 | | 0 | | 0 | $A_3F_3$ |
| 13,5 | | $\hat{y}_{10}$ | | 1 | | 0 | | 0 | | 0 | | 1 | | 0 | $A_4F_1$ |
| 21,0 | | $\hat{y}_{11}$ | | 1 | | 0 | | 0 | | 0 | | 0 | | 1 | $A_4F_2$ |
| 13,5 | | $\hat{y}_{12}$ | | 1 | | 0 | | 0 | | 0 | | 0 | | 0 | $A_4F_3$ |

Tab. IV.12: Werte für Kodiervariablen und Gewichtszunahme bei unterschiedlichen Faktorstufenkombinationen (Kombin.) (Modell (IV.10a))

Die Regressionskoeffizienten lassen sich gemäß (IV.11) durch geeignete Bildung von Differenzen zwischen bedingten Mittelwerten in der Stichprobe schätzen. Die Schätzung unter Verwendung von (III.35) ist zwar wesentlich aufwendiger, jedoch vorteilhaft, da im inferentiellen Kontext auf Zwischenergebnisse zurückgegriffen werden kann, die im Teil HVE IV.12 enthalten sind. Auf beiden Wegen ergibt sich die Gleichung

$$\hat{y}_i = 14,625 - 6,1667x_{1i} - 4,3333x_{3i} - 0,25x_{4i} + 4,375x_{5i},\ i = 1, \ldots, 12.$$

$b_1 = -6{,}17$ bringt analog zu (IV.11) zum Ausdruck, daß das Anfangsgewicht der Stufe 1 im Vergleich zur Stufe 4 für die Gewichtszunahme um 6,17 Gewichtseinheiten weniger wirksam ist. Zwischen Stufe 2 und 4 besteht kein Unterschied ($b_2 = 0$). $b_4 = -0{,}25$ besagt, daß die Futterart 1 im Vergleich zur Futterart 3 für die Gewichtszunahme um 0,25 Einheiten weniger wirksam ist. Die Interpretation von $b_0 = 14{,}625$ ist im vorliegenden Falle der einen Beobachtung pro Wertekombination der exogenen Variablen nicht möglich durch den Mittelwert der Untersuchungsvariablen auf der jeweils letzten Stufe der Faktoren, da er als Stichprobenrealisation nicht existiert. Wie jedoch aus (IV.12) entnommen werden kann, gilt

$\mu = \beta_0 + a + b,$ so daß

$$b_0 = \bar{y} + (\bar{y}_{4.} - \bar{y}) + (\bar{y}_{.3} - \bar{y}) = 13{,}375 + 2{,}625 - 1{,}375 = 14{,}625 .$$

Die inferenzstatistische Beurteilung folgt dem in Kap. III unter Punkt 2d) angelegten Muster. Zunächst prüfen wir die umfassendste Unabhängigkeitshypothese, die behauptet, daß die Gewichtszunahme weder vom Anfangsgewicht noch von der Futterart abhängt (vgl. Tab. III.6). Der Wert der Prüfvariablen

$$F = \frac{(n-k-1)q_1}{k \cdot q_2} = \frac{(12-5-1)141{,}85}{5 \cdot 28{,}21} = 6{,}0$$

liegt bei 5% Signifikanzniveau (der Rückweisungspunkt liegt im Wert 4,39) im Rückweisungsbereich. Mindestens eine Anfangsgewichtsklasse oder Futterartklasse beeinflußt also die Gewichtszunahme wesentlich. Dieses Ergebnis entspricht dem Resultat bei der zweifaktoriellen Varianzanalyse in Kap. II.2a (Tab. II.14).

Im Anschluß hieran ist die Frage zu prüfen, ob die Gewichtszunahme z. B. durch das Anfangsgewicht bestimmt ist. Der Test erfolgt zweckmäßigerweise nach dem Rechenschema von Tab. III.7. Falls dort die Hyperebene I unter Ausschluß der Variablen "Anfangsgewicht" definiert wird, ergibt sich für die Variation auf dieser Hyperebene $q_1' = 54{,}12$ ,

d. h. eine Quadratsumme, die der zwischen den Futterartgruppen der Varianzanalyse (Tab. II.14) entspricht. Für $q_1$, die Variation auf der Hyperebene II, die die Variable "Anfangsgewicht" mit umfaßt, ergibt sich der Wert 141,85 , also die Quadratsumme $q_1 + q_2$ der Tab. II.12, die, wie Tab. II.14 zeigt, ebenfalls den Wert 141,85 hat. Die Verwendung des Rechenschemas der Tab. III.7 führt also zu den Daten der Tab. II.14. Die dort erhaltenen Testergebnisse können übertragen werden: Die Anfangsgewichtsklassen wie auch die gewählten Futterarten beeinflussen die Gewichtszunahme wesentlich.

Die Signifikanzprüfungen für die Regressionskoeffizienten führen wir wiederum unter Nutzung von (III.43) durch; Zwischenergebnisse sind in HVE IV.13 enthalten. Die wesentlichen Daten sind in der folgenden Tabelle zusammengefaßt, wobei ein Signifikanzniveau von 5% zugrunde gelegt wurde.

| Signifikanzprüfung für | | | | | | | |
|---|---|---|---|---|---|---|---|
| Koeffizient | Stufe ... in Vergleich zu Stufe ... (Faktor 1) | | Stufe ... in Vergleich zu Stufe ... (Faktor 2) | | t-Wert | Entscheidung |
| $b_1$ | 1 | 4 | | | -3,48 | $H_0$-Ablehnung |
| $b_2$ | 2 | 4 | | | 0,0 | $H_0$-Annahme |
| $b_3$ | 3 | 4 | | | -2,45 | $H_0$-Annahme |
| $b_4$ | | | 1 | 3 | -0,163 | $H_0$-Annahme |
| $b_5$ | | | 2 | 3 | 2,85 | $H_0$-Ablehnung |

Tab. IV.13: Tests für Regressionskoeffizienten (Modell (IV.10a)

Hieraus geht die signifikante (negative) relative Wirksamkeit der Anfangsgewichtsstufe 1 im Vergleich zur Stufe 4 hervor; d. h. das Anfangsgewicht der Stufe 1 beeinflußt die Gewichtszunahme wesentlich ungünstiger als das der Stufe 4. Des weiteren tritt die signifikante (positive) relative Wirksamkeit der Futterart 2 hervor; d. h. die Futterart 2 ist im Vergleich zur Futterart 3 bezüglich der Gewichtszunahme wesentlich besser.

Auf eine Behandlung des vorliegenden Beispiels unter Verwendung anderer Kodierungen wird an dieser Stelle verzichtet. Bei der Kontrast-Kodierung wären die Ausführungen analog zum Abschnitt 1cc) dieses Kapitels zu führen; die Resultate würden denen von Tab. II.16 und II.17 entsprechen.

c) Mit Wechselwirkungen

Wir geben im folgenden die Voraussetzung der unkorrelierten exogenen Variablen auf und berücksichtigen den Fall der versteckten bzw. stochastischen Multikollinearität. Dies ruft die gleichen Probleme hervor, die bereits im Kapitel III ausführlich erörtert wurden. Dort wurde u. a. festgestellt, daß beim Vorliegen stochastischer Multikollinearität eine Abschätzung der Bedeutung einer exogenen Variablen für die Untersuchungsvariable nur unscharf möglich ist. Darüberhinaus behindert die Multikollinearität im inferentiellen Kontext die Genauigkeit der Schätzung der Regressionskoeffizienten bzw. mindert die Trennschärfe der Tests.

Das regressionsanalytische Modell läßt sich im Falle nominalskalierter exogener Variablen so erweitern, daß als erklärende Variablen nicht nur - wie bislang - diese Variablen in kodierter Form aufgenommen werden, sondern zusätzlich weitere Hilfsvariablen, welche die spezifischen Wirkungskombinationen (Wechselwirkungen) der Merkmalsausprägungen dieser Variablen berücksichtigen.

Beispielsweise lassen sich im Falle zweier exogener Variablen mit $k_1$ bzw. $k_2$ Ausprägungen insgesamt $k_1k_2$ Einwirkungskombinationen unterscheiden, die durch $k_1k_2$ zusätzliche Kodiervariablen berücksichtigt werden können. Da jedoch, wie weiter vorn begründet wurde, für $k_1$ Werte nur $k_1-1$ unabhängige Kodiervariablen konstruiert werden können und für $k_2$ Werte nur $k_2-1$ Kodiervariablen, lassen sich zusätzlich nur $(k_1-1)(k_2-1)$ unabhängige Kodiervariablen für die Wechselwirkung bilden.

Formal verfährt man bei der Konstruktion der Kodiervariablen für die Wechselwirkung so, daß die Kodiervariablen für eine exogene Variable mit den Kodiervariablen für eine andere exogene Variable multiplikativ verknüpft werden. Auf derartige Variablen, die aus der linearen Transformation von orthogonalen Kodiervariablen hervorgehen, ist die Anwendung der Regressionsanalyse wiederum sinnvoll. Das entsprechende Modell mit zwei korrelierenden nominalskalierten exogenen Variablen hat die folgende Darstellung.

Für die Kodierung der zwei Variablen werden zunächst - wie im Modell (IV.10) - k-2 Kodiervariablen benötigt. $X_j$, $j = 1, \ldots, k_1-1$, ersetzt die erste exogene Variable. $X_j$, $j = k_1, k_1+1, \ldots, k-2$, ersetzt die zweite exogene Variable. Hinzu treten die $(k_1-1)(k_2-1)$ Kodiervariablen[1] für die Wechselwirkung $X_j$, $j = k-1, k, \ldots, k_1k_2-1$. Unter dieser Festlegung für $X_j$, die eine bestimmte Reihenfolge für die Werte aller exogener Variablen und eine Konstruktionsvorschrift der Kodiervariablen für die Wechselwirkung enthält, und unter Verwendung der (0-1)-Kodierung läßt sich das Modell für zwei exogene Variablen darstellen als (IV.13).

[1] Insgesamt werden also $(k_1-1) + (k_2-1) + (k_1-1)(k_2-1) = k_1k_2 - 1$ Kodiervariablen benötigt.

$$\text{(IV.13)} \quad y_i = \beta_o x_{oi} + \sum_{j=1}^{k_1 k_2 - 1} \beta_j x_{ji} + u_i, \quad i = 1, \ldots, n,$$

$$x_{oi} = 1\,,$$

$$x_{ji} = \begin{cases} 1, & \text{falls der j-te Wert der exogenen Variablen vorliegt,} \\ 0 & \text{anderenfalls,} \end{cases}$$

$$j = 1, \ldots, k-2,$$

$$\beta_j \neq 0 \quad \text{für alle } j\,.$$

Die Interpretation der Regressionskoeffizienten führt bei der gewählten (0-1)-Kodierung zu nicht leicht überschaubaren Aussagen (siehe HVE IV.16). Hierzu betrachten wir den Fall zweier exogener Variablen mit $k_1 = 3$ und $k_2 = 2$ Merkmalswerten, der sich problemlos verallgemeinern läßt. Das Regressionsmodell besteht also aus der Gleichung

$$y_i = \beta_o + \beta_1 x_{1i} + \beta_2 x_{2i} + \beta_3 x_{3i} + \beta_4 x_{4i} + \beta_5 x_{5i} + u_i.$$

Die Variablen $X_1$ und $X_2$ kodieren die drei Werte der einen, $X_3$ die zwei Werte der anderen exogenen Variablen. $X_4 = X_1 X_3$ und $X_5 = X_2 X_3$ kodieren die Wechselwirkung zwischen den zwei exogenen Variablen.

Wir bezeichnen wiederum mit $\mu_{jh}$ den Grundgesamtheitsmittelwert der Untersuchungsvariablen auf der j-ten Stufe der ersten und h-ten Stufe der zweiten exogenen Variablen. Unter den Annahmen des Regressionsmodells lassen sich die Regressionskoeffizienten in der folgenden Weise mit den Grundgesamtheitsmittelwerten der Untersuchungsvariablen verknüpfen (siehe HVE IV.14 bzw. HVE IV.16)):

$$\text{(IV.14)} \quad \begin{aligned} \beta_o &= \mu_{32} \\ \beta_1 &= \mu_{12} - \mu_{32} \\ \beta_2 &= \mu_{22} - \mu_{32} \\ \beta_3 &= \mu_{31} - \mu_{32} \\ \beta_4 &= (\mu_{11} - \mu_{12}) - (\mu_{31} - \mu_{32}) \\ \beta_5 &= (\mu_{21} - \mu_{22}) - (\mu_{31} - \mu_{32}) \end{aligned}$$

Im Vergleich zur Interpretation der Koeffizienten $\beta_1$ bis $\beta_3$ im Falle der Abwesenheit von Wechselwirkungen gemäß (IV.11) kann festgestellt werden, daß diese Koeffizienten im vorliegenden Falle die relative Bedeutung der Ausprägung der einen exogenen Variablen jeweils bei jener Ausprägung der anderen Variablen darstellen, die (bei der Kodierung) fortgelassen wurde. Deshalb könnten die Koeffizienten $\beta_1$ bis $\beta_3$ als bedingte relative Bedeutungen der Ausprägungen der exogenen Variablen aufgefaßt werden. Die Interpretation der zu den Wechselwirkungsvariablen gehörenden Koeffizienten $\beta_4$ und $\beta_5$ ist im Falle der (0-1)-Kodierung noch weniger überschaubar, so daß wir hierauf verzichten wollen.

Falls nach einem schnellen Weg zur Schätzung der Regressionskoeffizienten gesucht wird, bietet (IV.14) beträchtliche Rechenvereinfachungen, ohne daß allerdings inferenzstatistischen Überlegungen nachgegangen werden könnte.

Ein vollständiges Beispiel hierzu behandeln wir erst im folgenden Abschnitt. Im vorliegenden Teil beschränken wir uns auf eine kurze Illustration von (IV.13).

Die Geschwindigkeit Y bestimmter PKWs wird an einer Meßstelle erhoben, wobei - wie in Tab. IV.3 - drei PKW-Marken ($P_1$ bis $P_3$) unterschieden werden. Zusätzlich wird in der Erhebung nach schlechten und guten Sichtverhältnissen ($S_1$ und $S_2$) differenziert.

| PKW-Marke \ Sicht | gut | schlecht |
|---|---|---|
| Mercedes | 135 147 120 150 | 115 130 120 145 |
| BMW | 120 140 160 155 | 110 120 120 150 |
| Porsche | 160 155 145 165 | 135 130 115 140 |

Tab. IV.14: Geschwindigkeiten

Bei Verwendung des Modells (IV.13) sind die Angaben der folgenden Tabelle gültig. Der besseren Übersicht wegen sind die Wertekombinationen der beiden exogenen Variablen als Zusatzspalte (Kombin.) mit aufgenommen.

| $y_i$ | $\hat{y}_i$ | $x_{oi}$ | $x_{1i}$ | $x_{2i}$ | $x_{3i}$ | $x_{4i}$ | $x_{5i}$ | Kombin. |
|---|---|---|---|---|---|---|---|---|
| 135 | $\hat{y}_1$ | 1 | 1 | 0 | 1 | 1 | 0 | $P_1S_1$ |
| 147 | $\hat{y}_2$ | 1 | 1 | 0 | 1 | 1 | 0 | |
| 120 | $\hat{y}_3$ | 1 | 1 | 0 | 1 | 1 | 0 | |
| 150 | $\hat{y}_4$ | 1 | 1 | 0 | 1 | 1 | 0 | |
| 115 | $\hat{y}_5$ | 1 | 1 | 0 | 0 | 0 | 0 | $P_1S_2$ |
| 130 | $\hat{y}_6$ | 1 | 1 | 0 | 0 | 0 | 0 | |
| 120 | $\hat{y}_7$ | 1 | 1 | 0 | 0 | 0 | 0 | |
| 145 | $\hat{y}_8$ | 1 | 1 | 0 | 0 | 0 | 0 | |
| 120 | $\hat{y}_9$ | 1 | 0 | 1 | 1 | 0 | 1 | $P_2S_1$ |
| 140 | $\hat{y}_{10}$ | 1 | 0 | 1 | 1 | 0 | 1 | |
| 160 | $\hat{y}_{11}$ | 1 | 0 | 1 | 1 | 0 | 1 | |
| 155 | $\hat{y}_{12}$ | 1 | 0 | 1 | 1 | 0 | 1 | |
| 110 | $\hat{y}_{13}$ | 1 | 0 | 1 | 0 | 0 | 0 | $P_2S_2$ |
| 120 | $\hat{y}_{14}$ | 1 | 0 | 1 | 0 | 0 | 0 | |
| 120 | $\hat{y}_{15}$ | 1 | 0 | 1 | 0 | 0 | 0 | |
| 150 | $\hat{y}_{16}$ | 1 | 0 | 1 | 0 | 0 | 0 | |
| 160 | $\hat{y}_{17}$ | 1 | 0 | 1 | 0 | 0 | 0 | $P_3S_1$ |
| 155 | $\hat{y}_{18}$ | 1 | 0 | 1 | 0 | 0 | 0 | |
| 145 | $\hat{y}_{19}$ | 1 | 0 | 1 | 0 | 0 | 0 | |
| 165 | $\hat{y}_{20}$ | 1 | 0 | 1 | 0 | 0 | 0 | |
| 135 | $\hat{y}_{21}$ | 1 | 0 | 0 | 0 | 0 | 0 | $P_3S_2$ |
| 130 | $\hat{y}_{22}$ | 1 | 0 | 0 | 0 | 0 | 0 | |
| 115 | $\hat{y}_{23}$ | 1 | 0 | 0 | 0 | 0 | 0 | |
| 140 | $\hat{y}_{24}$ | 1 | 0 | 0 | 0 | 0 | 0 | |

(Vektor $y_i$) deren deterministische Komponente wird geschätzt durch (Vektor $\hat{y}_i$) $= b_o \cdot x_{oi} + b_1 \cdot x_{1i} + b_2 \cdot x_{2i} + b_3 \cdot x_{3i} + b_4 \cdot x_{4i} + b_5 \cdot x_{5i}$

Tab. IV.15: Werte für Kodiervariablen und Geschwindigkeiten bei unterschiedlichen PKW-Marken und Sichtverhältnissen (Modell (IV.13))

Für die einzelnen Mittelwerte ergibt sich:

$\bar{y}_{11} = 138 \quad \bar{y}_{12} = 127{,}5 \quad \bar{y}_{21} = 143{,}75 \quad \bar{y}_{22} = 125 \quad \bar{y}_{31} = 156{,}25$

$\bar{y}_{32} = 130$ .

Gemäß (IV.14) ergibt sich für die Regressionskoeffizienten z. B. $b_o = \bar{y}_{32} = 130$, $b_1 = \bar{y}_{12} - \bar{y}_{32} = 127{,}5 - 130 = -2{,}5$ usw., so daß die Regressionshyperebene in der Stichprobe lautet

$$\hat{y}_i = 130 - 2{,}5x_{1i} - 5x_{2i} + 26{,}25x_{3i} - 15{,}75x_{4i} - 7{,}5x_{5i},\ i = 1, \ldots, 24.$$

d) Regressionsanalytische Behandlung der zweifaktoriellen Varianzanalyse mit mehreren Beobachtungen pro Zelle

Die Ersetzung der zwei Faktoren durch Kodiervariablen sowie die Ergänzung durch weitere Kodiervariablen für die Wechselwirkungen gemäß (IV.13) stellt eine Möglichkeit dar, das Modell der zweifaktoriellen Varianzanalyse mit mehreren Beobachtungen pro Zelle als Regressionsmodell zu formulieren:

(IV.13a) $$y_i = \beta_o x_{oi} + \sum_{j=1}^{k_1k_2-1} \beta_j x_{ji} + u_i, \quad i = 1, \ldots, n,$$

$$x_{oi} = 1\,,$$

$$x_{ji} = \begin{cases} 1, & \text{falls die j-te Stufe der Faktoren vorliegt,} \\ 0 & \text{anderenfalls,} \end{cases}$$

$j = 1, \ldots, k-2$ .

$X_j$, $j = k-1, \ldots, k_1k_2-1$, kodiert die Wechselwirkung durch geeignete multiplikative Verknüpfung der $X_j$, $j = 1, \ldots, k-2$.

$\beta_j \neq 0$ für alle $j$ .

Wie sich in Analogie zu den Ausführungen unter Punkt 2b) dieses Kapitels herleiten ließe, sind die Hypothesen über die Unwirksamkeit der Hauptwirkungen der Faktoren äquivalent zu den Hypothesen, daß die entsprechenden Regressionskoeffizienten den Wert Null haben. Darüber hinaus ist die Hypothese über die Abwesenheit von Wechselwirkungen äquivalent zur Hypothese, daß die zu den Kodiervariablen für die Wechselwirkung gehörenden Regressionskoeffizienten Null sind (siehe auch HVE IV.16).

Zur Veranschaulichung von (IV.13a) betrachten wir das in Kap. II.2b erörterte Beispiel (Lesbarkeit kurzer Werbetexte in Abhängigkeit von der Farbe ($F_1$ und $F_2$) und der Drucktype ($D_1$ bis $D_3$)).

Für die Kodierung der zwei Farben wird $X_1$ benötigt und für die Kodierung der drei Drucktypen $X_2$ und $X_3$. Für die Kodierung der insgesamt sechs Kombinationen der Stufen der beiden Faktoren werden nur zwei weitere Variablen benötigt, $X_4 = X_1X_2$ und $X_5 = X_1X_3$. Die Werte der Kodier- und Untersuchungsvariablen sind in der Tab. IV.16 dargestellt.

Die Schätzung der Regressionskoeffizienten gemäß (III.35) (Zwischenergebnisse siehe unter HVE IV.15) führt zur Gleichung

$$\hat{y}_i = 3{,}75 - 1{,}75x_{1i} + 0{,}25x_{2i} - 1{,}25x_{3i} + 3{,}25x_{4i} + 2{,}75x_{5i}, \quad i = 1, \ldots, 24.$$

Die geschätzten deterministischen Komponenten $\hat{y}_i$ entsprechen den jeweiligen Gruppenmittelwerten

$$\bar{y}_{11} = 5{,}5 \quad \bar{y}_{12} = 3{,}5 \quad \bar{y}_{13} = 2 \quad \bar{y}_{21} = 4 \quad \bar{y}_{22} = 2{,}5 \quad \bar{y}_{23} = 3{,}75\ .$$

$b_o$ entspricht $\bar{y}_{23} = 3{,}75$ , $b_1 = \bar{y}_{13} - \bar{y}_{23} = -1{,}75$ usw.[1]

Die Interpretation der Regressionskoeffizienten $b_1$, $b_2$ und $b_3$ des Modells (IV.13a) betrifft die bedingte relative Wirksamkeit der Farb- und Drucktypenklassen, während die in $b_4$ und $b_5$ zum Ausdruck kommenden Wechselwirkungen ebenfalls eine nur schwer nachvollziehbare verbale Interpretation zulassen. Wir werden deshalb im inferentiellen Kontext

[1] Im vorliegenden Beispiel gilt analog zu (IV.14): $\beta_o = \mu_{23}$ , $\beta_1 = \mu_{13} - \mu_{23}$ , $\beta_2 = \mu_{21} - \mu_{23}$ , $\beta_3 = \mu_{22} - \mu_{23}$ usw.

| $y_i$ | | $\hat{y}_i$ | | $x_{oi}$ | | $x_{1i}$ | | $x_{2i}$ | | $x_{3i}$ | | $x_{4i}$ | | $x_{5i}$ | Kombin. |
|---|---|---|---|---|---|---|---|---|---|---|---|---|---|---|---|
| 6 | | $\hat{y}_1$ | | 1 | | 1 | | 1 | | 0 | | 1 | | 0 | $F_1D_1$ |
| 4 | | $\hat{y}_2$ | | 1 | | 1 | | 1 | | 0 | | 1 | | 0 | |
| 7 | | $\hat{y}_3$ | | 1 | | 1 | | 1 | | 0 | | 1 | | 0 | |
| 5 | | $\hat{y}_4$ | | 1 | | 1 | | 1 | | 0 | | 1 | | 0 | |
| 4 | | $\hat{y}_5$ | | 1 | | 1 | | 0 | | 1 | | 0 | | 1 | $F_1D_2$ |
| 2 | | $\hat{y}_6$ | | 1 | | 1 | | 0 | | 1 | | 0 | | 1 | |
| 3 | | $\hat{y}_7$ | | 1 | | 1 | | 0 | | 1 | | 0 | | 1 | |
| 5 | | $\hat{y}_8$ | | 1 | | 1 | | 0 | | 1 | | 0 | | 1 | |
| 2 | deren | $\hat{y}_9$ | | 1 | | 1 | | 0 | | 0 | | 0 | | 0 | $F_1D_3$ |
| 2 | deter- | $\hat{y}_{10}$ | | 1 | | 1 | | 0 | | 0 | | 0 | | 0 | |
| 1 | mini- | $\hat{y}_{11}$ | | 1 | | 1 | | 0 | | 0 | | 0 | | 0 | |
| 3 | stische | $\hat{y}_{12}$ | $=b_o\cdot$ | 1 | $+b_1\cdot$ | 1 | $+b_2\cdot$ | 0 | $+b_3\cdot$ | 0 | $+b_4\cdot$ | 0 | $+b_5\cdot$ | 0 | |
| 5 | Kompo- | $\hat{y}_{13}$ | | 1 | | 0 | | 1 | | 0 | | 0 | | 0 | $F_2D_1$ |
| 4 | nente | $\hat{y}_{14}$ | | 1 | | 0 | | 1 | | 0 | | 0 | | 0 | |
| 3 | wird | $\hat{y}_{15}$ | | 1 | | 0 | | 1 | | 0 | | 0 | | 0 | |
| 4 | ge- | $\hat{y}_{16}$ | | 1 | | 0 | | 1 | | 0 | | 0 | | 0 | |
| 2 | schätzt | $\hat{y}_{17}$ | | 1 | | 0 | | 0 | | 1 | | 0 | | 0 | $F_2D_2$ |
| 1 | durch | $\hat{y}_{18}$ | | 1 | | 0 | | 0 | | 1 | | 0 | | 0 | |
| 3 | | $\hat{y}_{19}$ | | 1 | | 0 | | 0 | | 1 | | 0 | | 0 | |
| 4 | | $\hat{y}_{20}$ | | 1 | | 0 | | 0 | | 1 | | 0 | | 0 | |
| 5 | | $\hat{y}_{21}$ | | 1 | | 0 | | 0 | | 0 | | 0 | | 0 | $F_2D_3$ |
| 4 | | $\hat{y}_{22}$ | | 1 | | 0 | | 0 | | 0 | | 0 | | 0 | |
| 3 | | $\hat{y}_{23}$ | | 1 | | 0 | | 0 | | 0 | | 0 | | 0 | |
| 3 | | $\hat{y}_{24}$ | | 1 | | 0 | | 0 | | 0 | | 0 | | 0 | |

Tab. IV.16: Werte für Kodiervariablen und Lesbarkeit von Werbetexten (Modell (IV.13a))

$b_4$ und $b_5$ zum Komplex der Wechselwirkung zusammenfassen und entsprechend mit den Hauptwirkungen der beiden Faktoren verfahren.

Die inferenzstatistische Beurteilung orientiert sich wiederum an dem Muster, das in Kap. III.2d entwickelt wurde. Auf eine spezielle Signifikanzprüfung der einzelnen Regressionskoeffizienten soll auf Grund ihrer bereits festgestellten, praktisch kaum verwertbaren Interpretation verzichtet werden.

Zu prüfen sind im folgenden vier Unabhängigkeitshypothesen:

- Die umfassendste Unabhängigkeitshypothese, welche die Wirkungslosigkeit aller Faktoren behauptet (Farbe, Drucktype und deren Wechselwirkung). Die Prüfung ist unter Verwendung des Rechenschemas der Tab. III.6 möglich.
- Die Hypothese der Wirkungslosigkeit der Farbe. Eine Beurteilung ist unter Verwendung des Rechenschemas der Tab. III.7 möglich. Gleiches gilt für die beiden nächsten Hypothesen.
- Die Hypothese über die Wirkungslosigkeit der Drucktype.
- Die Hypothese über die Abwesenheit einer Wechselwirkung zwischen der Farbe und der Drucktype.

Die Tab. IV.17 stellt die jeweiligen Null- und Alternativhypothesen zusammen sowie die gemäß Tab. III.7 spezifizierten Quadratsummen und Freiheitsgrade. Hierbei bezeichnet $q_1$, wie bisher auch, die im nicht eingeschränkten Modell durch sämtliche Kodiervariablen erklärte Variation der Untersuchungsvariablen. $q_1$ hat im vorliegenden Beispiel 5 Freiheitsgrade, da in der Notation der Tab. III.7 die Zahl der exogenen Variablen $k = 5$ beträgt und in der Notation des Modells (IV.13a) insgesamt $k_1k_2 - 1 = 3 \cdot 2 - 1 = 5$ Kodiervariablen verwendet werden. $q_1'$ bezeichnet die erklärte Variation auf der Regressionshyperebene des jeweiligen eingeschränkten Modells.

Die Prüfung der Wirkungslosigkeit für alle Faktoren gemäß Tab. III.6 führt wegen $q_1 = 30{,}21$ (5 Freiheitsgrade) und $q_2 = 21{,}75$ (18 Freiheitsgrade) zum Wert der Prüfvariablen

$$F = \frac{18 \cdot 30{,}21}{5 \cdot 21{,}75} = 5{,}00 \ .$$

Bei 5% Signifikanzniveau wird die Nullhypothese abgelehnt, da der Rückweisungspunkt im Wert 2,77 liegt. Dieses Ergebnis entspricht erwartungsgemäß dem der entsprechenden Varianzanalyse (vgl. Tab. II.22).

| Prüfung betrifft | $H_o$ | $H_a$ | $q_1$' wird bestimmt mit $X_o$ sowie ... | Zahl der Kodiervariablen ohne $X_o$ | $q_1$' | $q_1$-$q_1$' | Freiheitsgrade für $q_1$-$q_1$' |
|---|---|---|---|---|---|---|---|
| Farbe | $\beta_1 = 0$ | $\beta_1 \neq 0$ | $X_2, X_3, X_4, X_5$ | 4 | 24,08 | 6,13 | 1 |
| Drucktype | $\beta_2 \wedge \beta_3 = 0$ | $\beta_2 \vee \beta_3 \neq 0$ | $X_1, X_4, X_5$ | 3 | 25,04 | 5,17 | 2 |
| Wechselwirkung | $\beta_4 \wedge \beta_5 = 0$ | $\beta_4 \vee \beta_5 \neq 0$ | $X_1, X_2, X_3$ | 3 | 17,96 | 12,25 | 2 |
| alle Faktoren | $\beta_j = 0$ für alle j | $\beta_j \neq 0$ für mindestens ein $\beta_j$ | - | 0 | 0 | $q_1$=30,21 | 5 |

Tab. IV.17: Tests für Regressionskoeffizienten (Modell (IV.13a))

Die Prüfung der Hypothese über die Wirkungslosigkeit der Hauptwirkung der Farbe erfordert zunächst eine erneute Schätzung der Regressionskoeffizienten, wobei neben $X_o$ die in der Tab. IV.17 bezeichneten vier Kodiervariablen ins eingeschränkte Modell aufzunehmen sind. Die Schätzung der Regressionskoeffizienten im eingeschränkten Modell führt - bei der verwendeten (0-1)-Dummy-Kodierung - i. a. zu anderen Regressionskoeffizienten als im nicht eingeschränkten Modell. Die anschließend bestimmbare erklärte Variation $q_1$' beträgt 24,08. Die auf die Hauptwirkung der Farbe sowie den Zufall zurückführbare Variation $q_1$-$q_1$' beträgt 30,21 - 24,08 = 6,13. Sie stimmt nicht mit dem varianzanalytischen Befund überein, worauf zurückzukommen sein wird.

Hieraus kann zunächst entnommen werden: Die Wahl der (0-1)-Kodierung hat zwar keinen Einfluß auf die Höhe des multiplen Determinationskoeffizienten im nicht eingeschränkten Modell und auf das Resultat für die Prüfung der Wirkungslosigkeit aller Faktoren. Sie hat jedoch gewöhnlich Folgen für die inferenzstatistische Betrachtung der Haupt- und Wechselwirkungen der Faktoren. Deshalb kann die Wahl der Kodierung unter Umständen die Entscheidung über die Signifikanz der einzelnen Faktorwirkungen beeinflussen[1].

Die inferenzstatistische Beurteilung der drei ersten Hypothesen von Tab. IV.17 erfolgt über die in Anschluß an Tab. III.7 entwickelte Prüfvariable, die wir für den vorliegenden Fall verallgemeinern:

$$F^{l}_{n-u-1} = \frac{\frac{q_1 - q_1'}{l}}{\frac{q_2}{n-u-1}} = \frac{\frac{r_u^2 - r_e^2}{l}}{\frac{1-r_u^2}{n-u-1}} ,$$

wobei die verwendeten Symbole bedeuten:

$q_1$ - erklärte Variation im nicht eingeschränkten Modell

$q_2$ - unerklärte Variation im nicht eingeschränkten Modell

$q_1'$ - erklärte Variation im jeweiligen eingeschränkten Modell

$u$ - Anzahl der Kodiervariablen im nicht eingeschränkten Modell (ohne $X_0$). u entspricht in (IV.13a) der Zahl $k_1k_2-1$ .

$l$ - Anzahl der im jeweiligen eingeschränkten Modell fortgelassenen Kodiervariablen. l entspricht dem Freiheitsgrad von $q_1-q_1'$.

$r_u^2$ - multipler Determinationskoeffizient des nicht eingeschränkten Modells

$r_e^2$ - multipler Determinationskoeffizient des jeweiligen eingeschränkten Modells

Im einzelnen ergeben sich bei 5% Signifikanzniveau die folgenden Resultate:

Test der Farbe: $F^1_{18} = \frac{6,13}{\frac{21,75}{18}} = 5,07$ ; d. h. $H_0$-Ablehnung (Rückweisungspunkt: 4,41).

[1] Vgl. hierzu KÜCHLER, M., a, a, O., S. 151ff.

Der gleiche Wert ergibt sich unter Verwendung der multiplen Determinationskoeffizienten. Im nicht eingeschränkten Modell hat $r_u^2$ den Wert

$r_{y.1...5}^2 = 0{,}5814$ ,

im eingeschränkten Modell hat $r_e^2$ hier den Wert

$r_{y.2345}^2 = 0{,}4635$ ,

so daß sich ebenfalls

$$F_{18}^1 = \frac{0{,}5814-0{,}4635}{\frac{1-0{,}5814}{18}} = 5{,}07 \quad \text{ergibt.}$$

Test der Drucktype: $F_{18}^2 = \frac{\frac{5{,}17}{2}}{\frac{21{,}75}{18}} = 2{,}14$ ; d. h. $H_0$-Annahme (Rückweisungspunkt: 3,55). Der gleiche Wert ergibt sich unter Verwendung von $r_{y.1...5}^2 = 0{,}5814$ und $r_{y.145}^2 = 0{,}4820$ .

Test der Wechselwirkung: $F_{18}^2 = \frac{\frac{12{,}25}{2}}{\frac{21{,}75}{18}} = 5{,}07$ ; d. h. $H_0$-Ablehnung.

Der gleiche Wert ergibt sich unter Verwendung von $r_{y.1...5}^2 = 0{,}5814$ und $r_{y.123}^2 = 0{,}3456$ .

Im Gegensatz zur entsprechenden Varianzanalyse (Tab. II.22) wird im regressionsanalytischen Ansatz mit der (0-1)-Kodierung also die Hypothese über die Wirkungslosigkeit der Farbe zurückgewiesen und die über die Drucktype angenommen. Die Beurteilung der Wechselwirkung hingegen stimmt bei beiden Ansätzen überein.

Das Modell (IV.13a), bei dem die (0-1)-Dummy-Kodierung gewählt wurde, hat bei Erhebungen unter Einbezug einer Kontrollgruppe Vorzüge (vgl. unter Punkt 1ca) dieses Kapitels). Von Nachteil ist, daß die Interpretation der Regressionskoeffizienten gemäß (IV.14) nicht sehr anschaulich ist und daß einige inferenzstatistische Resultate von den entsprechenden varianzanalytischen Ergebnissen abweichen.

Bei Verwendung der Effekt-Kodierung, die zum Modell (IV.15) führt, besteht dieser Nachteil nicht.

(IV.15) $y_i = \beta_o x_{oi} + \sum_{j=1}^{k_1 k_2 - 1} \beta_j x_{ji} + u_i, \quad i = 1, \ldots, n,$

$x_{oi} = 1$ ,

$x_{ji} = \begin{cases} 1, & \text{falls die j-te Stufe der Faktoren vorliegt, außer} \\ -1 & \text{für die } k_1\text{-te Stufe des ersten und } k_2\text{-te Stufe des zweiten Faktors,} \\ 0 & \text{anderenfalls,} \end{cases}$

$j = 1, \ldots, k-2$ ,

$X_j$, $j = k-1, \ldots, k_1 k_2 - 1$, kodiert die Wechselwirkung durch geeignete multiplikative Verknüpfung der $X_j$, $j = 1, \ldots, k-2$ .

$\beta_j \neq 0$ für alle j .

Die Regressionskoeffizienten des Modells (IV.15) besitzen, wie dem Teil HVE IV.16 entnommen werden kann, Interpretationen gemäß (IV.16). Demnach geben die Regressionskoeffizienten $\beta_1$ bis $\beta_{k_1-1}$ den Effekt des einen Faktors auf seinen einzelnen Stufen an (ohne die $k_1$-te Stufe), die folgenden $k_2-1$ Regressionskoeffizienten $\beta_{k_1}$ bis $\beta_{k-2}$ geben den Effekt des anderen Faktors auf seinen einzelnen Stufen an (ohne die $k_2$-te Stufe), und die dann folgenden $(k_1-1)(k_2-1)$ Regressionskoeffizienten $\beta_{k-1}$ bis $\beta_{k_1 k_2 - 1}$ geben die Wechselwirkung zwischen den beiden Faktoren an[1].

[1] Um eine Doppeldeutigkeit der Symbole zu vermeiden, ersetzen wir $\beta$ in (II.9a), den Haupteffekt des Faktors B, durch $\delta$.

(IV.16)
$$\begin{aligned}
\beta_o &= \mu \\
\beta_1 &= \alpha_1 \\
&\vdots \\
\beta_{k_1-1} &= \alpha_{k_1-1} \\
\beta_{k_1} &= \delta_1 \\
&\vdots \\
\beta_{k-2} &= \delta_{k_2-1} \\
\beta_{k-1} &= \gamma_{11} \\
&\vdots \\
\beta_{k_1k_2-1} &= \gamma_{(k_1-1)(k_2-1)}
\end{aligned}$$

Zur Veranschaulichung von (IV.15) und (IV.16) betrachten wir erneut das in Kap. II.2b erörterte Beispiel, das auch bereits im Zusammenhang mit (IV.13a) verwendet wurde. Die Tab. IV.18 enthält u. a. die entsprechenden Werte für die Kodiervariablen.

Die Schätzung der Regressionskoeffizienten gemäß (III.35) (Zwischenergebnisse siehe unter HVE IV.17) führt zur Gleichung

$$\hat{y}_i = 3{,}5417 + 0{,}125x_{1i} + 1{,}2083x_{2i} - 0{,}5417x_{3i} + 0{,}625x_{4i} + 0{,}375x_{5i}, \quad i = 1, \ldots, 24 .$$

Wie bei der Anwendung von (IV.13a) entsprechen auch hier die $\hat{y}$-Werte den jeweiligen Gruppenmittelwerten. $b_o$ entspricht dem Durchschnitt aller Meßwerte. $b_1$ gibt den Effekt der Farbstufe 1 an; d. h. die blaue Farbe übt für die Lesbarkeit einen positiven Effekt aus und liegt mit 0,125 Einheiten (der Lesbarkeit) über dem Durchschnitt aller Stufen. Der Effekt der Drucktype 1 ist ebenfalls positiv ($b_2$ = 1,2083) und relativ stark, während der von Drucktype 2 negativ ist ($b_3$ = -0,5417).

| $y_i$ | | $\hat{y}_i$ | | $x_{oi}$ | | $x_{1i}$ | | $x_{2i}$ | | $x_{3i}$ | | $x_{4i}$ | | $x_{5i}$ | Kombin. |
|---|---|---|---|---|---|---|---|---|---|---|---|---|---|---|---|
| 6 | | $\hat{y}_1$ | | 1 | | 1 | | 1 | | 0 | | 1 | | 0 | $F_1D_1$ |
| 4 | | $\hat{y}_2$ | | 1 | | 1 | | 1 | | 0 | | 1 | | 0 | |
| 7 | | $\hat{y}_3$ | | 1 | | 1 | | 1 | | 0 | | 1 | | 0 | |
| 5 | | $\hat{y}_4$ | | 1 | | 1 | | 1 | | 0 | | 1 | | 0 | |
| 4 | | $\hat{y}_5$ | | 1 | | 1 | | 0 | | 1 | | 0 | | 1 | $F_1D_2$ |
| 2 | | $\hat{y}_6$ | | 1 | | 1 | | 0 | | 1 | | 0 | | 1 | |
| 3 | | $\hat{y}_7$ | | 1 | | 1 | | 0 | | 1 | | 0 | | 1 | |
| 5 | | $\hat{y}_8$ | | 1 | | 1 | | 0 | | 1 | | 0 | | 1 | |
| 2 | deren | $\hat{y}_9$ | | 1 | | 1 | | -1 | | -1 | | -1 | | -1 | $F_1D_3$ |
| 2 | deter- | $\hat{y}_{10}$ | | 1 | | 1 | | -1 | | -1 | | -1 | | -1 | |
| 1 | mini- | $\hat{y}_{11}$ | | 1 | | 1 | | -1 | | -1 | | -1 | | -1 | |
| 3 | stische | $\hat{y}_{12}$ | $=b_o\cdot$ | 1 | $+b_1\cdot$ | 1 | $+b_2\cdot$ | -1 | $+b_3\cdot$ | -1 | $+b_4\cdot$ | -1 | $+b_5\cdot$ | -1 | |
| 5 | Kompo- | $\hat{y}_{13}$ | | 1 | | -1 | | 1 | | 0 | | -1 | | 0 | $F_2D_1$ |
| 4 | nente | $\hat{y}_{14}$ | | 1 | | -1 | | 1 | | 0 | | -1 | | 0 | |
| 3 | wird | $\hat{y}_{15}$ | | 1 | | -1 | | 1 | | 0 | | -1 | | 0 | |
| 4 | ge- schätzt | $\hat{y}_{16}$ | | 1 | | -1 | | 1 | | 0 | | -1 | | 0 | |
| 2 | durch | $\hat{y}_{17}$ | | 1 | | -1 | | 0 | | 1 | | 0 | | -1 | $F_2D_2$ |
| 1 | | $\hat{y}_{18}$ | | 1 | | -1 | | 0 | | 1 | | 0 | | -1 | |
| 3 | | $\hat{y}_{19}$ | | 1 | | -1 | | 0 | | 1 | | 0 | | -1 | |
| 4 | | $\hat{y}_{20}$ | | 1 | | -1 | | 0 | | 1 | | 0 | | -1 | |
| 5 | | $\hat{y}_{21}$ | | 1 | | -1 | | -1 | | -1 | | 1 | | 1 | $F_2D_3$ |
| 4 | | $\hat{y}_{22}$ | | 1 | | -1 | | -1 | | -1 | | 1 | | 1 | |
| 3 | | $\hat{y}_{23}$ | | 1 | | -1 | | -1 | | -1 | | 1 | | 1 | |
| 3 | | $\hat{y}_{24}$ | | 1 | | -1 | | -1 | | -1 | | 1 | | 1 | |

Tab. IV.18: Werte für Kodiervariablen und Lesbarkeit von Werbetexten (Modell (IV.15))

Die Wechselwirkungskoeffizienten $b_4$ und $b_5$ sind positiv, wobei der Kombinationseffekt der blauen Farbe mit der Drucktype 1 für die Lesbarkeit besonders günstig ist, was im übrigen bereits an $\bar{y}_{11} = 5{,}5$ , einem relativ hohen Mittelwert, erkennbar ist.

Für Vergleichszwecke wollen wir, wie bei der Anwendung von (IV.13a), die in Tab. IV.17 zusammengestellten Hypothesen prüfen. Nach entsprechender Anwendung von (IV.15) ergeben sich die Resultate der Tab. IV.19.

| Zahl der Kodier-variablen ohne $X_0$ | $q_1'$ | $q_1-q_1'$ | Freiheitsgrade für $q_1-q_1'$ |
|---|---|---|---|
| 4 | 29,835 | 0,375 | 1 |
| 3 | 12,63 | 17,58 | 2 |
| 3 | 17,96 | 12,25 | 2 |
| 0 | 0 | $q_1$=30,21 | 5 |

Tab. IV.19: Tests für Regressionskoeffizienten, wie Tab. IV.17 (Modell (IV.15))

Ein Vergleich mit Tab. II.22 zeigt: Im Gegensatz zum Modell (IV.13a) führt die Effekt-Kodierung des Modells (IV.15) dazu, daß auch die Resultate für in der Hierarchie tiefer stehende Hypothesen mit den varianzanalytischen Ergebnissen übereinstimmen; die Werte für $q_1-q_1'$ der Tab. IV.19 entsprechen den Werten für die Quadratsummen $q_1$ bis $q_3$ der Tab. II.22. Eine erneute Durchführung der Tests ist somit entbehrlich.

Eine Erklärung hierfür kann auf dem folgenden Weg gegeben werden. Die Schätzung der Regressionskoeffizienten in den eingeschränkten Modellen führt bei Verwendung der Effekt-Kodierung nicht zu anderen Regressionskoeffizienten als im nicht eingeschränkten Modell[1]. Entsprechendes gilt für die Verwendung der Kontrast-Kodierung, worauf wir hier jedoch nicht weiter eingehen wollen[2].

[1] Ein Beweis ist enthalten bei FAHRMEIR, L./HAMERLE, A.: Varianz- und Kovarianzanalyse. In: Multivariate statistische Verfahren. Berlin 1984, S. 174.

[2] Vgl. z. B. das Vorgehen bei MOOSBRUGGER, H.: Multivariate statistische Analyseverfahren. Stuttgart 1978, S. 86ff.

# 3. Lineare Regression mit nominal- und metrisch skalierten exogenen Variablen

Wir betrachten ein reales Problem, für welches das multiple Regressionsmodell adäquat ist. Die Untersuchungsvariable ist metrisch skaliert, die exogenen Variablen sind jedoch zum Teil metrisch und zum Teil nominalskaliert.

Für das Weitere sind einige Differenzierungen der realen Situation und Analyseziele erforderlich. Der einfachste Fall liegt vor, falls die Beeinflussung der Untersuchungsvariablen durch nur eine metrisch skalierte und eine nominalskalierte exogene Variable zu beurteilen ist. Dieses Analyseziel wird - auch unter Beachtung einer möglichen Wechselwirkung der exogenen Variablen - im Abschnitt 3a) verfolgt.

Ein anderes Analyseziel besteht darin, ähnlich wie bei der einfaktoriellen Varianzanalyse, die isolierte Beeinflussung einer Untersuchungsvariablen Y durch einen Faktor $X_1$ zu beurteilen. Die reale Situation kann sich nun dadurch auszeichnen, daß das Modell der einfaktoriellen Varianzanalyse (bzw. der einfachen Regression) insofern nicht adäquat ist, als eine weitere, metrisch skalierte, Variable $X_2$ für die Untersuchungsvariable bedeutungsvoll ist. Wie bereits zu Beginn von Kap. II.3 erwähnt wurde, bestehen in diesem Zusammenhang grundsätzlich drei Möglichkeiten zur Konstruktion eines adäquaten Modells,

a) das Konstanthalten von $X_2$,
b) die Kontrolle von $X_2$ oder
c) die mit $X_1$ gleichrangige Aufnahme von $X_2$ in ein zweifaktorielles Modell der Varianzanalyse (bzw. in ein Regressionsmodell mit zwei exogenen Variablen).

Die Möglichkeit a) wurde zu Beginn von Kap. II.2 erläutert, b) ist Gegenstand des übernächsten Abschnittes (Kap. IV.3b) und c) wurde bereits grundsätzlich in den vorangegangenen Kapiteln II und III behandelt und wird in der speziellen Version einer metrischen und einer nominalskalierten exogenen Variablen im folgenden Abschnitt erörtert.

Die Bezeichnung Kontrolle von $X_2$ ist ein insbesondere im Bereich der Gesellschaftswissenschaften verwendeter, nicht sehr präziser Begriff für ein Prozedere, bei dem z. B. der Zusammenhang zwischen zwei Variablen analysiert wird, wobei zugleich eine Drittvariable (Kontrollvariable) einbezogen wird, deren Einfluß auf den zu untersuchenden Zusammenhang eliminiert wird (vgl. Kap. I.db und Kap. III.2c). Eine spezifische Kontrollart, die dem Konzept der semi-partiellen Regression (vgl. Abb. III.8) entspricht, wird im Rahmen der Kovarianzanalyse angewendet, deren ein- und mehrfaktorielle Form in den Abschnitten 3b) und 3c) erörtert werden.

### a) Multiple Regressionsanalyse mit einer nominal- und einer metrisch skalierten exogenen Variablen

Die Anwendung der multiplen Regressionsanalyse auf ein reales Problem mit einer metrisch skalierten Untersuchungsvariablen und mehreren beeinflussenden Größen, die teils nominal- und teils metrisch skaliert sind, soll im folgenden am Fall zweier exogener Variablen erörtert werden, von denen eine metrisch und die andere nominalskaliert und dichotom ist. Die Verallgemeinerung auf kompliziertere Fälle erweist sich hierbei als unproblematisch.

Ein derartiges Modell kann z. B. verwendet werden, falls das geplante Sparen in Wertpapieren die zu untersuchende Variable Y und die metrisch skalierte exogene Variable $X_1$ das erwartete persönliche Einkommen ist. Eine zusätzliche exogene Variable könnte z. B. den Einfluß des

Alters auf das Sparen zum Ausdruck bringen, wobei das Alter lediglich in den Kategorien "alt" und "jung" klassifiziert sei. Diese dichotome Variable kann durch die Kodiervariable $X_2$ dargestellt werden, die z. B. den Wert $x_{2i} = 0$ bei jungen und $x_{2i} = 1$ bei alten Personen realisiert. Die begründete Vermutung, daß die Variable "Alter" das Sparverhalten auf verschiedenen Einkommensstufen unterschiedlich beeinflußt, zwischen $X_1$ und $X_2$ also Wechselwirkungen bestehen, kann durch eine weitere Kodiervariable $X_3 = X_1X_2$ Berücksichtigung finden. Im vorliegenden Fall hat das Modell somit die Form

$$\text{(IV.17)} \quad y_i = \beta_o + \beta_1 x_{1i} + \beta_2 x_{2i} + \beta_3 x_{3i} + u_i, \quad i = 1, \ldots, n,$$

$$x_{2i} = 1, \text{ falls eine Person alt,}$$
$$x_{2i} = 0, \text{ falls eine Person jung ist,}$$
$$x_{3i} = x_{1i}x_{2i}\,,$$
$$\beta_1, \beta_2, \beta_3 \neq 0\,.$$

Unter den Annahmen des Regressionsmodells - insbesondere unter der Konstanz der Varianz der Störvariablen[1] - lassen sich die Regressionskoeffizienten auf dem üblichen Weg schätzen, interpretieren und Signifikanztests unterwerfen.

Das vorliegende Beispiel zeichnet sich darüber hinaus durch eine Besonderheit aus, die bei der Signifikanzprüfung der Regressionskoeffizienten berücksichtigt werden kann[2]. (IV.17) läßt sich auch in Form von zwei Gleichungen formulieren:

$$y_i = \beta_o + \beta_1 x_{1i} + \beta_2 + \beta_3 x_{1i} + u_i = (\beta_o + \beta_2) + (\beta_1 + \beta_3) x_{1i} + u_i\,,$$

falls $x_{2i} = 1$,

und

$$y_i = \beta_o + \beta_1 x_{1i} + u_i\,, \quad \text{falls } x_{2i} = 0\,.$$

[1] Zum Test auf einen Strukturbruch in der Varianz der Störvariablen siehe z. B. SCHNEEWEIß, H.: Ökonometrie (3. Auflg.). Würzburg 1978, S. 86.

[2] Siehe ASSENMACHER, W.: Einführung in die Ökonometrie. München 1980, S. 199.

In geometrischer Interpretation verlaufen die Regressionsgeraden für die alten und jungen Personen parallel zueinander, falls zwischen dem Alter und dem Einkommen keine Wechselwirkung auf das Sparen besteht ($\beta_3 = 0$). Beide Regressionsgeraden schneiden die Y-Achse im gleichen Punkt, falls das Alter für das Sparen bedeutungslos ist ($\beta_2 = 0$). Obige Bedingungen könnten als Nullhypothesen formuliert werden, deren Überprüfung mit Hilfe jeweils eines Differenzentestes bezüglich der Regressionskoeffizienten der beiden Regressionsgeraden möglich wäre.

Auf ein zusätzliches Beispiel soll an dieser Stelle verzichtet werden.

### b) Einfaktorielle Kovarianzanalyse

Bei der Aufstellung eines einfaktoriellen varianzanalytischen Versuchsplanes wird das Ziel verfolgt, den interessierenden Faktoreffekt möglichst unbeeinflußt von der Wirkung weiterer Variablen zu erfassen. Falls jedoch davon ausgegangen werden muß, daß die Variation der Untersuchungsvariablen sowohl auf den Faktor als auch auf eine oder mehrere andere Variablen zurückgeführt werden kann, sollten die Werte dieser Variablen ebenfalls erhoben und im Modell angemessen berücksichtigt werden.

Wir gehen im folgenden davon aus, daß nur eine weitere Variable berücksichtigt werden muß. Ihr Meßniveau soll metrisch sein. Das um den Einfluß dieser Variablen auf die Untersuchungsvariable erweiterte Modell der einfaktoriellen Varianzanalyse ist das Modell der einfaktoriellen Kovarianzanalyse. In ihrem Rahmen wird die metrische exogene Variable als Kovariable (begleitende Variable, konkomitante Variable) bezeichnet. Im Vergleich zum Vorgehen unter Punkt 3a) dieses Kapitels ist die Gleichrangigkeit der exogenen Variablen aufgehoben: Ziel der einfaktoriellen Kovarianzanalyse mit einer Kovariablen ist die Beurteilung der Auswirkung eines Faktors bezüglich einer Untersuchungsvariablen, wobei der Einfluß der Kovariablen auf die Variation der Untersuchungsvariablen berücksichtigt werden soll.

Kovarianzanalytische Versuchspläne basieren auf der faktoriellen Versuchsanordnung. Letztere steht zwischen dem klassischen Experiment und der Feldstudie (vgl. HVE II.7). Für die konkrete Ausgestaltung kovarianzanalytischer Versuchspläne liegen zahlreiche Varianten vor. Diese lassen sich in zwei Kategorien zusammenfassen[1], die zugleich zwei wesentliche Anwendungsmöglichkeiten der Kovarianzanalyse zum Ausdruck bringen.

Für eine erste Gruppe kovarianzanalytischer Versuchspläne ist charakteristisch, daß der Faktor auf solche Untersuchungsobjekte einwirkt, die zuvor per Zufall für die einzelnen Faktorabstufungen ausgewählt wurden. In diesem Falle korreliert die Kovariable im allgemeinen nicht mit dem Faktor, so daß im weiteren Verlauf der Analyse eine Trennung des Faktor- vom Kovariableneffekt erleichtert ist. Zur zusätzlichen Sicherung der Unabhängigkeit zwischen dem Faktor und der Kovariablen sollte in der Praxis die Kovariable erhoben werden, bevor der Faktor auf die Untersuchungsvariable einwirkt und nach Möglichkeit noch bevor die Untersuchungsobjekte den Gruppen zugeordnet werden. Falls nun die Kovariable unabhängig vom Faktor auf die Untersuchungsvariable einwirkt und das Analyseziel lediglich in der Beurteilung der Einwirkung des Faktors auf die Untersuchungsvariable besteht, so ist es naheliegend, die von der Kovariablen herrührende Variation der Untersuchungsvariablen rechnerisch auszuschalten. Auf diese Weise wird die gesamte Variation der Untersuchungsvariablen verkleinert und die

[1] Nach HOPE, K.: Methoden multivariater Analyse. Weinheim 1975, S. 183ff. Dort wird die erste Gruppe als zum experimentellen Analysetyp und die zweite zum observationalen Analysetyp gehörig bezeichnet.

Beurteilungsbasis für den interessierenden Faktoreffekt verbessert. Die verbleibende Variation der Untersuchungsvariablen wird anschließend im Rahmen einer einfachen Varianzanalyse interpretiert und beurteilt.

Für eine zweite Gruppe kovarianzanalytischer Versuchspläne ist typisch, daß eine Zuordnung der Untersuchungsobjekte per Zufall zu den einzelnen Gruppen nicht möglich ist, weil sie in der Realität vorgegeben ist. Dies trifft z. B. für Personen in Schulklassen, Parteien, Regionen usw. zu oder für Krankheiten, an denen einzelne Personen leiden. In derartigen Fällen besteht die Gefahr, daß die Kovariable mit dem Faktor korreliert, so daß eine Trennung der Wirkungen des Faktors und der Kovariablen wegen ihrer Wechselwirkungen auf die Untersuchungsvariable nicht möglich ist. Die rechnerische Ausschaltung der von der Kovariablen herrührenden Variation aus der Variation der Untersuchungsvariablen führt in diesem Falle zugleich zur Beseitigung eines Teiles der Variation, die vom Faktor herrührt. Derartige kovarianzanalytische Versuchspläne werden wir im folgenden nicht verwenden[1]. Grundsätzlich stellen sich in regressionsanalytischer Sicht die gleichen Probleme wie im Falle der Multikollinearität zwischen exogenen Variablen.

Kovarianzanalytische Versuchspläne sind generell für die Forschungspraxis angemessen, falls eine experimentelle Kontrolle der störenden Drittvariablen (das ist die Kovariable) nicht möglich oder zu aufwendig ist. Ferner sind derartige Pläne angemessen, falls die Ausweitung zu einem mehrfaktoriellen Versuchsplan, in dem die Kovariable den Platz eines zusätzlichen Faktors einnehmen würde, mit zu hohen Kosten verbunden wäre. Ein zweifaktorielles Modell der Varianzanalyse mit mehreren Beobachtungen pro Zelle etwa erfordert im Vergleich zum Modell der einfaktoriellen Kovarianzanalyse mit einer Kovariablen eine $k_2$-fache Anzahl statistischer Einheiten, an denen die $k_1k_2$ Merkmals-

---

[1] Hierzu siehe z. B. DIEHL, J.: Varianzanalyse (4. Auflg.). Frankfurt 1983, S. 335ff, sowie insbesondere EVANS, S. H./ANASTASIO, E. J.: Misuse of analysis of covariance when treatment effect and covariate are confounded. In: Psychological Bulletin (1968), S. 225ff.

wertekombinationen der zwei Faktoren mit ihren $k_1$ und $k_2$ möglichen Ausprägungen erhoben werden können.

Wie bei der Varianzanalyse lassen sich entsprechend den unterschiedlichen realen Situationen auch für die Kovarianzanalyse verschiedenartige Modelle konstruieren,

- ein- und mehrfaktorielle,
- uni- und multivariate,
- Fix-Faktor- und Random-Faktor-Modelle,
- Modelle mit und ohne Wechselwirkungen zwischen den Faktoren und/oder Kovariablen.

Wir betrachten im folgenden die überschaubare Situation, in der eine Untersuchungsvariable Y durch einen Faktor $X_1$ mit vorgegebenen Stufen und eine metrische zweite Variable $X_2$, die Kovariable, beeinflußt wird. Hierbei setzen wir neben den Annahmen des einfachen varianzanalytischen Modells zusätzlich voraus, daß zwischen Y und $X_2$ eine stochastische lineare Beziehung besteht und daß $X_1$ und $X_2$ unabhängig voneinander auf Y einwirken. Letztere Forderung wird als Voraussetzung der Homogenität der Regression bezeichnet, weil $X_2$ die Untersuchungsvariable Y auf unterschiedlichen Stufen von $X_1$ gleich stark beeinflussen soll. Untersuchungsziel der ausgewählten einfaktoriellen Kovarianzanalyse mit einer Kovariablen ist eine Beurteilung der Auswirkung von $X_1$ auf Y unter Berücksichtigung des Einflusses von $X_2$ auf Y. Die leitende Idee der Kovarianzanalyse besteht darin, zunächst den Einfluß von $X_2$ auf Y auszupartialisieren (vgl. Kap. III.2c). Die verbleibende Variation von Y wird anschließend im Rahmen einer einfachen Varianzanalyse interpretiert und beurteilt.

Traditionell wird im Rahmen einer Kovarianzanalyse ein Prozedere[1] verwendet, bei dem die regressionsanalytische Korrektur (Adjustierung)

[1] Vgl. z. B. BORTZ, J.: Lehrbuch der Statistik (2. Auflg.). Berlin 1985, S. 439ff. oder FAHRMEIR, L./HAMERLE, A., a. a. O., S. 183ff.

der Untersuchungsvariablen unmittelbar im Zuge der Varianzanalyse durchgeführt wird. Hiermit geht - insbesondere bei mehrfaktoriellen Analysen - eine tiefgreifende Trübung der Durchschaubarkeit des Verfahrens einher. Um dies zu vermeiden, werden wir die Kovarianzanalyse im folgenden ausschließlich im regressionsanalytischen Kontext behandeln.

Das weiter unten verwendete regressionsanalytische Modell der einfaktoriellen Kovarianzanalyse mit einer Kovariablen enthält die Effekt-Kodierung des Faktors, weil im Falle der (0-1)-Kodierung, ähnlich wie bei (IV.15) im Vergleich zu (IV.13a), einige inferenzstatistische Resultate von den entsprechenden kovarianzanalytischen Ergebnissen abweichen würden. Wir gehen also vom einfachen Modell (IV.6) aus, das mit Einbezug einer Kovariablen zu einem einfaktoriellen kovarianzanalytischen Modell (IV.18) wird:

$$\text{(IV.18)} \qquad y_i = \beta_o x_{oi} + \sum_{j=1}^{k-1} \beta_j x_{ji} + \beta_k x_{ki} + u_i, \qquad i = 1, \ldots, n,$$

$$x_{oi} = 1,$$

$$x_{ji} = \begin{cases} 1, & \text{falls die j-te Faktorstufe vorliegt,} \\ -1, & \text{falls die k-te Faktorstufe vorliegt,} \\ 0 & \text{anderenfalls,} \end{cases}$$

$$j = 1, \ldots, k-1,$$

$x_{ki}$ - Werte der Kovariablen,

$\beta_j \neq 0$ für alle j.

Die k-1 Variablen $X_1$ bis $X_{k-1}$ kodieren die k Faktorstufen. Die folgende Variable $X_k$ stellt die metrische Kovariable dar.

Das Modell (IV.18) gilt unter den üblichen Bedingungen des klassischen Regressionsmodells (Annahmensystem der Störvariablen)[1]. Hinzu tritt

[1] Im Gegensatz zur Varianzanalyse muß die Kovarianzanalyse bezüglich der Annahme über die Normalverteilung für die Störvariablen als weniger robust bewertet werden. Vgl. ATIQULLAH, M.: The robustness of the covariance analysis of a one-way classification. In: Biometrika (1964), S. 365ff.

die weiter oben erläuterte Voraussetzung der Abwesenheit von Wechselwirkungen zwischen dem Faktor und der Kovariablen (Homogenität der Regressionen).

Die Durchführung der Kovarianzanalyse gemäß Modell (IV.18) erfolgt nach den in den vorangegangenen Abschnitten entwickelten Mustern der Regressionsanalyse, welche wir zusammen mit der Prüfung der Abwesenheit von Wechselwirkungen im Rahmen eines Beispiels betrachten werden.

18 ausgewählte und per Zufall drei Gruppen gleicher Größe zugeordnete Familienväter werden von einem großen Reiseveranstalter über die Werbewirksamkeit von Sommerreiseprospekten befragt. Hierfür wird jeder Gruppe ein Prospekt vorgelegt. Von Interesse ist, ob die drei Prospektarten $X_1$ (Faktor) einen wesentlichen Einfluß auf die Ausgaben Y (Untersuchungsvariable) haben, die für eine geplante Familiensommerreise vorgesehen sind. Von zeitlich vorangegangenen Untersuchungen ist nun bekannt, daß die geplanten Ausgaben auch von den jeweiligen erwarteten Familienjahreseinkommen $X_2$ (Kovariable) abhängen. Um dies bei der Beurteilung der Werbewirksamkeit der Prospekte zu berücksichtigen, wurde jede Person zuvor nach dem erwarteten Familienjahreseinkommen befragt. Die Angaben über Einkommen und Ausgaben der Tab. IV.20 sind in 1 000.- DM pro Kopf umgerechnet.

| Prospekt A (Stufe 1 von $X_1$) | | Prospekt B (Stufe 2 von $X_1$) | | Prospekt C (Stufe 3 von $X_1$) | |
|---|---|---|---|---|---|
| $X_2$ | Y | $X_2$ | Y | $X_2$ | Y |
| 11 | 0,8 | 11 | 0,95 | 11 | 1,3 |
| 11 | 0,9 | 11 | 1,05 | 11 | 1,5 |
| 14 | 0,85 | 14 | 1,25 | 14 | 1,5 |
| 14 | 1,0 | 16. | 1,35 | 16 | 1,5 |
| 16 | 0,95 | 19 | 1,4 | 19 | 1,6 |
| 21 | 1,1 | 21 | 1,4 | 19 | 1,8 |

Tab. IV.20: Geplante Ausgaben für Ferienreise (Y) und erwartete Familieneinkommen pro Kopf ($X_2$) bei 18 Personen

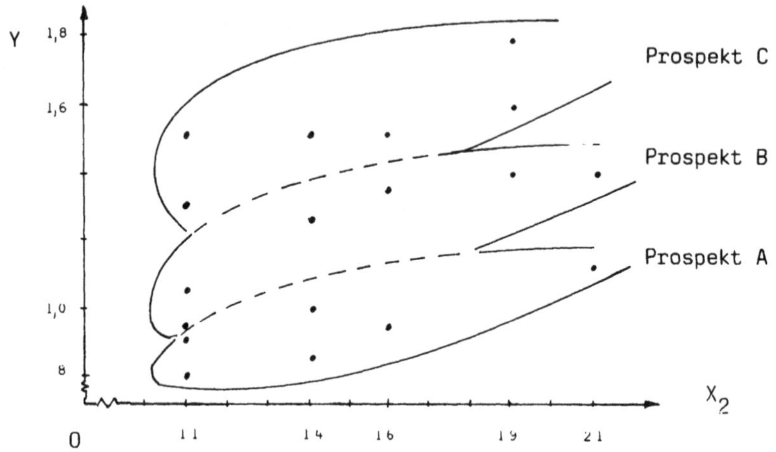


Abb. IV.1: Streuungsdiagramm für Daten der Tab. IV.20. Ausgaben für Ferienreisen (Y), erwartete Familieneinkommen ($X_2$) und Prospektarten ($X_1$)

In der Abb. IV.1 sind die Daten der Tab. IV.20 graphisch dargestellt. Die zu den drei Prospektarten gehörenden Punkte sind von Linien umfaßt. Die Variation der Werte von Y ist ersichtlich sowohl durch $X_1$ als auch $X_2$ geprägt. Die Auspartialisierung der Kovariablen $X_2$ wird sich graphisch so auswirken, daß die drei gestreckten Punktehaufen so um ihren Mittelpunkt gedreht werden, daß sie in eine waagerechte Position gelangen. Auf diese Weise wird sich die Variation der Werte von Y verringern. Sie wird dann nur noch durch die Differenzen der Gruppenmittelwerte und die Variation innerhalb der Gruppen geprägt sein. Des weiteren zeigt die Abb. IV.1, daß die drei Punktehaufen bei gleicher steigender Tendenz im großen und ganzen übereinander liegen und seitlich nicht gegeneinander verschoben sind. Dies vermittelt den Eindruck, daß die Forderung nach Unabhängigkeit zwischen der Kovariablen $X_2$ und dem Faktor $X_1$ nicht verletzt ist.

Bei Verwendung des Modells (IV.18) sind die Angaben der Tab. IV.21 gültig. Für die Kodierung der drei Prospektarten werden die Kodiervariablen $X_1$ und $X_2$ benötigt. $X_3$ bezeichnet die Kovariable.

| $y_i$ | | $\hat{y}_i$ | | $x_{oi}$ | | $x_{1i}$ | | $x_{2i}$ | | $x_{3i}$ |
|---|---|---|---|---|---|---|---|---|---|---|
| 0,8 | | $\hat{y}_1$ | | 1 | | 1 | | 0 | | 11 |
| 0,9 | | $\hat{y}_2$ | | 1 | | 1 | | 0 | | 11 |
| 0,85 | | $\hat{y}_3$ | | 1 | | 1 | | 0 | | 14 |
| 1,0 | | $\hat{y}_4$ | | 1 | | 1 | | 0 | | 14 |
| 0,95 | | $\hat{y}_5$ | | 1 | | 1 | | 0 | | 16 |
| 1,1 | | $\hat{y}_6$ | | 1 | | 1 | | 0 | | 21 |
| 0,95 | | $\hat{y}_7$ | | 1 | | 0 | | 1 | | 11 |
| 1,05 | deren deter- | $\hat{y}_8$ | | 1 | | 0 | | 1 | | 11 |
| 1,25 | ministische | $\hat{y}_9$ | $=b_o \cdot$ | 1 | $+b_1 \cdot$ | 0 | $+b_2 \cdot$ | 1 | $+b_3 \cdot$ | 14 |
| 1,35 | Komponente wird | $\hat{y}_{10}$ | | 1 | | 0 | | 1 | | 16 |
| 1,4 | geschätzt durch | $\hat{y}_{11}$ | | 1 | | 0 | | 1 | | 19 |
| 1,4 | | $\hat{y}_{12}$ | | 1 | | 0 | | 1 | | 21 |
| 1,3 | | $\hat{y}_{13}$ | | 1 | | -1 | | -1 | | 11 |
| 1,5 | | $\hat{y}_{14}$ | | 1 | | -1 | | -1 | | 11 |
| 1,5 | | $\hat{y}_{15}$ | | 1 | | -1 | | -1 | | 14 |
| 1,5 | | $\hat{y}_{16}$ | | 1 | | -1 | | -1 | | 16 |
| 1,6 | | $\hat{y}_{17}$ | | 1 | | -1 | | -1 | | 19 |
| 1,8 | | $\hat{y}_{18}$ | | 1 | | -1 | | -1 | | 19 |

Tab. IV.21: Werte für Kodiervariablen, geplante Ausgaben für Ferienreisen und die Kovariable "erwartetes Familieneinkommen"($X_3$) (Modell (IV.18))

Die Schätzung der Regressionskoeffizienten gemäß (III.35) führt zur Gleichung

$$\hat{y}_i = 0{,}71 - 0{,}2844x_{1i} - 0{,}0136x_{2i} + 0{,}035x_{3i}, \quad i = 1, \ldots, 18 .$$

Die umfassendste Hypothese der Unabhängigkeit der geplanten Ausgaben für Ferienreisen vom erwarteten Familieneinkommen sowie der Prospektart wird bei einem zugrunde gelegten Signifikanzniveau von 5% zurückgewiesen, da die Prüfung gemäß Tab. III.6 angesichts $q_1 = 1{,}3508$ und $q_2 = 0{,}1042$ bzw. $r_{y.123}^2 = 0{,}9284$ zum Wert $F_{14}^3 = 60{,}5$ führt (Rückweisungspunkt: 3,34).

Im Rahmen der eigentlichen Kovarianzanalyse überprüfen wir zunächst den Einfluß der Kovariablen "erwartetes Familieneinkommen" auf die geplanten Ausgaben für Ferienreisen; denn falls dieser nur unwesentlich ist, kann auf die Information über das erwartete Familieneinkommen verzichtet und anstelle der Kovarianzanalyse eine einfache Varianzanalyse durchgeführt werden.

Die Nullhypothese betrifft den Einflußparameter der Kovariablen,

$H_o: \beta_3 = 0$ .

Die Alternative ist

$H_a: \beta_3 \neq 0$ .

Gegen die Alternativhypothese wird im Rahmen eines geänderten Modells[1] getestet, dem einfachen linearen Regressionsmodell mit den geplanten Ausgaben für Ferienreisen als Untersuchungsvariable und das erwartete Familieneinkommen als einzige exogene Variable. Die Schätzung der Regressionskoeffizienten gemäß (III.35) bzw. (III.9) und (III.10) führt hier zur Gleichung

$$\hat{y}_i = 0{,}6546 + 0{,}0387x_i \,, \qquad i = 1, \ldots, 18 \,.$$

Der Test gemäß Tab. III.1 führt zu folgendem Resultat:

| Variationsgrund | Quadratsummen | Freiheitsgrade | Varianzen |
|---|---|---|---|
| Einkommen und Zufall | 0,3343 | 1 | 0,3343 |
| Zufall | 1,1207 | 16 | 0,07 |
| Insgesamt | 1,4550 | 17 | |

Tab. IV.22: Prüfung der Unabhängigkeit der Ausgaben (Untersuchungsvariable) vom Einkommen (Kovariable); einfaches Regressionsmodell

[1] Vgl. MOOSBRUGGER, H., a. a. O., S. 97ff. oder LINDER, A./BERCHTOLD, W.: Statistische Methoden II. Varianzanalyse und Regressionsrechnung. Basel 1982, S. 190ff.

Der Wert der Prüfvariablen $F^1_{16} = \frac{0,3343}{0,07} = 4,77$ liegt bei 5% Signifikanzniveau (Rückweisungspunkt: 4,49) im Rückweisungsbereich der Unabhängigkeitshypothese; d. h. der Einfluß des erwarteten Familieneinkommens auf die geplanten Ausgaben für Ferienreisen ist wesentlich.
Auf den Wert der Prüfvariablen 4,77 wären wir angesichts $r^2 = 0,2298$ auch gekommen unter Verwendung von

$$F^1_{16} = \frac{r^2}{\frac{1-r^2}{16}} = \frac{0,2298}{\frac{1-0,2298}{16}} = 4,77 .$$

Die Hypothese über die Wirkungslosigkeit des Faktors "Reiseprospekt" lautet:

$$H_o: \beta_1 = \beta_2 = 0 .$$

Als Alternative gilt im nicht eingeschränkten Modell (IV.18)

$$H_a: \beta_1 \vee \beta_2 \neq 0 .$$

Die Beurteilung erfolgt gemäß den unter Punkt 2d) dieses Kapitels angestellten Überlegungen mit der zu Tab. IV.17 und Tab. IV.19 gehörenden Prüfvariablen. Diese lautet in ausführlicher allgemeiner Notation und unter konkreter Angabe der alternativen Berechnungsmöglichkeit mit Determinationskoeffizienten für die formulierte Nullhypothese im vorliegenden Beispiel:

$$F^1_{n-u-1} = \frac{\frac{q_1-q_1'}{1}}{\frac{q_2}{n-u-1}} = \frac{\frac{r_u^2-r_e^2}{1}}{\frac{1-r_u^2}{n-u-1}} = \frac{\frac{r_{y.123}^2-r_{y.3}^2}{1}}{\frac{1-r_{y.123}^2}{n-u-1}}$$

Hierbei bedeuten die Symbole:

$q_1$ - erklärte Variation im nicht eingeschränkten Modell (IV.18)

$q_2$ - unerklärte Variation im nicht eingeschränkten Modell (IV.18)

$q_1'$ - erklärte Variation im jeweiligen eingeschränkten Modell

$u$ - Anzahl der Kodier- und Kovariablen im nicht eingeschränkten Modell (IV.18) (ohne $X_o$). $u$ entspricht in (IV.18) der Zahl $k-1+1 = k$ (Anzahl der Faktorstufen)

l - Anzahl der im jeweiligen eingeschränkten Modell im Vergleich zu (IV.18) fortgelassenen Kodier- oder Kovariablen. l entspricht dem Freiheitsgrad von $q_1$-$q_1$'

$r_u^2$ - Multipler Determinationskoeffizient des nicht eingeschränkten Modells (IV.18)

$r_e^2$ - Multipler Determinationskoeffizient des jeweiligen eingeschränkten Modells

Danach ergibt sich im vorliegenden Beispiel:

| Variationsgrund | Quadratsummen | Freiheitsgrade | Varianzen |
|---|---|---|---|
| Einkommen und Zufall | 0,3343 | 1 | |
| Prospektart und Zufall | 1,0165 | 2 | 0,5083 |
| Prospektart, Einkommen und Zufall | 1,3508 | 3 | |
| Zufall | 0,1042 | 14 | 0,0074429 |
| Insgesamt | 1,4550 | 17 | |

Tab. IV.23: Prüfung der Unabhängigkeit der geplanten Ausgaben von der Prospektart (Modell (IV.18))

$$F_{14}^2 = \frac{\frac{1,3508-0,3343}{2}}{\frac{0,1042}{14}} = \frac{0,5083}{0,0074429} = 68,3 \ .$$

Dieser Wert ergibt sich auch bei Verwendung der entsprechenden Determinationskoeffizienten,

$$F_{14}^2 = \frac{\frac{0,9284-0,2298}{2}}{\frac{1-0,9284}{14}} = 68,3 \ .$$

Bei 5% Signifikanzniveau liegt der Rückweisungspunkt im Wert 3,74; d. h. die Hypothese, daß die Prospektart keine Bedeutung für die geplanten Ausgaben für Ferienreisen hat, ist widerlegt.

Obige Kovarianzanalyse hatte u. a. zur Voraussetzung, daß zwischen der Kovariablen und dem Faktor keine Wechselwirkung besteht. Zur Überprüfung dieser Voraussetzung existieren spezielle statistische Tests[1]. Wir folgen in diesem Zusammenhang einer einfachen Idee[2]. Das Modell (IV.18) wird versuchsweise um Variablen erweitert, die die Wechselwirkung zwischen der Kovariablen und den Kodiervariablen für den Faktor darstellen. Im vorliegenden Beispiel werden hierfür zwei weitere Variablen,

$$X_4 = X_1X_3 \quad \text{und} \quad X_5 = X_2X_3 ,$$

benötigt. Zu prüfen ist, ob das auf fünf exogene Variablen erweiterte Modell einen signifikant höheren Erklärungswert hat als das Modell (IV.18) mit drei erklärenden Variablen. Im vorliegenden Beispiel ergibt sich für die Regressionsgleichung

$$\hat{y}_i = 0{,}7257 - 0{,}117x_{1i} - 0{,}145x_{2i} + 0{,}0245x_{3i} - 0{,}03x_{4i} + 0{,}0181x_{5i}, \quad i = 1, \ldots, 18$$

und für den multiplen Determinationskoeffizienten

$$r_{y.12345}^2 = 0{,}9372 .$$

Der entsprechende Test führt bei analoger Anwendung des weiter oben verwendeten Instrumentariums zum Wert der Prüfvariablen

$$F_{12}^2 = \frac{\frac{1{,}3636-1{,}3508}{2}}{\frac{0{,}0914}{12}} = \frac{\frac{0{,}9372-0{,}9284}{2}}{\frac{1-0{,}9372}{12}} = 0{,}84 .$$

1 Siehe z. B. FAHRMEIR, L./HAMERLE, A., a. a. O., S. 190.

2 Vgl. MOOSBRUGGER, H., a. a. O., S. 98f. oder z. B. KERLINGER, F. N./ PEDHAZUR, E. J.: Multiple Regression in Behavioral Research. New York 1973, S. 270.

Bei 5% Signifikanzniveau liegt der Rückweisungspunkt im Wert 3,89; d.h. die Hypothese der Abwesenheit von Wechselwirkungen zwischen der Kovariablen "erwartetes Familieneinkommen" und dem Faktor "Prospektart" ist nicht widerlegt, so daß in dieser Hinsicht die Durchführung der Kovarianzanalyse nicht behindert wurde.

c) Mehrfaktorielle Kovarianzanalyse

Die mehrfaktorielle Kovarianzanalyse ist die um einen oder mehrere Faktoren erweiterte Kovarianzanalyse[1]. Da sich grundsätzlich keine neuen Geichtspunkte im Vergleich zu den Modellen z. B. (IV.15) und (IV.18) ergeben, die im Rahmen der zweifaktoriellen Kovarianzanalyse kombiniert werden und ohne besondere Probleme zu mehrfaktoriellen Formen erweitert werden können, seien lediglich die in regressionsanalytischer Darstellung durchzuführenden Haupttests erwähnt.

- Die Frage, ob die Kovariable einen signifikanten Einfluß auf die Untersuchungsvariable ausübt, wird - wie bei der einfaktoriellen Kovarianzanalyse - unter Verwendung eines einfachen linearen Regressionsmodells mit der Kovariablen als einziger exogener Variablen geprüft.

- Die Überprüfung des Einflusses aller Faktoren, einzelner Faktoren und ihrer Wechselwirkungen erfolgt analog zur regressionsanalytischen Behandlung der zweifaktoriellen Varianzanalyse mit mehreren Beobachtungen pro Zelle, somit dem in Tab. IV.17 bzw. Tab. IV.19 angelegten Muster.

- Die Prüfung auf Abwesenheit von Wechselwirkungen zwischen der Kovariablen und den Faktoren erfolgt - wie im Rahmen der einfaktoriellen Kovarianzanalyse - durch die Definition von Variablen für die Wechsel-

[1] Analog gilt dies für die mehrfaktorielle Kovarianzanalyse mit mehreren Kovariablen. Vgl. z. B. KERLINGER, F. N./PEDHAZUR, E. J., a. a. O., S. 276f.

wirkung zwischen den Kodiervariablen für die Faktoren und der Kovariablen. Das Urteil über die Signifikanz der Verbesserung des Erklärungswertes dieses Modells führt zur Beantwortung der gestellten Frage.

Auf die Behandlung eines zusätzlichen Beispieles sei an dieser Stelle verzichtet.

## Hintergründe, Vertiefung, Ergänzungen

1.) Im Regressionsmodell mit einer polytomen Variablen (IV.3) gilt[1]:

$$\mu_1 = E(Y_i \mid x_{1i}=1,\ x_{2i}=0,\ \dots,\ x_{[k-1]i}=0) = \beta_o + \beta_1$$

$$\mu_2 = E(Y_i \mid x_{1i}=0,\ x_{2i}=1,\ \dots,\ x_{[k-1]i}=0) = \beta_o + \beta_2$$

$$\vdots$$

$$\mu_{k-1} = E(Y_i \mid x_{1i}=0,\ x_{2i}=0,\ \dots,\ x_{[k-1]i}=1) = \beta_o + \beta_{k-1}$$

$$\mu_k = E(Y_i \mid x_{1i}=0,\ x_{2i}=0,\ \dots,\ x_{[k-1]i}=0) = \beta_o$$

Hieraus ergibt sich (IV.4).

2.) Die Beziehung der einfachen Varianzanalyse zur linearen Regressionsanalyse läßt sich auf den folgenden Wegen aufzeigen.

a) Eine Möglichkeit zur Darstellung des Modells der einfaktoriellen Varianzanalyse mit vorgegebenen Faktorstufen besteht - unter Verwendung der für Regressionsanalysen gewählten Indizierung - in der Festlegung, daß $Y_{ji}$ nach $N(\mu_j;\ \sigma)$, $j = 1, \dots, k$, $i = 1, \dots, m$, verteilt ist, wobei alle $Y_{ji}$ unabhängig sind. In anderer Formulierung[2] ist das Modell durch

$$\text{(IV.19)} \qquad Y_{ji} = \mu_j + E_{ji}, \quad j = 1, \dots, k, \quad i = 1, \dots, m,$$

festgelegt, wobei alle $E_{ji}$ unabhängig und nach $N(0;\ \sigma)$ verteilt sind. (IV.19) zerlegt $Y_{ji}$ in eine deterministische Komponente $\mu_j$ und eine stochastische Komponente $E_{ji}$.

[1] Vgl. KMENTA, J., a. a. O., S. 412.

[2] Vgl. FAHRMEIR, L:/HAMERLE, A., a. a. O., S. 155ff.

Eine mögliche Matrixnotation von (IV.19) ist

(IV.19a) $\underline{Y} = \underline{x}\ \underline{\mu} + \underline{E}$

mit

$$\underline{Y} = \begin{pmatrix} Y_{11} \\ \vdots \\ Y_{1m} \\ \vdots \\ Y_{k1} \\ \vdots \\ Y_{km} \end{pmatrix}, \quad \underline{x} = \begin{pmatrix} 1 & 0 & \dots & 0 \\ \vdots & \vdots & & \vdots \\ 1 & 0 & \dots & 0 \\ \vdots & \vdots & & \vdots \\ 0 & 0 & \dots & 1 \\ \vdots & \vdots & & \vdots \\ 0 & 0 & \dots & 1 \end{pmatrix}, \quad \underline{\mu} = \begin{pmatrix} \mu_1 \\ \mu_2 \\ \vdots \\ \mu_k \end{pmatrix}, \quad \underline{E} = \begin{pmatrix} E_{11} \\ \vdots \\ E_{1m} \\ \vdots \\ E_{k1} \\ \vdots \\ E_{km} \end{pmatrix}.$$

(IV.19a) ist, wie ein Vergleich mit (III.31b) aus Kap. III.2b zeigt, der Struktur nach ein lineares Regressionsmodell:

(III.31b) $\underline{Y} = \underline{x}\ \underline{\beta} + \underline{U}$

mit

$$\underline{Y} = \begin{pmatrix} Y_1 \\ Y_2 \\ \vdots \\ Y_n \end{pmatrix}, \quad \underline{x} = \begin{pmatrix} x_{o1} & x_{11} & \dots & x_{k1} \\ x_{o2} & x_{12} & \dots & x_{k2} \\ \vdots & \vdots & & \vdots \\ x_{on} & x_{1n} & \dots & x_{kn} \end{pmatrix}, \quad \underline{\beta} = \begin{pmatrix} \beta_o \\ \beta_1 \\ \vdots \\ \beta_k \end{pmatrix}, \quad \underline{U} = \begin{pmatrix} U_1 \\ U_2 \\ \vdots \\ U_n \end{pmatrix}.$$

An die Stelle der Regressionskoeffizienten $\underline{\beta}$ (ohne $\beta_o$) von (III.31b) treten die Gruppenmittelwerte $\underline{\mu}$ von (IV.19a), an die Stelle der Meßwerte für die exogenen Variablen treten (0-1)-Kodierwerte. Die Kodiervariable $X_j$, $j = 1, \dots, k$, realisiert den Wert 1, falls die Faktorstufe j vorliegt, anderenfalls den Wert 0. (Bei der k-ten Stufe realisiert die Kodiervariable $X_k$ also den Wert 1). $\underline{x}$ hat vollen Rang, $rg(\underline{x}) = k$ .

Das varianzanalytische Modell (IV.19a) ist also ein lineares Regressionsmodell (III.31b) mit $n = km$ und $\underline{\beta} = \underline{\mu}$, wobei
$\beta_1 = \mu_1, \ldots, \beta_k = \mu_k$.

$\beta_0$ fehlt also, $\beta_k$ ist enthalten. $\underline{x}$ in (IV.19a) hat k Spalten, $\underline{x}$ in (III.31b) besitzt k+1 Spalten.

Für beispielsweise $Y_{11}$ ergibt sich

$Y_{11} = \mu_1 + E_{11}$,

was gemäß (IV.19) auch gelten muß.
Das Modell (IV.19a) wurde in Kapitel IV nicht verwendet.

Eine andere Matrixnotation von (IV.19) ist (IV.19b), welche die fehlende Regressionskonstante $\beta_0$ enthält:

(IV.19b) $\underline{Y} = \underline{x}\ \underline{\mu} + \underline{E}$

mit

$$\underline{Y} = \begin{pmatrix} Y_{11} \\ \vdots \\ Y_{1m} \\ \vdots \\ Y_{[k-1]1} \\ \vdots \\ Y_{[k-1]m} \\ Y_{k1} \\ \vdots \\ Y_{km} \end{pmatrix}, \quad \underline{x} = \begin{pmatrix} 1 & 1 & 0 & \ldots & 0 \\ \vdots & \vdots & \vdots & & \vdots \\ 1 & 1 & 0 & \ldots & 0 \\ \vdots & \vdots & \vdots & & \vdots \\ 1 & 0 & 0 & \ldots & 1 \\ \vdots & \vdots & \vdots & & \vdots \\ 1 & 0 & 0 & \ldots & 1 \\ 1 & 0 & 0 & \ldots & 0 \\ \vdots & \vdots & \vdots & & \vdots \\ 1 & 0 & 0 & \ldots & 0 \end{pmatrix}, \quad \underline{\mu} = \begin{pmatrix} \mu_k \\ \mu_1-\mu_k \\ \mu_2-\mu_k \\ \vdots \\ \mu_{k-1}-\mu_k \end{pmatrix}, \quad \underline{E} = \begin{pmatrix} E_{11} \\ \vdots \\ E_{1m} \\ \vdots \\ E_{[k-1]1} \\ \vdots \\ E_{[k-1]m} \\ E_{k1} \\ \vdots \\ E_{km} \end{pmatrix}.$$

(IV.19b) ist ein lineares Regressionsmodell (III.31b) mit $n = km$ und $\underline{\beta} = \underline{\mu}$, wobei nunmehr

$\beta_o = \mu_k$, $\beta_1 = \mu_1 - \mu_k$, ..., $\beta_{k-1} = \mu_{k-1} - \mu_k$ .

$\beta_o$ ist also enthalten, jedoch nicht $\beta_k$. $\underline{x}$ in (IV.19b) besteht aus k Spalten, $\underline{x}$ in (III.31b) besitzt k+1 Spalten. Die Kodiervariable $X_j$, j = 1, ..., k-1,realisiert den Wert 1, falls die Faktorstufe j, j = 1, ..., k-1, vorliegt, anderenfalls den Wert 0. Bei der k-ten Faktorstufe realisieren die Kodiervariablen $X_1$ bis $X_{k-1}$ den Wert 0. Die erste Spalte von $\underline{x}$ besteht aus Einsen, d. h. (die Scheinvariable) $X_o$ = 1 für alle Faktorstufen.

Für beispielsweise $Y_{11}$ ergibt sich

$$Y_{11} = \mu_k + \mu_1 - \mu_k + E_{11} = \mu_1 + E_{11} ,$$

was gemäß (IV.19) auch gelten muß.

Dieses Modell wurde in Kap. IV.1ca) verwendet. Es entspricht bis auf die Doppelindizierung für y und e dem Modell (IV.3a). Die Interpretation der Regressionskoeffizienten (vgl. HVE IV.1) entspricht den Komponenten des Vektors $\underline{\mu}$.

Die Modelle (IV.19a) und (IV.19b) werden in der Literatur etwa gleich häufig verwendet. Es gibt keinen mathematischen Grund für die Bevorzugung eines der Modelle.

b) Eine zweite Möglichkeit zur Darstellung des Modells der einfaktoriellen Varianzanalyse mit vorgegebenen Faktorstufen[1] besteht in der Effektdarstellung (siehe (II.1b) in Kap. II.1a), die unter Verwendung der für Regressionsanalysen gewählten Indizierung wie folgt lautet:

$$\text{(IV.20)} \quad Y_{ji} = \mu + \alpha_j + E_{ji}, \quad j = 1, ..., k, \quad i = 1, ..., m,$$

wobei die Nebenbedingung

[1] Vgl. FAHRMEIR, L./HAMERLE, A., a. a. O., S. 161ff.

$$\sum_j \alpha_j = 0$$

zu beachten ist; $\alpha_j = \mu_j - \mu$ .

Eine mögliche Matrixnotation von (IV.20) ist

(IV.20a) $\underline{Y} = \underline{x}\ \underline{\mu} + \underline{E}$

mit

$$\underline{Y} = \begin{pmatrix} Y_{11} \\ \vdots \\ Y_{1m} \\ \vdots \\ Y_{[k-1]1} \\ \vdots \\ Y_{[k-1]m} \\ Y_{k1} \\ \vdots \\ Y_{km} \end{pmatrix}, \quad \underline{x} = \begin{pmatrix} 1 & 1 & 0 & \dots & 0 \\ \vdots & \vdots & \vdots & & \vdots \\ 1 & 1 & 0 & \dots & 0 \\ \vdots & \vdots & \vdots & & \vdots \\ 1 & 0 & 0 & \dots & 1 \\ \vdots & \vdots & \vdots & & \vdots \\ 1 & 0 & 0 & \dots & 1 \\ 1 & -1 & -1 & \dots & -1 \\ \vdots & \vdots & \vdots & & \vdots \\ 1 & -1 & -1 & \dots & -1 \end{pmatrix}, \quad \underline{\mu} = \begin{pmatrix} \mu \\ \alpha_1 \\ \alpha_2 \\ \vdots \\ \alpha_{k-1} \end{pmatrix}, \quad \underline{E} = \begin{pmatrix} E_{11} \\ \vdots \\ E_{1m} \\ \vdots \\ E_{[k-1]1} \\ \vdots \\ E_{[k-1]m} \\ E_{k1} \\ \vdots \\ E_{km} \end{pmatrix}.$$

(IV.20a) ist ein lineares Regressionsmodell (III.31b), wobei die Effekte $\underline{\mu}$ an die Stelle von $\underline{\beta}$ treten, d. h.

$$\beta_0 = \mu,\ \beta_1 = \alpha_1,\ \dots,\ \beta_{k-1} = \alpha_{k-1} .$$

$\beta_0$ ist also enthalten, jedoch nicht $\beta_k$. $\underline{x}$ in (IV.20a) besitzt k Spalten. An die Stelle der Meßwerte für die exogenen Variablen im Modell (III.31b) tritt die Effekt-Kodierung $\underline{x}$ von (IV.20a). Die Kodiervariable $X_j$, j = 1, ..., k-1, realisiert den Wert 1, falls die Faktorstufe j, j = 1, ..., k-1, vorliegt, anderenfalls den Wert 0. Bei der k-ten Faktorstufe realisieren die Kodiervariablen $X_j$ bis $X_{j-1}$ den Wert -1. Die erste Spalte von $\underline{x}$ besteht aus Einsen, d. h. (die Scheinvariable)

$X_o = 1$ für alle Faktorstufen. Somit ergibt sich beispielsweise für

$$Y_{11} = \mu + \alpha_1 + E_{11} = \mu_1 + E_{11}$$

und für

$$Y_{k1} = \mu - \sum_1^{k-1} \alpha_j + E_{k1} = \mu - \left[-(k-1)\mu + \sum^k \mu_j - \mu_k\right] + E_{k1}$$

$$= \mu - (\mu-\mu_k) + E_{k1} = \mu_k + E_{k1} ,$$

was gemäß (IV.19) auch gelten muß.

$\underline{x}$ hat wiederum vollen Rang. Das Modell (IV.20a) wurde in Kap. IV.1cb) verwendet. Es entspricht bis auf die Doppelindizierung für y und e dem Modell (IV.6).

Eine andere mögliche Matrixnotation von (IV.20), die zu einer speziellen Version einer Kontrast-Kodierung führt, ist die weiter unten aufgeführte Form (IV.20b).

(IV.20b) ist ein lineares Regressionsmodell, wobei die spezifischen Kontraste $\underline{\mu}$ an die Stelle von $\underline{\beta}$ treten, d. h.

$$\beta_o = \sum \mu_j, \ \ldots, \ \beta_{k-1} = \mu_{k-1} - \frac{1}{2} \sum_{k-1} \mu_j .$$

$\beta_o$ ist also enthalten, jedoch nicht $\beta_k$. $\underline{x}$ in (IV.20b) besitzt k Spalten. Die Kodierung entspricht bis auf die erste Spalte von $\underline{x}$, in der 1/k enthalten ist, den Kontrast-Koeffizienten $c_{ji}$ der Tab. II.6. Sie wird als Kontrast-Kodierung bezeichnet. Falls die erste Stufe vorliegt, realisiert somit die Kodiervariable $X_o$ den Wert 1/k, die Variable $X_1$ den Wert 1 und die Kodiervariablen $X_2$ bis $X_{k-1}$ den Wert 0. Somit ergibt sich beispielsweise für

$$Y_{11} = \frac{1}{k} \sum \mu_j + \mu_1 - \frac{1}{k} \sum \mu_j + E_{11} = \mu_1 + E_{11} ,$$

was gemäß (IV.19) auch gelten muß.

(IV.20b) $\underline{Y} = \underline{x}\,\underline{\mu} + \underline{E}$

mit

$$\underline{Y} = \begin{pmatrix} Y_{11} \\ \vdots \\ Y_{1m} \\ Y_{21} \\ \vdots \\ Y_{2m} \\ \vdots \\ Y_{[k-1]1} \\ \vdots \\ Y_{[k-1]m} \\ Y_{k1} \\ \vdots \\ Y_{km} \end{pmatrix}, \quad \underline{x} = \begin{pmatrix} \frac{1}{k} & 1 & 0 & \dots & 0 \\ \vdots & \vdots & \vdots & & \vdots \\ \frac{1}{k} & 1 & 0 & \dots & 0 \\ \frac{1}{k} & -\frac{1}{k-1} & 1 & \dots & 0 \\ \vdots & \vdots & \vdots & & \vdots \\ \frac{1}{k} & -\frac{1}{k-1} & 1 & \dots & 0 \\ \vdots & \vdots & \vdots & & \vdots \\ \frac{1}{k} & -\frac{1}{k-1} & -\frac{1}{k-2} & \dots & 1 \\ \vdots & \vdots & \vdots & & \vdots \\ \frac{1}{k} & -\frac{1}{k-1} & -\frac{1}{k-2} & \dots & 1 \\ \frac{1}{k} & -\frac{1}{k-1} & -\frac{1}{k-2} & \dots & -1 \\ \vdots & \vdots & \vdots & & \vdots \\ \frac{1}{k} & -\frac{1}{k-1} & -\frac{1}{k-2} & \dots & -1 \end{pmatrix}, \quad \underline{\mu} = \begin{pmatrix} \sum \mu_j \\ \mu_1 - \frac{1}{k} \sum\limits_{1} \mu_j \\ \mu_2 - \frac{1}{k-1} \sum\limits_{2} \mu_j \\ \vdots \\ \mu_{k-1} - \frac{1}{2} \sum\limits_{k-1} \mu_j \end{pmatrix}, \underline{E} = \begin{pmatrix} E_{11} \\ \vdots \\ E_{1m} \\ E_{21} \\ \vdots \\ E_{2m} \\ \vdots \\ E_{[k-1]1} \\ \vdots \\ E_{[k-1]m} \\ E_{k1} \\ \vdots \\ E_{km} \end{pmatrix}.$$

Dieses Modell wurde in Kap. IV.1cc) verwendet. Es entspricht bis auf die Doppelindizierung für y und e dem Modell (IV.8). Die Interpretation der Regressionskoeffizienten kann dem Vektor $\underline{\mu}$ entnommen werden.

3.) Für das Modell der Varianzanalyse in Effektdarstellung (IV.20a) gilt, wenn auf die Doppelindizierung für y und e verzichtet wird:

$$\mu_1 = E(Y_i \mid x_{1i} = 1,\ x_{2i} = 0,\ \dots,\ x_{[k-1]i} = 0) = \mu + \alpha_1$$

$$\vdots \qquad\qquad\qquad \vdots \qquad\qquad\qquad \vdots$$

$$\mu_k = E(Y_i \mid x_{1i} = -1,\ x_{2i} = -1,\ \dots,\ x_{[k-1]i} = -1) = \mu + \alpha_k$$

Für das Modell der Varianzanalyse ohne Effektdarstellung (IV.19b) bzw. (IV.3a) gilt, wie in HVE IV.1 entwickelt wurde,

$$\begin{aligned} \mu_1 &= \beta_o + \beta_1 \\ &\vdots \qquad \vdots \\ \mu_{k-1} &= \beta_o + \beta_{k-1} \\ \mu_k &= \beta_o \end{aligned}$$

Die $\mu_j$, $j = 1, \ldots, k$, in den obigen zwei Gleichungssystemen können gleichgesetzt werden. Nach Summation ergibt sich[1]:

$$k\mu = k\beta_o + \sum_{j=1}^{k-1} \beta_j - \sum_{j=1}^{k} \alpha_j \quad .$$

Da $\sum_{j=1}^{k} \alpha_j = 0$ , gilt

$$\mu = \beta_0 + \frac{1}{k} \sum_{j=1}^{k-1} \beta_j \quad .$$

Des weiteren ergeben sich die unter Punkt 1ca) dieses Kapitels enthaltenen Beziehungen zwischen den Faktorwirkungen und Koeffizienten des Regressionsmodells gemäß (IV.5).

4.) Zum Beispiel der Tab. IV.5 sei das folgende Zwischenergebnis ergänzt. Die Matrix $\underline{x}$ gemäß (IV.19b) besteht aus 20 Zeilen und 5 Spalten. Für die Inverse $(\underline{x}'\underline{x})^{-1}$ , deren Hauptdiagonale für Signifikanzprüfungen der Regressionskoeffizienten unter Verwendung von (III.43) benötigt wird, ergibt sich:

$$(\underline{x}'\underline{x})^{-1} = \begin{pmatrix} 0{,}25 & -0{,}25 & -0{,}25 & -0{,}25 & -0{,}25 \\ -0{,}25 & 0{,}5 & 0{,}25 & 0{,}25 & 0{,}25 \\ -0{,}25 & 0{,}25 & 0{,}5 & 0{,}25 & 0{,}25 \\ -0{,}25 & 0{,}25 & 0{,}25 & 0{,}5 & 0{,}25 \\ -0{,}25 & 0{,}25 & 0{,}25 & 0{,}25 & 0{,}5 \end{pmatrix} .$$

[1] Vgl. KMENTA, J., a. a. O., S. 144.

5.) Für die Signifikanzprüfungen der Tab. IV.6 sind die folgenden Zwischenergebnisse von Bedeutung. Die für die Prüfgröße (III.43) benötigten Werte sind u. a.:

$s_d$ entspricht der Streuung innerhalb der Gruppen im Rahmen der Varianzanalyse, beträgt nach Tab. II.5 also $\sqrt{144{,}2}$ .

$c_{jj}$ stellt die Elemente der Hauptdiagonalen von $(\underline{x}'\underline{x})^{-1}$ dar. Für $j = 0$ gilt also $c_{00} = 0{,}25$; ansonsten ist $c_{jj}$ gleich 0,5 (siehe HVE IV.4).

Somit führt z. B. die Beurteilung der Hypothese

$$H_0\colon \beta_1 = 0$$

gemäß (III.43) zum Wert der Prüfvariablen

$$t = \frac{-\,24}{\sqrt{144{,}2}\,\sqrt{0{,}5}} = -2{,}83 \,.$$

Dieser Wert fällt in den Rückweisungsbereich, da bei 5% Signifikanzniveau und 15 Freiheitsgraden die Rückweisungspunkte in den Werten $\pm$ 2,13 liegen.

6.) Ein wesentliches Zwischenergebnis zum Beispiel der Tab. IV.7 ist die Inverse

$$(\underline{x}'\underline{x})^{-1} = \begin{pmatrix} 0{,}05 & 0 & 0 & 0 & 0 \\ 0 & 0{,}2 & -0{,}05 & -0{,}05 & -0{,}05 \\ 0 & -0{,}05 & 0{,}2 & -0{,}05 & -0{,}05 \\ 0 & -0{,}05 & -0{,}05 & 0{,}2 & -0{,}05 \\ 0 & -0{,}05 & -0{,}05 & -0{,}05 & 0{,}2 \end{pmatrix} .$$

7.) Bei den Signifikanzprüfungen der Tab. IV.8 gilt z. B. für

$H_o$: $\beta_1 = 0$ ,

daß gemäß (III.43)

$$t = \frac{-13,1}{\sqrt{144,2}\,\sqrt{0,2}} = -2,44 \; .$$

Vgl. auch HVE IV.10.

8.) Die Komponenten von $\underline{\mu}$ des Modells (IV.20b) stellen nicht die Kontraste dar, die in Kap. II.1c Gegenstand der varianzanalytischen Prüfung waren. Dort wurde beispielsweise der Kontrast $C_1$ allgemein als

$$C_1 = \mu_1 - \frac{1}{k-1}\sum_2^k \mu_j$$

zum Ausdruck gebracht, während die entsprechende Komponente von $\underline{\mu}$ nicht $C_1$, sondern

$$\beta_1 = \mu_1 - \frac{1}{k}\sum_1^k \mu_j$$

ist. Falls jedoch für $C_1$ die Nullhypothese,

$H_o$: $C_1 = 0$ ,

formuliert wird, gilt

$$H_o\colon \mu_1 - \frac{1}{k-1}\sum_2^k \mu_j = (k-1)\mu_1 - \sum_2^k \mu_j = k\mu_1 - k\mu = \mu_1 - \mu$$

$$= \mu_1 - \frac{1}{k}\sum_1^k \mu_j = 0 \; ,$$

so daß

$H_o$: $\beta_1 = 0$

eine äquivalente Nullhypothese für den Kontrast $C_1$ darstellt. Entsprechendes gilt für die übrigen Kontraste.

9.) Zum Beispiel der Tab. IV.10 ergibt sich die Inverse

$$(\underline{x}'\underline{x})^{-1} = \begin{pmatrix} 1{,}25 & 0 & 0 & 0 & 0 \\ 0 & 0{,}2 & 0 & 0 & 0 \\ 0 & 0 & 0{,}1875 & 0 & 0 \\ 0 & 0 & 0 & 0{,}1667 & 0 \\ 0 & 0 & 0 & 0 & 0{,}125 \end{pmatrix} .$$

10.) Im Rahmen der Signifikanzprüfungen von Tab. IV.11 unter Verwendung der Prüfvariablen (III.43) gilt z. B. für die Hypothese

$H_o$: $\beta_1 = 0$,

daß

$$t = \frac{-13{,}1}{\sqrt{144{,}2}\,\sqrt{0{,}2}} = -2{,}44 .$$

Im Zähler steht die Differenz zwischen $b_1$ und $\beta_1$, im Nenner das Produkt aus $s_d = \sqrt{144{,}2}$ und $c_{11} = \sqrt{0{,}2}$ , der Wurzel aus dem 2. Element der Hauptdiagonalen von $(\underline{x}'\underline{x})^{-1}$ (siehe HVE IV.10). Bei 5% Signifikanzniveau hat die t-verteilte Prüfvariable bei 15 Freiheitsgraden ihre Rückweisungspunkte in den Werten $\pm 2{,}13$, so daß der Test zur Ablehnung der Nullhypothese führt.

11.) Bei zwei polytomen exogenen Variablen mit 3 bzw. 2 Merkmalswerten ohne Wechselwirkung (Abschnitt 2a) dieses Kapitels) gilt[1]:

---

[1] Vgl. KMENTA, J., a. a. O., S. 416.

$$\mu_{11} = E(Y_i | x_{1i}=1, x_{2i}=0, x_{3i}=1) = \beta_o + \beta_1 + \beta_3$$

$$\mu_{21} = E(Y_i | x_{1i}=0, x_{2i}=1, x_{3i}=1) = \beta_o + \beta_2 + \beta_3$$

$$\mu_{31} = E(Y_i | x_{1i}=0, x_{2i}=0, x_{3i}=1) = \beta_o + \beta_3$$

$$\mu_{12} = E(Y_i | x_{1i}=1, x_{2i}=0, x_{3i}=0) = \beta_o + \beta_1$$

$$\mu_{22} = E(Y_i | x_{1i}=0, x_{2i}=1, x_{3i}=0) = \beta_o + \beta_2$$

$$\mu_{32} = E(Y_i | x_{1i}=0, x_{2i}=0, x_{3i}=0) = \beta_o$$

Hieraus folgt, daß

$\beta_o = \mu_{32}$

$\beta_1 = \mu_{12} - \mu_{32}$ und $\beta_1 = \mu_{11} - \mu_{32} - \beta_3$

$\beta_2 = \mu_{22} - \mu_{32}$ und $\beta_2 = \mu_{21} - \mu_{32} - \beta_3$

$\beta_3 = \mu_{31} - \mu_{32}$ und $\beta_3 = \mu_{11} - \mu_{12}$ und $\beta_3 = \mu_{21} - \mu_{22}$

Also ist

$\beta_o = \mu_{32}$

$\beta_1 = \mu_{12} - \mu_{32} = \mu_{11} - \mu_{31}$

$\beta_2 = \mu_{22} - \mu_{32} = \mu_{21} - \mu_{31}$

$\beta_3 = \mu_{11} - \mu_{12} = \mu_{21} - \mu_{22} = \mu_{31} - \mu_{32}$

Bei Abwesenheit von Wechselwirkungen gilt

$\mu_{jh} = \mu_{j.}$ für alle h

und

$\mu_{jh} = \mu_{.h}$ für alle j,

so daß obiges Ergebnis auch formuliert werden kann als

$\beta_o = \mu_{32}$

$\beta_1 = \mu_{1.} - \mu_{3.}$

$\beta_2 = \mu_{2.} - \mu_{3.}$

$\beta_3 = \mu_{.1} - \mu_{.2}$

Dies bringt (IV.11) zusammengefaßt zum Ausdruck.

12.) Die Inverse zum Beispiel der Tab. IV.12 lautet:

$$(\underline{x}'\underline{x})^{-1} = \begin{pmatrix} 0,5 & -0,3333 & -0,3333 & -0,3333 & -0,25 & -0,25 \\ -0,3333 & 0,6667 & 0,3333 & 0,3333 & 0 & 0 \\ -0,3333 & 0,3333 & 0,6667 & 0,3333 & 0 & 0 \\ -0,3333 & 0,3333 & 0,3333 & 0,6667 & 0 & 0 \\ -0,25 & 0 & 0 & 0 & 0,5 & 0,25 \\ -0,25 & 0 & 0 & 0 & 0,25 & 0,5 \end{pmatrix}$$

13.) Für die Signifikanztests der Tab. IV.13 gemäß (III.43) gilt, daß $s_d = \sqrt{4,7}$ (Streuung innerhalb der Gruppen).
Für $\sqrt{c_{jj}}$ sind die Elemente der Hauptdiagonalen der unter HVE IV.12 aufgeführten inversen Matrix zu verwenden. Beispielsweise gilt für $j = 1$, daß $\sqrt{c_{11}} = \sqrt{0,6667}$ .

14.) Bei zwei polytomen exogenen Variablen mit 3 bzw. 2 Merkmalswerten mit Wechselwirkung (Abschnitt 2c dieses Kapitels) gilt[1], ähnlich wie unter HVE.11, zunächst, daß

$$\mu_{11} = \beta_o + \beta_1 + \beta_3 + \beta_4$$
$$\mu_{21} = \beta_o + \beta_2 + \beta_3 + \beta_5$$
$$\mu_{31} = \beta_o + \beta_3$$
$$\mu_{12} = \beta_o + \beta_1$$
$$\mu_{22} = \beta_o + \beta_2$$
$$\mu_{32} = \beta_o$$

Hieraus folgt (IV.14) .

[1] Vgl. KMENTA, J., a. a. O., S. 418.

15.) Die Inverse zum Beispiel der Tab. IV.16 lautet:

$$(\underline{x}'\underline{x})^{-1} = \begin{pmatrix} 0,25 & -0,25 & -0,25 & -0,25 & 0,25 & 0,25 \\ -0,25 & 0,5 & 0,25 & 0,25 & -0,5 & -0,5 \\ -0,25 & 0,25 & 0,5 & 0,25 & -0,5 & -0,25 \\ -0,25 & 0,25 & 0,25 & 0,5 & -0,25 & -0,5 \\ 0,25 & -0,5 & -0,5 & -0,25 & 1 & 0,5 \\ 0,25 & -0,5 & -0,25 & -0,5 & 0,5 & 1 \end{pmatrix}.$$

16.) Das Modell der zweifaktoriellen Varianzanalyse läßt sich darstellen durch die Festlegung, daß $Y_{jhi}$ nach $N(\mu_{jh}; \sigma)$ verteilt ist, wobei alle $Y_{jhi}$ unabhängig sind. In anderer Formulierung ist das Modell durch

$$\text{(IV.21)} \qquad Y_{jhi} = \mu_{jhi} + E_{jhi}, \quad j = 1, \ldots, k_1, \quad h = 1, \ldots, k_2, \quad i = 1, \ldots, m,$$

festgelegt, wobei alle $E_{jhi}$ unabhängig und nach $N(0; \sigma)$ verteilt sind.

Eine mögliche Matrixnotation von (IV.21) ist die weiter unten aufgeführte Form (IV.21a). (IV.21a) ist ein lineares Regressionsmodell der Form (III.31b) (siehe S. 171) und entspricht dem unter Punkt 2d) dieses Kapitels verwendeten Modell (IV.13a).

Für beispielsweise $Y_{111}$ ergibt sich

$$Y_{111} = \mu_{k_1k_2} + \mu_{1k_2} - \mu_{k_1k_2} + \mu_{k_11} - \mu_{k_1k_2} + (\mu_{11}-\mu_{1k_2}) - (\mu_{k_11}-\mu_{k_1k_2}) + E_{111} = \mu_{11} + E_{111} ,$$

was gemäß (IV.21) auch gelten muß.

(IV.21a) $\underline{Y} = \underline{x}\,\underline{\mu} + \underline{E}$

mit

$$\underline{Y} = \begin{pmatrix} Y_{111} \\ \vdots \\ Y_{11m} \\ \vdots \\ Y_{1k_21} \\ \vdots \\ Y_{1k_2m} \\ \vdots \\ Y_{k_1k_21} \\ \vdots \\ Y_{k_1k_2m} \end{pmatrix}, \quad \underline{x} = \begin{pmatrix} 1 & 1 & \dots & 0 & 1 & \dots & 0 & 1 & \dots & 0 \\ \vdots & \vdots & & \vdots & \vdots & & \vdots & \vdots & & \vdots \\ 1 & 1 & \dots & 0 & 1 & \dots & 0 & 1 & \dots & 0 \\ & & & & & \vdots & & & & \\ 1 & 1 & \dots & 0 & 0 & \dots & 0 & 0 & \dots & 0 \\ \vdots & \vdots & & \vdots & \vdots & & \vdots & \vdots & & \vdots \\ 1 & 1 & \dots & 0 & 0 & \dots & 0 & 0 & \dots & 0 \\ & & & & & \vdots & & & & \\ 1 & 0 & \dots & 0 & 0 & \dots & 0 & 0 & \dots & 0 \\ \vdots & \vdots & & \vdots & \vdots & & \vdots & \vdots & & \vdots \\ 1 & 0 & \dots & 0 & 0 & \dots & 0 & 0 & \dots & 0 \end{pmatrix},$$

$$\underline{\mu} = \begin{pmatrix} \mu_{k_1k_2} \\ \mu_{1k_2} - \mu_{k_1k_2} \\ \vdots \\ \mu_{[k_1-1]k_2} - \mu_{k_1k_2} \\ \mu_{k_11} - \mu_{k_1k_2} \\ \vdots \\ \mu_{k_1[k_2-1]} - \mu_{k_1k_2} \\ (\mu_{11}-\mu_{1k_2}) - (\mu_{k_11}-\mu_{k_1k_2}) \\ \vdots \\ (\mu_{[k_1-1]1}-\mu_{[k_1-1]k_2}) - (\mu_{k_11}-\mu_{k_1k_2}) \end{pmatrix}$$

und $\underline{E}$, deren Komponenten wie die von $\underline{Y}$ indiziert sind.

Die Effektdarstellung des Modells der zweifaktoriellen Varianzanalyse mit mehreren Beobachtungen pro Zelle[1] lautet:

(IV.22) $$Y_{jhi} = \mu + \alpha_j + \delta_h + \gamma_{jh} + E_{jhi}, \quad j = 1, \ldots, k_1, \; h = 1, \ldots, k_2, \; i = 1, \ldots, m,$$

wobei die Restriktionen

$$\sum \alpha_j = 0 , \quad \sum \delta_h = 0 , \quad \sum_j \gamma_{jh} = \sum_h \gamma_{jh} = 0$$

zu beachten sind.

Eine mögliche Matrixnotation von (IV.22) ist

(IV.22a) $$\underline{Y} = \underline{x}\,\underline{\mu} + \underline{E}$$

mit

$$\underline{Y} = \begin{pmatrix} Y_{111} \\ \vdots \\ Y_{11m} \\ \vdots \\ Y_{1k_21} \\ \vdots \\ Y_{1k_2m} \\ \vdots \\ Y_{k_1k_21} \\ \vdots \\ Y_{k_1k_2m} \end{pmatrix}, \quad \underline{x} = \begin{pmatrix} 1 & 1 & \ldots & 0 & 1 & \ldots & 0 & 1 & \ldots & 0 \\ \vdots & \vdots & & \vdots & \vdots & & \vdots & \vdots & & \vdots \\ 1 & 1 & \ldots & 0 & 1 & \ldots & 0 & 1 & \ldots & 0 \\ & & & & \vdots & & & & & \\ 1 & 1 & \ldots & 0 & -1 & \ldots & -1 & -1 & \ldots & 0 \\ \vdots & \vdots & & \vdots & \vdots & & \vdots & \vdots & & \vdots \\ 1 & 1 & \ldots & 0 & -1 & \ldots & -1 & -1 & \ldots & 0 \\ & & & & \vdots & & & & & \\ 1 & -1 & \ldots & -1 & -1 & \ldots & -1 & 1 & \ldots & 1 \\ \vdots & \vdots & & \vdots & \vdots & & \vdots & \vdots & & \vdots \\ 1 & -1 & \ldots & -1 & -1 & \ldots & -1 & 1 & \ldots & 1 \end{pmatrix}, \quad \underline{\mu} = \begin{pmatrix} \mu \\ \alpha_1 \\ \vdots \\ \alpha_{k_1-1} \\ \delta_1 \\ \vdots \\ \delta_{k_2-1} \\ \gamma_{11} \\ \vdots \\ \gamma_{[k_1-1][k_2-1]} \end{pmatrix}$$

und $\underline{E}$, deren Komponenten wie die von $\underline{Y}$ indiziert sind.

[1] Vgl. FAHRMEIR, L./HAMERLE, A., a. a. O., S. 169ff.

(IV.22a) ist ein lineares Regressionsmodell der Form (III.31b) und entspricht dem unter Punkt 2d) dieses Kapitels verwendeten Modell (IV.15).

Für beispielsweise $Y_{111}$ ergibt sich

$$\begin{aligned} Y_{111} &= \mu + \alpha_1 + \delta_1 + \gamma_{11} + E_{111} = \mu + \alpha_1 + \delta_1 + \mu_{11} - \mu - \alpha_1 - \delta_1 + E_{111} \\ &= \mu_{11} + E_{111} , \end{aligned}$$

was gemäß (IV.21) auch gelten muß.

17.) Die Inverse zum Beispiel der Tab. IV.18 lautet:

$$(\underline{x}'\underline{x})^{-1} = \begin{pmatrix} 0{,}0417 & 0 & 0 & 0 & 0 & 0 \\ 0 & 0{,}0417 & 0 & 0 & 0 & 0 \\ 0 & 0 & 0{,}0833 & -0{,}0417 & 0 & 0 \\ 0 & 0 & -0{,}0417 & 0{,}0833 & 0 & 0 \\ 0 & 0 & 0 & 0 & 0{,}0833 & -0{,}0417 \\ 0 & 0 & 0 & 0 & -0{,}0417 & 0{,}0833 \end{pmatrix} .$$

# Kapitel V
# Multivariate Regressions- und Korrelationsanalyse

Im vorliegenden Kapitel betrachten wir die multivariaten Verallgemeinerungen der wichtigsten in den vorangegangenen Kapiteln erörterten univariaten Modelle. Hierbei nimmt die multivariate lineare Regressionsanalyse eine Schlüsselstellung ein; denn die mehrfaktorielle multivariate Varianzanalyse und die multivariate Kovarianzanalyse lassen sich, ähnlich wie im univariaten Fall, als Spezialfälle hiervon auffassen. Die auf dem korrelationsanalytischen Grundmodell basierende kanonische Korrelationsanalyse wird als eigenständige Analyseform dargestellt, wobei auf die mögliche Verknüpfung mit der multivariaten Regressionsanalyse eingegangen wird.

## 1. Multivariate lineare Regressionsanalyse

### a) Modell

Das Modell der multivariaten linearen Regression läßt sich als Erweiterung des univariaten multiplen Regressionsmodells (III.31) darstellen:

$X_j$, $j = 1, \ldots, k$, metrisch skalierte exogene Variablen wirken simultan und unabhängig voneinander auf die metrisch skalierten Untersuchungsvariablen $Y_g$, $g = 1, \ldots, h$, ein. Die Untersuchungsvariablen sind korreliert; anderenfalls ist die Verwendung von h univariaten Modellen (III.31) sinnvoll.

Die Abbildung V.1 veranschaulicht die Struktur des realen Problems, für die das multivariate Regressionsmodell adäquat ist.

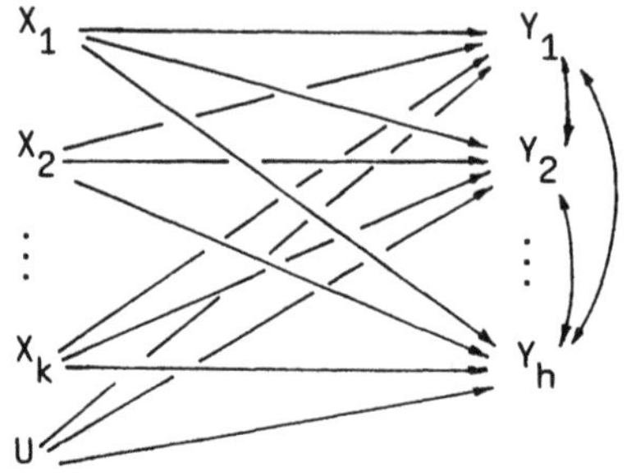


Abb. V.1: Reales Problem, für das das multivariate Regressionsmodell adäquat ist

Das multivariate lineare Regressionsmodell wird durch die folgende Gleichung zum Ausdruck gebracht:

$$\text{(V.1)} \quad Y_{gi} = \beta_{go} + \sum_{j=1}^{k} \beta_{gj} x_{ji} + U_{gi}, \quad g = 1, \ldots, h, \quad i = 1, \ldots, n .$$

Jede exogene Wertekonstellation $x_{ji}$, $j = 1, \ldots, k$, die für die statistische Einheit i vorgegeben wird, ist bei der i-ten Einheit kombiniert mit verschiedenen möglichen Wertekonstellationen $y_{gi}$, $g = 1, \ldots, h$, der Untersuchungsvariablen. (V.1) besteht aus h univariaten Regressionsgleichungen (III.31). Die insgesamt (k+1)h Regressionskoeffizienten β spezifizieren den deterministischen Teil des Zusammenhanges in der Grundgesamtheit und die h·n Störvariablen U den stochastischen Teil.

Für die Störvariablen des Modells werden die folgenden Annahmen getroffen:

In jeder der h Regressionsgleichungen wird vorausgesetzt, daß

(V.2) $E(U_{gi}) = 0$ für alle i

und

(V.3) $$\text{cov}(U_{gi}, U_{gi^*}) = \begin{cases} 0 & \text{für } i \neq i^*, \quad i, i^* = 1, \ldots, n, \\ \sigma_{U_g}^2 & \text{für } i = i^* . \end{cases}$$

Obige Annahmen entsprechen denen des univariaten multiplen Regressionsmodells und bedürfen deshalb keiner ausführlichen Erörterung; bezüglich jeder der h Untersuchungsvariablen gilt also: Die Effekte der nicht ins Modell aufgenommenen Einflußgrößen sind bei jeder statistischen Einheit im Durchschnitt gleich Null. Des weiteren beeinflussen sich diese Effekte nicht gegenseitig; ihre Varianz ist bei jeder Wertekonstellation der exogenen Variablen gleich groß. Bei h Untersuchungsvariablen sind also h Varianzen der Störvariablen zu unterscheiden. Da im multivariaten Fall eine Korrelation der Untersuchungsvariablen beachtet wird, bedeutet dies für die Störvariablen, daß sie in dieser Hinsicht ebenfalls untereinander korrelieren (hierzu siehe weiter unten im Zusammenhang mit (V.4)).

Für inferenzstatistische Fragestellungen wird, ähnlich wie im univariaten Fall, zusätzlich die Annahme benötigt, daß die Störvariablen normalverteilt sind. Dies bedeutet für den multivariaten Fall: Jede Störvariable muß normalverteilt sein und jede Störvariable muß bei festen Werten der anderen Variablen ebenfalls normalverteilt sein[1] (siehe weiter unten die Annahme (V.5)).

In Matrixschreibweise läßt sich das Modell (V.1) für die Grundgesamt-

[1] Vgl. z. B. LINDER, A./BERCHTOLD, W.: Statistische Methoden III. Multivariate Verfahren. Basel 1982, S. 18ff.

heit formulieren als

(V.1a) $\underline{Y} = \underline{x}\,\underline{\beta} + \underline{U}$

mit

$$\underline{Y} = \begin{pmatrix} Y_{11} & \cdots & Y_{h1} \\ \vdots & & \vdots \\ Y_{1n} & \cdots & Y_{hn} \end{pmatrix}, \quad \underline{x} = \begin{pmatrix} x_{o1} & x_{11} & \cdots & x_{k1} \\ \vdots & \vdots & & \vdots \\ x_{on} & x_{1n} & \cdots & x_{kn} \end{pmatrix}, \quad \underline{\beta} = \begin{pmatrix} \beta_{1o} & \cdots & \beta_{ho} \\ \beta_{11} & \cdots & \beta_{h1} \\ \vdots & & \vdots \\ \beta_{1k} & \cdots & \beta_{hk} \end{pmatrix}$$

und $\underline{U}$, deren Elemente wie die von $\underline{Y}$ indiziert sind.

$\underline{Y}$ besteht aus h Spalten und n Zeilen. In der i-ten Zeile, i = 1, ..., n, von $\underline{Y}$ stehen die Werte der h Untersuchungsvariablen, die an der i-ten statistischen Einheit erhoben wurden. In der g-ten Spalte, g = 1, ..., h, von $\underline{Y}$ stehen die Werte der g-ten Untersuchungsvariablen, die an den n statistischen Einheiten erhoben wurden.

$\underline{x}$ hat k+1 Spalten und n Zeilen. Die erste Spalte besteht aus Einsen. $\underline{\beta}$ besteht aus h Spalten und k+1 Zeilen, $\underline{U}$ aus h Spalten und n Zeilen. $\underline{x}$ soll vollen Rang besitzen.

Für die Störvariablen wird gemäß (V.2) zunächst vorausgesetzt:

(V.2a) $E(\underline{U}) = \underline{0}$ .

Die weiter unten folgende Dispersionsmatrix der Störvariablen (V.4) ist mit h Zeilen und h Spalten quadratisch. In der Hauptdiagonalen stehen die h Varianzen der Störvariablen. Die untere und obere Dreiecksmatrix enthält Kovarianzen, die die Variationen zwischen den Störvariablen angeben. (V.4) stellt die multivariate Varianz sämtlicher Störvariablen (in der Grundgesamtheit) dar.

$$\text{(V.4)} \quad \underline{\Sigma}^* = \begin{pmatrix} \sigma_{U_1}^2 & cov(U_2, U_1) & \dots & cov(U_h, U_1) \\ cov(U_1, U_2) & \sigma_{U_2}^2 & \dots & cov(U_h, U_2) \\ \vdots & \vdots & \ddots & \vdots \\ cov(U_1, U_h) & cov(U_2, U_h) & \dots & \sigma_{U_h}^2 \end{pmatrix}$$

Die Annahme (V.3) besagt nun, daß die Dispersionsmatrix (V.4) bei einer unabhängigen Erhebung bei allen statistischen Einheiten dieselbe sein muß. Somit sind die Elemente jeder Zeile von $\underline{U}$ in (V.1a) untereinander korreliert, die Zeilen sind jedoch untereinander nicht korreliert[1]. Gleiches gilt somit für $\underline{Y}$.

Für inferenzstatistische Feststellungen wird des weiteren eine Annahme über die Verteilung der Störvariablen benötigt. Im multivariaten Fall wird gefordert, daß die Störvariablen der multivariaten Normalverteilung[2]

$$\text{(V.5)} \quad N(\underline{0}; \sqrt{\underline{\Sigma}^*})$$

folgen.

Das multivariate Modell (V.1) bzw. (V.1a) besitzt als unbekannte Parameter die Elemente von $\underline{\beta}$ gemäß (V.1a) und die von $\underline{\Sigma}^*$ gemäß (V.4). Diese müssen auf der Grundlage der Stichprobenwertekombinationen geschätzt werden. Dabei soll die Zahl der Parameter für jede auf die Untersuchungsvariable $Y_g$ bezogene Regressionsgleichung höchstens so groß wie der Stichprobenumfang sein, um eine Schätzung in relativ

---

1 Vgl. FAHRMEIR, L./KAUFMANN, H./KREDLER, C.: Regressionsanalyse. In: Multivariate statistische Verfahren. Berlin 1984, S. 131.

2 Zur multivariaten Normalverteilung siehe z. B. HARTUNG, J./ELPELT , B.: Multivariate Statistik. München 1984, S. 64ff.

unproblematischer Weise durchführen zu können, d. h. es soll gelten $h+k+1 \leq n$ . Als Schätzmethode verwenden wir wiederum die Methode der kleinsten Quadrate.

Als Zielfunktion[1] (siehe HVE V.1) dient grundsätzlich wiederum (III.7), d. h. für jede auf die Werte der Untersuchungsvariablen $Y_g$ bezogene Regressionsgleichung gilt

$$(V.6) \quad (\underline{y}_g - \underline{x}\,\underline{\beta}_g)'(\underline{y}_g - \underline{x}\,\underline{\beta}_g) \quad \underset{\underline{\beta}_g}{\longrightarrow} \text{Min.!} \; ,$$

wobei $\underline{y}_g$ bzw $\underline{\beta}_g$ die g-te Spalte, g = 1, ..., h, von $\underline{y}$ bzw $\underline{\beta}$ gemäß (V.1a) darstellt.

Die Lösung des Minimierungsproblems führt zu den Schätzwerten $\underline{b}$,

$$(V.7) \quad \underline{b}_g = (\underline{x}'\underline{x})^{-1}\underline{x}'\underline{y}_g \; , \quad g = 1, \ldots, h \; .$$

$\underline{b}_g$ bezeichnet die g-te Spalte von $\underline{b}$,

$$\underline{b} = \begin{pmatrix} b_{1o} & \cdots & b_{ho} \\ b_{11} & \cdots & b_{h1} \\ \vdots & & \vdots \\ b_{1k} & \cdots & b_{hk} \end{pmatrix} .$$

Die h Spalten von $\underline{b}$ entsprechen also den Lösungen (III.35) von h univariaten Regressionen.

Im multivariaten Kontext sind rechentechnische Abkürzungen besonders vorteilhaft. Dies gilt für die Verwendung des zentrierten Regressions-

[1] Siehe FAHRMEIR, L./KAUFMANN, H./KREDLER, L., a. a. O., S. 133f.

modells (vgl. HVE III.11), das im Rahmen einer später folgenden inferenzstatistischen Betrachtung genutzt wird.

Bei mittelwertbereinigten (zentrierten) Ursprungswerten ergibt sich für die Regressionskoeffizienten

(V.7a) $\underline{a} = \bar{\underline{y}}$ und $\underline{b_z} = \underline{q_{xx}}^{-1}\underline{q_{xy}}$ .

Hierbei ist $\underline{q_{xx}}$ eine symmetrische (k·k)-Matrix, deren Elemente die Zählerausdrücke von Varianzen bzw. Kovarianzen der exogenen Variablen sind; in $\underline{q_{xx}}$ sind also Quadratsummen enthalten. Beispielsweise ist

$$q_{x_1x_1} = \sum(x_{1i} - \bar{x}_{1.})^2$$

und

$$q_{x_1x_2} = \sum(x_{1i} - \bar{x}_{1.})(x_{2i} - \bar{x}_{2.}) .$$

$\underline{q_{xy}}$ ist eine Matrix mit k Zeilen und h Spalten. Sie enthält Elemente, die Produktsummen der Art

$$q_{x_1y_2} = \sum(x_{1i} - \bar{x}_{1.})(y_{2i} - \bar{y}_{2.})$$

darstellen.

Die Lösung (V.7) bzw. (V.7a) besitzt Eigenschaften, die im multivariaten GAUß-MARKOV-Theorem zusammengefaßt sind. Demnach sind z. B. die Schätzwerte für die Regressionskoeffizienten beste unverzerrte lineare Schätzer.

Hierzu ein Beispiel. Untersuchungsvariablen bei 15 zufällig ausgewählten Koronarpatienten sind der systolische Blutdruck $Y_1$ (gemessen in mm Hg) und der Pulsschlag $Y_2$ (Anzahl pro Minute). Exogene Variablen sind das Übergewicht $X_1$ (gemessen in kg), die Rauchgewohnheit $X_2$ (Zigarettenanzahl pro Tag) und die sportliche Aktivität $X_3$ (Anzahl der Stunden sportlicher Betätigung pro Woche).

| $Y_1$ | $Y_2$ | $X_1$ | $X_2$ | $X_3$ |
|---|---|---|---|---|
| 140 | 70 | 0 | 5 | 2 |
| 165 | 79 | 10 | 20 | 0 |
| 130 | 65 | 6 | 0 | 2 |
| 170 | 80 | 18 | 11 | 0 |
| 150 | 76 | 9 | 7 | 0 |
| 175 | 90 | 20 | 30 | 1 |
| 145 | 72 | 0 | 40 | 5 |
| 145 | 66 | 5 | 8 | 0 |
| 180 | 95 | 12 | 25 | 0 |
| 155 | 80 | 15 | 20 | 2 |
| 135 | 65 | 2 | 0 | 6 |
| 150 | 75 | 7 | 10 | 3 |
| 175 | 90 | 14 | 25 | 0 |
| 125 | 70 | 3 | 0 | 1 |
| 150 | 70 | 11 | 12 | 4 |

Tab. V.1: Systolischer Blutdruck ($Y_1$) und Pulsschlag ($Y_2$) beim Übergewicht ($X_1$), Zigarettenverbrauch ($X_2$) und bei der sportlichen Aktivität ($X_3$) bei 15 Personen

Die Untersuchungsvariablen $Y_1$ und $Y_2$ sind korreliert ($r = 0{,}9122$), so daß die Verwendung des multivariaten Modells sinnvoll ist. Die exogenen Variablen sind schwach korreliert,

$$r_{X_1X_2} = 0{,}3577 \qquad r_{X_1X_3} = -0{,}4983 \qquad r_{X_2X_3} = -0{,}0336 \quad .$$

Die idealisierte Situation gemäß Abb. V.1 liegt also nicht vor; wir gehen jedoch davon aus, daß die stochastische Multikollinearität nur schwach ausgeprägt ist und die weiter unten folgenden inferenzstatistischen Resultate nur unerheblich tangiert.

Die Schätzung der Regressionskoeffizienten gemäß (V.7) führt zu den Regressionshyperebenen

$$\hat{y}_{1i} = 134,2285 + 1,4107x_{1i} + 0,6565x_{2i} - 1,9028x_{3i}, \quad i = 1, \ldots, 15,$$

$$\hat{y}_{2i} = 67,7588 + 0,6157x_{1i} + 0,3872x_{2i} - 1,4276x_{3i}, \quad i = 1, \ldots, 15.$$

Falls also z. B. eine Person täglich eine Zigarette mehr raucht, ist zu erwarten, daß der systolische Blutdruck im Durchschnitt um 0,6565 mm Hg und der Puls um 0,3872 Schläge pro Minute steigt. In die gleiche Richtung wirkt das Übergewicht (positive Vorzeichen bei $x_{1i}$), hingegen senkt eine zunehmende sportliche Aktivität im relevanten Bereich im Durchschnitt sowohl den Blutdruck als auch die Pulsschlagfrequenz (negative Vorzeichen der Regressionskoeffizienten bei $x_{3i}$).

Weitere Teilaspekte der realen Zusammenhangsstruktur lassen sich deskriptiv durch multiple Determinationskoeffizienten erfassen, von denen im Modell (V.1) insgesamt h berechenbar sind. Wegen der Korrelation der Untersuchungsvariablen sind diese Maßzahlen jedoch von begrenztem Wert; denn es bleibt unklar, in welcher Beziehung die univariaten Maße zueinander stehen. Für das Beispiel der Tab. V.1 ergeben sich die folgenden Resultate, die um Informationen der schrittweisen Regressionsanalyse (siehe Kap. III.2e) ergänzt sind:

$$r_{y_1.1}^2 = 0,6294 \qquad r_{y_1.12}^2 = 0,7874 \qquad r_{y_1.123}^2 = 0,8227$$

$$r_{y_2.1}^2 = 0,5355 \qquad r_{y_2.12}^2 = 0,7056 \qquad r_{y_2.123}^2 = 0,7703$$

Für den systolischen Blutdruck ($Y_1$) wie auch für den Pulsschlag ($Y_2$) gilt also, daß das Übergewicht ($X_1$) als der wichtigste Faktor beschrieben werden kann. Die Berücksichtigung des Zigarettenverbrauchs ($X_2$) vergrößert den jeweiligen erklärten Varianzanteil deutlich, während die sportliche Aktivität ($X_3$) lediglich zu einer geringen zusätzlichen Erklärung beiträgt.

Seit den bahnbrechenden Arbeiten von HOTELLING (1935, 1936) wurden die deskriptiven Maßzahlen mit dem Ziel einer globalen Beschreibung des Zusammenhanges zwischen zwei Variablengruppen weiterentwickelt. Hierauf gehen wir im Abschnitt 2 dieses Kapitels (kanonische Korrelationsanalyse) näher ein.

### b) Tests

Inferenzstatistische Prüfungen von Hypothesen über die multivariate Zusammenhangsstruktur lassen sich umfassend und allgemein darstellen. Für den an speziellen Anwendungen interessierten Verwender ist dabei jedoch der geringe Grad an Durchschaubarkeit von Nachteil. Wir werden deshalb im folgenden keine allgemeine Darstellung wählen, sondern drei für Anwendungen relativ bedeutsame Tests herausstellen. Der an weitergehenden Überlegungen Interessierte sei auf die speziellere mathematisch-statistische Literatur[1] verwiesen.

#### ba) Globaler Unabhängigkeitstest

Die umfassende Hypothese der Unabhängigkeit der Untersuchungsvariablen von sämtlichen exogenen Variablen läßt sich durch

$H_o: \underline{\beta_z} = \underline{0}$

zum Ausdruck bringen. Die Alternativhypothese ist

$H_a: \underline{\beta_z} \neq \underline{0}$ .

Hierbei bezeichnet $\underline{\beta_z}$ die Regressionskoeffizientenmatrix im zentrierten Modell (siehe (V.1a) in Verbindung mit HVE III.11),

[1] Siehe z. B. FAHRMEIR, L./KAUFMANN, H./KREDLER, L., a. a. O., S. 134ff.

$$\underline{\beta_z} = \begin{pmatrix} \beta_{11} & \cdots & \beta_{h1} \\ \vdots & & \vdots \\ \beta_{1k} & \cdots & \beta_{hk} \end{pmatrix} .$$

Eine zur Prüfung dieser Hypothese geeignete Prüfvariable knüpft an Überlegungen an, die bereits im Rahmen der multivariaten einfaktoriellen Varianzanalyse (Kap. II.4) erwähnt wurden und unter HVE V.2 zusammengefaßt sind.

Demnach kann als Prüfvariable der Quotient der Determinanten zweier Matrizen verwendet werden. Dieser Quotient folgt, falls die Nullhypothese zutrifft, einer WILKS-Λ-Verteilung mit den Parametern h, $\nu_2 = n-k-1$ und $\nu_1 = k$ (zur WILKS-Λ-Verteilung und der BARTLETT-Approximation siehe HVE II.9):

$$\text{(V.8)} \qquad \Lambda = \frac{|\underline{Q_2}|}{|\underline{Q}|} = \frac{|\underline{Q_2}|}{|\underline{Q_1}+\underline{Q_2}|}$$

$\underline{q_2}$, die Stichprobenwerte von $\underline{Q_2}$ , ist eine Matrix, deren Elemente die multivariate Variation der geschätzten stochastischen Komponenten der Untersuchungsvariablen im vollständigen Modell mit k exogenen Variablen zum Ausdruck bringt. Sie ist wie (V.4) aufgebaut.

$\underline{q} = \underline{q_1} + \underline{q_2}$ ist eine Matrix, deren Elemente die gesamte Variation der Untersuchungsvariablen in der Stichprobe im Modell mit k exogenen Variablen zum Ausdruck bringt. $\underline{q_1}$ betrifft die Variation der geschätzten deterministischen Komponenten der Untersuchungsvariablen.

Die Prüfvariable (V.8) läßt sich auch unter Verwendung einer anderen Notation formulieren, die in den folgenden Abschnitten Verwendung findet. In den Kapiteln III und IV wurde die varianzanalytische Prüfung der Hypothese der Unabhängigkeit einer Untersuchungsvariablen von einer oder mehreren exogenen Variablen unter Verwendung des Konzeptes des vollständigen und eingeschränkten (reduzierten) Modells durchgeführt (vgl. z. B. Tab. III.7). Das eingeschränkte Modell unterschied sich vom vollständigen Modell dadurch, daß es um jene exogenen Variablen reduziert war, die Gegenstand der Unabhängigkeitsprüfung waren. Im eingeschränkten Modell brachte die Quadratsumme $q_1'$ die erklärte Variation zum Ausdruck und im vollständigen Modell die Quadratsumme $q_1$. Für die im univariaten Fall verwendete Prüfvariable war die Differenz $q_1 - q_1'$ von Bedeutung. Für die vorliegende multivariate Fragestellung ist die Prüfvariable (V.8) angemessen; für sie ist $q_1 - q_1'$ ohne Bedeutung. Wie die folgende Überlegung zeigt, ist für sie jedoch grundsätzlich $q_2'$, die unerklärte Variation im eingeschränkten Modell, von Wichtigkeit.

Bezogen auf die vorliegende Frage der Unabhängigkeit der Untersuchungsvariablen von allen exogenen Variablen, besteht das eingeschränkte Modell aus einem Regressionsmodell ohne exogene Variablen. Im Rahmen dieses "Modells" läßt sich natürlich keine Komponente der Untersuchungsvariablen statistisch erklären, so daß in diesem Falle die unerklärte Variation so groß wie die gesamte Variation der Untersuchungsvariablen ist. Bezeichnen wir die unerklärte multivariate Variation der Untersuchungsvariablen im eingeschränkten Modell mit $\underline{q_2}'$, gilt hier

$$\underline{q} = \underline{q_2}' ,$$

so daß (V.8) allgemeiner als

$$\text{(V.8a)} \qquad \Lambda = \frac{|\underline{Q_2}|}{|\underline{Q_2}'|}$$

formuliert werden kann.

Bei zutreffender Nullhypothese darf $\Lambda$ nur um den Betrag kleiner als Eins sein, der auf den Einfluß des Zufalls zurückgeführt werden kann. Die BARTLETT-Approximation von $\Lambda$ durch eine $\chi^2$-Verteilung mit $h \cdot k$ Freiheitsgraden (siehe HVE II.9),

$$\text{(V.9)} \qquad \chi^2 = -[n - 1 - 0{,}5(h+k+1)] \ln \Lambda \; ,$$

führt bei nicht zu kleinen Stichprobenumfängen zu guten Näherungen. Zu große Werte für $\chi^2$ führen zur Ablehnung der Nullhypothese.

Im Beispiel der Tab. V.1 betrifft die zu prüfende globale Unabhängigkeitshypothese die Behauptung, daß der Blutdruck und die Pulsfrequenz vom Übergewicht, dem Zigarettenrauchen und der sportlichen Aktivität unbeeinflußt sind. Die Stichprobenrealisation der Prüfvariablen (V.8) bzw. (V.8a) hat wegen

$$\underline{q_2} = \begin{pmatrix} 725{,}66 & 272{,}38 \\ 272{,}38 & 289{,}55 \end{pmatrix} \qquad \underline{q} = \underline{q_2}' = \begin{pmatrix} 4093{,}3 & 2072{,}0 \\ 2072{,}0 & 1260{,}4 \end{pmatrix}$$

und deren Determinanten $|\underline{q_2}| = 135\,920{,}37$ sowie $|\underline{q_2}'| = 866\,053{,}33$ den Wert $\Lambda = 0{,}1569$ .

Die Approximation gemäß (V.9) führt zu $\chi^2 = 20{,}37$ (6 Freiheitsgrade), so daß die Hypothese bei 5% Signifikanzniveau (Rückweisungspunkt 12,6) zu verwerfen ist. Die Daten der Tab. V.1 widersprechen also der globalen Unabhängigkeitsbehauptung.

bb) Test einer exogenen Variablen

Die Frage nach der Unabhängigkeit der Untersuchungsvariablen von einer einzelnen exogenen Variablen führt zur Formulierung der Nullhypothese

$H_o: \underline{\beta}_j = \underline{0}$ .

Die Alternativhypothese ist

$H_a: \underline{\beta}_j \neq \underline{0}$ .

Der Vektor $\underline{\beta}_j$ entspricht den h zur j-ten exogenen Variablen gehörenden Regressionskoeffizienten (Zeilen der Matrix $\underline{\beta}$ gemäß (V.1a) ohne die erste Zeile).

Die Beurteilung dieser Hypothese läßt sich wiederum unter Verwendung der Prüfvariablen

$$\text{(V.8a)} \quad \Lambda = \frac{|\underline{Q}_2|}{|\underline{Q}_2'|}$$

mit den Parametern h, $\nu_2$ = n-k-1 und $\nu_1$ = 1 durchführen.

$\underline{Q}_2$ enthält die multivariate Variation der geschätzten stochastischen Komponenten der Untersuchungsvariablen im vollständigen Modell und $\underline{Q}_2'$ die im eingeschränkten Modell. Letzteres Modell enthält mit Ausnahme der zu prüfenden j-ten exogenen Variablen alle anderen Variablen.

Im vorliegenden Falle wird für die praktische Signifikanzprüfung[1] eine Beziehung zwischen $\Lambda$ und der F-Variablen

[1] Siehe FAHRMEIR, L./KAUFMANN, H./KREDLER, L., a. a. O., S. 136.

(V.10) $$\frac{1-\Lambda}{\Lambda}\;\frac{n-k-h}{h} = F$$

vorteilhaft verwendet, wobei F die Freiheitsgrade h und n-k-h besitzt.

Des weiteren ist die Prüfung obiger Hypothese äquivalent möglich[1] unter Verwendung der F-verteilten Prüfvariablen

(V.11) $$F = \frac{n-k-h}{h[n-(k+1)-1]c_{jj}}\,\underline{B}_j\,\underline{S}_d^{-1}\,\underline{B}_j'$$

mit h und n-k-h Freiheitsgraden. Dabei entspricht $c_{jj}$ dem j-ten Element der Hauptdiagonalen von $(\underline{x}'\underline{x})^{-1}$ und

$$\underline{S}_d = \frac{1}{n-k-1}\,\underline{Q}_2\ .$$

Die Matrix $\underline{S}_d$ besteht also aus Elementen, die die Dispersion der geschätzten stochastischen Komponenten der Untersuchungsvariablen zum Ausdruck bringt. Sie ist die Schätzung von (V.4), der multivariaten Varianz sämtlicher Störvariablen in der Grundgesamtheit. (V.11) verdient aus rechentechnischen Erwägungen heraus gegenüber (V.8a) den Vorzug.

Im Beispiel der Tab. V.1 sind drei Gruppen von Regressionskoeffizienten Gegenstand einzelner Tests: Eine Hypothese behauptet z. B., daß $\beta_{11}$ und $\beta_{21}$ gleich Null sind, daß also die Stichprobenrealisationen 1,4107 und 0,6157 nur zufällig von Null verschieden sind. Inhaltlich betrifft diese Hypothese die Behauptung der Unabhängigkeit des Blutdrucks und der Pulsschlagfrequenz vom Übergewicht ($X_1$). Entsprechendes gilt jeweils für die zwei anderen exogenen Variablen. In der Tab. V.2 sind die Stichprobenergebnisse für die Prüfvariable (V.10) oder (V.11) mit dem Rückweisungspunkt der $F_{10}^2$-verteilten Variablen,

---

[1] Siehe FAHRMEIR, L./KAUFMANN, H./KREDLER, L., a. a. O., S. 135. Die dort genannte Formel (2.19) wurde von uns in zwei Punkten verändert.

der bei 5% Signifikanzniveau im Wert 4,1 liegt, verglichen.

| Test für | F-Wert | Entscheidung |
|---|---|---|
| $X_1$ | 4,88 | $H_o$-Ablehnung |
| $X_2$ | 5,99 | $H_o$-Ablehnung |
| $X_3$ | 1,54 | $H_o$-Annahme |

Tab. V.2: Einzelprüfung der Unwirksamkeit des Übergewichts ($X_1$), des Zigarettenverbrauchs ($X_2$) und der sportlichen Aktivität ($X_3$) bezüglich des Blutdruckes sowie der Pulsschlagfrequenz

Bei dem gewählten Signifikanzniveau erweisen sich das Übergewicht und der Zigarettenverbrauch als bedeutungsvoll für den Blutdruck und die Pulsschlagfrequenz, hingegen nicht die sportliche Aktivität. Diese Beurteilung bekräftigt die im deskriptiven Kontext (Punkt 1a dieses Kapitels) feststellbaren Beziehungen.

### bc) Test mehrerer exogener Variablen

Die Prüfung der Hypothese über die Unabhängigkeit der Untersuchungsvariablen von mehreren exogenen Variablen folgt dem im vorangegangenen Abschnitt dargestellten Weg des Vergleichs der Determinante von $\underline{q_2}$ mit $\underline{q_2}'$. Im vorliegenden Fall bezieht sich $\underline{q_2}'$ auf das um die Gruppe der interessierenden exogenen Variablen eingeschränkte Modell.

Wir bezeichnen als Gruppe 1 jene m exogenen Variablen, die - neben der Scheinvariablen - nicht Gegenstand der Unabhängigkeitsprüfung sind, und als Gruppe 2 die k-m interessierenden exogenen Variablen,

$m < k$. Für die Gruppierungen verwenden wir die Notation $\underline{x}_1$ und $\underline{x}_2$ . Entsprechend ist $\underline{\beta}$ in $\underline{\beta}_1$ und $\underline{\beta}_2$ partitioniert,

$$\underline{\beta} = \begin{pmatrix} \underline{\beta}_1 \\ \underline{\beta}_2 \end{pmatrix} , \qquad \underline{x} = \left(\underline{x}_1, \underline{x}_2\right) .$$

Die Unabhängigkeitshypothese bezieht sich auf die Gruppe 2 der Regressionskoeffizienten und lautet

$H_o$: $\underline{\beta}_2 = \underline{0}$ .

Die Alternativhypothese ist

$H_a$: $\underline{\beta}_2 \neq \underline{0}$ .

Zur Überprüfung eignet sich wiederum die Prüfvariable

$$\text{(V.8a)} \qquad \Lambda = \frac{|\underline{Q}_2|}{|\underline{Q}_2'|}$$

mit den Parametern h, $\nu_2$ = n-k-1 und $\nu_1$ = k-m .

Die entsprechende BARTLETT-Approximation lautet im vorliegenden Falle

$$\text{(V.12)} \qquad \chi^2 = -[n - 1 - 0{,}5(h+k+m+1)] \ln \Lambda$$

mit h(k-m) Freiheitsgraden[1].

Im Beispiel der Tab. V.1, das drei exogene Variablen enthält, läßt sich z. B. die Unabhängigkeit sowohl des Blutdrucks ($Y_1$) als auch des Pulsschlags ($Y_2$) vom Übergewicht ($X_1$) sowie vom Zigarettenverbrauch ($X_2$) prüfen. Das entsprechende eingeschränkte Modell enthält

[1] Siehe FAHRMEIR, L./KAUFMANN, H./KREDLER, L., a. a. O., S. 138.

(neben der Scheinvariablen) als exogene Variable lediglich die "sportliche Aktivität" ($X_3$). Für $\underline{q}_2'$ ergibt sich

$$\underline{q}_2' = \begin{pmatrix} 3093,7 & 1491,0 \\ 1491,0 & 922,71 \end{pmatrix}$$

und für die Determinante $|\underline{q}_2'| = 631\,521,3$. Da $|\underline{q}_2| = 135\,920,37$ (siehe Punkt 1ba dieses Kapitels), ergibt sich gemäß (V.8a) $\Lambda = 0,2152$ . Die Approximation gemäß (V.12) führt zu $\chi^2 = 16,12$ (4 Freiheitsgrade). Bei 5% Signifikanzniveau liegt der Rückweisungspunkt im Wert 9,49 . Die Hypothese der Unabhängigkeit des Blutdrucks und der Pulsfrequenz vom Übergewicht und dem Zigarettenverbrauch wird also zurückgewiesen.

Zusätzlich können zwei weitere Kombinationen der exogenen Variablen geprüft werden, wie die Tab. V.3 zeigt.

| Test für | $\Lambda$-Wert | $\chi^2$-Wert | Entscheidung |
|---|---|---|---|
| $X_1, X_2$ | 0,2152 | 16,12 | $H_o$-Ablehnung |
| $X_1, X_3$ | 0,2820 | 13,29 | $H_o$-Ablehnung |
| $X_2, X_3$ | 0,4240 | 9,01 | $H_o$-Annahme |

Tab. V.3: Prüfung der Unwirksamkeit von Kombinationen der exogenen Variablen bezüglich des Blutdrucks und der Pulsschlagfrequenz

Bei dem gewählten Signifikanzniveau in Höhe von 5% (Rückweisungspunkt: 9,49) ist die sportliche Aktivität ($X_3$) zusammen mit dem Übergewicht ($X_1$) zwar bedeutungsvoll, hingegen nicht zusammen mit dem Zigarettenverbrauch ($X_2$). Der Leser beachte, daß bei diesem Beispiel keine Aussagen über etwaig bestehende Wechselwirkungen vorgesehen sind.

## 2. Mehrfaktorielle multivariate Varianzanalyse

Wir betrachten im folgenden die mehrfaktorielle Verallgemeinerung der einfaktoriellen multivariaten Varianzanalyse (siehe Kap. II.4) im regressionsanalytischen Kontext[1].

### a) Regressionsanalytisches Modell

Das mehrfaktorielle multivariate Regressionsmodell (V.1) bzw. (V.1a) stellt eine Möglichkeit dar, das Modell der mehrfaktoriellen multivariaten Varianzanalyse mit mehreren Beobachtungswertegruppen pro Zelle (siehe den Versuchsplan Tab. II.24) zu formulieren. Hierzu müssen lediglich die Faktoren durch Kodiervariablen ersetzt und durch weitere Kodiervariablen für die Wechselwirkungen ergänzt werden. Wir verwenden im folgenden die Effektkodierung. Das mehrfaktorielle multivariate varianzanalytische Modell läßt sich somit bei h Untersuchungsvariablen in Form von h Regressionsgleichungen der Form (IV.15) darstellen, so daß für die Werte in der Grundgesamtheit das weiter unten folgende Modell (V.13) gilt.

Die Interpretationen der Regressionskoeffizienten können im einzelnen (IV.16) entnommen werden. Sie geben also die Effekte der Faktoren sowie die Wechselwirkungen zwischen den Faktoren an.

[1] Den $h = 1, \ldots, l$ Untersuchungsvariablen, $g = 1, \ldots, f$ Faktoren mit ihren jeweils insgesamt $r_g$ Stufen und den m Beobachtungen für jede Wertegruppe der Untersuchungsvariablen, $(y_1, \ldots, y_h, \ldots, y_l)$, in Kap. II.4 entsprechen die $g = 1, \ldots, h$ Untersuchungsvariablen, $j = 1, \ldots, k$ exogenen Variablen und n Beobachtungen für jede Wertegruppe $(y_1, \ldots, y_g, \ldots, y_h)$ im vorliegenden Kapitel.

(V.13) betrifft den zweifaktoriellen Fall. Das Modell mit mehr als zwei Faktoren kann entsprechend formuliert werden, wobei jedoch die Übersichtlichkeit herabgesetzt wäre.

(V.13) $$y_{gi} = \beta_{go} x_{oi} + \sum_{j=1}^{k_1 k_2 - 1} \beta_{gj} x_{ji} + u_i, \quad i = 1, \ldots, n, \quad g = 1, \ldots, h,$$

$$x_{oi} = 1 ,$$

$$x_{ji} = \begin{cases} 1, & \text{falls die } j\text{-te Stufe der Faktoren vorliegt, außer} \\ -1 & \text{für die } k_1\text{-te Stufe des ersten und } k_2\text{-te Stufe des zweiten Faktors,} \\ 0 & \text{anderenfalls,} \end{cases}$$

$j = 1, \ldots, k-2,$

$X_j$, $j = k-1, \ldots, k_1 k_2 - 1$, kodiert die Wechselwirkung durch geeignete multiplikative Verknüpfung der $X_j$, $j = 1, \ldots, k-2$ .

$\beta_{gj} \neq 0$ für alle g und j .

b) Tests

Die in den vorangegangenen drei Abschnitten ba) bis bc) dargestellten Unabhängigkeitstests können zur Prüfung der globalen Unabhängigkeit, der Haupt- und Wechselwirkung der Faktoren sowie zur Prüfung einzelner Effekte der Faktoren entsprechend angewendet werden. Hierzu betrachten wir ein Beispiel[1].

[1] Daten nach MORRISON, D. F.: Multivariate statistical methods. New York 1976. Entnommen HARTUNG, J./ELPELT, B., a. a. O., S. 703. Die dort durchgeführte Analyse verwendet ein anderes Instrumentarium, führt jedoch zu den gleichen inferenzstatistischen Aussagen wie im vorliegenden Text.

Untersuchungsvariablen sind der Gewichtsverlust in der ersten ($Y_1$) und zweiten Woche ($Y_2$) bei 12 männlichen und 12 weiblichen Ratten. Diese wurden jeweils per Zufall auf drei gleich große Gruppen aufgeteilt. In jeder Gruppe wurde eines von 3 Medikamenten verabreicht. Es liegen also 2 Faktoren vor, das Medikament (3 vorgegebene Stufen) und das Geschlecht (2 Stufen). Für jede Stufenkombination wurde viermal unabhängig voneinander ein Beobachtungspaar ($y_1$, $y_2$) der Untersuchungsvariablen erhoben (verbundene Stichproben).

| Geschlecht \ Medikament | | A | | | | B | | | | C | | | |
|---|---|---|---|---|---|---|---|---|---|---|---|---|---|
| männlich | $Y_1$ | 5 | 5 | 9 | 7 | 7 | 7 | 9 | 6 | 21 | 14 | 17 | 12 |
| | $Y_2$ | 6 | 4 | 9 | 6 | 6 | 7 | 12 | 8 | 15 | 11 | 12 | 10 |
| weiblich | $Y_1$ | 7 | 6 | 9 | 8 | 10 | 8 | 7 | 6 | 16 | 14 | 14 | 10 |
| | $Y_2$ | 10 | 6 | 7 | 10 | 13 | 7 | 6 | 9 | 12 | 9 | 8 | 5 |

Tab. V.4: Gewichtsverlust in der ersten Woche ($Y_1$) und zweiten Woche ($Y_2$) nach Verabreichung der Medikamente bei 24 Ratten (Beispiel für Tab. II.24; zweifaktorielle bivariate Varianzanalyse mit 4 Beobachtungspaaren pro Zelle)

Für die Kodierung der drei Medikamente (A, B, C) werden zwei Kodiervariablen benötigt, $X_1$ und $X_2$. Die Kodierung des Geschlechts (m, w) erfolgt mit einer Kodiervariablen, $X_3$. $X_4 = X_1X_3$ und $X_5 = X_2X_3$ kodieren die Wechselwirkung. Die Werte der Kodier- und der Untersuchungsvariablen $Y_1$ sind in der Tab. V.5 dargestellt. Für $Y_2$ gilt die Tab. V.5 analog. An die Stelle von $y_{1i}$ tritt $y_{2i}$, an die Stelle von z. B. $b_{13}$ tritt $b_{23}$ usw. Die Werte der Kodiervariablen ändern sich nicht.

| $y_{1i}$ | | $\hat{y}_{1i}$ | | $x_{oi}$ | | $x_{1i}$ | | $x_{2i}$ | | $x_{3i}$ | | $x_{4i}$ | | $x_{5i}$ |
|---|---|---|---|---|---|---|---|---|---|---|---|---|---|---|
| 5 | | $\hat{y}_1$ | | 1 | | 1 | | 0 | | 1 | | 1 | | 0 |
| 5 | | $\hat{y}_2$ | | 1 | | 1 | | 0 | | 1 | | 1 | | 0 |
| 9 | | $\hat{y}_3$ | | 1 | | 1 | | 0 | | 1 | | 1 | | 0 |
| 7 | | $\hat{y}_4$ | | 1 | | 1 | | 0 | | 1 | | 1 | | 0 |
| 7 | | $\hat{y}_5$ | | 1 | | 0 | | 1 | | 1 | | 0 | | 1 |
| 7 | | $\hat{y}_6$ | | 1 | | 0 | | 1 | | 1 | | 0 | | 1 |
| 9 | | $\hat{y}_7$ | | 1 | | 0 | | 1 | | 1 | | 0 | | 1 |
| 6 | | $\hat{y}_8$ | | 1 | | 0 | | 1 | | 1 | | 0 | | 1 |
| 21 | deren deter-mini-stische Kompo-nente wird ge-schätzt durch | $\hat{y}_9$ | | 1 | | -1 | | -1 | | 1 | | -1 | | -1 |
| 14 | | $\hat{y}_{10}$ | | 1 | | -1 | | -1 | | 1 | | -1 | | -1 |
| 17 | | $\hat{y}_{11}$ | | 1 | | -1 | | -1 | | 1 | | -1 | | -1 |
| 12 | | $\hat{y}_{12}$ | $=b_{1o}\cdot$ | 1 | $+b_{11}\cdot$ | -1 | $+b_{12}\cdot$ | -1 | $+b_{13}\cdot$ | 1 | $+b_{14}\cdot$ | -1 | $+b_{15}\cdot$ | -1 |
| 7 | | $\hat{y}_{13}$ | | 1 | | 1 | | 0 | | -1 | | -1 | | 0 |
| 6 | | $\hat{y}_{14}$ | | 1 | | 1 | | 0 | | -1 | | -1 | | 0 |
| 9 | | $\hat{y}_{15}$ | | 1 | | 1 | | 0 | | -1 | | -1 | | 0 |
| 8 | | $\hat{y}_{16}$ | | 1 | | 1 | | 0 | | -1 | | -1 | | 0 |
| 10 | | $\hat{y}_{17}$ | | 1 | | 0 | | 1 | | -1 | | 0 | | -1 |
| 8 | | $\hat{y}_{18}$ | | 1 | | 0 | | 1 | | -1 | | 0 | | -1 |
| 7 | | $\hat{y}_{19}$ | | 1 | | 0 | | 1 | | -1 | | 0 | | -1 |
| 6 | | $\hat{y}_{20}$ | | 1 | | 0 | | 1 | | -1 | | 0 | | -1 |
| 16 | | $\hat{y}_{21}$ | | 1 | | -1 | | -1 | | -1 | | 1 | | 1 |
| 14 | | $\hat{y}_{22}$ | | 1 | | -1 | | -1 | | -1 | | 1 | | 1 |
| 14 | | $\hat{y}_{23}$ | | 1 | | -1 | | -1 | | -1 | | 1 | | 1 |
| 10 | | $\hat{y}_{24}$ | | 1 | | -1 | | -1 | | -1 | | 1 | | 1 |

Tab. V.5: Werte für Kodiervariablen und Gewichtsverlust in der ersten Woche (Modell (V.13), g = 1)
Der Index 1 von $\hat{y}_{1i}$ ist fortgelassen.

Erwartungsgemäß sind die in einer verbundenen Stichprobe erhobenen zwei Untersuchungsvariablen korreliert (r = 0,7145), so daß die Verwendung des multivariaten Modells sinnvoll ist.

Die Schätzung der Regressionskoeffizienten gemäß (V.7) führt zu den Regressionshyperebenen

$$\hat{y}_{1i} = 9{,}75 - 2{,}75x_{1i} - 2{,}25x_{2i} + 0{,}1667x_{3i} - 0{,}6667x_{4i} - 0{,}4167x_{5i},$$

$$\hat{y}_{2i} = 8{,}6667 - 1{,}4167x_{1i} - 0{,}1667x_{2i} + 0{,}1667x_{3i} - 1{,}1667x_{4i} - 0{,}4167x_{5i},$$

$$\text{jeweils } i = 1, \ldots, 24 .$$

In Anlehnung an (IV.16) lassen sich die Regressionskoeffizienten wie folgt interpretieren:

$b_{1o} = 9{,}75 = \bar{y}_1$ gibt den durchschnittlichen Gewichtsverlust aller Tiere in der ersten Woche und $b_{2o} = 8{,}6667 = \bar{y}_2$ den in der zweiten Woche an.

$b_{11} = -2{,}75$ gibt den Haupteffekt des Medikaments A in der ersten Woche an. Das Medikament A führt also in der ersten Woche zu einem Gewichtsverlust, der um 2,75 Gewichtseinheiten unter dem Durchschnitt aller verabreichten Medikamente liegt. Die pharmakologische Wirkung von A ist somit in der Stichprobe schwächer als die aller Medikamente. In der zweiten Woche ist der Haupteffekt von A absolut geringer, $b_{21} = -1{,}4167$; d. h. die pharmakologische Wirkung von A ist in der Stichprobe zwar schwächer als die aller Medikamente, sie ist jedoch im Vergleich zur ersten Woche gestiegen.

$b_{12} = -2{,}25$ bzw. $b_{22} = -0{,}1667$ gibt den Haupteffekt des Medikaments B in der ersten bzw. zweiten Woche an. Tendenziell entsprechen die Aussagen, die über B getroffen werden können, den Aussagen über A. Somit erweist sich die pharmakologische Wirkung des bei der Kodierung fortgelassenen Medikaments C in der Stichprobe sowohl in der ersten als auch der zweiten Woche im Durchschnitt als am stärksten.

$b_{13} = 0{,}1667$ gibt den Haupteffekt des männlichen Geschlechts in der ersten Woche an. Männliche Ratten erleiden also in der ersten Woche einen überdurchschnittlichen Gewichtsverlust, was auch für die zweite Woche gilt, $b_{23} = 0{,}1667$. Der Effekt ist in der Stichprobe jedoch nur relativ schwach ausgeprägt.

Alle Wechselwirkungskoeffizienten sind negativ und absolut relativ klein. Der Koeffizient $b_{24} = -1{,}1667$ zeigt, daß der Kombinationseffekt des Medikaments A mit dem männlichen Geschlecht in der zweiten Woche mit einem unterdurchschnittlichen Gewichtsverlust von 1,1667 Gewichtseinheiten im Vergleich zu den übrigen Kombinationseffekten noch relativ deutlich ausgeprägt ist.

Die Prüfung der umfassenden Hypothese der Unabhängigkeit der Gewichtsverluste in der ersten und zweiten Woche von allen Faktoren unter Verwendung der Prüfvariablen (V.8) führt angesichts

$$\underline{q_2} = \begin{pmatrix} 94,5 & 76,5 \\ 76,5 & 114,0 \end{pmatrix}, \qquad \underline{q} = \begin{pmatrix} 410,5 & 196,0 \\ 196,0 & 183,3 \end{pmatrix}$$

und deren Determinanten $|\underline{q_2}| = 4\ 920,75$ sowie $|\underline{q}| = 36\ 842,3$

zum Wert

$$\Lambda = \frac{4\ 920,75}{36\ 842,3} = 0,13356 \ ,$$

dessen Approximation gemäß (V.9)

$\chi^2 = 38,25$ (10 Freiheitsgrade) ist.

Bei 5% Signifikanzniveau liegt der Rückweisungspunkt im Wert 18,3 , so daß die umfassende Unabhängigkeitshypothese zu verwerfen ist.

Die Überprüfung der Hauptwirkung der Medikamente gemäß (V.8a) erfolgt mit einem eingeschränkten Modell, das im Vergleich zum vollständigen Modell um die für die Kodierung der Medikamente verwendeten Kodiervariablen $X_1$ und $X_2$ reduziert ist. Die Nullhypothese betrifft die zugehörigen Regressionskoeffizienten,

$$H_0: \beta_{11} = \beta_{21} = \beta_{12} = \beta_{22} = 0 \ .$$

Im einzelnen ergeben sich die Resultate

$$\underline{q_2}' = \begin{pmatrix} 395,5 & 174,0 \\ 174,0 & 150,3 \end{pmatrix}, \ |\underline{q_2}'| = 29\ 180,83 \ , \ \Lambda = \frac{4\ 920,75}{29\ 180,83} = 0,1686 \ .$$

Die Approximation gemäß (V.12) ergibt

$\chi^2 = 31,15$ (4 Freiheitsgrade). Bei 5% Signifikanzniveau liegt der

Rückweisungspunkt im Wert 9,49. Die Hauptwirkung der Medikamente ist also als signifikant zu beurteilen.

Die Hauptwirkung des Geschlechts läßt sich auf zwei äquivalenten Wegen beurteilen. Bei Verwendung des bereits für die Hauptwirkung des Medikaments verwendeten Tests enthält das eingeschränkte Modell mit Ausnahme der Kodiervariablen $X_3$ sämtliche Variablen des vollständigen Modells. Es ergibt sich:

$$\underline{q_2}' = \begin{pmatrix} 95,17 & 77,17 \\ 77,17 & 114,67 \end{pmatrix} , \; |\underline{q_2}'| = 4\ 957,75 \; , \; \Lambda = \frac{4\ 920,75}{4\ 957,75} = 0,9925 \; .$$

Bei Verwendung der Approximation (V.10) ergibt sich der Wert $F^2_{17} = 0,0639$ , der zur Annahme der Nullhypothese führt. Die Hauptwirkung des Geschlechts ist für den Gewichtsverlust also als unwesentlich zu beurteilen.

Zum gleichen Resultat gelangen wir, falls die Prüfvariable (V.11) verwendet wird.

Die Überprüfung der Wechselwirkung zwischen den Faktoren führt bei Verwendung des um die Kodiervariablen $X_4$ und $X_5$ eingeschränkten Modells zu

$$\underline{q_2}' = \begin{pmatrix} 108,83 & 97,83 \\ 97,83 & 146,33 \end{pmatrix} , \; |\underline{q_2}'| = 6\ 354,58 \; , \Lambda = \frac{4\ 920,75}{6\ 354,58} = 0,77436 \; .$$

$\chi^2 = 4,47$ (4 Freiheitsgrade), so daß bei 5% Signifikanzniveau (Rückweisungspunkt: 9,49) die Unabhängigkeitshypothese nicht verworfen wird.

Als signifikant hat sich also lediglich die Hauptwirkung der Medikamente erwiesen; d. h. der Effekt mindestens eines Medikamentes ist wesentlich. Die Einzelprüfung der Effekte von Medikament A oder B gemäß (V.11) - bzw. äquivalent unter Verwendung von (V.8a) - führt zu den in der Tab. V.6 zusammengestellten Resultaten, die um die (in diesem Zusammenhang nicht erforderlichen) Werte für die übrigen möglichen Einzeltests ergänzt sind (5% Signifikanzniveau; Rückweisungspunkt: 3,59).

| $H_o$ | Test betrifft | $F^2_{17}$-Wert | Entscheidung |
|---|---|---|---|
| $\beta_{11} = \beta_{21} = 0$ | Effekt Medikament A | 9,45 | $H_o$-Ablehnung |
| $\beta_{12} = \beta_{22} = 0$ | Effekt Medikament B | 10,83 | $H_o$-Ablehnung |
| $\beta_{13} = \beta_{23} = 0$ | Effekt männliches Geschlecht | 0,06 | $H_o$-Annahme |
| $\beta_{14} = \beta_{24} = 0$ | Kombinationseffekt Medikament A und männl. Geschlecht | 1,25 | $H_o$-Annahme |
| $\beta_{15} = \beta_{25} = 0$ | Kombinationseffekt Medikament B und männl. Geschlecht | 0,20 | $H_o$-Annahme |

Tab. V.6: Tests für einzelne Regressionskoeffizienten (Modell (V.13))

Signifikant sind also der Effekt des Medikaments A und der des Medikaments B.

## 3. Multivariate Kovarianzanalyse

Die multivariate Verallgemeinerung der mehrfaktoriellen Kovarianzanalyse (siehe Kap. IV.3c) ist für eine reale Situation angemessen, in der mehrere nominalskalierte Einflußgrößen (Faktoren) und unabhängig hiervon mehrere metrisch skalierte Einflußgrößen (Kovariablen) auf mehrere korrelierende Untersuchungsvariablen einwirken. Die Gleichrangigkeit der Einflußgrößen ist insoweit aufgehoben, als daß lediglich die inferenzstatistische Prüfung der Faktorwirkungen primäres

Ziel ist, wobei die Beurteilungsbasis dadurch verbessert wird, daß die gesamte multivariate Variation der Untersuchungsvariablen um den Teil verringert wird, der auf die Variation der Kovariablen zurückgeführt werden kann. Für den kovarianzanalytischen Versuchsplan ist charakteristisch, daß die Kovariablen nicht etwa den Platz zusätzlicher Faktoren mit vorgegebenen Abstufungen einnehmen, was zu einer erheblichen Erhöhung der in die Erhebung einzubeziehenden statistischen Einheiten führen müßte, sondern die Werte der Kovariablen werden lediglich zusätzlich an den statistischen Einheiten erhoben, die als Datenträger für den varianzanalytischen Teil der Analyse ohnehin zur Verfügung stehen müssen. Die Abb. V.2 stellt die idealisierte reale Situation dar, für die die multivariate Kovarianzanalyse angemessen ist.

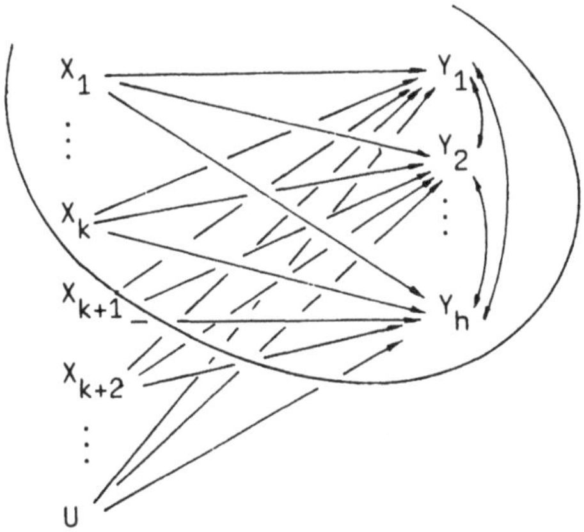


Abb. V.2: Reales Problem, für das die multivariate Kovarianzanalyse adäquat ist (eingekreist: interessierender Zusammenhang)
$X_1$ bis $X_k$ - nominalskalierte Einflußgrößen
$X_{k+1}$, $X_{k+2}$ ... - metrisch skalierte Kovariablen

a) Regressionsanalytisches Modell

Das um eine oder mehrere Kovariablen erweiterte Modell (V.13) könnte das regressionsanalytische Modell der multivariaten Kovarianzanalyse zum Ausdruck bringen, wobei die Gruppe der Kovariablen mit den Faktoren keine Wechselwirkung besitzen soll. Das in dieser Hinsicht erweiterte Modell (V.13) stellt die multivariate Verallgemeinerung des Modells (IV.18) dar, das eine Kovariable enthält. In den Modellen (V.13) und (IV.18) wird die Effekt-Kodierung verwendet. Da wir weiter unten ein Beispiel betrachten werden, für das die (0-1)-Dummy-Kodierung vorzuziehen ist, formulieren wir das multivariate Modell mit (0-1)-Kodiervariablen. Der besseren Übersicht wegen beschränken wir uns auf den zweifaktoriellen multivariaten Fall mit einer Kovariablen.

(V.14) $$y_{gi} = \beta_{go}x_{oi} + \sum_{j=1}^{k_1k_2-1} \beta_{gj}x_{ji} + \beta_{g(k_1k_2)}x_{gi} + u_i, \quad i = 1, \ldots, n, \quad g = 1, \ldots, h,$$

$x_{oi} = 1$ ,

$$x_{ji} = \begin{cases} 1, & \text{falls die j-te Stufe der Faktoren vorliegt} \\ 0 & \text{anderenfalls,} \end{cases}$$

$j = 1, \ldots, k-2$ ,

$X_j$, $j = k-1, \ldots, k_1k_2-1$, kodiert die Wechselwirkung durch geeignete multiplikative Verknüpfung der $X_j$ , $j = 1, \ldots, k-2$ ,

$x_{gi}$ - Werte der Kovariablen,

$\beta_{gj} \neq 0$ für alle g und $j = 1, \ldots, k_1k_2$ .

Die Interpretationen der Regressionskoeffizienten können nicht ohne weiteres gemäß (IV.14) durchgeführt werden. Während dort ein Modell ohne Kovariablen zu Grunde liegt, enthält das Modell (V.14) eine Kovariable. Wir werden deshalb die Interpretation der Regressionskoeffizienten auf den Tatbestand begrenzen, daß sie die zugehörigen Koeffizienten zu den Kodiervariablen für die Haupt- und Wechselwirkungen sowie der Kovariablen darstellen.

b) Tests

Die Tests im Rahmen der multivariaten Kovarianzanalyse können mit dem unter Punkt 1ba) bis 1bc) dieses Kapitels dargestellten Instrumentarium durchgeführt werden. Im einzelnen können folgende Prüfungen vorgenommen werden (siehe auch die Zusammenstellung für den univariaten Fall in Kap. IV.3b und Kap. IV.3c):

- globaler Unabhängigkeitstest, der alle Faktoren und die Kovariablen betrifft,
- Test auf Unabhängigkeit der Untersuchungsvariablen von den Kovariablen,
- globaler Unabhängigkeitstest aller Faktoren,
- Tests der Hauptwirkungen der Faktoren,
- Tests der Wechselwirkungen zwischen den Faktoren,
- Test der Wechselwirkung zwischen Faktoren und Kovariablen (Homogenität der Regression).

Hierzu betrachten wir ein Beispiel. Von Interesse ist, ob ein bestimmtes Medikament negative Auswirkungen auf die Fahrtüchtigkeit von Kraftfahrern hat. Die Medikation (erster Faktor) erfolgt in zwei Dosierungen (A und B) sowie durch ein Placebo. Des weiteren ist von Interesse, ob die Wirkung auf die Fahrtüchtigkeit geschlechtsspezifisch ist (zweiter Faktor "Geschlecht"). Als Kovariable wird die Sehkraft der Personen (bemessen in v. H. der "idealen" Sehschärfe) ins Modell aufgenommen, da diese bekanntlich für die Fahrtüchtigkeit von Bedeutung ist.

Die Fahrtüchtigkeit besitzt mehrere Dimensionen. Sie wird hier in simulierten Standardsituationen an geeigneten Meßgeräten durch die Reaktionszeit $Y_1$ und die Fahrfehler $Y_2$ ermittelt. Die Werte werden an 12 zufällig ausgewählten Personen ermittelt.

| Geschlecht \ Dosis | | A | B | Placebo |
|---|---|---|---|---|
| männlich | $Y_1$ | 23 27 | 31 29 | 19 14 |
| | $Y_2$ | 10 12 | 11 6 | 4 6 |
| | Kov | 78 79 | 95 89 | 80 70 |
| weiblich | $Y_1$ | 31 28 | 30 28 | 12 9 |
| | $Y_2$ | 10 9 | 12 11 | 1 5 |
| | Kov | 75 85 | 75 72 | 71 65 |

Tab. V.7: Reaktionszeit ($Y_1$) und Fahrfehler ($Y_2$) nach Medikamenteneinnahme bei 12 Personen mit unterschiedlicher Sehkraft (kov)

Für die Kodierung der Medikamentendosis A und B sowie des Placebos werden zwei Kodiervariablen benötigt, $X_1$ und $X_2$. Bei der Kodierung lassen wir die Stufe "Placebo" der Medikamentendosis fort, da sie die Kontrollgruppe festlegt (siehe den Hinweis im Zusammenhang der (0-1)-Kodierung in Anschluß an (IV.4a)). $X_3$ kodiert den zweiten Faktor "Geschlecht". $X_4 = X_1X_3$ und $X_5 = X_2X_3$ kodieren die Wechselwirkung zwischen den Faktoren. Die Variable $X_6$ stellt die Kovariable "Sehkraft" dar. Die Werte für die Kodier- und Untersuchungsvariablen "Reaktionszeit" ($Y_1$) sind in der Tab. V.8 dargestellt. Für $Y_2$ gilt diese Tabelle analog. Die Werte der Kodier- und Kovariablen entsprechen denen der Tab. V.8.

| $y_{1i}$ | | $\hat{y}_{1i}$ | $= b_{1o} \cdot x_{oi}$ | $+ b_{11} \cdot x_{1i}$ | $+ b_{12} \cdot x_{2i}$ | $+ b_{13} \cdot x_{3i}$ | $+ b_{14} \cdot x_{4i}$ | $+ b_{15} \cdot x_{5i}$ | $+ b_{16} \cdot x_{6i}$ |
|---|---|---|---|---|---|---|---|---|---|
| 23 | deren deter-mini-stische Kompo-nente wird ge-schätzt durch | $\hat{y}_1$ | 1 | 1 | 0 | 1 | 1 | 0 | 78 |
| 27 | | $\hat{y}_2$ | 1 | 1 | 0 | 1 | 1 | 0 | 79 |
| 31 | | $\hat{y}_3$ | 1 | 0 | 1 | 1 | 0 | 1 | 95 |
| 29 | | $\hat{y}_4$ | 1 | 0 | 1 | 1 | 0 | 1 | 89 |
| 19 | | $\hat{y}_5$ | 1 | 0 | 0 | 1 | 0 | 0 | 80 |
| 14 | | $\hat{y}_6$ | 1 | 0 | 0 | 1 | 0 | 0 | 70 |
| 31 | | $\hat{y}_7$ | 1 | 1 | 0 | 0 | 0 | 0 | 75 |
| 28 | | $\hat{y}_8$ | 1 | 1 | 0 | 0 | 0 | 0 | 85 |
| 30 | | $\hat{y}_9$ | 1 | 0 | 1 | 0 | 0 | 0 | 75 |
| 28 | | $\hat{y}_{10}$ | 1 | 0 | 1 | 0 | 0 | 0 | 72 |
| 12 | | $\hat{y}_{11}$ | 1 | 0 | 0 | 0 | 0 | 0 | 71 |
| 9 | | $\hat{y}_{12}$ | 1 | 0 | 0 | 0 | 0 | 0 | 65 |

Tab. V.8: Werte für Kodiervariablen, Reaktionszeit ($Y_1$) und Sehkraft ($X_6$) (Modell (V.14), g = 1)
Der Index 1 von $\hat{y}_{1i}$ ist fortgelassen.

Die Untersuchungsvariablen sind in der Stichprobe korreliert, r = 0,7838. Angesichts der schmalen Datenbasis könnte sich dieser Koeffizient nur zufällig von Null unterscheiden. Der Test mit der in HVE III.6b angegebenen t-verteilten Prüfvariablen führt jedoch zum Ergebnis

$t = \frac{0{,}7838}{\sqrt{1-0{,}7838^2}} \sqrt{10} = 3{,}99$ . Da der Rückweisungspunkt bei einem Signifikanzniveau in Höhe von 5% (zweiseitig) im Wert 2,23 (10 Freiheitsgrade) liegt, ist die Hypothese der Unkorreliertheit der Untersuchungsvariablen zu verwerfen. Die Verwendung des multivariaten Modells ist deshalb sinnvoll.

Die Schätzung der Regressionskoeffizienten gemäß (V.7) führt zu den Regressionshyperebenen

$$\hat{y}_{1i} = -3{,}9681 + 16{,}4468x_{1i} + 17{,}3298x_{2i} + 4{,}5106x_{3i} - 8{,}6915x_{4i} - 7{,}4468x_{5i} + 0{,}2128x_{6i}, \; i = 1, \ldots, 12,$$

$$\hat{y}_{2i} = 7{,}5816 + 7{,}3085x_{1i} + 8{,}8706x_{2i} + 2{,}4716x_{3i} - 1{,}0727x_{4i} - 4{,}2252x_{5i} - 0{,}0674x_{6i}, \; i = 1, \ldots, 12.$$

Der umfassendste Unabhängigkeitstest prüft die Behauptung, daß die Medikation, das Geschlecht und die Sehkraft die multivariate Variation der Reaktionszeit und Fahrfehler nicht beeinflussen. Die Verwendung der Prüfvariablen (V.8) führt angesichts

$$\underline{q_2} = \begin{pmatrix} 27{,}1170 & 2{,}5213 \\ 2{,}5213 & 24{,}8599 \end{pmatrix}, \quad \underline{q} = \begin{pmatrix} 690{,}9167 & 244{,}5833 \\ 244{,}5833 & 140{,}9167 \end{pmatrix}$$

und deren Determinanten $|\underline{q_2}| = 667{,}7704$ sowie $|\underline{q}| = 37\,540{,}67$ zum Wert

$$\Lambda = \frac{667{,}7704}{37540{,}67} = 0{,}01779 \; ,$$

dessen Approximation gemäß (V.9)

$\chi^2 = 26{,}19$ (12 Freiheitsgrade) ist.

Bei 5% Signifikanzniveau (Rückweisungspunkt: 21,0) ist deshalb die umfassendste Unabhängigkeitshypothese zu verwerfen.

Die Frage, ob die Kovariable "Sehkraft" einen wesentlichen Beitrag zur Erklärung der multivariaten Variation der Reaktionszeit und Fahrfehler leistet und damit erst die Durchführung einer Kovarianz- an Stelle der Varianzanalyse rechtfertigt, läßt sich im Rahmen des multivariaten Regressionsmodells mit der Variablen "Sehkraft" als einziger exogenen Variablen überprüfen, falls die Sehkraft von den Variablen "Medikation" und "Geschlecht" unabhängig ist. Die Anwendung des entsprechenden Modells führt zu den Regressionsgeraden

$$\hat{y}_{1i} = -24{,}2599 - 1{,}6661x_{1i}, \quad i = 1, \ldots, 12,$$

$$\hat{y}_{2i} = 0{,}6125 + 0{,}1253x_{1i}, \quad i = 1, \ldots, 12.$$

Hier ergibt sich für

$$\underline{q}_2 = \begin{pmatrix} 390,8709 & 183,2266 \\ 183,2266 & 128,3697 \end{pmatrix}$$

und für $\underline{q}$ Werte wie beim obigen globalen Test. Die Determinante von $\underline{q}_2$ hat den Wert

$|\underline{q}_2|$ = 16 604,01, so daß sich für $\Lambda$ ergibt:

$$\Lambda = \frac{16604,01}{37540,67} = 0,442294$$

Die Approximation

$\chi^2$ = 7,34 (2 Freiheitsgrade) führt bei 5% Signifikanzniveau (Rückweisungspunkt: 5,99) zur Ablehnung der Nullhypothese; d. h. die Kovariable beeinflußt die Untersuchungsvariablen wesentlich.

Die Überprüfung der Faktorwirkungen und deren Wechselwirkungen gemäß (V.8a) erfolgt mit einem eingeschränkten Modell, das im Vergleich zum vollständigen Modell um die Kodiervariablen $X_1$ bis $X_5$ reduziert ist. Das eingeschränkte Modell enthält - neben der Scheinvariablen - also lediglich die Kovariable "Sehkraft". Hierbei ergibt sich für $\underline{q}_2$, die multivariate Variation der geschätzten stochastischen Komponenten des vollständigen Modells, die beim ersten globalen Unabhängigkeitstest bereits ausgewiesene Matrix $\underline{q}_2$. Die entsprechende Variation im eingeschränkten Modell (mit der Kovariablen als einziger exogenen Variablen) $\underline{q}_2'$ entspricht der Matrix $\underline{q}_2$, die sich beim Test der Unabhängigkeit der Untersuchungsvariablen von der Kovariablen ergab. Die Prüfvariable gemäß (V.8a) nimmt beim vorliegenden Test somit den Wert

$$\Lambda = \frac{667,7704}{16604,01} = 0,040217$$

an. Die Approximation

$\chi^2$ = 19,28 (10 Freiheitsgrade) führt bei 5% Signifikanzniveau (Rückweisungspunkt: 18,3) zur Ablehnung der Nullhypothese; d. h. mindestens eine Faktorstufe oder eine Stufenkombination beeinflußt die Untersuchungsvariablen wesentlich.

Die Überprüfung der Hauptwirkung der Medikation gemäß (V.8a) erfolgt mit einem eingeschränkten Modell, das im Vergleich zum vollständigen Modell um $X_1$ und $X_2$ reduziert ist. Es ergeben sich die Resultate:

$$\underline{q_2}' = \begin{pmatrix} 279,9393 & 129,5935 \\ 129,5935 & 89,6928 \end{pmatrix} , \ |\underline{q_2}'| = 8314,06 \ , \ \Lambda = 0,080318, \ \chi^2 = 11,35 \ .$$

Bei 4 Freiheitsgraden für $\chi^2$ und 5% Signifikanzniveau liegt der Rückweisungspunkt im Wert 9,49 . Die Hauptwirkung der Medikation ist also signifikant.

Im Gegensatz dazu erweist sich die Hauptwirkung des Geschlechts, wobei die Prüfvariable (V.11) verwendet werden kann, mit der Stichprobenrealisation für $F_4^2$ in Höhe von 1,37 (Rückweisungspunkt: 6,94) bei 5% Signifikanzniveau ebenso als nicht signifikant wie die Wechselwirkung zwischen der Medikation und dem Geschlecht. Im letzteren Fall ergibt sich $\Lambda = 0,3367$ und $\chi^2 = 4,88$ (4 Freiheitsgrade; Rückweisungspunkt: 9,49).

Die Prüfung der zu $X_1$ und $X_2$ gehörenden Regressionskoeffizienten gemäß (V.11) führt zu den signifikanten Werten 11,21 bzw. 21,76 der nach $F_4^2$ verteilten Prüfvariablen. Die Medikation A wie auch B unterscheidet sich in ihrer Wirkung also wesentlich von der Wirkung des Placebos.

Die Anwendung des kovarianzanalytischen Modells setzt voraus, daß zwischen der Kovariablen "Sehkraft" und den Faktoren "Medikation" und "Geschlecht" keine Wechselwirkungen bestehen. Dies kann mit dem bereits in Kap. IV.3b verwendeten Instrumentarium überprüft werden. Wir erweitern im folgenden also das Modell (V.14) um Variablen, die die Wechselwirkung zwischen der Kovariablen und den Kodiervariablen für die Faktoren darstellen. Im vorliegenden Beispiel werden hierfür drei weitere Variablen benötigt,

$X_7 = X_1X_6$, $X_8 = X_2X_6$ und $X_9 = X_3X_6$ .

Zu prüfen ist, ob das auf 9 Variablen erweiterte Modell einen wesentlich höheren Erklärungswert besitzt als das Ausgangsmodell mit 6 erklärenden Variablen. Die Überprüfung unter Verwendung der Variablen (V.8a) führt zu

$$\underline{q_2} = \begin{pmatrix} 9,5037 & 3,3871 \\ 3,3871 & 1,2749 \end{pmatrix}$$

und für $\underline{q_2}'$ zu einer Matrix, die der Matrix $\underline{q_2}$ des (ehemals vollständigen) Modells mit 6 exogenen Variablen entspricht. Die Determinanten sind $|\underline{q_2}| = 0,6438$ und $|\underline{q_2}'| = 667,7704$ , so daß sich für $\Lambda$ ergibt:

$\Lambda = \frac{0,6438}{667,77} = 0,000964$ . Die Approximation ist

$\chi^2 = 13,89$ (6 Freiheitsgrade). Bei 5% Signifikanzniveau liegt der Rückweisungspunkt im Wert 12.6 . Die Hypothese der Abwesenheit von Wechselwirkungen zwischen der Kovariablen und den Faktoren muß also verworfen werden. Dies bedeutet, daß die Homogenitätsanforderung der Regressionen verletzt ist. Das Resultat überrascht nicht; denn die Einnahme eines Medikamentes kann die Sehkraft zeitweilig beeinflussen. Für die vorangegangenen Tests kann dies bedeuten, daß sie systematische Fehler aufweisen, was angesichts der verhältnismäßig klaren Testentscheidungen bezüglich der Medikation jedoch nicht zu erwarten ist. Diese Vermutung ist auch gestützt auf die nur knappe Ablehnung der Nullhypothese im obigen Test.

Die rechnerische Durchführung ohne Beachtung der Kovariablen; d. h. die Ersetzung der Kovarianz- durch die Varianzanalyse, führt im vorliegenden Beispiel zu den gleichen Testentscheidungen.

# 4. Kanonische Korrelationsanalyse

Gegenstand der kanonischen Korrelationsanalyse ist der multivariate Zusammenhang zwischen zwei Variablengruppen. Das hierfür ursprünglich von HOTELLING[1] entwickelte Modell ist ein Interdependenzmodell. Im Interdependenzmodell (vgl. Kap. I.1f) unterliegen die Beziehungen zwischen den Variablengruppen einer symmetrischen Betrachtungsweise. Es wird dort also von einer realen Situation ausgegangen, in der eine wechselseitige Beeinflussung der gruppierten Variablen vorliegt. Das in diesem Kapitel bislang verwendete Dependenzmodell dagegen ist für ein reales Problem angemessen, in dem die Richtung der Beeinflussung zwischen den Variablen auf der Grundlage theoretischer Überlegungen bekannt ist. Einige Ergebnisse der kanonischen Korrelationsanalyse lassen sich jedoch, wie wir feststellen werden, für eine weitere Ausgestaltung der multivariaten Regressionsanalyse verwenden.

In zahlreichen Einzeldisziplinen, insbesondere im Bereich der Wirtschafts- und Sozialwissenschaften, können die relevanten Aspekte eines zu lösenden realen Problems im Rahmen ihrer Operationalisierung nicht nur durch einen Indikator repräsentiert werden. Beispielsweise besitzt der Begriff "sozialer Status" verschiedene Aspekte (z. B. Beruf, Familienstand, Alter). Ebenso gilt dies für den Begriff "Kriminalität" (z. B. Art der Straffälligkeit, Häufigkeit des Strafvollzugs). Die Indikatoren für einen Begriff stellen somit einen Merkmalskomplex dar, dessen einzelne Komponenten der Spezifizierung des jeweiligen mehrdimensionalen Begriffs dienen. Deshalb kann für den nicht direkt meßbaren Begriff eine Hilfsvariable eingeführt werden, deren Werte im Rahmen eines Regressionsmodells auf die Werte der Merkmale zurück-

[1] HOTELLING, H.: The most predictable criterion. In: Journal of educational Psychology (1935), S. 139ff.
HOTELLING, H.: Relations between two sets of variates. In: Biometrika (1936), S. 321ff.

geführt werden, die zum ausgewählten Komplex gehören. Diese Hilfsvariable wird als kanonische Variable (kanonischer Faktor) bezeichnet. Eine kanonische Variable stellt also einen nicht direkt beobachtbaren Begriff (Konstrukt) dar, der aus der linearen Kombination beobachtbarer Merkmale abgeleitet ist. Eine kanonische Variable repräsentiert deshalb ein Quasi-Phänomen.

Für beide Variablengruppen läßt sich (mindestens) eine kanonische Variable bilden. Die Konstruktion dieser Hilfsvariablen erfolgt dabei in einer Weise (näheres hierzu im folgenden Punkt 4a), daß die zwischen ihnen bestehende Korrelation maximal ist. Diese Korrelation stellt ein Maß für den Zusammenhang zwischen zwei Variablengruppen dar und wird als kanonische Korrelation bezeichnet. Grundsätzlich kann bei größeren Merkmalskomplexen davon ausgegangen werden, daß sie nicht nur Indikatoren für einen, sondern für mehrere Begriffe darstellen. Entsprechend können pro Variablengruppe mehrere kanonische Variablen abgeleitet werden.

Bevor wir hierauf näher eingehen, sei die reale Situation verdeutlicht, für die die kanonische Korrelationsanalyse angemessen ist.

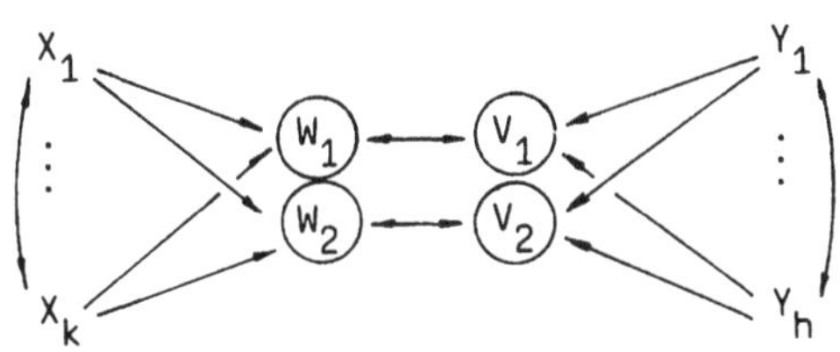


Abb. V.3: Reales Problem, für das die kanonische Korrelationsanalyse adäquat ist (Fall von zwei kanonischen Variablenpaaren)

In der Abb. V.3 bezeichnen $X_1$ bis $X_k$ die Variablen der einen und $Y_1$ bis $Y_h$ die der anderen Gruppe. Auf der Grundlage der einen Gruppe sind zwei kanonische Variablen $W_1$ und $W_2$ gebildet, auf der der anderen

Gruppe die kanonischen Variablen $V_1$ und $V_2$. $W_1$ und $V_1$ bilden ein kanonisches Variablenpaar, $W_2$ und $V_2$ bilden ein anderes Paar. Wie noch zu erläutern sein wird, besteht zwischen $W_1$ und $V_1$ eine maximale Korrelation und zwischen $W_2$ und $V_2$ ebenfalls eine maximale, im Grad jedoch gewöhnlich geringere, Korrelation. Keine Korrelation besteht zwischen $W_1$ und $W_2$, zwischen $V_1$ und $V_2$, zwischen $W_1$ und $V_2$ sowie zwischen $W_2$ und $V_1$.

a) Modell

Ein für das reale Problem der Abb. V.3 adäquates Modell ist das kanonische Korrelationsmodell. Es betrifft zwei zu Beginn des Abschnittes 4 erläuterte Variablengruppen X und Y, die metrisch skaliert sein sollen. Wir gehen im folgenden von den entsprechenden standardisierten[1] Variablen X* und Y* aus. Die Werte von k Variablen X* und h Variablen Y*, die an jeder der n statistischen Einheiten erhoben werden, können in einer Matrix mit n Zeilen und k+h Spalten angeordnet werden,

$$\left(\underline{x}^*, \underline{y}^*\right) = \left(\begin{array}{ccc|ccc} x_{11}^* & \cdots & x_{k1}^* & y_{11}^* & \cdots & y_{h1}^* \\ \vdots & & \vdots & \vdots & & \vdots \\ x_{1n}^* & \cdots & x_{kn}^* & y_{1n}^* & \cdots & y_{hn}^* \end{array}\right) .$$

h und k sind jeweils größer als Eins und sollen zusammen größer als n sein. Des weiteren gehen wir davon aus, daß $k \geq h$ ist, was durch eine entsprechende Bezeichnung der Variablen erreicht werden kann. Neben der einfachen Zufallsstichprobe und dem metrischen Meßniveau der Variablen setzen wir voraus, daß die h+k Variablen multivariat normalverteilt sind gemäß

$$N(\underline{0}; \sqrt{\underline{\Sigma}^*}) ,$$

wobei die zu $\left(\underline{x}^*, \underline{y}^*\right)$ gehörende Dispersionsmatrix $\underline{\Sigma}^*$ analog zu (V.4)

[1] Dies vereinfacht die Darstellung, ist jedoch z. B. für die Bestimmung der kanonischen Korrelationskoeffizienten nicht erforderlich, wie (V.22) zeigt.

aufgebaut ist. Wegen der Standardisierung der Variablen enthält die Hauptdiagonale Einsen und die obere und untere Dreiecksmatrix Korrelationskoeffizienten. Hervorzuheben ist, daß im Gegensatz zur behandelten multivariaten Regressionsanalyse im vorliegenden Kontext auch die Variablen X* zufällige Größen sind.

Wir führen für die Variablengruppe $\underline{X}^*$ die kanonische Variable W ein und für die Variablengruppe $\underline{Y}^*$ die kanonische Variable V. Für V und W wird jeweils ein univariates multiples Regressionsmodell formuliert, so daß in der Stichprobe für deren zu schätzende deterministische Komponente gilt[1]:

$$w_i = \sum_{j=1}^{k} a_j x_{ji}^* , \quad i = 1, \ldots, n ,$$

$$v_i = \sum_{j=1}^{h} b_j y_{ji}^* , \quad i = 1, \ldots, n .$$

Das formale Problem besteht darin, die "regressionsähnlichen Parameter"[2] $a_j$, $j = 1, \ldots, k$, und $b_j$, $j = 1, \ldots, h$, so zu bestimmen, daß die Korrelation zwischen W und V maximal ist. Für den Augenblick gehen wir davon aus, daß die Koeffizienten bereits bekannt sind. Dann sind auch die Werte $w_i$ und $v_i$ berechenbar. Somit besteht die Möglichkeit, die kanonische Variable W aus den Variablen X* und V aus Y* auszupartialisieren (vgl. Kap. III.2c) bzw. - wie das Auspartialisieren im vorliegenden Kontext auch bezeichnet wird - zu extrahieren. Dies bedeutet: Der Teil der Variation in $\underline{x}^*$, durch den die Variation von W erklärbar ist, läßt sich rechnerisch ausschalten; dies gilt ebenso für den Teil der Variation in $\underline{y}^*$, durch den V erklärbar ist. Die in den beiden Variablengruppen nach der Extraktion verbleibende Restvariation läßt sich formal durch die Einführung eines zweiten

---

1 Zur Vereinfachung verwenden wir nicht die Symbole $\hat{w}$ und $\hat{v}$, sondern w und v.

2 Diese treffende Bezeichnung wird verwendet bei HARTUNG, J./ELPELT, B., a. a. O., S. 172.

kanonischen Variablenpaares, das ebenfalls maximal korrelieren soll, weiter reduzieren. Nach erneutem Extrahieren kann ein drittes kanonisches Variablenpaar eingeführt werden, usw. Der Extraktionsprozeß ist beendet, wenn so viele kanonische Variablenpaare bestimmt sind, wie dem Minimum aus k und h entspricht. Es sind also min(h, k) kanonische Variablenpaare möglich. Wegen der zuvor getroffenen Vereinbarung $k \geq h$ sind also h Paare möglich.

Die Beziehung zwischen den h kanonischen Variablenpaaren mit $\underline{X}^*$ und $\underline{Y}^*$ läßt sich für die jeweiligen Werte durch

(V.15) $\underline{w} = \underline{x}^* \, \underline{a}$ ,

$$\underline{w} = \begin{pmatrix} w_{11} & \cdots & w_{h1} \\ \vdots & & \vdots \\ w_{1n} & \cdots & w_{hn} \end{pmatrix}, \quad \underline{a} = \begin{pmatrix} a_{11} & \cdots & a_{h1} \\ \vdots & & \vdots \\ a_{1k} & \cdots & a_{hk} \end{pmatrix},$$

sowie

(V.16) $\underline{v} = \underline{y}^* \, \underline{b}$ ,

$$\underline{v} = \begin{pmatrix} v_{11} & \cdots & v_{h1} \\ \vdots & & \vdots \\ v_{1n} & \cdots & v_{hn} \end{pmatrix}, \quad \underline{b} = \begin{pmatrix} b_{11} & \cdots & b_{h1} \\ \vdots & & \vdots \\ b_{1h} & \cdots & b_{hh} \end{pmatrix}$$

und wobei $\underline{x}^*$ und $\underline{y}^*$, wie weiter oben angegeben, aufgebaut sind, zum Ausdruck bringen. $\underline{w}$ ist also eine Matrix mit n Zeilen und h Spalten. In der ersten Spalte stehen die Werte der ersten kanonischen Variablen $W_1$. Entsprechend stehen in der Matrix $\underline{v}$ in der ersten Spalte die Werte der ersten kanonischen Variablen $V_1$. Die regressionsähnlichen Parameter a und b stehen jeweils in einer Matrix mit h bzw. k Zeilen und h Spalten.

In (V.15) und (V.16) sind, abgesehen von $\underline{x}^*$ und $\underline{y}^*$, alle Werte unbekannt. Diese werden auf einem Weg bestimmt, der für den mathematisch Ungeübten nur mit Mühe nachvollzogen werden kann.

Wir formulieren zunächst die Zielfunktion, die fordert, daß jedes g-te kanonische Variablenpaar, g = 1, ..., h, maximal korreliert,

$$\text{(V.17)} \qquad z = r_{\underline{w}_g \underline{v}_g} \longrightarrow \text{Max.!} , \qquad g = 1, \ldots, h .$$

Von $\underline{w}$ und $\underline{v}$ wird also gefordert, daß sie spaltenweise maximal korrelieren. Diese Zielfunktion ist zu maximieren unter Einhaltung einer Nebenbedingung (V.18) und (V.19), die besagt, daß $\underline{w}$ und $\underline{v}$ spaltenweise auf die Varianz Eins normiert sind,

$$\text{(V.18)} \qquad \frac{\underline{w}_g{}'\underline{w}_g}{n} = 1 , \qquad g = 1, \ldots, h ,$$

$$\text{(V.19)} \qquad \frac{\underline{v}_g{}'\underline{v}_g}{n} = 1 , \qquad g = 1, \ldots, h .$$

(V.18) und (V.19) sind erforderlich[1], da die Vektoren $\underline{a}_g$ und $\underline{b}_g$ mit Faktoren ($\neq 0$) multipliziert werden dürfen, ohne daß sich damit $r_{\underline{w}_g \underline{v}_g}$ ändert. $\underline{a}_g$ und $\underline{b}_g$ werden deshalb so normiert, daß die kanonischen Variablen gemäß (V.18) und (V.19) die Varianz Eins besitzen.

Die Maximierung der Zielfunktion für alle h kanonischen Variablenpaare läßt sich nach einigen zweckmäßigen Umformungen (siehe HVE V.3) unter Verwendung der Hilfsfunktion von LAGRANGE,

$$\text{(V.20)} \qquad H = \underline{b}'\underline{r_{y^*x^*}}\,\underline{r_{x^*x^*}}^{-1}\underline{r_{x^*y^*}}\,\underline{b} - \lambda^2(\underline{b}'\underline{r_{y^*y^*}}\,\underline{b} - 1) ,$$

[1] Siehe z. B. LINDER, A./BERCHTOLD, W., a. a. O., S. 175.

erreichen. Hierbei stellen die Matrizen $\underline{r}_{y^*x^*}$, $\underline{r}_{x^*y^*}$, $\underline{r}_{x^*x^*}$ und $\underline{r}_{y^*y^*}$ Matrizen dar, die aus einfachen Korrelationskoeffizienten und Varianzen bestehen, die aus den in den jeweiligen Indizes bezeichneten Variablen gebildet werden:

$\underline{r}_{x^*x^*} = \frac{\underline{x}^{*\prime}\underline{x}^*}{n}$ ist die Korrelationsmatrix der k Variablen X*. Sie besitzt k Zeilen und k Spalten.

$\underline{r}_{y^*y^*} = \frac{\underline{y}^{*\prime}\underline{y}^*}{n}$ ist die Korrelationsmatrix der h Variablen Y*. Sie besitzt h Zeilen und h Spalten.

$\underline{r}_{y^*x^*} = \frac{\underline{y}^{*\prime}\underline{x}^*}{n}$ ist die Korrelationsmatrix der h Variablen Y* und der k Variablen X*. Sie besitzt h Zeilen und k Spalten.

$\underline{r}_{x^*y^*} = \frac{\underline{x}^{*\prime}\underline{y}^*}{n}$ besitzt k Zeilen und h Spalten.

$\lambda^2$ ist der LAGRANGEsche Multiplikator.

Das vektorielle Differenzieren nach $\underline{b}'$ und Nullsetzen führt zu

$$\text{(V.21)} \quad \frac{\partial H}{\partial \underline{b}'} = 2\underline{r}_{y^*x^*}\, \underline{r}_{x^*x^*}^{-1}\, \underline{r}_{x^*y^*}\, \underline{b} - 2\lambda^2 \underline{r}_{y^*y^*}\, \underline{b} = \underline{0}\ .$$

Nach Multiplikation mit $\underline{r}_{y^*y^*}^{-1}$ und Ausklammern von $\underline{b}$ ergibt sich die charakteristische Gleichung

$$\text{(V.22)} \quad (\underline{r}_{y^*y^*}^{-1}\, \underline{r}_{y^*x^*}\, \underline{r}_{x^*x^*}^{-1}\, \underline{r}_{x^*y^*} - \lambda^2 \underline{I})\underline{b} = \underline{0}\ .$$

(V.22) ist ein homogenes lineares Gleichungssystem, das nach $\underline{b}$ zu lösen ist. Die triviale Lösung $\underline{b} = \underline{0}$ ist ohne Interesse, da sie gegen die Normierungsbedingung (V.19) verstößt; denn wie dem Teil HVE V.3a entnommen werden kann, läßt sich für (V.19) auch

$$\text{(V.19a)} \quad \frac{\underline{v}_g'\underline{v}_g}{n} = \frac{\underline{b}_g'\underline{y}^{*\prime}\underline{y}^*\underline{b}_g}{n} = \underline{b}_g'\underline{r}_{y^*y^*}\,\underline{b}_g = 1$$

schreiben.

Wir bezeichnen das vierfache Matrizenprodukt in (V.22) mit $\underline{B}$. $\underline{B}$ ist eine quadratische Matrix mit h Zeilen und Spalten. Nun wird deutlich, daß eine nicht triviale Lösung von

$$(V.22a) \qquad (\underline{B} - \lambda^2\underline{I})\underline{b} = \underline{0}$$

mit den h Eigenwerten $\lambda^2$ von $\underline{B}$ möglich ist. Diese erhalten wir dadurch, daß die Determinante der Matrix $|\underline{B} - \lambda^2\underline{I}|$ Null gesetzt wird. Die Entwicklung der Determinante führt zu einem Polynom der Ordnung h, welches nach den h Eigenwerten $\lambda^2$ und den entsprechenden h Eigenvektoren $\underline{b}$ zu lösen ist. In der Praxis der Numerischen Mathematik werden hierfür meist Rechenprogramme verwendet, die einem iterativen Lösungsweg folgen[1].

Die maximal möglichen h Eigenwerte $\lambda^2$ von $\underline{B}$, die wir der Größe nach ordnen, stimmen mit den Quadraten der h kanonischen Korrelationskoeffizienten

$$(V.23) \qquad \lambda_g = r_{w_g v_g} \quad , \qquad g = 1, \ldots, h \ ,$$

überein (siehe HVE V.4). In den Eigenwerten von (V.22) ist also die auf alle kanonischen Variablenpaare bezogene Zielfunktion (V.17) erfüllt.

Die erreichte Lösung von (V.16) nach den unbekannten Koeffizienten $\underline{b}$ erfüllt noch nicht die Normierungsbedingung (V.19). Die entsprechende Normierung kann jedoch unter Verwendung von (V.19a) erreicht werden.

Die Bestimmung der unbekannten Koeffizienten $\underline{a}$ ist jetzt über die

[1] Z. B. JACOB, P./JANKAR, S.: BASIC. Gleichungssysteme - Eigenwerte. Vieweg Programmothek 3. Braunschweig 1985, S. 106ff.

im Teil HVE V.3b hergeleitete Beziehung

$$(V.24) \qquad \underline{a} = \underline{r_{x^*x^*}}^{-1} \underline{r_{x^*y^*}}\, \underline{b}$$

möglich. Auch für $\underline{a}$ ist eine Normierung erforderlich, um die Bedingung (V.18) einzuhalten. Hierzu muß jeder Eigenvektor $\underline{a}$ durch den zugehörigen kanonischen Korrelationskoeffizienten dividiert werden, da die Standardabweichung der mit $\underline{a}$ konstruierbaren kanonischen Variablen W so groß ist wie die Korrelation des zugehörigen kanonischen Variablenpaares.

Gemäß (V.15) und (V.16) können anschließend die Werte der kanonischen Variablen bestimmt werden. Jetzt liegen alle Daten für eine weitergehende Deskription und Behandlung inferenzstatistischer Fragestellungen vor.

### b) Maßzahlen und Koeffizienten

Die Frage nach der Stärke des statistischen Gesamtzusammenhanges zwischen zwei Variablengruppen X* und Y* läßt sich unter Verwendung kanonischer Korrelationskoeffizienten wie folgt beantworten.

Ein Maß für einen Teil des multivariaten Zusammenhanges ist die betragsmäßig maximale einfache Korrelation zwischen den kanonischen Variablen 1. Ordnung,

$$\lambda_1 = r_{W_1V_1} ,$$

wobei die kanonischen Variablen $W_1$ und $V_1$ bekanntlich Hilfsvariablen für nicht beobachtbare Konstrukte (Begriffe) darstellen, die jeweils aus den linearen Kombinationen der Variablenmenge X* bzw. Y* abgeleitet wurden.

Ein Vergleich des kanonischen Korrelationskoeffizienten 1. Ordnung mit den insgesamt h+k berechenbaren univariaten multiplen Korrelationskoeffizienten der Art

$$\sqrt{r^2_{y_j^* . x_1^* ... x_k^*}} \quad , \quad j = 1, \ldots, h,$$

bzw.

$$\sqrt{r^2_{x_j^* . y_1^* ... y_h^*}} \quad , \quad j = 1, \ldots, k,$$

gemäß dem Wurzelausdruck von (III.38) kann im deskriptiven Kontext einen Anhaltspunkt dafür geben, ob der multivariate Zusammenhang zwischen den zwei Variablengruppen X* und Y* in erster Linie durch eine spezifische Variable $X_j^*$ bzw. $Y_j^*$ geprägt ist. Falls nämlich der kanonische Korrelationskoeffizient 1. Ordnung nur unwesentlich größer als der größte der univariaten Korrelationskoeffizienten ist, besteht im allgemeinen nur ein enger Zusammenhang zwischen einer Variablen der einen Variablengruppe mit der anderen Variablengruppe bzw. mit einer Variablen aus der anderen Gruppe.

Weitere Maße für nicht vom kanonischen Variablenpaar erster Ordnung erfaßte Teile des multivariaten Zusammenhanges zwischen den zwei Variablengruppen sind die betragsmäßig maximalen einfachen Korrelationen zwischen den kanonischen Variablen höherer Ordnung. Diese zusätzlichen kanonischen Variablenpaare korrelieren maximal, während alle anderen Kombinationen kanonischer Variablen nicht korrelieren. Diese besonderen, für die Interpretation der kanonischen Korrelationskoeffizienten bedeutsamen, Eigenschaften[1] der kanonischen Variablen lassen sich in drei Punkten wie folgt darstellen:

[1] Nach MOOSBRUGGER, H.: Multivariate statistische Analyseverfahren. Stuttgart 1978, S. 113.

- Für die Korrelation zwischen kanonischen Variablen der Variablengruppe X*,

  $$\frac{\underline{w}'\underline{w}}{n} ,$$

  gilt unter Berücksichtigung von (V.15):

  $$\frac{\underline{w}'\underline{w}}{n} = \frac{\underline{a}'\underline{x}^{*\prime}\underline{x}^{*}\,\underline{a}}{n} = \underline{a}'\underline{r}_{x^*x^*}\,\underline{a} = \underline{I} .$$

  Dies bedeutet, daß die Korrelation zwischen verschiedenen kanonischen Variablen - $W_g$, $W_{g'}$, $g \neq g'$ - dieser Gruppe gleich Null ist. Für gleiche Variablen ergibt sich die auf Eins normierte Varianz.

- Für die Korrelation zwischen kanonischen Variablen der Variablengruppe Y* gilt entsprechend unter Berücksichtigung von (V.16):

  $$\frac{\underline{v}'\underline{v}}{n} = \frac{\underline{b}'\underline{y}^{*\prime}\underline{y}^{*}\,\underline{b}}{n} = \underline{b}'\underline{r}_{y^*y^*}\,\underline{b} = \underline{I} .$$

  Auch in dieser Variablengruppe sind also die Korrelationen zwischen verschiedenen kanonischen Variablen gleich Null.

- Für die Korrelation zwischen kanonischen Variablen aus den Variablengruppe X* und Y* gilt

  $$\frac{\underline{w}'\underline{v}}{n} = \frac{\underline{a}'\underline{x}^{*\prime}\underline{y}^{*}\,\underline{b}}{n} = \underline{a}'\underline{r}_{x^*y^*}\,\underline{b} = \underline{\rho} ,$$

  wobei $$\underline{\rho} = \begin{pmatrix} \lambda_1 & 0 & \dots & 0 \\ 0 & \lambda_2 & \dots & 0 \\ \vdots & \vdots & \ddots & \vdots \\ 0 & 0 & \dots & \lambda_h \end{pmatrix} .$$

  Kanonische Variablenpaare korrelieren maximal, alle anderen Kombinatinen von kanonischen Variablen korrelieren nicht.

Von Interesse kann die Frage nach der Bedeutung (Gewicht) sein, die eine oder mehrere Variablen aus den Variablengruppen X* oder Y* für die festgestellte kanonische Korrelation einer bestimmten Ordnung besitzen. Eine Beantwortung dieser Frage ist im allgemeinen hilfreich für die inhaltliche Interpretation kanonischer Variablen höherer Ordnung. Hierzu kann zunächst festgestellt werden, daß z. B. die kanonische Korrelation 1. Ordnung genauso groß ist wie die multiple Korrelation zwischen der kanonischen Variablen $W_1$ und der Variablengruppe X*,

$$\text{(V.25)} \qquad \lambda_1 = \sqrt{r^2_{w_1.x_1^*...x_k^*}} \; .$$

Obige Beziehung ist aus folgendem Grund zutreffend. Der multiple Determinationskoeffizient $r^2_{w_1.x_1^*...x_k^*}$ gibt das Verhältnis zwischen der durch die Variablen X* erklärten Varianz von $W_1$ und der gesamten Varianz von $W_1$ an. Würde man nun den multiplen Determinationskoeffizienten $r^2_{v_1.y_1^*...y_h^*}$ bestimmen, würde dieser Koeffizient den Anteil der durch die Variablen Y* erklärten Varianz an der gesamten Varianz von $V_1$ angeben. Da zwischen $W_1$ und $V_1$ die Korrelation $\lambda_1$ besteht, würde $\lambda_1^2$, der entsprechende kanonische Determinationskoeffizient 1. Ordnung, angeben, wie groß der Anteil der durch $V_1$ erklärten Varianz von $W_1$ ist, und zugleich auch, wie groß der Anteil der durch $W_1$ erklärten Varianz von $V_1$ ist. Der erklärte Varianzanteil von $W_1$ ist also einerseits so groß wie $\lambda_1^2$ und andererseits so groß wie $r^2_{w_1.x_1^*...x_k^*}$.
Entsprechendes gilt für die Wurzelausdrücke, die zu den multiplen bzw. kanonischen Korrelationskoeffizienten führen, und für die kanonischen Variablen bzw. Koeffizienten höherer Ordnung.

Bezogen auf die Frage nach der Bedeutung der Variablen X* für die kanonische Korrelation 1. Ordnung, kann (V.25) entnommen werden, daß jene Variablen in der Gruppe X* bedeutsam sind, denen ein relativ hoher Teil der erklärten Varianz von $W_1$ zugerechnet werden kann. Dies kann grundsätzlich über den Größenvergleich der zugehörigen Koeffizienten a versucht werden. Diese werden im vorliegenden Kontext als Ladungen der kanonischen Variablen (kanonische Ladungen) bezeichnet, weil sie das Ausmaß zum Ausdruck bringen, in dem die zugehörigen Variablen X* am Zustandekommen der kanonischen Variablen $W_1$ beteiligt sind. Bekanntlich (siehe Kap. III.2e) ist dies bei korrelierenden Variablen X* nur begrenzt möglich.

Entsprechendes gilt für die zu (V.25) analoge Beziehung

$$\text{(V.26)} \qquad \lambda_1 = \sqrt{r^2_{v_1 \cdot y^*_1 \ldots y_h^*}} \ .$$

Des weiteren existieren im Rahmen der kanonischen Korrelationsanalyse zusätzliche konstruierte Maßzahlen, die weitere Teilaspekte des multivariaten Zusammenhanges zwischen den Variablengruppen X* und Y* und kanonischen Variablen hervorheben. Beispielsweise kann versucht werden, die Variabilität einer Variablen aus der Gruppe der Variablen X* durch die Variation der zugehörigen kanonischen Variablen oder auch der der Gegenseite statistisch zu erklären, was zu sog. Redundanzmaßen führt, auf die wir jedoch nicht näher eingehen wollen.

Darüber hinausgehend existieren Vorschläge[1] für ein globales Zusammenhangsmaß für die Variablengruppen X* und Y*, die in der Forschungspraxis jedoch nur selten verwendet werden.

---

[1] Z. B. GAENSSLEN, H./SCHUBÖ, W.: Einfache und komplexe statistische Analyse. München 1973, S. 185 und 187, sowie COHEN, J.: Set correlation as a genereal multivariate data-analytic method. In: Multivariate behavioral research (1982), S. 301ff.

c) Tests

Die Frage, ob die in der Stichprobe festgestellte und in den kanonischen Korrelationen zum Ausdruck gebrachte Korrelation zwischen den Variablengruppen X* und Y* auf die Grundgesamtheit verallgemeinert werden darf, ist Gegenstand der folgenden Betrachtung.

ca) Globaler Unabhängigkeitstest

Die umfassendste Unabhängigkeitshypothese, die behauptet, daß die Variation der Werte in der Variablengruppe X* nicht auf die Variation der Werte in der Variablengruppe Y* (und umgekehrt) zurückgeführt werden kann, läßt sich grundsätzlich unter Verwendung der Prüfvariablen

$$\Lambda = \frac{|\underline{Q}_2|}{|\underline{Q}_2'|} \qquad \text{(V.8a)}$$

testen. $|\underline{q}_2|$ ist die Determinante der unerklärten Variation im vollständigen und $|\underline{q}_2'|$ die im eingeschränkten Modell. Im vorliegenden Fall stellt $\lambda_g^2$, g = 1, ..., h, gemäß (V.25) die durch die Variablengruppe X* erklärte Variation bzw. Varianz der kanonischen Variablen $W_g$, g = 1, ..., h, dar. Für alle h kanonischen Variablen W stellt also die Hauptdiagonale von

$$\underline{\rho}^2 = \begin{pmatrix} \lambda_1^2 & 0 & \dots & 0 \\ 0 & \lambda_2^2 & \dots & . \\ \vdots & \vdots & \ddots & \vdots \\ 0 & 0 & \dots & \lambda_h^2 \end{pmatrix}$$

die im Modell der kanonischen Korrelationsanalyse erklärten Variationsanteile dar. Die gesamte unerklärte Variation beträgt im vollständigen Modell also

$$\underline{q_2} = \underline{I} - \underline{\rho}^2 ,$$

so daß die Determinante den Betrag

$$|\underline{q_2}| = (1-\lambda_1^2)(1-\lambda_2^2) \ \dots \ (1-\lambda_h^2) = \prod_{g=1}^{h} (1-\lambda_g^2)$$

besitzt.

Das eingeschränkte Modell im Rahmen des globalen Unabhängigkeitstests ist im Vergleich zum vollständigen Modell um alle kanonischen Variablenpaare reduziert; d. h.

$$\underline{q_2}' = \underline{I} ,$$

so daß

$$|\underline{q_2}'| = 1 .$$

Zur Prüfung der umfassendsten Unabhängigkeitshypothese ist nach Einsetzen in (V.8a) somit die Prüfvariable

$$\text{(V.27)} \quad \Lambda = \prod_{g=1}^{h} (1-\lambda_g^2)$$

geeignet, deren Approximation[1] im vorliegenden Fall durch die Variable

$$\text{(V.28)} \quad \chi^2 = -[n - 1 - 0{,}5(h+k+1)] \sum_{g=1}^{h} \ln(1-\lambda_g^2)$$

mit h·k Freiheitsgraden erfolgt.

---

[1] Vgl. z. B. LINDER, A./BERCHTOLD, W., a. a. O., S. 177.

### cb) Tests einzelner kanonischer Korrelationen

Wird die globale Unabhängigkeitshypothese verworfen, besteht mindestens zwischen den kanonischen Variablen 1. Ordnung ein signifikanter Zusammenhang, weil deren Korrelation betragsmäßig mindestens so groß ist wie die der kanonischen Korrelation 2. Ordnung. Nun kann geprüft werden, ob die kanonischen Variablen der Ordnung 2 bis h signifikant sind. Falls diese nicht signifikant sind, ist nur das erste kanonische Variablenpaar für den multivariaten Zusammenhang bedeutsam.

Hierfür eignet sich wiederum die Prüfvariable (V.8a), wobei sich der Nennerausdruck jetzt auf ein eingeschränktes Modell bezieht, das im Vergleich zum vollständigen Modell um die 2 bis h kanonischen Variablenpaare reduziert ist. Deshalb gilt hier

$$|\underline{q_2}'| = 1-\lambda_1^2 \ .$$

Geeignet ist somit die Prüfvariable

$$\text{(V.29)} \qquad \Lambda = \prod_{g=2}^{h} (1-\lambda_g^2) \ ,$$

deren Approximation durch die Variable

$$\text{(V.30)} \qquad \chi^2 = -[n - 1 - 0{,}5(h+k+1)] \sum_{g=2}^{h} \ln(1-\lambda_g^2)$$

mit (h-1)(k-1) Freiheitsgraden möglich ist.

Allgemein kann dieser Test für alle nachfolgenden kanonischen Korrelationen durchgeführt werden, bis die Nullhypothese, daß die ersten g' kanonischen Korrelationen den Zusammenhang für die Grundgesamtheit zutreffend und die letzten g'+1 bis h kanonischen Korrelationen den

Zusammenhang unzutreffend darstellen, angenommen wird. Die Prüfvariable ist allgemein

$$(V.31) \quad \Lambda = \prod_{g=g'+1}^{h} (1-\lambda_g^2)$$

und deren Approximation

$$(V.32) \quad \chi^2 = -[n - 1 - 0{,}5(h+k+1)] \sum_{g=g'+1}^{h} \ln(1-\lambda_g^2)$$

mit (k-g')(h-g') Freiheitsgraden.

Als Beispiel zur Darstellung der Tests von kanonischen Korrelationen verwenden wir die Daten der Tab. V.1. Dieses Beispiel ist geeignet, den Einbezug des Instrumentariums der kanonischen Korrelationsanalyse in des multivariate Regressionsmodell darzustellen. Es ist jedoch hinsichtlich der inhaltlichen Interpretationsmöglichkeit für die zu bildenden kanonischen Variablen nur begrenzt verwendbar. Für den vorliegenden Fall muß die symmetrische Betrachtungsweise des der kanonischen Korrelationsanalyse zu Grunde liegenden Interdependenzmodells aufgegeben werden; denn im Beispiel der Tab. V.1 interessiert lediglich die Beeinflussungsrichtung des Übergewichts ($X_1$), Zigarettenkonsums ($X_2$) und der sportlichen Aktivität ($X_3$) auf den systolischen Blutdruck ($Y_1$) und den Pulsschlag ($Y_2$). Zusätzlich muß für die inferenzstatistischen Fragestellungen der kanonischen Korrelationsanalyse jedoch im Gegensatz zum verwendeten multivariaten Regressionsmodell vorausgesetzt werden, daß auch die Werte von $X_1$ bis $X_3$ zufälligen Einflüssen ausgesetzt sind.

Nach Standardisierung der Ursprungswerte und der Bestimmung des vierfachen Matrizenprodukts $\underline{B}$ in der charakteristischen Gleichung (V.22a) (einige Zwischenergebnisse sind in HVE V.5 angegeben),

$$\underline{B} = \begin{bmatrix} 0,59557 & 0,53399 \\ 0,24901 & 0,28316 \end{bmatrix} ,$$

ergeben sich die h = 2 Eigenwerte

$$\lambda_1^2 = 0,836118 \quad \text{und} \quad \lambda_2^2 = 0,042615 .$$

Die erste kanonische Korrelation ist also $\lambda_1 = 0,9144$ und die zweite $\lambda_2 = 0,2064$ .

Ein Vergleich von $\lambda_1^2$ mit den unter Punkt 1a) dieses Kapitels angegebenen univariaten multiplen Determinationskoeffizienten zeigt, daß $\lambda_1^2$ nur geringfügig größer als der höchste univariate Determinationskoeffizient, $r_{y_1.123}^2 = 0,8227$ , ist. Deshalb kann davon ausgegangen werden, daß der bestehende multivariate Zusammenhang zwischen den Variablengruppen X* und Y* in erster Linie durch die Beziehung zwischen der Variablengruppe X* zur Variablen $Y_1$ (systolischer Blutdruck) geprägt ist. Die Tests unter den Punkten 1bb) und 1bc) führten zum Ergebnis, daß dabei innerhalb der Variablengruppe X* die sportliche Aktivität ($X_3$) als am wenigsten bedeutsam beurteilt werden kann.

Der globale Unabhängigkeitstest im Rahmen der kanonischen Korrelationsanalyse, der die Prüfung der Frage nach der Unabhängigkeit der Variablengruppe Y* von der Variablengruppe X* zum Gegenstand hat, unterscheidet sich nur formal vom globalen Unabhängigkeitstest im Rahmen der multivariaten Regressionsanalyse. Dort (siehe Abschnitt 1ba dieses Kapitels) wurde die umfassende Hypothese der Unabhängigkeit zurückgewiesen. Unter Verwendung der Prüfvariablen (V.27) ergibt sich ein Wert

$$\Lambda = (1-0,836118)(1-0,042615) = 0,1568 ,$$

der sich vom Wert der Prüfvariablen im Rahmen der multivariaten Regressionsanalyse nicht unterscheidet. Dies gilt ebenfalls für die Approximation gemäß ( V.28),

$$\chi^2 = -[15-1-0,5(2+3+1)][\ln(1-0,836118)+\ln(1-0,042615)] = 20,37 ,$$

wobei die Zahl der Freiheitsgrade auch hier 6 ist, so daß die globale Unabhängigkeitshypothese zu verwerfen ist. Mindestens zwischen den kanonischen Variablen 1. Ordnung besteht somit ein signifikanter Zusammenhang.

Die Frage, ob die zweite kanonische Korrelation signifikant ist, wird unter Verwendung von (V.29),

$$\Lambda = 1 - 0,042615 = 0,957385 ,$$

und der Approximation gemäß (V.30),

$$\chi^2 = -[15-1-0,5(2+3+1)]\ln 0,957385 = 0,479$$

mit 2 Freiheitsgraden, angesichts des Rückweisungspunktes 5,99 (5% Signifikanzniveau) verneint. Nur die erste kanonische Korrelation ist also für den multivariaten Zusammenhang wesentlich.

Die für eine inhaltliche Interpretation des signifikanten Konstruktes kanonische Variable hilfreiche Information über die Ladungen der kanonischen Variablen, die durch die regressionsähnlichen Koeffizienten a gemäß (V.24) und b gemäß (V.19a) angegeben werden, sind die folgenden. Für die Koeffizienten b ergibt sich

$$b_1 = 0,7028 \quad \text{und} \quad b_2 = 0,3165.$$

Die Variable $Y_1$ (systolischer Blutdruck) lädt die kanonische Variable $V_1$ also am stärksten, so daß die bereits zuvor mehrfach festgestellte erhöhte Bedeutung des Blutdrucks für den multivariaten Zusammenhang erneut hervortritt.

Für die Koeffizienten a ergibt sich

$$a_1 = 0,5394 , \quad a_2 = 0,5252 \quad \text{und} \quad a_3 = -0,2726 .$$

Die von der sportlichen Aktivität ($X_3$) stammende Ladung der kanonischen Variablen $W_1$ hebt sich erneut als betragsmäßig relativ gering ab.

# Hintergründe, Vertiefung, Ergänzungen

1.) Da im multivariaten Modell Korrelationen zwischen den Untersuchungsvariablen bzw. Störvariablen zu berücksichtigen sind, erscheint die Zielfunktion (V.6) auf den ersten Blick unangemessen zu sein. Die Zielfunktion

$$\text{(V.33)} \qquad (\underline{Y} - \underline{x}\,\underline{\beta})'(\underline{\Sigma})^{-1}(\underline{Y} - \underline{x}\,\underline{\beta}) \longrightarrow \underset{\underline{\beta}}{\text{Min.!}}$$

stellt eine verallgemeinerte Minimumsregel dar, die diese Korrelationen berücksichtigt[1]; (V.33) hat die Minimierung des sog. verallgemeinerten Abstandes nach MAHALANOBIS zum Ziel. Die Dispersionsmatrix $\underline{\Sigma}$ ist wie (V.4) aufgebaut, bezieht sich jedoch nicht auf die Stör-, sondern die Untersuchungsvariablen,

$$\underline{\Sigma} = \begin{pmatrix} \sigma_1^2 & \text{cov}(Y_2, Y_1) & \cdots & \text{cov}(Y_h, Y_1) \\ \text{cov}(Y_1, Y_2) & \sigma_2^2 & \cdots & \text{cov}(Y_h, Y_2) \\ \vdots & \vdots & \ddots & \vdots \\ \text{cov}(Y_1, Y_h) & \text{cov}(Y_2, Y_h) & \cdots & \sigma_h^2 \end{pmatrix}$$

In der Hauptdiagonalen stehen also die Varianzen der Untersuchungsvariablen; die übrigen Elemente stellen Kovarianzen der Untersuchungsvariablen dar. Im Falle standardisierter Ursprungswerte entsprechen letztere natürlich den binären Korrelationskoeffizienten[1].

Bemerkenswert ist nun, daß die Lösung der Minimierung von (V.33) zu den gleichen Schätzwerten $\underline{b}$ führt wie im Falle von (V.6)[2].

---

[1] Im varianzanalytischen Kontext bezeichnet (II.16) die für die Stichprobe geltende Matrix $\underline{\Sigma}$ .

[2] Siehe KAUFMANN, H./PAPE, H.: Clusteranalyse. In: Multivariate statistische Verfahren. Berlin 1984, S. 385.

2.) Als Schätzer für die Dispersionsmatrix der Störvariablen (V.4) wird

$$\frac{1}{n-k-1}\,\underline{D}'\underline{D} = \frac{1}{n-k-1}\,\underline{Y}'[\underline{I} - \underline{x}(\underline{x}'\underline{x})^{-1}\underline{x}']\underline{Y} = \frac{1}{n-k-1}\,\underline{Q_2}$$

definiert[1], wobei

$$\underline{D} = \underline{Y} - \underline{x}\,\underline{b}$$

in Variablenschreibweise die Matrix der geschätzten stochstischen Komponenten der Untersuchungsvariablen darstellt. $\underline{Q_2}$ ist also die Matrix der Variationen dieser Komponenten.

Analog zu (III.24), der Zerlegung der Variation q einer Untersuchungsvariablen in eine durch die Regression erklärte Komponente $q_1$ und eine unerklärte Komponente $q_2$, läßt sich im multivariaten Fall die gesamte Variation von $\underline{Y}$, die wir mit $\underline{Q}$ bezeichnen, in einen durch die multivariate Regression erklärten Teil $\underline{Q_1}$ und einen unerklärten Teil $\underline{Q_2}$ trennen:

$$\underline{Q} = \underline{Q_1} + \underline{Q_2}\ .$$

Hierbei ist $\underline{q}$ eine quadratische Matrix mit h Zeilen und Spalten, deren Elemente empirische Quadrat- und Produktsummen darstellen, nämlich die Stichprobenrealisationen der Zählerausdrücke der Elemente von $\underline{\Sigma}$ (siehe HVE V.1). $\underline{q_1}$ enthält Elemente, die der Variation der geschätzten deterministischen Komponenten der Untersuchungsvariablen entsprechen.

Da nun $\underline{q_2}$ im varianzanalytischen Kontext der Variation innerhalb der Stufen entspricht (siehe (II.18)), läßt sich die globale Unabhängigkeitshypothese unter Punkt 1ba) dieses Kapitels unter Verwendung der Prüfvariablen (II.19) durchführen, die wir als (V.8) übernehmen.

[1] Vgl. FAHRMEIR, L./KAUFMANN, H./KREDLER, L., a. a. O., S. 132.

3a) Die Normierungsbedingungen (V.18) und (V.19) lassen sich unter Berücksichtigung von (V.15) und (V.16) umformen:

$$\text{(V.18a)} \qquad \frac{\underline{w}_g'\underline{w}_g}{n} = \frac{\underline{a}_g'\underline{x}^{*\prime}\underline{x}^*\underline{a}_g}{n} = \underline{a}_g'\underline{r}_{x^*x^*}\underline{a}_g = 1 \, , \qquad g = 1, \ldots, h \, ,$$

$$\text{(V.19a)} \qquad \frac{\underline{v}_g'\underline{v}_g}{n} = \frac{\underline{b}_g'\underline{y}^{*\prime}\underline{y}^*\underline{b}_g}{n} = \underline{b}_g'\underline{r}_{y^*y^*}\underline{b}_g = 1 \, , \qquad g = 1, \ldots, h \, .$$

3b) Im multiplen Regressionsmodell gilt das Normalgleichungssystem

$$\text{(III.34)} \qquad \underline{x}'\underline{x}\,\underline{b} = \underline{x}'\underline{y} \; .$$

Nach Division durch n ergibt sich

$$\frac{\underline{x}'\underline{x}}{n}\underline{b} = \frac{\underline{x}'\underline{y}}{n} \; .$$

Bei standardisierten Variablenwerten $\underline{x}^*$ und $\underline{y}^*$ stellt $\frac{\underline{x}'\underline{x}}{n}$ die Korrelationsmatrix $\underline{r}_{xx}$ dar, die die einfachen Korrelationskoeffizienten der Variablen enthält, deren Werte $\underline{x}$ bilden. $\frac{\underline{x}'\underline{y}}{n}$ stellt bei standardisierten Variablen den Vektor der einfachen Korrelationskoeffizienten $\underline{r}_{xy}$ dar. Deshalb gilt in diesem Falle

$$\underline{r}_{xx}\,\underline{b} = \underline{r}_{xy} \; .$$

Somit vereinfacht sich die Lösung nach den Regressionskoeffizienten,

$$\text{(III.35)} \qquad \underline{b} = (\underline{x}'\underline{x})^{-1}\underline{x}'\underline{y}$$

bei standardisierten Variablen zu

$$\underline{b} = \underline{r}_{xx}^{-1}\underline{r}_{xy} \; .$$

Bezogen auf (V.15), gilt somit

$$\underline{a} = \underline{r_{x^*x^*}}^{-1}\underline{r_{x^*w}} = \underline{r_{x^*x^*}}^{-1}\frac{\underline{x}^{*\prime}\underline{w}}{n} \quad .$$

Nun ist aber die 1. kanonische Korrelation zwischen den Variablenmengen X* und Y* identisch mit der multiplen Korrelation zwischen der 1. kanonischen Variablen $W_1$ (aus X*) und der Variablenmenge Y* (siehe auch (V.25) und (V.26)). Deshalb gilt:

$$\underline{a} = \underline{r_{x^*x^*}}^{-1}\underline{r_{x^*v}} = \underline{r_{x^*x^*}}^{-1}\frac{\underline{x}^{*\prime}\underline{v}}{n} \quad .$$

Wir setzen (V.16) ein und finden

$$\underline{a} = \underline{r_{x^*x^*}}^{-1}\frac{\underline{x}^{*\prime}\underline{y}^{*}\underline{b}}{n} = \underline{r_{x^*x^*}}^{-1}\underline{r_{x^*y^*}}\,\underline{b} \quad .$$

Rechts vom Gleichheitszeichen ist $\underline{b}$ unbekannt.

3c) $\underline{b}$ läßt sich auf dem folgenden Weg[1] ermitteln. Der multiple Determinationskoeffizient

$$r_{v_1.x_1^*\ldots x_k^*}^{2}$$

gibt das Verhältnis zwischen der durch die k Variablen X* erklärten zur gesamten Varianz von $V_1$ an. Diese erklärte Varianz von $V_1$ entspricht der Varianz von $W_1$, so daß gilt

$$r_{v_1.x_1^*\ldots x_k^*}^{2} = \frac{\frac{\underline{w}_1{}'\underline{w}_1}{n}}{\frac{\underline{v}_1{}'\underline{v}_1}{n}} \quad .$$

[1] Siehe MOOSBRUGGER, H., a. a. O., S. 107.

Bei Verwendung der Normierungsbedingung (V.19) würde sich für diesen Koeffizienten

$\frac{\underline{w}_1'\underline{w}_1}{n}$ ergeben, was noch nicht mit der Normierungsbedingung (V.18) vereinbar ist.

Wir setzen deshalb zunächst (V.15) und das für $\underline{a}$ unter HVE V.3a abgeleitete Ergebnis ein und erhalten

$$r_{v_1 \cdot x_1^* \ldots x_k^*}^2 = \underline{b}' \underline{r_{y^*x^*}} \underline{r_{x^*x^*}}^{-1} \frac{\underline{x}^{*\prime}\underline{x}^*}{n} \underline{r_{x^*x^*}}^{-1} \underline{r_{x^*y^*}} \underline{b} \ .$$

Da $\frac{\underline{x}^{*\prime}\underline{x}^*}{n} = \underline{r_{x^*x^*}}$ und $\underline{r_{x^*x^*}}^{-1} \underline{r_{x^*x^*}} = \underline{I}$ , gilt

$$r_{v_1 \cdot x_1^* \ldots x_k^*}^2 = \underline{b}' \underline{r_{y^*x^*}} \ \underline{r_{x^*x^*}}^{-1} \underline{r_{x^*y^*}} \ \underline{b} \ .$$

Das Problem besteht jetzt darin, $r_{v_1 \cdot x_1^* \ldots x_k^*}^2$ unter Einhaltung der Normierungsbedingung (V.19a) zu maximieren. Dies läßt sich für alle h der obigen Determinationskoeffizienten unter Verwendung der Hilfsfunktion von LAGRANGE

$$\text{(V.20)} \qquad H = \underline{b}' \underline{r_{y^*x^*}} \ \underline{r_{x^*x^*}}^{-1} \underline{r_{x^*y^*}} \ \underline{b} - \lambda^2 (\underline{b}' \underline{r_{y^*y^*}} \ \underline{b} - 1)$$

lösen.

4.) Nach Umformung von (V.21) gilt[1]

$$\text{(V.21a)} \qquad \lambda^2 \underline{r_{y^*y^*}} \ \underline{b} = \underline{r_{y^*x^*}} \ \underline{r_{x^*x^*}}^{-1} \underline{r_{x^*y^*}} \ \underline{b} \ .$$

(V.21a) wird mit $\underline{b}'$ multipliziert und nach $\lambda^2$ aufgelöst, so daß sich

---
[1] Nach MOOSBRUGGER, H., a. a. O., S. 108.

$$\text{(V.21b)} \qquad \lambda^2 = \frac{\underline{b}'\underline{r_{y^*x^*}}\,\underline{r_{x^*x^*}}^{-1}\underline{r_{x^*y^*}}\,\underline{b}}{\underline{b}'\underline{r_{y^*y^*}}\,\underline{b}}$$

ergibt. Der Nenner ist wegen der Normierungsbedingung (V.19a) gleich Eins. Ein Vergleich von (V.21b) mit dem multiplen Determinationskoeffizienten

$$r^2_{v_1 \cdot x_1^* \ldots x_k^*} = \underline{b}'\underline{r_{y^*x^*}}\,\underline{r_{x^*x^*}}^{-1}\underline{r_{x^*y^*}}\,\underline{b} \,,$$

der dem Teil HVE V.3c entnommen werden kann, zeigt, daß ein Eigenwert $\lambda^2$ obigem multiplen Determinationskoeffizienten entspricht, der den durch die Variablenmenge X* erklärten Varianzanteil einer kanonischen Variablen zum Ausdruck bringt.

5.) Folgende Zwischenergebnisse sind für die Anwendung der kanonischen Korrelationsanalyse wesentlich:

$$\underline{r_{x^*y^*}} = \begin{pmatrix} 0,7934 & 0,7318 \\ 0,6549 & 0,6469 \\ -0,4942 & -0,5176 \end{pmatrix}, \quad \underline{r_{x^*x^*}} = \begin{pmatrix} 1 & 0,3577 & -0,4983 \\ 0,3572 & 1 & -0,0335 \\ -0,4983 & -0,0335 & 1 \end{pmatrix},$$

$$\underline{r_{y^*y^*}} = \begin{pmatrix} 1 & 0,9122 \\ 0,9122 & 1 \end{pmatrix}, \quad \underline{r_{y^*y^*}}^{-1} = \begin{pmatrix} 5,9571 & -5,4341 \\ -5,4341 & 5,9571 \end{pmatrix},$$

$$\underline{r_{x^*x^*}}^{-1} = \begin{pmatrix} 1,5740 & -0,5373 & 0,7662 \\ -0,5373 & 1,1845 & -0,2280 \\ 0,7662 & -0,2280 & 1,3742 \end{pmatrix}.$$

# Kapitel VI
# Zeitreihenanalyse

Das folgende Kapitel befaßt sich mit den Werten eines Merkmals, die der zeitlichen Abfolge der Beobachtung nach geordnet sind und als Zeitreihe bezeichnet werden. Neben deskriptiven Aspekten betrachten wir zunächst einige Erklärungsansätze für Zeitreihenbewegungen, wobei hier und auch in später folgenden Abschnitten das Neben- und Miteinander der traditionellen und modernen Zeitreihenmethodik angesprochen wird. Dies betrifft insbesondere die Trendbestimmung und Saisonbereinigung einer Zeitreihe, in deren Rahmen u. a. auch das Regressionsmodell Verwendung findet.

## 1. Zeitreihen

### a) Begriff

Unter einer Zeitreihe wird im Rahmen der traditionellen Deskription und Analyse von Zeitreihen etwas anderes als im Rahmen der modernen Zeitreihenmethodik verstanden, und man hofft doch, daß zwischen beiden Konzepten kein unüberbrückbarer Widerspruch besteht.

Eine Zeitreihe stellt - so der traditionelle und intuitiv plausible Begriff - die zeitlich geordnete Abfolge der Beobachtungen von statistischen Massen dar, die Unterschiede im zeitlichen kollektivabgrenzenden Merkmal aufweisen. Beispielsweise könnte eine statistische

Masse aus den Kraftfahrzeugen eines Landes bestehen. Werden die statistischen Einheiten dieser statistischen Masse zu verschiedenen Zeitpunkten ausgezählt, z. B. am 1. Januar eines jeden Jahres, so stellen die Zählwerte eine Zeitreihe dar. Beobachtet man an den statistischen Einheiten dieses Beispiels ein besonderes Merkmal, z. B. den durchschnittlichen Marktpreis, so stellt die Abfolge dieser Preise am 1. Januar eines jeden Jahres ebenfalls eine Zeitreihe dar.

Von Bedeutung für die Interpretation einer Zeitreihe ist grundsätzlich, daß sich innerhalb einer Zeitreihe die Beobachtungen auf statistische Massen beziehen sollten, die sich lediglich im zeitlichen Merkmal unterscheiden, da anderenfalls die Vergleichbarkeit der Zeitreihenwerte untereinander erschwert oder nicht möglich ist. Wir beschränken uns im folgenden auf Zeitreihen, bei denen für jeden Zeitindex genau ein Wert vorliegt. Ferner beziehen wir uns lediglich auf äquidistante Zeitreihen; das sind Reihen mit gleicher zeitlicher Entfernung zwischen den Zeitindizes.

Die moderne Zeitreihenmethodik sieht empirische wirtschafts- und sozialstatistische Zeitreihen als endliche Realisationen eines übergeordneten, den spezifischen Sachverhalt umfassenden, stochastischen Prozesses an.

Ein stochastischer Prozeß läßt sich auf zwei Weisen definieren, die das gleiche beinhalten, sich äußerlich jedoch voneinander unterscheiden:

- Der stochastische Prozeß stellt eine Grundgesamtheit für die empirische Zeitreihe dar. Eine empirische Zeitreihe ist also eine Stichprobenrealisation aus einer u. U. recht umfangreichen Gesamtheit. Wenn etwa eine Zeitreihe aus zehn Volkseinkommenswerten vorliegt, so werden diese als Stichprobe aus einer unendlich großen Masse von Volkseinkommenswerten aufgefaßt. "Nicht alle Volkseinkommenswerte sind gemeint, sondern nur diejenigen, die in einem Land ...

entstehen können, und zwar unter Bedingungen, unter denen sie ... tatsächlich zustandegekommen sind."[1]

- Der stochastische Prozeß stellt eine Folge von Zufallsvariablen dar, wobei jedem Zeitindex eine Zufallsvariable zugeordnet ist. Der stochastische Prozeß stellt also formal - und vereinfacht zum Ausdruck gebracht - eine Funktion mit zwei Definitionsbereichen dar, dem Ereignisraum und einem Zeitindex. Die Plausibilität dieser Definition ergibt sich aus der folgenden Überlegung: Wir können eine Zufallsvariable anschaulich als Größe auffassen, die Chancen zum Ausdruck bringt, mit denen im Rahmen eines Vorgangs mit Zufallscharakter bestimmte reelle Zahlen auftreten. Ein Zufallsvorgang kann zu einem anderen Zeitpunkt wiederholt werden, wobei dies nicht unter denselben Bedingungen erfolgen muß. Das wiederum kann dazu führen, daß die Chancen, mit denen nunmehr bestimmte reelle Zahlen auftreten, andere sind als zuvor. Zu verschiedenen Zeitindizes sind deshalb zwar "verwandte", aber nicht völlig gleiche Zufallsvariablen gültig. Eine derartige Familie von Zufallsvariablen stellt gemäß dieser Definition einen stochastischen Prozeß dar.

In Abhängigkeit davon, daß Ereignisse realisiert oder nicht realisiert sind und der Zeitindex fixiert (fest) oder nicht fixiert (variabel) ist, lassen sich die Konzepte stochastischer Prozeß, Zeitreihe, Zufallsvariable und Wert der Zufallsvariablen (Zeitreihenwert) übersichtlich darstellen, wie die Tab. VI.1 zum Ausdruck bringt.

Beispielsweise könnte im Feld 1 der Tab. VI.1 der Betrag des Volkseinkommens der Bundesrepublik Deutschland des Jahres 1987 stehen. Das Feld 2 nimmt dann eine Zufallsvariable auf, die zum Ausdruck bringt, mit welchen Wahrscheinlichkeiten im Jahre 1987 das Volkseinkommen der Bundesrepublik Werte realisiert, die innerhalb bestimmter betragsmäßiger Grenzen liegen. Die Zeitreihe der acht Volkseinkommenswerte von 1980 bis 1987 könnte im Feld 3 stehen. Der entsprechende stocha-

[1] MENGES, G.: Ökonometrie. Wiesbaden 1961, S. 20.

| Ereignis / Zeitindex | realisiert | nicht realisiert |
|---|---|---|
| fest | 1<br>Zeitreihenwert<br>(eine reelle Zahl) | 2<br>Zufallsvariable<br>(eine relle Zufallsvariable) |
| variabel | 3<br>Zeitreihe<br>(Abfolge von Zeitreihenwerten) | 4<br>Stochastischer Prozeß<br>(Abfolge von Zufallsvariablen) |

Tab. VI.1: Zeitreihenwert, Zufallsvariable, Zeitreihe und stochastischer Prozeß

stische Prozeß des Feldes 4 könnte dann z. B. aus acht Zufallsvariablen bestehen, die jeweils zum Ausdruck bringen, mit welchen Wahrscheinlichkeiten in den acht Jahren das Volkseinkommen Werte innerhalb bestimmter Grenzen realisiert.

Die in Feld 4 vorstellbaren verschiedenartigen stochastischen Prozesse sind im wesentlichen durch die Besonderheiten der Verteilungsfunktionen der Zufallsvariablen des Feldes 3 sowie ihrer Abhängigkeiten untereinander gekennzeichnet. Das bedeutsame und schwer lösbare Adäquationsproblem besteht darin, das für eine vorliegende empirische Zeitreihe angemessene Prozeßmodell auszuwählen und die empirische Zeitreihe als Realisation dieses stochastischen Prozesses zu spezifizieren.

Von STIER[1] wird die Ansicht vertreten, daß der traditonelle Zeitreihenbegriff und der der modernen Zeitreihenmethodik gleichberechtigt

[1] STIER, W.: Verfahren zur Analyse saisonaler Schwankungen in ökonomischen Zeitreihen. Berlin 1980, S. 113.

nebeneinander stehen: "Eine konkret vorliegende Reihe ... stellt zunächst lediglich eine Folge von ... reellen Zahlen dar, welche die zeitliche Entwicklung eines ... ökonomischen Sachverhaltes beschreibt. Es steht dem Zeitreihenanalytiker somit grundsätzlich frei, eine vorliegende Reihe z. B. als eine endliche Realisation eines stochastischen Prozesses eines bestimmten Typs zu interpretieren. ... Welche Interpretation gewählt wird, ist eine reine Zweckmäßigkeitsfrage. Keine der beiden Betrachtungen ist irgendwie a priori zwingend."

b) Deskription

Die Deskription einer Zeitreihe verfolgt das Ziel, nur schwer überschaubare Daten übersichtlich darzustellen. Bei einer Datenreduktion sollte der hiermit verbundene Informationsverlust durch eine erhöhte Übersichtlichkeit ausgeglichen werden. Zur Deskription sind insbesondere intuitiv gut verständliche graphische Darstellungen geeignet, ohne die beispielsweise eine Aktienkursbetrachtung (der Chartisten) nur schwer vorstellbar ist. Gewöhnlich werden zweidimensionale Diagramme mit der Abszisse als Zeitachse und der Ordinate als Zeitreihenwertskala bevorzugt. Die graphische Darstellung ist zumeist aus optischen Gründen kontinuierlich gewählt; d. h. der Graph der Zeitreihe erscheint als durchgezogene Kurve, obwohl die in der Regel zugrunde liegenden Zeitpunkte auf der Abszisse diskreter Art sind.

Von den elementaren statistischen Maßzahlen bringt das arithmetische Mittel der Zeitreihenwerte eine äußerste Informationsverdichtung nur dann sinnvoll zum Ausdruck, falls die Zeitreihe keine sich in der Zeit entwickelnde längerfristige Tendenz besitzt, d. h. falls die Zeitreihe stationär[1] ist. Entsprechendes gilt für die Maßzahl der

[1] Zum Konzept der stationären Zeitreihe siehe auch HVE VI.6.

empirischen Streuung.

Empirische Zeitreihen zeigen i. a. mehr oder weniger regelmäßige, sich teilweise wiederholende Bewegungsmuster. Deren Deskription ist in gewissen Grenzen dadurch möglich, daß die Messung der Korrelation zwischen den Werten einer Zeitreihe, die Messung der Autokorrelation, durchgeführt wird. Wie wir feststellen werden, liefert eine derartige Deskription häufig nur unbefriedigende Ergebnisse. Die Autokorrelation einer Zeitreihe besitzt jedoch eine recht große Bedeutung im Zusammenhang einiger Konzepte der modernen Zeitreihenmethodik, so daß wir sie in erster Linie deshalb näher betrachten wollen.

Die lineare Zusammenhangsmessung zwischen den Werten einer Zeitreihe erfolgt analog zur Konstruktion der Kovarianz bzw. des Korrelationskoeffizienten im Zweivariablenfall: Aus den n Werten einer Zeitreihe lassen sich n-1 Paare unmittelbar aufeinander folgender Werte bilden, $(x_1, x_2), (x_2, x_3), \ldots, (x_{n-1}, x_n)$. Deren Autokovarianz hat den Betrag

$$\text{cov} = \frac{1}{n-1} \sum_{t=1}^{n-1} [x_t - \bar{x}_{(1)}][x_{t+1} - \bar{x}_{(2)}] ,$$

wobei $\bar{x}_{(1)}$ das arithmetische Mittel aus den Werten $x_1$ bis $x_{n-1}$ darstellt und $\bar{x}_{(2)}$ das aus den Werten $x_2$ bis $x_n$. Anders gesagt, obige Autokovarianz bemißt den linearen Zusammenhang für n-1 Werte zweier Zeitreihen, die deckungsgleich und auf der Zeitachse um eine Zeiteinheit gegeneinander verschoben sind. Bei nicht zu kurzen[1] Reihen und insbesondere stationären Reihen unterscheiden sich $\bar{x}_{(1)}$ und $\bar{x}_{(2)}$ zumeist nur unwesentlich, so daß hierfür das arithmetische Mittel der gesamten Reihe verwendet werden kann. Gleiches gilt für die entspre-

[1] Wann eine Reihe kurz oder lang ist, läßt sich nicht generell festlegen. Im vorliegenden Kontext wird weder auf den überdeckten historischen Zeitraum noch auf ein spezielles erklärendes Modell abgestellt, sondern lediglich auf die Tatsache, daß bei einer großen Anzahl von Zeitreihenwerten die zu bestimmenden beiden arithmetischen Mittel i. a. nur unwesentlich voneinander abweichen werden.

chenden Varianzen, so daß die Autokorrelation unmittelbar aufeinander folgender Werte in diesem Falle den Betrag

$$r = \frac{cov}{var(x)}$$

hat.

Entsprechend können die Autokovarianz und Autokorrelation für weiter auseinander liegende Werte (bzw. für mehr als eine Zeiteinheit gegeneinander verschobene Reihen) bestimmt werden. Der Zeitabstand $\tau$ der betrachteten Werte wird als Lag bezeichnet. Die empirische Autokovarianz stellt also eine vom Lagparameter $\tau$ abhängige Funktion[1] dar:

$$\text{(VI.1)} \quad cov(\tau) = \frac{1}{n-\tau} \sum_{t=1}^{n-\tau} (x_t-\bar{x})(x_{t+\tau}-\bar{x}) \; , \qquad \tau = 0, 1, \ldots, n-1 \, .$$

Für $\tau = 0$ gilt, daß $cov(0) = var(x)$. Die empirische Autokorrelation ist somit

$$\text{(VI.2)} \quad r(\tau) = \frac{cov(\tau)}{var(x)} = \frac{cov(\tau)}{cov(0)} \; , \qquad \tau = 0, 1, \ldots, n-1 \, .$$

Für $\tau = 0$ gilt, daß $r(0) = 1$. $r(\tau)$ besitzt die Eigenschaften des Korrelationskoeffizienten von BRAVAIS/PEARSON (siehe Kap. I.1b). Die einzelnen Werte für $r(\tau)$ werden auch als Autokorrelation $\tau$-ter Ordnung bezeichnet. Da bei relativ großem $\tau$ die Zahl der in die Berechnung eingehenden Wertepaare relativ klein ist und deshalb zu Werten für $r(\tau)$ führen kann, die von einzelnen Wertepaaren stark geprägt sind, sollte - als Faustregel - $\tau$ nicht größer als ein Viertel der Anzahl der Zeitreihenwerte sein.

---

1 (VI.1) hat hier den Divisor $n-\tau$, was zu einer unverzerrten Schätzung führt. Der Schätzwert ist jedoch positiv semidefinit, was in anderem Zusammenhang (Schätzung des Spektrums) unerwünscht ist. Deshalb wird in (VI.1) häufig der Divisor n verwendet. Entsprechendes gilt für den Divisor von (VI.2). Siehe auch unter HVE VI.8c.

Der Graph von (VI.2) wird als Korrelogramm (bzw. Autokorrelogramm) bezeichnet. Gewöhnlich werden auf der Abszisse die Lags abgetragen und auf der Ordinate die Werte der Autokorrelation. Die Interpretation des entsprechenden Stabdiagramms ist nur scheinbar unproblematisch: Relativ große Autokorrelationswerte weisen auf einen relativ engen linearen Zusammenhang bei der entsprechenden zeitlichen Verschiebung hin; je näher sich die Autokorrelation der Null nähert, desto geringer ist der jeweilige zeitliche Zusammenhang. Allerdings sind die einzelnen Autokorrelationswerte u. U. nicht voneinander losgelöst interpretierbar, da ja beispielsweise im extremen Fall eines regelmäßigen stationären Zyklus mit der Wellenlänge von Vier gilt, daß $r(4) = r(8)$; bei der Berechnung von $r(8)$ werden teilweise die gleichen Zeitreihenwertepaare verwendet wie bei der Berechnung von $r(4)$.

Die Deskription einer Zeitreihe mit Hilfe des Autokorrelogramms sollte somit nicht ohne Bezug auf den Graphen der Ursprungsreihe erfolgen. An dieser Stelle sei darauf hingewiesen, daß bestimmte Muster im Korrelogramm in Verbindung mit einem anderen Hilfsmittel (dem Partialkorrelogramm) die Lösung des Problems der Spezifizierung einer empirischen Zeitreihe als Realisation eines bestimmten stochastischen Prozesses erleichtern können, etwa im Zusammenhang des ARIMA-Modells, das in der spezielleren Literatur Beachtung findet[1].

[1] Siehe z. B. SCHLITTGEN, R./STREITBERG, B.: Zeitreihenanalyse. München 1984, S. 165ff.

## 2. Erklärungsansätze für Zeitreihenbewegungen

Das Ziel der Analyse einer Zeitreihe besteht darin, jeden einzelnen Wert möglichst vollständig durch jene Faktoren zu erklären, die für seine quantitative Größe bestimmend sind. Da für jeden Zeitindex jedoch nur ein Zeitreihenwert bekannt ist, kann das Analyseziel nur erreicht werden, falls zusätzliche Informationen über die Einflußfaktoren vorliegen oder falls zusätzliche Annahmen (im Rahmen eines Modells) getroffen werden. Grundsätzlich können hierbei, so die traditionelle Zeitreihenmethodik, zwei Wege[1] beschritten werden, ein analytischer Weg, der seit WALD[2] auch als "äußere Methode" bezeichnet wird, oder ein empirischer Weg ("innere Methode"). Hinzu tritt im Rahmen der modernen Zeitreihenmethodik ein dritter Weg, der sich auf die Theorie stochastischer Prozesse stützt. Ein vierter Ansatz, der auf der Theorie der Filter aufbaut und der gewöhnlich nicht als Erklärungsansatz für Zeitreihenbewegungen interpretiert wird, enthält die drei zuvor erwähnten Ansätze als Unterfälle.

### a) Analytischer Weg

Ausgehend von theoretischen Vorüberlegungen wird versucht, jene Einflußgrößen festzustellen, die für den zeitlichen Verlauf der Merkmalswerte wesentlich sind. Anschließend ist - zwar nicht notwendigerweise, jedoch in vielen Fällen unvermeidbar - eine Einteilung der Faktoren in größere homogene Gruppen erforderlich. "Sodann konstruiert man ein mathematisches Modell, das die Entwicklung der Ursachenkomplexe

[1] Vgl. TIEDE, M.: Die Problematik der Ausschaltung von Saisonschwankungen aus wirtschaftsstatistischen Zeitreihen - gezeigt am Beispiel der Methoden des Statistischen Amtes der Europäischen Gemeinschaften und der Deutschen Bundesbank. Freiburg 1968, S. 17ff.

[2] Vgl. WALD, A.: Berechnung und Ausschaltung von Saisonschwankungen. Wien 1936, S. 2ff.

auf die betreffende Massenerscheinung erklären soll, und verifiziert es anhand der gegebenen Zahlen."[1]

Die Isolierung von Kausalfaktoren und deren funktionale Verknüpfung mit den Zeitreihenwerten bzw. seinen Komponenten ist mit besonderen Problemen verbunden, für die keine generelle Lösung existiert. Im Rahmen ökonomischer und ökonometrischer Modelle sowie der Regressionsanalyse sind für Einzelprobleme beachtliche "Erklärungen" gefunden worden, auf die in den vorangegangenen Kapiteln ausschnittsweise eingegangen wurde, soweit die Daten "quer zur Zeitachse" (Querschnittsdaten), also ohne Zeitindex, erhoben wurden. Erklärende Modelle auch für Daten "längs zur Zeitachse" (Längsschnittdaten), für Zeitreihen also, existieren in Form zahlreicher Varianten makroökonomischer Modelle[2]. Die Formulierung eines umfassenden allgemeinen Kausalmodells, das für alle Zeitreihen eines Wissensgebietes Gültigkeit haben könnte, ist jedoch mit unüberwindlichen Schwierigkeiten verbunden. Der analytische Weg zur Erklärung für Zeitreihenbewegungen ist dessen ungeachtet von allgemeiner Bedeutung, soweit er die bereits angesprochene Gruppierung von Kausalfaktoren betrifft.

Die isoliert gedachten Kausalfaktoren lassen sich unter Verwendung verschiedenartiger Kriterien gruppieren[3]. Von größter Bedeutung ist hierbei das Kriterium der Gleichartigkeit der Faktoren hinsichtlich typischer und voneinander unterscheidbarer Wirkungsmuster in der Zeit; denn unterscheidbare Wirkungsmuster lassen sich u. U. auf Grund der Daten (der empirischen Zeitreihe) voneinander trennen, so daß jeder Zeitreihenwert in Komponenten zerlegt werden kann, die jeweils Wirkungen spezifischer Faktorengruppen darstellen. Hierauf wird im Rahmen des empirischen Weges ("innere Methode") zurückzukommen sein.

1 ANDERSON, O. (jun.): Zeitreihenzerlegung vom praktischen Standpunkt der Konjunkturforschung. In: Allgemeines Statistisches Archiv (1958), S. 358.

2 Vgl. z. B. BAMBERG, G./SCHITTKO, U. K.: Einführung in die Ökonometrie. Stuttgart 1979, S. 128ff.

3 Vgl. TIEDE, M., a. a. O., S. 33ff.

Für empirische Zeitreihen mit mindestens halbjährlichem Zeitindex lassen sich die Kausalfaktoren allgemein und konsistent so gruppieren, daß die im Rahmen der "inneren Methoden" im allgemeinen unterschiedenen Zeitreihenkomponenten Trend-, Saison- und irreguläre Komponente definiert sind[1]:

"Die Saisonkomponente einer wirtschaftlichen Zeitreihe ergibt sich aus dem Zusammenwirken all jener Kausalfaktoren, deren Wirkungen im Zeitablauf zyklisch sind und eine ungefähre Periodenlänge von nicht größer als zwölf Monaten haben.

Die Trendkomponente ergibt sich aus dem Zusammenwirken all jener Kausalfaktoren, deren Wirkungen nicht periodisch sind und deren Wirkungen periodisch sind, aber eine Periodenlänge haben, die größer als zwölf Monate ist. Kausalfaktoren, die stoßweise auftreten, eine relativ große Wirkung und kurze zeitliche Reichweite haben, sind keine Trendfaktoren. Erst die längere zeitliche Reichweite von starken Kausalfaktorenstößen ist ein Trendfaktor, ohne daß die starken Kausalfaktorenstöße selbst Trendfaktoren sind.

Die irreguläre Komponente ergibt sich aus dem Zusammenwirken all jener Kausalfaktoren, die unbekannt sind, sowie den Faktoren, die stoßweise mit relativ großer Wirkung auftreten, wobei die zeitliche Reichweite kleiner als zwölf Monate ist. Zur irregulären Komponente zählen auch all jene Bruchteile von Wirkungskomponenten, die in Wahrheit den Saison- oder Trendfaktoren zuzuordnen sind, mangels genaueren Wissens über die Gesetze, die Faktoren und Wirkungen verknüpfen, aber nicht erklärt werden können."

---

[1] TIEDE, M., a. a. O., S. 51, 53, 54.

b) Empirischer Weg

Ein zweiter Weg zur Erklärung für Bewegungen in empirischen Zeitreihen führt zu den in der Vergangenheit und teils auch heute noch in der Praxis[1] überwiegend verwendeten Verfahren der Zeitreihenanalyse. Hierbei wird die folgende Grundposition eingenommen: Eine empirische Zeitreihenbewegung ist der "statistische Schatten"[2] von höchst verwickelten Ursachen, die von der Wurzel her nicht zu entwirren sind. Deshalb sollte von den Zeitreihenwerten ausgegangen und diese mit geeigneten Verfahren mechanisch in Komponenten zerlegt werden.

Die Reihenkomponenten werden also " ... bloß auf Grund der Daten der Ursprungsreihe definiert ..., ohne auf irgend welche äußere Erscheinungen Bezug zu nehmen."[3] Der zweite Weg stellt mit WALD somit eine "innere" Methode dar im Gegensatz zur "äußeren", bei der eine Zeitreihenkomponente als Wirkung einer spezifischen Ursachengruppe definiert ist. Allerdings setzt die "innere" die "äußere" Methode voraus: "Die äußeren Definitionen dienen bloß als heuristisches Prinzip für die Aufstellung von inneren Definitionen, denn nur so hat man die Erwartung, daß die inneren Definitionen sich im obigen Sinne als fruchtbar erweisen werden. Alle Gesetzmäßigkeiten und Zusammenhänge, die man findet, beziehen sich streng genommen nur auf die inneren Komponenten. Man wird freilich geneigt sein, diese Gesetzmäßigkeiten auf die entsprechenden äußeren Komponenten zu übertragen, und zwar um so eher, je fruchtbarer sich die Hypothesen erweisen. Diese Identifizierung der inneren Komponenten mit den entsprechenden äußeren kann aber empirisch nie nachgewiesen werden, und sie wird bloß als heuristisches Prinzip für die weitere Forschung verwendet."[4]

---

[1] Z. B. Statistisches Bundesamt und Deutsche Bundesbank; siehe auch Punkt 4b) dieses Kapitels.

[2] Dieser treffende Ausdruck geht auf O. ANDERSON (sen.) zurück; Probleme der statistischen Methodenlehre (3. Auflg.). Würzburg 1957, S. 164.

[3] WALD, A., a. a. O., S. 6.

[4] WALD, A., a. a. O., S. 9f.

In der Praxis wird im allgemeinen so verfahren, im Anschluß an die mechanische Komponentenzerlegung diese inhaltlich zu interpretieren. Eine Zeitreihenanalyse, die dem empirischen Weg folgt, orientiert sich also am "statistischen Schatten" der Ursachenkomplexe, dem formalen Erscheinungsbild der empirischen Zeitreihe, und verwendet keine Instrumente der Kausalanalyse.

Das allgemeine, im Rahmen des empirischen Weges verwendete, Modell ist das klassische Komponentenmodell, das insbesondere auf W. M. PERSONS (1919) zurückgeht: Jeder der n empirischen Zeitreihenwerte $x_t$ setzt sich aus vier unabhängigen Komponenten zusammen, einer Trend-, Konjunktur-, Saison- und irregulären Komponente. Zumeist werden Trend- und Konjunkturkomponente zu einer einzigen Komponente zusammengefaßt. Die Zusammensetzung ist im einfachsten Fall additiver Art, wie im Modellansatz

$$\text{(VI.3)} \qquad x_t = T_t + S_t + I_t \, , \qquad t = 1, \ldots, n \, ,$$

wobei $T_t$ die Trend-, $S_t$ die Saison- und $I_t$ die irreguläre Komponente von $x_t$ bezeichnet. Die Grundannahme besagt, daß die Komponenten voneinander unabhängig sind. Man könnte unter Einschränkungen feststellen, daß (VI.3) teils deterministisch ist, soweit es $T_t$ und $S_t$ betrifft, und quasi-stochastisch[1], soweit $I_t$ betrachtet wird.

(VI.3) ist unbestimmt, falls die Komponenten nicht durch zusätzliche Modelle spezifiziert werden. Hierfür existieren zahlreiche Ansätze. Im allgemeinen werden für $T_t$ und $S_t$ globale oder lokale Modelle (letztere gelten nur für bestimmte Zeitbereiche) konstruiert, in denen diese Komponenten Funktionen des Zeitindex t darstellen, z. B

[1] "quasi-stochastisch", weil die irreguläre Komponente auch auf bekannte Faktoren zurückgeführt wird, die stoßweise mit relativ großer Wirkung und kurzer zeitlicher Reichweite auftreten, wie z. B. befristete Streiks, Naturkatastrophen u. ä.

$$T_t = a + bt , \quad t = 1, \ldots, n ,$$

wobei a und b beispielsweise Regressionskoeffizienten darstellen. Im vorliegenden Fall "erklärt" die Zeit statistisch die Entwicklung der Trendkomponenten. Natürlich kann die Zeit niemals der Grund für Trendkomponentenänderungen sein. Aber im Zeitablauf werden die Wirkungen der Trendfaktorengruppe erkennbar, so daß eine Interpretation der Zeit als Quasi-Kausalfaktor sinnvoll erscheint.

### c) Stochastische Prozesse

Die traditionelle Zeitreihenanalyse hat, wie wir gesehen haben, eine Begründung, die zwischen der reinen Deskription und dem unbefriedigenden Versuch einer "Erklärung" von Komponentenbewegungen liegt. Daher formulierte O. ANDERSON (sen.)[1] schon recht früh eine Grundhypothese der modernen Zeitreihenmethodik: "Wir glauben nun, daß, falls keine besonderen Umstände vorliegen, die eine klare Auflösung der Zeitreihe in einzelne Komponenten, welche Resultate logisch verschiedener Ursachengruppen sind, ermöglichen, es am vorteilhaftesten sein wird, wenn wir einfach von der Hypothese ausgehen, daß jedes Glied der Zeitreihe eine zufällige Variable in strengem Sinne des Wortes ist, d. h. daß es verschiedene Werte mit verschiedenen mathematischen Wahrscheinlichkeiten annehmen kann, und daß ferner die mathematischen Erwartungen aller Glieder der Reihe endliche Größen sind."

Folgt man dieser Interpretation, so stellen empirische Zeitreihen ausschließlich dynamische Vorgänge mit Zufallscharakter dar. Die Vorstellung der Komponentenzerlegung ist zugunsten einer ganzheitlichen

[1] ANDERSON, O. (sen.): Die Korrelationsrechnung in der Konjunkturforschung. Bonn 1929. Wieder abgedruckt in: Ausgewählte Schriften, Bd. 1. Tübingen 1963, S. 166-301. (Zitat S. 44f der Erstveröffentlichung).

stochastischen Betrachtungsweise aufgegeben. Die quasi-stochastische (irreguläre) Komponente der traditionellen Zeitreihenanalyse ist die einzige "Komponente" im Rahmen der modernen Zeitreihenmethodik. Das Ziel der Zeitreihenanalyse besteht nach dieser Auffassung nun nicht mehr in der Erklärung der Zeitreihenwerte durch Einflußfaktoren, sondern in den Rückschlüssen auf den zugrunde liegenden stochastischen Prozeß und seine Eigenschaften. Von größerer Bedeutung ist hierbei die Klasse der schwach stationären ergodischen Prozesse, bei denen bemerkenswerterweise u. a. die Autokorrelation von Interesse ist, der statistische Zusammenhang also zwischen den einzelnen Gliedern einer Zeitreihe (und nicht der Zusammenhang zwischen Kausalfaktoren und Komponenten der Glieder einer Reihe): "Die durchschnittlichen zeitlichen Wirkungen aller Einflußgrößen zusammen werden ... in den Autokovarianzen wiedergespiegelt."[1]

Falls es nun gelingt, an eine empirische Zeitreihe das spezielle Modell eines stochastischen Prozesses gut anzupassen, so ist dies zwar für die Lösung des Adäquationsproblems (vgl. Kap. I.2c) bedeutsam, zu erörtern bleibt aber noch u. a. die theoretische Plausibilität des Modells. Eine Lösung dieses Problems ist in vielen Fällen des Wissensgebietes der Wirtschafts- und Sozialwissenschaften nicht möglich, worauf später noch einzugehen sein wird. Um diesem Mangel abzuhelfen, werden in der Regel - etwa bei der sachlichen Interpretation des Spektrums einer empirischen Zeitreihe - Interpretationen in den Kategorien der traditionellen Zeitreihenanalyse durchgeführt.

Die Verallgemeinerung auf multivariable stochastische Prozesse eröffnet für die moderne Zeitreihenmethodik jedoch die Möglichkeit, die Begrenzung der traditionellen Analyse auf Einzelreihen (monokausale Betrachtung) zu überwinden. Dies kommt dem Interesse an den Zusammen-

---

[1] HEILER, S.: Theoretische Grundlagen des "Berliner Verfahrens". In: Neuere Entwicklungen auf dem Gebiet der Zeitreihenanalyse. Sonderhefte zum Allgemeinen Statistischen Archiv (1970), S. 68.

hängen zwischen empirischen Zeitreihen entgegen, beispielsweise der Frage der Lead- und Lageigenschaft des Index der Auftragseingänge bezüglich des Index der industriellen Nettoproduktion.

Des weiteren sei an dieser Stelle bereits erwähnt, daß das im Rahmen der modernen Zeitreihenmethodik entwickelte technische Instrumentarium (unter Einschränkungen) geeignet ist, einige der im Rahmen der traditionellen Zeitreihenanalyse verwendeten Zeitreihenzerlegungsprozeduren besser beurteilen zu können.

## d) Filter

Filter lassen sich begrifflich auf einem so hohen Allgemeinheitsgrad festlegen, daß zunächst der Eindruck entstehen kann, sie hätten keinen Bezug zum Problem der Erklärung von Zeitreihenbewegungen. "Filter sind uns aus dem Haushalt bekannt. Sie dienen dazu, Erwünschtes von Unerwünschtem zu scheiden."[1] Diese Kennzeichnung - so trivial sie erscheinen mag - enthält jedoch bereits die wesentlichen Difinitionsmerkmale eines Filters: Ein Filter stellt eine Einrichtung dar, die einen Input in einen Output transformiert. Bezogen auf Zeitreihen, verändert der Filter also eine Inputzeitreihe $\{x\}$ in eine Outputzeitreihe $\{y\}$, wie die Abbildung VI.1 verdeutlicht. Dort bezeichnen gleiche Indizes gleiche historische Zeitpunkte.

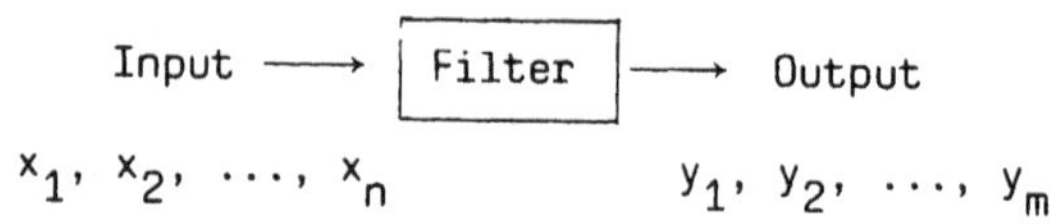


Abb. VI.1: Filter

[1] MEDER, H.: Digitale Filter und ihre Anwendungen. In: IBM-Nachrichten (1969), S. 843.

Bei konkreten Filterproblemen, insbesondere im Bereich der Nachrichtenübertragung, werden für den Input auch die Begriffe Eingabe, Impuls oder Signal (mit oder ohne Geräusch) verwendet und für den Output die Bezeichnungen Antwort oder Response.

Falls die Outputreihe kürzer oder so lang wie die Inputreihe ist, $m \leq n$, liegt ein Anpassungsproblem vor und bei $m > n$ ein Vorhersagefilterproblem[1].

Im Kontext der Zeitreihenanalyse kann das Anpassungsproblem für $m < n$ durch einen Input illustriert werden, der aus einer empirischen Zeitreihe besteht, und einen Output, der dem nach der Methode gleitender Durchschnitte (hierzu siehe Abschnitt 3b dieses Kapitels) bestimmten Trend dieser Reihe entspricht. Bei einem anderen Anpassungsproblem, für $m = n$, würde der Output beispielsweise dem linearen Trend dieser Reihe entsprechen. Das Vorhersagefilterproblem ließe sich in diesem Beispiel durch einen Output charakterisieren, der aus vorhergesagten Werten dieser Reihe für Teile der Vergangenheit und Zukunft besteht.

Allgemein muß der Filter mit Eigenschaften ausgestattet sein, die bezüglich des Output wünschenswert sind. Nur in diesem Sinne "erklärt" der Filter den Output. Es ist also die Konstruktion des Filters (des Systems oder des "schwarzen Kastens"), die begründet, warum ein über den Input (z. B. empirische Zeitreihe) gewonnener Output (z. B. Trend dieser Reihe) eine bestimmte Charakteristik aufweist. Da in den Wirtschafts- und Sozialwissenschaften aus der Theorie her ableitbare Filterkonstruktionen meist unbekannt sind, diese also erst unter Beachtung vorgegebener und theoretisch fundierter wünschenswerter Outputs konstruiert werden müssen, hängt die "Erklärung" auch von der Vorgabe

[1] Gelegentlich wird nur der Fall, daß $m < n$, als Anpassungsproblem und $m = n$ als Filterproblem bezeichnet.

des gewünschten Output (z. B. der Trendfunktion) ab[1].

Das recht allgemeine Konzept eines Filters enthält die bislang erwähnten Erklärungswege für Zeitreihenbewegungen als besondere Filtervorgänge: Die im Rahmen des analytischen Weges als isoliert angenommenen Kausalfaktoren lassen sich als mehrkanalige Inputs auffassen, die durch den Filter in einen Output, die empirische Zeitreihe, transformiert werden. Die auf dem empirischen Weg mechanisch in Komponenten zu zerlegende Zeitreihe ist der Input, der durch den Filter so transformiert wird, daß sich die Zeitreihenkomponenten als mehrkanaliger Output ergeben. Entsprechendes gilt für die Realisation stochastischer Prozesse.

## 3. Trendbestimmung

Die Spezifizierung der Trendkomponente $T_t$ des Zeitreihenwertes $x_t$, $t = 1, \ldots, n$, wird als Trendbestimmung einer Zeitreihe bezeichnet. Sie hat im Rahmen der traditionellen Zeitreihenanalyse, die im folgenden Abschnitt im Vordergrund steht, zwei Ziele.

Einerseits kann von Interesse sein, welchen Verlauf eine Zeitreihe genommen hätte, falls im Zeitablauf lediglich die Trendfaktorengruppe wirksam gewesen wäre. Diese sog. Trendisolierung kann zu einem Resultat führen, aus dem der vergangene, dem retrospektiven Interesse dienende, längerfristige Grundzug des in einer Zeitreihe vorliegenden

---

1 Im Rahmen der Filtertheorie wird speziell ein (häufig als linear vorausgesetztes) Filtersystem als kausal (nichtantizipativ, physikalisch realisierbar) bezeichnet, falls der Output zur Zeit t lediglich vom Input zur selben Zeit und von dem vergangener Zeiten, nicht aber von zukünftigen Inputs, abhängt. Siehe z. B. HEILER, S.: Entwurf kausaler Filter zur Analyse ökonomischer Zeitreihen bei Vorschriften im Frequenzbereich. In: Beiträge zur Zeitreihenanalyse. Sonderhefte zum Allgemeinen Statistischen Archiv (1976), S. 11.

Bewegungsmusters hervortritt. Zugleich sollte die Trendisolierung dem prospektiven Interesse[1] dadurch dienlich sein, daß insbesondere eine sich vollziehende Tendenzwende der Trendkomponentenentwicklung erkennbar und für die Einschätzung der zukünftigen Tendenz verwendbar wird.

Zum anderen kann von Interesse sein, welchen Verlauf eine Zeitreihe genommen hätte, falls die Trendfaktoren nicht wirksam gewesen wären (Trendausschaltung, Trendbereinigung). Nach der Trendbereinigung tritt im allgemeinen die kürzerfristige saisonale Bewegungskomponente, falls sie existiert, deutlicher als in der Ursprungsreihe hervor und kann deshalb besser analysiert und u. U. prognostiziert werden. Trendbereinigte Reihen werden aus noch näher zu erläuternden Gründen insbesondere im Rahmen der Spektralanalyse, einem besonderen Schwerpunkt der modernen Zeitreihenmethodik, zugrunde gelegt.

### a) Trendfunktionen

Zur Trendbestimmung eignen sich im allgemeinen "glatte" mathematische Funktionen, die nicht periodisch sind oder eine Periodenlänge von mehr als zwölf Monaten besitzen.

Die einfachste funktionale Beziehung zwischen der Trendfaktorengruppe, zusammengefaßt zum Quasi-Faktor Zeit $t$, und der Trendkomponente $T_t$ ist die Gerade[2],

---

[1] Vgl. SCHÄFFER, K.-A.: Vergleich der Effizienz von Verfahren zur Saisonbereinigung einer Zeitreihe. In: Beiträge zur Zeitreihenanalyse. Sonderhefte zum Allgemeinen Statistischen Archiv (1976), S. 84.

[2] Die Gerade wird häufig als linearer Trend bezeichnet; Polynome höheren Grades sind dann keine linearen Trends (z. B. bei ROCHEL, H.: Planung und Auswertung von Untersuchungen im Rahmen des allgemeinen linearen Modells. Berlin 1983, S. 162). Wir zählen Polynome höheren Grades jedoch zu den linearen Trendfunktionen, weil die Koeffizienten linear mit den Trendkomponenten verbunden sind.

(VI.4) $T_t = \beta_0 + \beta_1 t \,, \quad t = 1, \ldots, n \,,$

wobei $\beta_0$ und $\beta_1$ Koeffizienten (Parameter) darstellen, die durch ein geeignetes Verfahren (siehe Abschnitt 3c dieses Kapitels) zu bestimmen sind. (VI.4) ist nur selten für eine lange Zeitreihe geeignet. Ihr Geltungsbreich ist zumeist auf einen Ausschnitt hiervon beschränkt.

Die Gerade ist ein Polynom k = 1. Grades. Werden Polynome höheren Grades als Trendfunktionen verwendet,

(VI.5) $T_t = \sum_{j=0}^{k} \beta_j t^j \,, \quad t = 1, \ldots, n \,, \quad k = 0, 1, \ldots, n-1 \,,$

lassen sich recht verschiedenartige Trendverläufe berücksichtigen, solche mit Wendepunkten, lokalen Minima und Maxima. Generell gilt, daß sich die Trendfunktion mit wachsendem Polynomgrad k der Ursprungsreihe immer genauer anpaßt. Die Frage, welcher Polynomgrad zu einer gültigen Trendfunktion führt, läßt sich im allgemeinen sachlogisch nur schwer entscheiden. Ein nützliches Hilfsmittel zur Bestimmung des Polynomgrades stellt die Technik der Variaten Differenzen[1] dar.

Sie basiert auf einem mathematischen Satz (siehe HVE VI.1), wonach gilt: Ist die Trendfunktion gemäß (VI.5) ein Polynom vom Grade $k > 0$, führt die Bildung der Differenz zeitlich benachbarter Trendkomponentenwerte zu einer Trendfunktion ${}^1\Delta T_t$,

$${}^1\Delta T_t = T_t - T_{t-1} \,, \quad t = 2, \ldots, n \,,$$

die wiederum ein Polynom darstellt, wobei jedoch der Polynomgrad auf k-1 reduziert ist.

---

1 Näheres siehe bei TINTNER, G./RAO, J. N. K./STRECKER, H.: New Results in the Variate Difference Method. Göttingen 1978.

Wird obige Differenzenbildung insgesamt k-mal durchgeführt, wird die Differenzenbildung also erneut auf ${}^{1}\Delta T_t$ angewendet, anschließend auf das Resultat ${}^{2}\Delta T_t$ etc., so läßt sich der Grad des polynomialen Trends fortlaufend reduzieren. Nach k-maliger Anwendung erhält man bei einem ursprünglichen Polynom k-ten Grades einen konstanten Wert (Polynom 0-ten Grades).

Wird nun die Technik der Variaten Differenzen auf eine Zeitreihe $x_t$ angewendet, welche eine nicht alternierende Trendkomponente $T_t$, die durch ein Polynom unbekannten Grades dargestellt werden soll, sowie eine irreguläre Komponente $I_t$ enthält,

$$x_t = T_t + I_t \;, \quad t = 1, \ldots, n \;,$$

so kann sie die Bestimmung des Polynomgrades erleichtern. Falls nämlich von der k-ten Differenzenbildung ab die irreguläre Komponente[1] keinen Trend mehr enthält, könnte dies ein Hinweis darauf sein, daß die Ursprungsreihe einen polynomialen Trend k-ten Grades enthält. "Dieses (heuristische) Vorgehen ... wirkt in der Praxis i. a. sehr zufriedenstellend. Man sollte jedoch zusätzlich stets die Originalreihe betrachten, da ein scheinbar stationäres Verhalten auch durch Ausreißer entstehen kann."[2]

Neben der polynomialen Trendfunktion existiert eine große Zahl weiterer linearer Trendfunktionen, auf die wir nicht näher eingehen können (vgl. auch HVE III.5).

Zu erwähnen ist jedoch die (nicht lineare) logistische Funktion, die bei Zeitreihen, deren Tendenz einer Sättigung im Sinne einer Annäherung und einem Nicht-Überschreiten einer oberen Schranke c zustrebt, als

[1] Durch die Differenzenbildung wird auch die irreguläre Komponente transformiert. Siehe z. B. LEINER, B.: Einführung in die Zeitreihenanalyse. München 1982, S. 50f.

[2] Dies ist das Urteil von Autoren, die nicht im Verdacht stehen, praktische Zeitreihenanalyse ohne Theorie zu betreiben. SCHLITTGEN, R./ STREITBERG, B., a. a. O., S. 210.

Trendfunktion Verwendung findet:

$$(VI.6) \qquad T_t = \frac{c}{1 + be^{-at}}, \qquad t = 1, \ldots, n ,$$

wobei für $a < 1$ gilt, daß $0 \leq T_t \leq c$ . Die drei Koeffizienten von (VI.6) lassen sich nicht mehr durch ein exaktes lineares Modell schätzen, worauf wir kurz im Abschnitt 3c) dieses Kapitels eingehen. Dies gilt auch für die GOMPERTZ-Kurve, die ähnlich wie die logistische Funktion verläuft, jedoch einen Wendepunkt besitzt,

$$(VI.7) \qquad T_t = ca^{b^t}, \qquad t = 1, \ldots, n .$$

Die Auswahl einer mathematischen Funktion sollte vom Bemühen geleitet werden, einen Funktionstyp zu wählen, der das auf der Grundlage theoretischer Vorüberlegungen Wirksamwerden der Trendfaktorengruppe am besten repräsentiert. Dies wird bei Zeitreihen, die längere historische Zeitabschnitte betreffen, nicht lösgelöst von der jeweiligen historischen Epoche möglich sein. Hierauf gehen wir auch im nächsten Abschnitt 3b) ein.

Zum Gesamtkomplex der Trendfunktionen und dem kaum lösbaren Problem einer sachgerechten Auswahl bemerkt MENGES[1] treffend und ironisierend: "In der Literatur sind (mit Modifikationen) einige hundert ... Funktionen entwickelt worden. ... Viele ... Funktionen passen ..., das steht außer Frage. Nur welche wann gerade paßt, das steht eher in den Sternen als in Frage. Gleichwohl gibt es den - zumal aus Erfahrung gewonnenen - Fall, daß man von einem bestimmten Typ weiß, daß er gerade paßt. Dann ist alles gut."

---

[1] MENGES, G.: Die Statistik. Wiesbaden 1982, S. 352.

b) Globales und lokales Modell

Die Annahme, daß eine spezifizierte Trendfunktion für eine längere Zeitreihe Gültigkeit besitzt, die unterschiedliche historische Epochen überdeckt (globales Modell), ist nicht immer überzeugend, zumal ein neu hinzutretender Ursprungswert die Trendkomponenten u. U. historisch sehr weit zurückliegender Epochen numerisch verändert. Deshalb ist die Trendkomponentenbestimmung lediglich für Ausschnitte einer Zeitreihe naheliegend. Die Trennung einer Zeitreihe in unterschiedliche Zeitabschnitte läßt sich in verschiedenartiger Weise durchführen, die sich am jeweiligen Sachverhalt orientieren wird. Von größerer allgemeiner Bedeutung für die Zeitreihenmethodik ist die Bildung sich zum Teil überdeckender Zeitabschnitte, der wir uns zuwenden wollen.

Ein Trendmodell, dessen Gültigkeit nur für einen bestimmten Ausschnitt einer Zeitreihe unterstellt wird, ist ein lokales Modell. Der zugehörige Zeitabschnitt ist der sog. Stützbereich des lokalen Modells, wie die Abbildung VI.2 verdeutlicht.

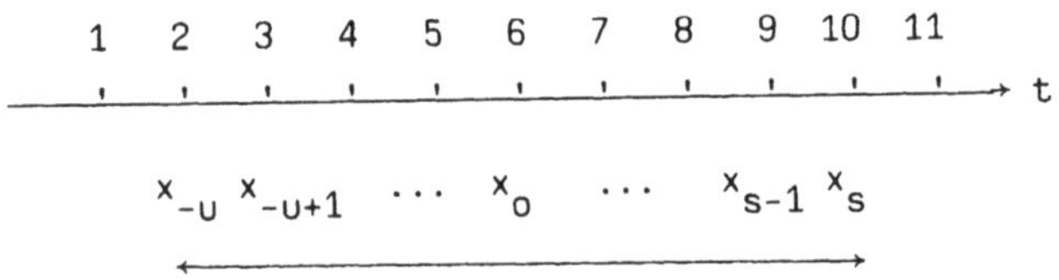


Abb. VI.2: Stützbereich im lokalen Modell

In der Abb. VI.2 enthält der Stützbereich, der den Zeitausschnitt zwischen t = 2 und t = 10 betrifft, die Zeitreihenwerte $x_2$ bis $x_{10}$, die im lokalen Modell mit $x_{-u}$ bis $x_s$ indiziert sind. Der mittlere Zeitreihenwert ist bei einer ungeraden Anzahl von Stützbereichswerten, auf die wir uns der Einfachheit wegen zunächst beschränken wollen, der Wert $x_o$. Der Stützbereich enthält also u+s+1 Werte.

Die Trendkomponenten der Ursprungswerte könnten im lokalen Modell wie zuvor im globalen Modell bestimmt werden, was jedoch an den Stellen, an denen sich die lokalen Modelle "berühren", u. U. zu Sprüngen des gesamten Trends führen müßte. Die Zeitreihenmethodik schlägt deshalb gewöhnlich einen Weg ein, der zum Konzept des gleitenden Durchschnitts führt.

Im Stützbereich gilt ein lokales Trendkomponentenmodell, in dem die Trendkomponente $T_o$ des mittleren Zeitreihenwertes $x_o$ als arithmetisches Mittel der im lokalen Modell enthaltenen Zeitreihenwerte angesehen wird:

$$T_o = \frac{1}{u+s+1}(x_{-u} + x_{-u+1} + \dots + x_o + \dots + x_{s-1} + x_s) .$$

In anderer Schreibweise gilt

$$\text{(VI.8)} \qquad T_o = \frac{1}{u+s+1} \sum_{v=-u}^{s} x_v$$

bzw.

$$\text{(VI.8a)} \qquad T_o = \frac{1}{u+s+1} \sum_{v=-s}^{u} x_{-v} .$$

Von den u+s+1 Ursprungswerten wird also lediglich für den mittleren Ursprungswert die Trendkomponente bestimmt.

Dieses lokale Modell wird nun gleitend für die gesamte Ursprungsreihe verwendet, wobei für einen neuen Ursprungswert, der vom gleitenden lokalen Modell erfaßt wird, der jeweils älteste Wert weichen muß. Dies veranschaulicht die Abbildung VI.3.

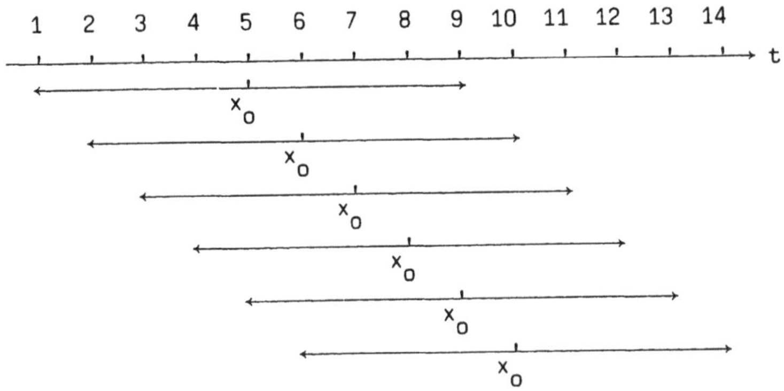


Abb. VI.3: Stützbereiche gleitender Modelle

Bei n Ursprungswerten läßt sich das lokale Modell mit u+s+1 Werten insgesamt (n-u-s)mal anwenden; d. h. bestimmt werden n-u-s Trendkomponenten $T_t$,

$$\text{(VI.9)} \qquad T_t = \frac{1}{u+s+1} \sum_{v=-s}^{u} x_{t-v} , \qquad t = u+1,\ u+2,\ \ldots,\ n-s .$$

(VI.9) wird als gleitender Durchschnitt bezeichnet. Falls gilt, daß s absolut so groß wie u ist, wird (VI.9) als zentrierter (symmetrischer) einfacher gleitender Durchschnitt bezeichnet. Man beachte, daß beim einfachen Durchschnitt die Ursprungswerte mit gleichem Gewicht in die lokale Trendkomponentenbestimmung eingehen.

Im folgenden wollen wir den gleitenden Durchschnitt über seine Bezüge zu anderen Konzepten der Zeitreihenanalyse sowie durch gewisse formale Ergänzungen vertiefend betrachten. Zunächst sei darauf hingewiesen, daß (VI.9) auch als Filterung interpretiert werden kann. Die Ursprungsreihe $\{x\}$ ist der Input und die Trendkomponentenreihe $\{T = y\}$ der Output des Filters. Der hier verwendete spezielle Filter L, der $\{x\}$ in $\{y\}$ transformiert, ist ein linearer Filter:

$$(VI.10) \quad y_t = Lx_t = \sum_{v=-s}^{u} f_v x_{t-v} \, , \quad t = u+1, \; u+2, \; \ldots, \; n-s \; .$$

Der Filter L ist durch die Filterkoeffizienten $\{f\}$ (Filteroperator, Gewichte) spezifiziert. Im vorliegenden Fall ändern sich die Filterkoeffizienten nicht, wenn der Zeitindex t geändert wird; der Filter ist zeitinvariant. Falls für den linearen Filter gilt, daß

$$(VI.11) \quad \sum_{v=-s}^{u} f_v = 1 \; ,$$

entspricht er einem gleitenden Durchschnitt. Falls gilt, daß

$$(VI.12) \quad f_v = \frac{1}{2m+1} \, , \quad v = -m, \; \ldots, \; m \; ,$$

(s und u sind also absolut gleich groß, so groß wie m), liegt ein einfacher gleitender Durchschnitt vor[1].

Das Konzept des einfachen gleitenden Durchschnitts (VI.8a) entspricht also dem Konzept einer besonderen linearen zeitinvarianten (Anpassungs-) Filterung einer Zeitreihe.

Bislang wurde der Fall betrachtet, daß im lokalen Modell eine ungerade Anzahl von Werten enthalten ist, so daß ein mittlerer Zeitindex nicht nur rechnerisch existiert. Bei einer geraden Anzahl von Werten liegt die Mitte zwischen zwei Zeitindizes, so daß die Bestimmung der Trendkomponente des mittleren Ursprungswertes im lokalen Modell erschwert ist. Eine Möglichkeit besteht darin, die lokale Trendkomponente der rechnerischen Mitte der Zeitindizes zuzuordnen. Bei z. B. sechs Ursprungswerten könnte $T_0$ also als Trendkomponente zum Zeitindex 3,5 angesehen werden. Dies ist offensichtlich eine unbefriedigende Lösung, falls die Ursprungreihe trendbereinigt werden soll. Deshalb wird ge-

[1] Falls $-s = 0$, wird der durch den einseitigen gleitenden Durchschnitt beschriebene zeitinvariante Filter auch als Transversalfilter (nichtrekursiver Filter) bezeichnet.

wöhnlich der Mittelwert aus den zwei Trendkomponenten zweier benachbarter lokaler Modelle als Trendkomponente des Ursprungswertes angesehen, der in der Mitte der Zeitindizes liegt, die von den beiden lokalen Modellen überdeckt werden, wie das folgende Beispiel mit s = 3 und u = 2 (so daß s+u+1 eine gerade Zahl ist) für (VI.9) verdeutlicht:

$$T_{3,5} = \frac{1}{6} \sum_{v=-3}^{2} x_{t-v}\,, \qquad t = 3$$

$$T_{4,5} = \frac{1}{6} \sum_{v=-3}^{2} x_{t-v}\,, \qquad t = 4$$

$$T_4 = \frac{1}{2}(T_{3,5} + T_{4,5}) = \frac{1}{12}(x_1 + 2x_2 + 2x_3 + 2x_4 + 2x_5 + 2x_6 + x_7)$$

Der einfache gleitende Durchschnitt besitzt einen bemerkenswerten formalen Bezug zum einfachen linearen Regressionsmodell (Kap. III.1). Wird im lokalen Modell als Trendfunktion ein Polynom 1. Grades gewählt und diese, wie im klassischen Regressionsmodell, mit der Methode der kleinsten Quadrate an die Ursprungsreihe im lokalen Modell angepaßt, so ist bekannt, daß auf dieser Geraden der Wert mit den Koordinaten $T_o$ und $x_o$ liegt; $T_o$ ist der Mittelwert der Ursprungsreihe und $x_o$ der Mittelwert der Zeitindizes im lokalen Modell. Dies ergibt sich analog aus (III.10) und (III.6). Der einfache gleitende Durchschnitt entspricht also der Abfolge von Trendkomponenten des Mittelwertes der Zeitindizes von gleitenden lokalen Modellen mit dem Polynom 1. Grades als jeweilige lokale Trendfunktion.

Von weitergehendem Interesse könnte sein, welche Beziehung zum gleitenden Durchschnitt besteht, falls im lokalen Modell als Trendfunktion ein Polynom höheren Grades gewählt ist. Wie sich zeigen läßt (siehe HVE VI.2), entspricht im Falle des Polynoms 2. Grades die Abfolge der Trendkomponenten des Mittelwertes der Zeitindizes von gleitenden lokalen Modellen mit dem Stützbereich 5 dem gleitenden Durchschnitt (VI.10) mit den Filterkoeffizienten

(VI.13) $f = \frac{1}{35}(-3,\ 12,\ 17,\ 12,\ -3)$ .

Im Vergleich zum einfachen gleitenden Durchschnitt (VI.12) sind für $v = -2, \ldots, 2$ nicht alle Koeffizienten gleich groß, sondern sie haben die Werte $-\frac{3}{35}$, $\frac{12}{35}$ etc. Entsprechende Beziehungen lassen sich auch für andere Stützbereiche und für Polynome höheren Grades bestimmen[1].

Es ist intuitiv leicht einsehbar, daß ein einfacher gleitender Durchschnitt die Ursprungsreihe um so stärker glättet, je größer der Stützbereich des lokalen Modells ist. Von Nachteil ist jedoch, daß Trendkomponenten an den Rändern der Zeitreihe fehlen. Daher ist mit Folgemodellen eine entsprechende Ergänzung erforderlich. Hierfür existieren eine Reihe von Lösungsvorschlägen, die der spezielleren Literatur zur Zeitreihenanalyse entnommen werden können[2]. Naheliegend ist die Lösung, das mit dem gleitenden Durchschnitt korrespondierende letzte lokale Trendpolynommodell zu verwenden. Im allgemeinen sind Revisionen vorläufiger Trendkomponentenbestimmungen am aktuellen Rand jedoch unvermeidlich[3]. Eine Problematisierung der Stützbereichslänge sowie der Zuordnung zum mittleren Zeitpunkt erfolgt unter dem Punkt 4bc) dieses Kapitels.

---

[1] Siehe bei KENDALL, M.: Time series (2. Auflg.). London 1976.

[2] Z. B. SCHIPS, B./STIER, W.: Gedanken zum Problem der Saisonbereinigung am "aktuellen Rand" einer Zeitreihe. In: IfO-Studien 21 (1975), S. 59ff. oder dieselben, Gedanken zur Verwendung rekursiver Filter bei der Saisonbereinigung ökonomischer Zeitreihen. In: Beiträge zur Zeitreihenanalyse. Sonderhefte zum Allgemeinen Statistischen Archiv (1976), S. 111ff.

[3] Vgl. z. B. NOURNEY, M.: Umstellung der Zeitreihenanalyse. In: Wirtschaft und Statistik (1983), S. 841ff.

### c) Anpassungsverfahren

Die im globalen oder lokalen Modell verwendete Trendfunktion muß durch ein geeignetes Verfahren an die Ursprungswerte angepaßt werden, um die Trendkomponenten quantitativ bestimmen zu können. Die in der Praxis zumeist verwendete Methode der kleinsten Quadrate bestimmt die Koeffizienten (Parameter) der Trendfunktion mit dem Ziel, die Quadratsumme der irregulären Komponente zu minimieren. Hierbei können drei besondere Probleme auftreten.

Falls das Zeitreihenmodell keine saisonale Komponente enthält,

$$x_t = T_t + I_t \,, \quad i = 1, \ldots, n \,,$$

und falls $I_t$ als stochastische Komponente aufgefaßt werden kann, entspricht die Bestimmung der Trendkomponenten dem Schätzverfahren im Rahmen der Regressionsanalyse. Dabei müssen für $I_t$ Annahmen gelten, die denen der Störvariablen im klassischen Regressionsmodell entsprechen (siehe Kap. III.1). Unter anderem dürfen die $I_t$ nicht autokorreliert sein. Gegebenenfalls ist somit bekanntlich auch die Möglichkeit der Bestimmung von Konfidenzintervallen für die Trendkomponenten eröffnet. Häufig wird ohne besondere Begründung davon ausgegangen, daß für die irreguläre Komponente die erwähnten Annahmen gültig sind. Im Rahmen unserer Überlegungen zur Definition der irregulären Komponente im Abschnitt 2a) dieses Kapitels wurde deutlich, daß die irreguläre Komponente lediglich einen quasi-stochastischen Charakter besitzt. Dies zeigt sich u. a. bei Zeitreihen, die lokale "Ausreißer" (Extremwerte) aufweisen, das sind sporadisch auftretende Ursprungswerte, die "von dem natürlichen Gefüge des Werteverlaufs ungewöhnlich stark abweichen."[1] Eine Schätzung der Trendkomponenten mit Hilfe des klassischen Regressionsmodells ist somit erst im Anschluß einer Extremwertbereinigung bzw. bei gleichzeitiger Berücksichtigung von Extrem-

[1] NOURNEY, M., a. a. O., S. 851.

werten sinnvoll. Die Erkennung und Ausschaltung von Extremwerten besitzt deshalb im Rahmen der traditionellen Zeitreihenanalyse ein besonderes Gewicht. Die Lösung dieses Problems wird i. a. über eine vorläufige Trendkomponentenbestimmung und eine anschließende Korridorbestimmung (Toleranzintervall) versucht, in dessen Mitte der vorläufige Trend verläuft, wobei die Ursprungswerte außerhalb des Korridors als Extremwerte (d. h. Ursprungswerte mit großer irregulärer Komponente) identifiziert werden, die durch eine (u. U. nur vorläufige) Korrektur auf ein "normales Niveau" verändert werden. Dem Ideenreichtum sind bei der Umsetzung über individuelle "Bastellösungen" keine Grenzen gesetzt[1]. Der Einbezug "äußerer Methoden" ist zwar naheliegend, er ist jedoch erschwert, da der Ablauf komplizierterer Zeitreihenanalysen gewöhnlich so programmiert ist, daß zusätzliche externe Informationen im Zuge der mechanischen Analyse wie "Fremdkörper" wirken müßten.

Falls das Zeitreihenmodell zusätzlich eine saisonale Komponente enthält,

$$x_t = T_t + S_t + I_t , \quad t = 1, \ldots, n ,$$

und $I_t$ als stochastische Komponente aufgefaßt werden kann, das Extremwertproblem also nicht besteht, kann zunächst die Möglichkeit einer simultanen Parameterschätzung aller Komponenten mit Hilfe eines multiplen Regressionsansatzes in Betracht gezogen werden; hierfür muß natürlich zuvor $S_t$, wie bereits für $T_t$ geschehen, durch eine besondere Saisonfunktion (etwa mehrere Sinusfunktionen) konkretisiert werden. Eine andere Möglichkeit, der insbesondere im Rahmen der bedeutendsten Saisonbereinigungsverfahren nachgegangen wird, besteht in der sukzessiven Bestimmung (Schätzung) der Komponenten. Hierunter kann ein Prozedere verstanden werden, für das eine Bestimmung der Saisonkomponente auf der Grundlage einer vorläufig trendbereinigten Zeitreihe typisch ist. Hiermit ist in einigen Modellen die Gefahr verbunden, daß ver-

[1] Z. B. Rückführung des Originalwertes auf den Erwartungswert zuzüglich der (einfachen) Standardabweichung. NOURNEY, M., a. a. O., S. 851.

zerrte Schätzungen für die Saisonkomponente resultieren. Zur Beurteilung dessen bedarf es freilich gewisser allgemein akzeptierter Kriterien für ein ideales Zeitreihenzerlegungsverfahren, worauf wir im Punkt 5 dieses Kapitels zurückkommen werden.

Ein drittes Problem kann bei der Minimierung der Quadratsumme für die irreguläre Komponente darin bestehen, daß die Zielfunktion einen oder mehrere Koeffizienten nichtlinear enthält, wie es beispielsweise bei Verwendung der logistischen Funktion (VI.6) der Fall ist. Generell kann für nicht lineare Funktionen ein umfangreiches und nicht immer erfolgreich lösbares mathematisches Problem vorliegen. Ein für praktische Anwendungen im allgemeinen befriedigender Weg wird durch den Einsatz "intelligenter" Suchverfahren gewiesen, die in der spezielleren Literatur erörtert werden[1].

## 4. Saisonbereinigung

### a) Saisonfunktionen

Für die Spezifizierung der Saisonkomponente $S_t$ des Zeitreihenwertes $x_t$, $t = 1, \ldots, n$, der auf monatlicher Baisis vorliegt, eignen sich periodische mathematische Funktionen mit einer Periodenlänge von höchstens zwölf Monaten. Dies gilt beispielsweise für die Summe zweier trigonometrischer Funktionen:

[1] Siehe z. B. SPÄTH, H.: Algorithmen für elementare Ausgleichsmodelle. München 1973. Derselbe, Algorithmen für multivariable Ausgleichsmodelle. München 1974.
Ein Suchverfahren, das auf Ideen von NELDER/MEAD basiert, siehe bei TIEDE, M.: Theorie und Praxis eines verbesserten Suchverfahrens. In: Statistische Hefte (1973), S. 39ff.

(VI.14) $S_t = \delta_1 \sin(\frac{\pi}{6} t + \delta_2) + \delta_3 \sin(\frac{\pi}{3} t + \delta_4)$ , $t = 1, \ldots, n$ ,

wobei die Koeffizienten $\delta_1$ bis $\delta_4$ mit einem geeigneten Verfahren zu bestimmen sind. $\delta_1$ bzw. $\delta_3$ stellen die Amplituden und $\delta_2$ bzw. $\delta_4$ die Phasendifferenzen der entsprechenden Sinuswelle dar (siehe HVE VI.3). (VI.14) beschreibt eine sich jährlich wiederholende Abfolge von Saisonkomponenten (starre Saisonfigur), die einen Jahres- und Halbjahreszyklus enthält.

Ebenfalls starr im obigen Sinne ist die Saisonfunktion (VI.15), das trigonometrische Polynom:

(VI.15) $S_t = \sum_{j=1}^{q} [\alpha_j \cdot \cos(\omega_j t) + \gamma_j \cdot \sin(\omega_j t)]$ , $t = 1, \ldots, n$ ,

wobei $\alpha_j$ und $\gamma_j$ die zu bestimmenden (FOURIER-)Koeffizienten darstellen. $\omega_j = \frac{j\pi}{6}$ , $j = 1, \ldots, q$, ist die Kreisfrequenz und q der Grad des trigonometrischen Polynoms. (VI.15) enthält (VI.14) für $q = 2$ als Spezialfall (vgl. HVE VI.4). Auf die zweckmäßigste Festlegung für q gehen wir später, unter Punkt 4bc) dieses Kapitels, ein.

(VI.15) ist für das globale Modell gewöhnlich nicht angemessen, weil davon ausgegangen werden kann, daß sich das Muster der Bewegung der Saisonkomponente während mehrerer Jahre nicht ständig in starrer Weise wiederholt. Zwar besteht durch die Formulierung z. B. eines globalen multiplikativen Modells,

$x_t = T_t S_t I_t$ , $t = 1, \ldots, n$ ,

die Möglichkeit, zu einem flexibleren Verlauf der Saisonkomponente zu gelangen; aber auch dieser Ansatz umfaßt nicht alle vermuteten Variabilitäten des saisonalen Verlaufs, insbesondere keine auf wenige Monate begrenzte Änderungen.

Naheliegend ist deshalb, die Gültigkeit der Saisonfunktion auf ein lokales Modell zu beschränken, das - wie beim lokalen Trendmodell - gleitend für die gesamte Zeitreihe angewendet wird. Dabei muß der Stützbereich nicht notwendigerweise dem des lokalen Modells entsprechen und auch die Zuordnung der lokalen Saisonkomponente zum mittleren überdeckten Zeitpunkt als endgültige Saisonkomponente ist nicht zwingend, worauf wir weiter unten (Abschnitt 4bc) eingehen. In anderem Zusammenhang (Abschnitt 4ba) werden wir lokale Modelle erwähnen, die für gleichnamige Monatswerte gelten.

### b) Skizzen ausgewählter Saisonbereinigungsverfahren

Gegenwärtig werden in Institutionen der Bundesrepublik teilweise unterschiedliche Saisonbereinigungsverfahren verwendet, so daß die jeweiligen Resultate voneinander abweichen. Dies kann insbesondere zu konkurrierenden Aussagen bezüglich einer sich vollziehenden Tendenzwende der Trendkomponentenentwicklung und damit zu unterschiedlichen Einschätzungen der zukünftigen Entwicklung führen[1].

Das Statistische Bundesamt (Wiesbaden) und das Deutsche Institut für Wirtschaftsforschung (Berlin) verwenden das sog. Berliner Verfahren, die Deutsche Bundesbank (Frankfurt) und die Bundesanstalt für Arbeit (Nürnberg) das Verfahren II des U. S. Bureau of the Census (Variante X 11)[2], das IfO-Institut (München) und das Rheinisch-Westfälische

[1] Hierfür ist die Untersuchung von GERSTER ein geeignetes Beispiel. GERSTER, H. J.: Kritische Beurteilung der Arbeitsmarktinterpretationen auf der Grundlage saisonbereinigter Daten. In: Jahrbücher für Nationalökonomie und Statistik (1986), S. 152ff.

[2] SHISKIN, J.: The X-11 Variant of the Census Method II Seasonal Adjustment Program. Bureau of the Census. Technical Paper No. 15. Washington 1965. Siehe auch SCHÄFFER, K.-A./WETZEL, W.: Vergleich der "Census-Methode" und des "Berliner Verfahrens" zur Analyse ökonimischer Zeitreihen. In: Konjunkturpolitik (1971), S. 41ff.

Institut für Wirtschaftsforschung (Essen) das sog. ASA II-Verfahren und das Statistische Amt der Europäischen Gemeinschaften (Luxemburg/ Brüssel) das Verfahren von J. BONGARD. Des weiteren existiert eine nicht geringe Zahl anderer eigenständiger Zeitreihenzerlegungsverfahren, u. a. das Verfahren von SCHIPS/STIER[1] und eines, das der Autor dieses Buches vor einigen Jahren publiziert hat.

Der Grund dafür, daß kein allgemein akzeptiertes Zeitreihenzerlegungsverfahren existiert, könnte darin liegen: "Verschiedene Abgrenzungen zwischen den einzelnen Ursachengruppen (wenn auch oft unbewußt vorgenommen) sowie unterschiedliche Vorstellungen über die Art und Weise ihres Zusammenwirkens führten zu einer Vielzahl verschiedener Zeitreihenzerlegungsverfahren."[2]

Die folgenden Skizzen einiger der erwähnten Verfahren sollen dazu dienen, eine erste Vorstellung von den jeweiligen grundlegenden Ideen zu vermitteln. Die Reihenfolge der Darstellung orientiert sich z. T. an den Zeitpunkten der Veröffentlichungen, in erster Linie jedoch an didaktischen Gesichtspunkten. Wege zur Einschätzung der relativen Vorzüglichkeit der Verfahren sind dem Punkt 5 dieses Kapitels vorbehalten.

---

[1] STIER, W., a. a. O., S. 43ff.

[2] HEILER, S.: Theoretische Grundlagen des "Berliner Verfahrens", a. a. O., S. 68.

ba) Eigenes Verfahren

Ein spezielles Zeitreihenzerlegungsverfahren hat der Autor dieses Buches im Jahre 1968 entwickelt[1]. Es stellt eine Kombination aus Elementen des BONGARD-Verfahrens (1963) und des nicht mehr verwendeten älteren Verfahrens der Deutschen Bundesbank dar, das auf O. ANDERSON (jun.) (1950) und J. WISNIEWSKI (1936) zurückgeht. Eine Parallelität der Verknüpfungsidee zwischen den BONGARDschen gleitenden Modellen sowie dem Kalendermonatsmodell der Deutschen Bundesbank ist zum im Jahre 1970 publizierten ASA II-Verfahren feststellbar.

Ausgangspunkt ist für die gesamte Zeitreihe (Monatswerte) das additive Dreikomponentenmodell

$$x_t = T_t + S_t + I_t, \quad t = 1, \ldots, n .$$

Die Trendkomponenten werden vorläufig durch die Anwendung gleitender lokaler Modelle bestimmt. Im lokalen Modell, dessen Stützbereichslänge - wie bei BONGARD - 19 Monate beträgt, wird eine polynomiale Trendfunktion (VI.5) zweiten Grades und eine Saisonfunktion gemäß (VI.14) bzw. (VI.15) (trigonometrisches Polynom zweiten Grades) verwendet:

$$\text{(VI.16)} \quad x_t = \sum_{j=0}^{2} \beta_j t^j + \sum_{j=1}^{2} [\alpha_j \cdot \cos(\omega_j t) + \gamma_j \cdot \sin(\omega_j t)] + I_t , \qquad t = 1, \ldots, 19 , \qquad \omega_j = \frac{\pi}{6} j .$$

Die verhältnismäßig geringen Polynomgrade werden angesichts des relativ kurzen Stützbereichs zur Approximation der "deterministischen Komponenten" der Ursprungsreihe als angemessen angesehen. Die sieben

[1] Begründungen sind enthalten in TIEDE, M. (1968), a. a. O., S. 71ff. Eine Kurzfassung enthält: Ders., Anwendungen des einkanaligen N. WIENER-Filters auf ökonomische Zeitreihen für Zwecke der kurzfristigen Vorhersage. In: Allgemeines Statistisches Archiv (1970), S. 263ff.

unbekannten Koeffizienten werden in jedem der gleitenden lokalen Modelle mit der Methode der kleinsten Quadrate[1] (oder mit einem geeigneten Suchverfahren, dessen Resultate dem exakten Verfahren mit hinreichender Genauigkeit entsprechen) bestimmt. In jedem lokalen Modell werden somit für alle dort enthaltenen Ursprungswerte lokale Trendkomponenten bestimmt, wobei die Anwesenheit einer saisonalen Komponente berücksichtigt ist. Wegen der an den Rändern abnehmenden Schätzgenauigkeit werden die lokalen Trendkomponenten an den Rändern der lokalen Modelle (die ersten vier und letzten drei) nicht verwendet. Die gleitende Anwendung des lokalen Modells führt somit für jeden Ursprungswert (mit Ausnahme der ersten vier und letzten drei der gesamten Zeitreihe) zu bis zu zwölf lokalen Trendkomponenten. Auf das aktuelle Reihenende werden die letzten verfügbaren lokalen Modelle mit dem Stützbereich 19 verwendet.

Zur Bestimmung der Saisonkomponente und der endgültigen Trendkomponente werden die Ursprungswerte anschließend nach Kalendermonaten in zwölf Gruppen geordnet, da im Zeitablauf bei gleichnamigen Kalendermonaten gleichartige Saisoneinflüsse ihren Niederschlag finden[2]. In jedem Monatsmodell j, j = 1, ..., 12, wird zwischen der Saisonkomponente $S_{ij}$ und der zum Ursprungswert $x_{ij}$ gehörenden, aus den alternativen lokalen Trendkomponenten auszuwählenden, endgültigen Trendkomponente $T_{ij}$ ein Zusammenhang angenommen, der durch ein Polynom 2. Grades zum Ausdruck kommt:

(VI.17) $$S_{ij} = \eta_{oj} + \eta_{1j}T_{ij} + \eta_{2j}T_{ij}^2, \quad j = 1, \ldots, 12, \quad i = 1, \ldots, c.$$[3]

[1] Eine Lösung ist also entsprechend (III.35) durchführbar.

[2] Von Kalenderunregelmäßigkeiten (bewegliche Feiertage) ausgehende Wirkungen stellen hierbei ein besonderes Problem dar, das durch ein vorgeschaltetes Verfahren gelöst werden muß. Siehe auch die "Arbeitstageschwankungskomponente" des ASA II-Verfahrens.

[3] Die Anzahl der Jahre c ist im allgemeinen 7. Falls c > 7, kann überlegt werden, ob (VI.17) gleitend angewendet werden soll.

(VI.17) berücksichtigt für gleichnamige Monate die Fälle der multiplikativen, additiven und gemischten additiv-multiplikativen Beziehung zwischen der Saison- und Trendkomponente (siehe HVE VI.5).

Wird auf beiden Seiten $T_{ij}$ addiert und unter Beachtung von

$S_{ij} + T_{ij} = x_{ij} - I_{ij}$

umgestellt, gilt

$$\text{(VI.18)} \quad x_{ij} = \varepsilon_{oj} + \varepsilon_{1j}T_{ij} + \varepsilon_{2j}T_{ij}^{2} + I_{ij}, \quad j = 1, \ldots, 12, \quad i = 1, \ldots, c,$$

wobei $\varepsilon_{oj} = \eta_{oj}$, $\varepsilon_{1j} = \eta_{1j} + 1$, $\varepsilon_{2j} = \eta_{2j}$ .

In (VI.18) sind nur die $x_{ij}$ bekannt; für $T_{ij}$ existieren jeweils bis zu 12 lokale Trendkomponenten. Die drei unbekannten Koeffizienten werden in jedem Monatsmodell mit der Methode der kleinsten Quadrate unter der Annahme bestimmt, daß zunächst jede lokale Trendkomponente

$^{l}T_{ij}$ , $l = 1, \ldots, 12$ (bis zu 12 lokale Trendkomponenten),

als endgültige Trendkomponente $T_{ij}$ gelten kann. Hieran schließt sich die Auswahl jeweils der lokalen Trendkomponente als endgültige Trendkomponente an, die zur kleinsten irregulären Komponente des Ursprungswertes führt. Damit ist auch die Saisonkomponente für jeden Ursprungswert bestimmt.

Dies verdeutlicht ausschnittsweise die Abbildung VI.4. Zu beachten ist, daß $\hat{x}_{ij}$, die deterministische Komponente von $x_{ij}$, $S_{ij} + T_{ij}$ entspricht.

Die Trendkomponente wird im Rahmen dieses zweistufigen Minimierungsverfahrens also durch die erläuterte Verknüpfung zweier lokaler Modelle (gleitende 19-Punkte-Modelle, (gleitende) Monatsmodelle) erreicht.

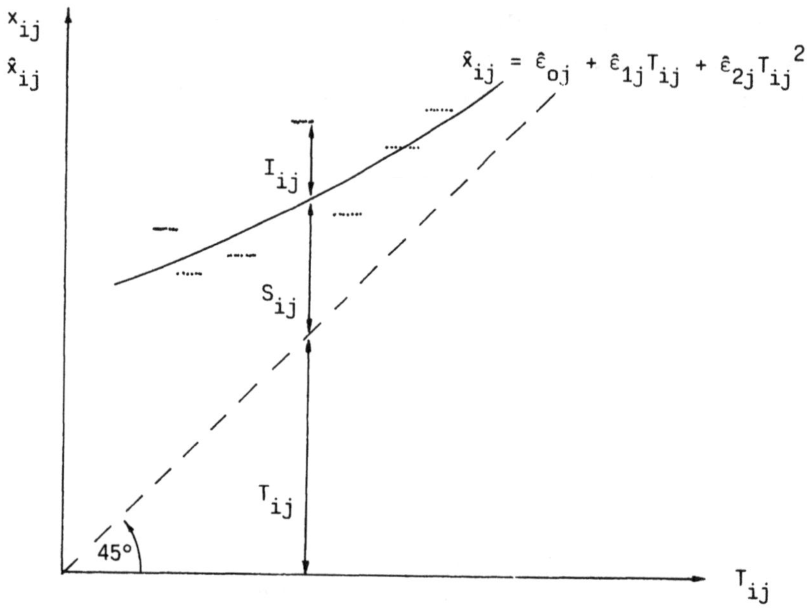


Abb. VI.4: Komponentenbestimmung im j-ten lokalen Modell für das Jahr i

Die Stützbereichslänge beträgt im einen Fall 19 Monate, im anderen Falle 7 Jahre. Die Stützstelle, d. h. der Zeitpunkt im lokalen 19-Punkte-Modell, für den die lokale Trendkomponente als endgültige Trendkomponente angesehen wird, ist für die gesamte Zeitreihe - und nicht lediglich an den Rändern der Ursprungsreihe - variabel. Sie wird im Rahmen der Monatsmodelle nach dem Kriterium der minimalen absoluten Größe für die irreguläre Komponente festgelegt.

b) ASA II-Verfahren

Das im Jahre 1970 publizierte[1] ASA II-Verfahren basiert auf dem Vorgänger ASA I-Verfahren[2] und wurde im Jahre 1973[3] modifiziert.

Vor dem Hintergrund des dargestellten eigenen Zerlegungsverfahrens ist dieses Verfahren relativ kurz darstellbar, falls wir von Details absehen, die die Behandlung der Extremwerte und der Arbeitstageschwankungskomponente betreffen. Ausgangspunkt ist das additive Dreikomponentenmodell für die gesamte Zeitreihe, wobei die irreguläre Komponente in einen weiteren deterministischen Teil, die Arbeitstageschwankungskomponente, und eine Restgröße getrennt wird, deren Eigenschaft der der Störvariablen im Regressionsmodell entspricht. Von letzterer Trennung abgesehen,wird zunächst im Rahmen gleitender Modelle vorläufig die Trendkomponente bestimmt. Als Trendfunktion wird (nach der erwähnten Verfahrensmodifikation) die Addition eines Polynoms zweiten Grades mit einer allgemeinen Sinusfunktion der Periode 36 Monate verwendet. Der Stützbereich beträgt 31 Monate. Die mit der multiplen Regressionsanalyse durchgeführte Bestimmung der Koeffizienten berücksichtigt die Anwesenheit einer lokalen Saisonkomponente, deren Verlauf durch ein trigonometrisches Polynom 6. Grades approximiert wird. Im übrigen orientieren sich die Schätzung und Zuordnung der Trendkomponenten an den Stützstellenkonstellationen des Berliner Verfahrens, Version 2. Die Zuordnung erfolgt zum (12. bzw.) 19. Wert des lokalen Modells.[4]

---

1 DANCKWERTS, R. F./GOLDRIAN, H./SCHAEFER, H./SCHÜLER, H.: Die Saisonbereinigung nach dem ASA II Verfahren. In: Mitteilungen des Rheinisch-Westfälischen Instituts für Wirtschaftsforschung (1970), S. 131ff.

2 SCHORR, K. G./LAMBERTS, W.: Neues Saisonbereinigungsverfahren. In: Wirtschaftskonjunktur (1966), S. 38ff.

3 GOLDRIAN, G.: Eine neue Version des ASA-II-Verfahrens zur Saisonbereinigung von wirtschaftlichen Zeitreihen. In: Wirtschaftskonjunktur (1973), S. 26ff.

4 So daß der verwendete gleitende Durchschnitt nicht symmetrisch ist, was zu einer Phasenverschiebung führen kann (vgl. HVE VI.7f)

Anschließend erfolgt eine Gruppierung der Ursprungswerte und der jeweiligen vorläufigen Trendkomponente nach Kalendermonaten. Die Beziehung zwischen der Saison- und Trendkomponente wird - einfacher als in (VI.17) - durch ein Polynom 1. Grades beschrieben. Alternativ hierzu wird die Saisonkomponente durch ein Polynom 1. Grades in Abhängigkeit vom Zeitindex gesehen. Diese Alternative ist u. a. in den Fällen bedeutungsvoll, in denen die Trendkomponenten gleichnamiger Monate während der verschiedenen Jahre fast gleich groß sind. Als gültig wird das Modell angesehen, dessen Determinationskoeffizient am größten ist. "Bei diesem Vorgehen ist immer damit zu rechnen, daß in ein und derselben Reihe beide Schätzansätze zur Anwendung kommen. Das mag etwas unbefriedigend erscheinen ... . Da aber oft recht deutliche Unterschiede in den Bestimmtheitsgraden der alternativen Ansätze in einer Reihe zu beobachten sind, wäre in diesem Falle die ausschließliche Verwendung eines Ansatzes mit dem Verzicht auf besser erklärte Saisonkomponenten verbunden."[1]

In den 12 Gruppen gilt also

(VI.19) $$S_{ij} = \alpha_{oj} + \alpha_{1j}T_{ij} \quad \text{bzw.}$$
$$S_{ij} = \beta_{oj} + \beta_{1j}t_{ij}\,, \quad j = 1, \ldots, 12, \quad i = 1, \ldots, c.$$[2]

Vorläufig bestimmt wurde bereits die Trendkomponente $T_{ij}$, so daß auch

$$x_{ij} - T_{ij} = S_{ij} + I_{ij}$$

bekannt ist. Eingesetzt in (VI.19), ergibt sich

[1] GOLDRIAN, G., a. a. O., S. 30.

[2] c liegt zwischen 10 und 12 Jahren. Siehe GOLDRIAN, G., a. a. O., S. 30.

(VI.20) $$x_{ij} - T_{ij} = \alpha_{oj} + \alpha_{1j}T_{ij} + I_{ij} \quad \text{bzw.}$$
$$x_{ij} - T_{ij} = \beta_{oj} + \beta_{1j}t_{ij} + I_{ij}\,, \quad j = 1, \ldots, 12, \quad i = 1, \ldots, c\,.$$

Die unbekannten Koeffizienten werden mit der Methode der kleinsten Quadrate bestimmt. Auf der für (VI.20) gültigen Regressionsgeraden liegen die Werte

$$x_{ij} - \hat{T}_{ij}\,,$$

also die Differenz zwischen dem Ursprungswert und dessen endgültige Trendkomponente. Damit ist die endgültige Trendkomponente $\hat{T}_{ij}$ bekannt. Da

$$I_{ij} = (x_{ij} - T_{ij}) - (x_{ij} - \hat{T}_{ij})$$

ebenfalls bekannt ist, kann somit auch die Saisonkomponente

$$S_{ij} = x_{ij} - \hat{T}_{ij} - I_{ij}$$

bestimmt werden. Unter Berücksichtigung der Berechnung von Extremwerten wird dieses Prozedere in einem iterativen Ansatz wiederholt[1].

[1] Näheres siehe bei GOLDRIAN, G., a. a. O., S. 31.

c) Berliner Verfahren

Das Berliner Verfahren entstand im Jahre 1969 in Berlin als Gemeinschaftsarbeit von Vertretern der TU und des DIW[1]. Weiterentwicklungen wurden insbesondere im Statistischen Bundesamt durchgeführt. Inzwischen existiert eine 4. Version des Verfahrens aus dem Jahre 1983[2]. Die 2. Version[3] wurde 1973 vorgestellt, die 3. Version[4] im Jahre 1975.

Das Berliner Verfahren verfolgt konsequent den (u. a. auch von BONGARD 1963 verwendeten) Ansatz gleitender lokaler Modelle zwecks Zerlegung einer Zeitreihe in drei additive Komponenten, wobei zusätzlich keine Monatsmodelle - wie in den beiden zuvor dargestellten Ansätzen - Beachtung finden. Hierbei werden die folgenden erforderlichen Festlegungen problematisiert:

1) Der Grad des lokalen trigonometrischen Polynoms.
2) Der Grad des lokalen polynomialen Trends (u. U., wie in Version 2, ergänzt durch eine allgemeine Sinusfunktion mit einer Periode, die größer als 12 Monate ist).
3) Der Stützbereich für die lokale Saisonfunktion.
4) Der Stützbereich für die lokale Trendfunktion.
5) Die Stützstelle für die Saisonkomponente (Auswahl der endgültigen Saisonkomponente).
6) Die Stützstelle für die Trendkomponente (Auswahl der endgültigen Trendkomponente).

---

1 NULLAU, B./HEILER, S./WÄSCH, P./MEISNER, B./FILIP, N.: Das "Berliner Verfahren". Ein Beitrag zur Zeitreihenanalyse. In: DIW-Beiträge zur Strukturforschung (1969), S. 9ff.

2 NOURNEY, M.: Umstellung der Zeitreihenanalyse, a. a. O., S. 841ff.

3 NOURNEY, M.: Methode der Zeitreihenanalyse. In: Wirtschaft und Statistik (1973), S. 11ff.

4 NOURNEY, M.: Weiterentwicklung des Verfahrens der Zeitreihenanalyse. In: Wirtschaft und Statistik (1975), S. 96ff. sowie NOURNEY, M./SÖLL, H.: Analyse von Zeitreihen nach dem Berliner Verfahren. Version 3. In: Beiträge zur Zeitreihenanalyse. Sonderhefte zum Allgemeinen Statistischen Archiv (1976), S. 129ff.

Die Lösung dieser Probleme wurde auf einem Weg zu erreichen versucht, der die traditionelle Zeitreihenanalyse mit der modernen Zeitreihenmethodik verknüpft und, wie STIER[1] bemerkt, damit zu einer "methodischen Janusköpfigkeit" des gesamten Verfahrens führt, die seine Stärke und Schwäche zugleich ausmacht. Eine vollständige und angemessene Darstellung der verwendeten Konzepte der modernen Zeitreihenmethodik würde den vorliegenden einführenden Text sprengen. Einige bedeutsame Aspekte und Zusammenhänge der Spektralanalyse und Filterwirkungskonzepte sind in den Punkten HVE VI.7 und HVE VI.8 zusammengefaßt. Für unsere skizzenartige Darstellung des Berliner Verfahrens sind hierzu drei Bemerkungen erforderlich:

1) Wie in den Abschnitten 1a) und 2c) dieses Kapitels ausgeführt wurde, könnte die Ursprungsreihe als endliche Realisation eines stochastischen Prozesses interpretiert werden. Im folgenden wird beim Berliner Verfahren hiervon mit der Intention ausgegangen, einige der erwähnten sechs Problematisierungen möglichst objektiv behandeln zu können. Speziell wird der zu Grunde liegende Prozeß als schwach stationär angesehen. Schwache Stationarität ist eine Annahme über die Eigenschaft der Mittelwerte, Varianzen und Autokorrelationen der den stochastischen Prozeß ausmachenden Abfolge von Zufallsvariablen. Für sie wird angenommen, daß alle den gleichen Mittelwert und die gleiche Varianz besitzen und daß die Autokorrelationsfunktion (vgl. Punkt 1b dieses Kapitels) nur vom Abstand der Zeitpunkte, dem Lag, abhängt. Der Prozeß ist bezüglich der erwähnten Parameter also als invariant gegenüber Verschiebungen entlang der Zeitachse anzusehen. Die Gültigkeit derart einschneidender Annahmen für empirische wirtschaftliche Zeitreihen ist umstritten (siehe HVE VI.6) und kann speziell für das Berliner Verfahren als nicht vereinbar mit anderen Voraussetzungen angesehen werden, die im Rahmen dieses Verfahrens getroffen werden. Die Kriterien zur Lösung einiger der sechs erwähnten Problematisierungen sind deshalb als nur bedingt geeignet zu bewerten.

[1] STIER, W., a. a. O., S. 24.

2) Dies gilt insbesondere für die sog. Transferfunktion (hierzu und zum Abriß der Spektralanalyse siehe HVE VI.7), die als Filterwirkungsfunktion interpretierbar ist. Sie gibt - grob gesagt - an, in welcher Weise die festzulegenden Trend- und Saisonfunktionen die Ursprungsreihe nach erfolgter Trend- und Saisonkomponentenbestimmung verändert haben. Von einer idealen Kombination der Saison- und Trendfunktionen wird etwa zu fordern sein, daß die Saisonfunktion ausschließlich die saisonale Komponente bestimmt und daß nicht etwa im Zuge der Rechenoperationen z. B. Teile der Trendkomponente verstärkt werden. Ähnliches gilt für die Trendbestimmung. Von ihr wird beispielsweise erwartet, daß in der Ursprungsreihe enthaltene Umkehrpunkte der längerfristigen Entwicklung in der Trendkomponentenreihe zum gleichen Zeitpunkt wieder auftauchen und nicht etwa zeitlich verschoben sind.

3) Die beim Berliner Verfahren verwendeten spektralanalytischen Instrumente der modernen Zeitreihenmethodik, die über die Filterauswahl mitentscheiden, sind für schwach stationäre stochastische Prozesse exakt. Da empirische Zeitreihen, falls überhaupt, lediglich Stichprobenrealisationen derartiger Prozesse sind, ergeben sich Schätzprobleme von nicht geringer Problematik. Mit der Spektralschätzung etwa (näheres siehe unter HVE VI.8) ist ein Glättungseffekt verbunden, der die Auswirkungen der Filtration nicht mehr eindeutig erkennen läßt.

Gleichwohl, die spektralen Eigenschaften der verschiedenen möglichen Filter werden im Rahmen des Berliner Verfahrens zur Auswahl der jeweils günstigsten Parameter verwendet[1]. In der Version 4 gelten für den mittleren Teil der Zeitreihe[2] die folgenden Festlegungen:

1) Der Grad des trigonometrischen Polynoms beträgt 6. Diese Festlegung erfolgt mit einer Begründung, die fest in den Kategorien der traditionellen Zeitreihenanalyse wurzelt: Das trigonometrische Polynom soll

[1] Details siehe bei NOURNEY, M.: Umstellung der Zeitreihenanalyse, a. a. O., S. 846.

[2] Die "Bastellösungen" für den aktuellen Rand siehe ebd., S. 844ff.

" ... die zu schätzende Komponente innerhalb des Stützbereichs möglichst gut approximieren."[1] Es berücksichtigt die Perioden 12 Monate, 6, 4, 3, 2.4 und 2 Monate. Da $\sin(\pi t) = 0$, $t = 1, 2, \ldots$, kann dieses Glied in (VI.15) unberücksichtigt bleiben, so daß nicht 12, sondern 11 Koeffizienten zu bestimmen sind.

2) Der Grad des lokalen polynomialen Trends beträgt 3 (ohne ergänzende allgemeine Sinuswelle der Periode 36 Monate, wie in Version 2). Bei der Bestimmung der Koeffizienten wird eine Gewichtung der Abweichungen der Ursprungswerte von der Regressionskurve verwendet (ab Version 4).

3) Der Stützbereich für die lokale Saisonfunktion beträgt 47 Monate.

4) Der Stützbereich für die lokale Trendfunktion beträgt 27 Monate.

5) Die Stützstelle für die Saisonkomponente liegt (im Gegensatz z. B. zur Version 1) in der Mitte; es ist also der 24. Wert.

6) Dies gilt auch für die Stützstelle der Trendkomponente; sie liegt im Wert 14.

Zu bemerken ist, daß die Bestimmung der Saisonkomponente auf der Grundlage der trendbereiniaten Reihe erfolgt.

Die Festlegungen 5) und 6) zeigen, daß die Saison- und Trendkomponenten im Grunde symmetrische spezielle gleitende Durchschnitte darstellen, die durch entsprechende Filteroperatoren zum Ausdruck gebracht werden können. Ihre Eigenschaften sind in HVE VI.7f zusammengefaßt.

[1] NOURNEY, M./SÖLL, H., a. a. O., S. 133.

## 5. Beurteilung der Zeitreihenzerlegung

Die Frage nach der relativen Vorzüglichkeit einer Zeitreihenzerlegung würde sich unter Verwendung von allgemein akzeptierten Kriterien beantworten lassen. Da jedoch keine Einigkeit über geeignete Kriterien besteht, ist dies nicht möglich.

Übereinstimmung besteht lediglich über die Einhaltung gewisser Anforderungen an ein Zeitreihenzerlegungsverfahren, wie sie grundsätzlich bereits in Kap. I.2b angesprochen wurden. Das Modell sollte beispielsweise[1] einen so allgemeinen Ansatz besitzen, daß es flexibel an die Eigenart spezieller Zeitreihen angepaßt werden kann; die verwendeten Hypothesen sollten widerspruchsfrei und eindeutig spezifiziert sein. Bei konkreten Zeitreihenzerlegungsverfahren lassen sich unter Verwendung derartiger Kriterien bereits Schwächen aufdecken, wie dies beispielsweise für das ältere Verfahren der Deutschen Bundesbank gilt[2], für Verfahren, die - wie die unter den Punkten 4ba) und 4bb) dieses Kapitels - im Gegensatz zum Berliner Verfahren mit Monatsmodellen operieren[3] und für das Berliner Verfahren selbst (vgl. Abschnitt 4bc).

Teilweise kontrovers lassen sich hingegen Kriterien diskutieren, die das ideale Zeitreihenzerlegungsverfahren beschreiben und Abweichungen vom Ideal zur Grundlage der Beurteilung eines konkreten Verfahrens wählen. Hierzu zählen die Konsistenzbedingungen nach LOVELL[4], der in Analogie zu FISHERs idealer Indexzahl einige Anforderungen an das

1 Siehe SCHÄFFER, K.-A.: Beurteilung einiger herkömmlicher Methoden zur Analyse von ökonomischen Zeitreihen. In: Neuere Entwicklungen auf dem Gebiet der Zeitreihenanalyse. Sonderhefte zum Allgemeinen Statistischen Archiv (1970), S. 131f.

2 Ebd., S. 140.

3 Ebd., S. 153.

4 Siehe die Darstellungen bei LAUENSTEIN, H.: Statistische Probleme bei Saisonschwankungen. Meisenheim 1969, S. 37ff. und SCHÄFFER, K.-A.: Beurteilung einiger herkömmlicher Methoden zur Analyse von ökonomischen Zeitreihen, a. a. O., S. 142ff.

ideale Saisonbereinigungsverfahren entwickelte, von denen die wichtigsten sind:

1) Summenerhaltung: Die Addition zweier saisonbereinigter Teilreihen $x_t^*$ und $y_t^*$ soll zum gleichen Ergebnis führen wie die Saisonbereinigung der zwei aggregierten Teilreihen $(x_t + y_t)^*$,

$$x_t^* + y_t^* = (x_t + y_t)^* \quad \text{für alle } t \varepsilon T.$$

Die Reihenfolge der Aggregation und Saisonbereinigung soll also für das Ergebnis irrelevant sein. Die Forderung 1) schließt die denkbare Forderung nach der Produkterhaltung aus; d. h. falls ein Zeitreihenzerlegungsverfahren die Forderung nach Summenerhaltung erfüllt, kann es im allgemeinen nicht gleichzeitig so konstruiert sein, daß die Reihenfolge z. B. der Preisbereinigung und der Saisonbereinigung unwesentlich ist.

2) Orthogonalität: Die Saisonbereinigung soll so vollständig sein, daß die saisonbereinigte Reihe keine Reste mehr enthält, die der Saisonkomponente zuzurechnen wären,

$$\sum_{t \varepsilon T} (x_t - x_t^*) x_t^* = 0 \,.$$

3) Idempotenz: Die Anwendung des Saisonbereinigungsverfahrens auf die saisonbereinigte Reihe soll diese nicht verändern,

$$(x_t^*)^* = x_t^* \quad \text{für alle } t \varepsilon T \,.$$

Falls die Forderung nach Idempotenz nicht erfüllt ist, ist auch die nach Orthogonalität nicht erfüllt.

Hinzu tritt eine weitere Anforderung, die z. B. von SCHÄFFER[1] erhoben wird:

---
[1] SCHÄFFER, K.-A.: Beurteilung einiger herkömmlicher Methoden zur Analyse von ökonomischen Zeitreihen, a. a. O., S. 142.

4) Invarianz der Jahressumme: Die Jahressumme der Differenz zwischen den Ursprungswerten und saisonbereinigten Werten soll Null sein,

$$\sum_{t \in T} (x_t - x_t^*) = 0 \ .$$

Anders formuliert, soll die Jahressumme der Saisonkomponenten Null sein, sofern wir die Indexmenge T als Jahresindexmenge interpretieren. Die Forderung nach Invarianz der Jahressumme wird gestellt, weil es für viele monatliche Zeitreihen sinnvoll ist, die Monatswerte zu einer Jahressumme zusammenzufassen, z. B. Monatseinkommen zu Jahreseinkommen. "Diese Jahressumme darf durch die Saisonbereinigung der unterjährigen Werte nicht verändert werden, weil Jahreswerte ex definitione keine jahreszeitlichen Schwankungen aufweisen können. Außer dieser formalen Überlegung spricht aber auch ein praktischer Gesichtspunkt für die Invarianz der Jahressumme gegenüber der Saisonbereinigung: Es ist recht verwirrend, wenn für einen Sachverhalt zwei verschiedene Jahrestotalwerte ausgewiesen werden."[1] Dem können folgende Argumente entgegengesetzt werden:

- Die Forderung nach Invarianz der Jahressumme ist für Reihen gegenstandslos, für die eine Jahressumme sachlich nicht sinnvoll ist, z. B. monatlicher Preisindex.
- Niemand kommt ernstlich auf die Idee, die Jahressumme etwa für das Einkommen nicht über eine Addition der Ursprungswerte zu bestimmen, so daß sich eine Verwirrung nicht ergeben kann.
- Falls ein Saisonbereinigungsverfahren so flexibel konstruiert ist, daß es kurzfristige Änderungen der saisonalen Entwicklung, z. B. bedingt durch von der mittleren Außentemperatur abweichende Außentemperaturen während einiger aufeinanderfolgender Monate, berücksichtigt und nicht etwa auf die Trend- oder irreguläre Komponente verteilt, ist dies der Grund dafür, daß in diesem Jahre die Jahres-

---

1 SCHÄFFER, K.-A.: Beurteilung einiger herkömmlicher Methoden zur Analyse von ökonomischen Zeitreihen, a. a. O., S. 142.

summe der Saisonkomponenten von Null abweicht. Die Forderung 4) ist insofern ein Kriterium, das sich gegen die Flexibilität eines Zeitreihenzerlegungsverfahrens richtet. Zu einer ähnlichen Einschätzung der Anforderung 4) mit einer anderen Begründung kommt SCHÄFFER: "Allgemein ist festzustellen, daß Forderung 4) die Flexibilität der Saisonbereinigungsmethode einengt. Da der Hauptzweck der saisonalen Bereinigung einer Zeitreihe aber für die meisten Benutzer darin besteht, möglichst frühzeitig Änderungen der Entwicklungsrichtung zu erkennen, hat die vor allem auf eine globale Betrachtung ausgerichtete Forderung 4) in der letzten Zeit an Bedeutung verloren."[1] Anzumerken ist, daß Änderungen der Entwicklungsrichtung dem isolierten Trend angesehen werden können und weniger gut der saisonbereinigten Reihe.

Die vier erwähnten Anforderungen sind teilweise zwar angemessen, sie haben aber einen gravierenden Nachteil. Ihre Anwendung ist nicht ohne weiteres möglich - es sei denn, man begnügt sich mit der Aussage, daß z. B. die skizzierten Zeitreihenzerlegungsverfahren den Anforderungen nicht immer entsprechen. Tatsächlich bedarf es daher zusätzlicher Instrumente zur Feststellung, in welchem Ausmaß die Kriterien erfüllt sind. Dabei sollte sich die Aussage natürlich auf die relative Vorzüglichkeit für alle denkbaren Zeitreihen beziehen und nicht nur auf wenige "Testreihen". Wir werden sehen, daß die hierzu erforderlichen Zusatzinstrumente strittig sind.

Nach LAUENSTEIN[2] existieren zwei Alternativen für die Konstruktion derartiger Zusatzinstrumente, der Vergleich der Eigenschaften der jeweils verwendeten Filter sowie der Vergleich der Wirkungsweise der Filter für einzelne Reihen.

1 SCHÄFFER, K.-A.: Beurteilung einiger herkömmlicher Methoden zur Analyse von ökonomischen Zeitreihen, a. a. O., S. 144.

2 Siehe LAUENSTEIN, H., a. a. O., S. 39.

Die erste Alternative wäre zwar die theoretisch am ehesten befriedigende Lösung. Sie scheidet aber praktisch aus, weil die Filter nicht für jedes Zeitreihenzerlegungsverfahren exakt bestimmbar sind.

Die zweite Alternative, die Analyse der Wirkung der Filter für einzelne Reihen, ist mit gewissen Einschränkungen durchführbar. Hierfür existieren eine Reihe von Möglichkeiten, die sich in den spektralanalytischen (Vergleiche in der Frequenzdimension) und den traditionellen nicht spektralanalytischen Ansatz (Vergleiche in der Zeitdimension) gruppieren lassen.

Spektralanalytische Ansätze basieren auf der Theorie schwach stationärer stochastischer Prozesse, deren Darstellung im Frequenzbereich (siehe HVE VI.7) und der Schätzung des Spektrums (siehe HVE VI.8). Im Teil HVE VI.9 sind Kriterien für eine befriedigende Saisonbereinigung einer Zeitreihe angegeben. Hierauf werden wir aus zwei Gründen nicht näher eingehen. Einerseits kann festgestellt werden, daß sie tatsächlich " ... keine hinreichende Möglichkeit der Beurteilung ..."[1] von Zeitreihenzerlegungsverfahren ergeben. Zum anderen sind jene Verfahren - insbesondere das Berliner Verfahren - bei einem Vergleich bevorzugt, die spektrale Kriterien beim Aufbau des Zerlegungsverfahrens einbeziehen.

Nicht spektralanalytische Ansätze lassen sich durch die Konstruktion von Kenn- und Prüfgrößen charakterisieren, die jeweils gewisse Eigenschaften der Zerlegungsergebnisse im Zeitbereich vergleichend feststellen. Hierzu zählen z. B. Kennzahlen für die irreguläre Komponente, wie deren Mittelwert, Streuung, maximale Runlänge und ähnliches[2].

[1] LAUENSTEIN, H., a. a. O., S. 124.
Siehe auch SCHIPS, B./STIER, W.: Zum Problem der Saisonbereinigung ökonomischer Zeitreihen. In: Metrika (1974), S. 66ff. und insbesondere S. 73. Und siehe auch GARBERS, H.: Zur Bewertung von Saisonbereinigungsverfahren. In: Statistische Hefte (1971), S. 323f.

[2] Siehe auch die Komponente der Varianzzerlegung und deren Vergleich mit den entsprechenden spektralanalytischen Werten bei NOURNEY, M./SÖLL, H., a. a. O., S. 147.

Von Bedeutung sind zusätzliche Maßzahlen, die im Rahmen der Analyse simulierter Testreihen[1] herangezogen werden können, bei denen die zu bestimmenden Zeitreihenkomponenten bekannt sind. Neben den üblichen Maß- bzw. Kennzahlen, wie Mittelwert, Streuung, Maximalwert für die bekannten und durch die alternativ eingesetzten Zerlegungsverfahren geschätzten Komponenten, können in diesem Rahmen auch die oben erwähnten allgemeinen Kriterien (Summenerhaltung etc.) überprüft werden.

Hiervon abweichend hat SCHÄFFER darauf aufmerksam gemacht, daß das retrospektive Ziel (siehe Punkt 1a dieses Kapitels) gewöhnlich hinter dem prospektiven Ziel zurücksteht. Deshalb entwickelte er ein Zusatzkriterium, das zwar keinen Schluß auf die Effizienz eines Verfahrens schlechthin zuläßt, das jedoch " ... die Treffsicherheit von Verfahren mißt, mit dem Diagnosen über den Verlauf der glatten Komponente am aktuellen Rand einer Zeitreihe gestellt werden."[2]

---

[1] Siehe z. B. LAUENSTEIN, H., a. a. O., S. 69ff. oder TIEDE, M.: Die Problematik der Ausschaltung von Saisonschwankungen aus wirtschaftsstatistischen Zeitreihen, a. a. O., S. 55ff. und 151ff.

[2] SCHÄFFER, K.-A.: Vergleich der Effizienz von Verfahren zur Saisonbereinigung einer Zeitreihe, a. a. O., S. 83.

# Hintergründe, Vertiefung, Ergänzungen

1.) Wird für den polynomialen Trend des Grades $k > 0$,

$$\text{(VI.5)} \quad T_j = \sum_{j=0}^{k} \beta_j t^j , \qquad t = 1, \ldots, n, \quad k = 1, \ldots, n-1 ,$$

die Differenz

$$\Delta T_t = T_t - T_{t-1}$$

gebildet, ergibt sich

$$\begin{aligned} \Delta T_t &= \beta_0 + \beta_1 t + \ldots + \beta_k t^k - \beta_0 - \beta_1 (t-1) - \ldots - \beta_k (t-1)^k \\ &= \beta_0 - \beta_0 \\ &\quad + \beta_1 t - \beta_1 t + \beta_1 \\ &\quad + \beta_2 t^2 - \beta_2 t^2 + \beta_2 t - \beta_2 \\ &\quad + \beta_3 t^3 - \beta_3 t^3 + \beta_3 3t^2 - \beta_3 3t + \beta_3 \\ &\quad + \ldots \\ &\quad + \beta_k t^k - \beta_k t^k + \beta_k \binom{k}{1} t^{k-1} - \beta_k \binom{k}{2} t^{k-2} + \ldots + \beta_k (-1)^k t^0 . \end{aligned}$$

In den Zeilen heben sich die Summanden mit dem für t gleichen Exponenten auf. Der verbleibende Rest stellt für $\Delta T_t$ ein Polynom des Grades k-1 dar, wobei sich die Koeffizienten dieses Polynoms im Vergleich zum Ausgangspolynom geändert haben.

Dies verdeutlicht das Beispiel der Reduzierung eines polynomialen Trends 2. Grades in einen Trend 1. Grades durch Bildung der ersten Differenzen:

$$T_t = \beta_o + \beta_1 t + \beta_2 t^2$$

$$\Delta T_t = \beta_o + \beta_1 t + \beta_2 t^2 - \beta_o - \beta_1(t-1) - \beta_2(t-1)^2$$

$$= \beta_1 - \beta_2 + \beta_2 2t$$

$$= \alpha_o + \alpha_1 t \ .$$

Der für $\Delta T_t$ geltende polynomiale Trend 1. Grades besitzt die Koeffizienten

$$\alpha_o = \beta_1 - \beta_2 \quad \text{und} \quad \alpha_1 = 2\beta_2 \ .$$

2.) Als lokale Trendfunktion sei ein Polynom 2. Grades gewählt, das z. B. an die fünf Ursprungswerte eines lokalen Modells mit der Methode der kleinsten Quadrate angepaßt werden soll[1]:

$$Z(\beta_o, \beta_1, \beta_2) = \sum_{t=-2}^{2} (x_t - \beta_o - \beta_1 t - \beta_2 t^2) \longrightarrow \text{Min.!}$$

Nach partieller Ableitung von Z und Nullsetzen ergibt sich unter Beachtung von $\sum t = \sum t^3 = 0$ das Normalgleichungssystem

$$5\beta_o + 10\beta_2 = \sum x_t$$

$$10\beta_1 = \sum t x_t$$

$$10\beta_o + 34\beta_2 = \sum t^2 x_t$$

Da nur die Lösung für den mittleren Zeitpunkt t = 0 interessiert ($T_o = \beta_o$), genügt es, $\beta_o$ zu bestimmen. Aus der ersten und dritten Gleichung ergibt sich

$$35\beta_o = 17\sum x_t - 5\sum t^2 x_t$$

bzw.

$$\beta_o = \frac{1}{35}(-3x_{-2} + 12x_{-1} + 17x_o + 12x_1 - 3x_2) \ .$$

[1] Vgl. LEINER, B., a. a. O., S. 27ff.

Da $\beta_0 = T_0$, ist die Beziehung mit dem Operator (VI.13) hergestellt.

3.) In der allgemeinen Sinuskurve

$a \cdot \sin(\omega t + \varphi)$

mit der Zeit t als der unabhängigen Variablen bezeichnet a die Amplitude, den größten Ausschlag der Kurve. Da für $\omega t = 2\pi$ eine ganze Schwingung (Wellenberg und Wellental) vollendet ist, beträgt die Zeitdauer der ganzen Schwingung $t = \frac{2\pi}{\omega}$. Sie wird Schwingungsdauer T genannt. Sie entspricht der Periode bzw. der Wellenlänge der allgemeinen Sinuskurve. Ihr Kehrwert ist die Schwingungsfrequenz $\lambda = \frac{1}{T}$. Die Kreisfrequenz $\omega = \frac{2\pi}{T} = 2\pi\lambda$ gibt die Anzahl der Schwingungen in $2\pi$ Zeiteinheiten der Schwingungsdauer an. Die Phasendifferenz $\varphi$ schließlich ist der Winkel, um den die allgemeine Sinuskurve der Kurve $a \cdot \sin\omega t$ vorauseilt.

Zur Verdeutlichung betrachten wir von (VI.14) die allgemeine Sinuskurve

$\delta_3 \cdot \sin(\frac{\pi}{3} t + \delta_4)$ ,

wobei sich t auf Monate bezieht. Diese Funktion vollendet während $T = \frac{2\pi}{\frac{\pi}{3}} = 6$ Monaten eine ganze Schwingung (Halbjahreszyklus); sie besitzt eine Wellenlänge von 6 Monaten, ihre Periode ist 6 Monate. Die Anzahl der Schwingungen pro Monat beträgt $\lambda = \frac{1}{6}$. Die Anzahl der Schwingungen in $2\pi$ Monaten beträgt $\omega = 2\pi\frac{1}{6} = \frac{\pi}{3}$. Obige Kurve eilt

$\delta_3 \cdot \sin \frac{\pi}{3} t$

um den Winkel $\delta_4$ voraus ($\delta_4 > 0$; bei $\delta_4 < 0$ verschiebt sich obige Kurve "nach rechts". In diesem Falle besitzt sie eine Phasenverzögerung).

4.) Wegen

$\sin(a + b) = \sin(a)\cos(b) + \cos(a)\sin(b)$

gilt

$$\delta_1 \cdot \sin(\tfrac{\pi}{6} t + \delta_2) = \delta_1 \cdot \sin(\tfrac{\pi}{6} t)\cos(\delta_2) + \delta_1 \cdot \cos(\tfrac{\pi}{6} t)\sin(\delta_2) \ ,$$

$$\delta_3 \cdot \sin(\tfrac{\pi}{3} t + \delta_4) = \delta_3 \cdot \sin(\tfrac{\pi}{3} t)\cos(\delta_4) + \delta_3 \cdot \cos(\tfrac{\pi}{3} t)\sin(\delta_4) \ ,$$

so daß sich nach Einsetzen in (VI.14) ergibt

$$S_t = \delta_1 \cdot \sin(\delta_2)\cos(\tfrac{\pi}{6} t) + \delta_3 \cdot \sin(\delta_4)\cos(\tfrac{\pi}{3} t) +$$
$$\delta_1 \cdot \cos(\delta_2)\sin(\tfrac{\pi}{6} t) + \delta_3 \cdot \cos(\delta_4)\sin(\tfrac{\pi}{3} t) \ .$$

$$S_t = \sum_{j=1}^{q} [\alpha_j \cdot \cos(\omega_j t) + \gamma_j \cdot \sin(\omega_j t)], \quad t = 1, \ldots, n \ ,$$

wobei

$$\alpha_1 = \delta_1 \cdot \sin(\delta_2) \ , \quad \alpha_2 = \delta_3 \cdot \sin(\delta_4) \ , \quad \gamma_1 = \delta_1 \cdot \cos(\delta_2) \ ,$$

$$\gamma_2 = \delta_3 \cdot \cos(\delta_4) \ , \quad \omega_j = \tfrac{\pi}{6} j \ , \quad q = 2 \ .$$

(VI.14) entspricht also (VI.15) für $q = 2$.

5.) Falls in (VI.17) alle Koeffizienten Null sind, ist die Saisonkomponente selbst Null. Falls

$\eta_{1j} = \eta_{2j} = 0$ ,

gilt

$S_{ij} = \eta_{oj}$ ; d. h. die Komponenten sind additiv verbunden. Für

$\eta_{oj} = \eta_{2j} = 0$

gilt

$S_{ij} = \eta_{1j} T_{ij}$ , also eine multiplikative Verküpfung. Falls lediglich $\eta_{2j} = 0$ , gilt

$S_{ij} = \eta_{oj} + \eta_{1j} T_{ij}$ ,

eine Mischung aus additiver und multiplikativer Verknüpfung. Die Mischung ist variabel, falls kein Koeffizient Null ist.

6a) Ein stochastischer Prozeß $\{X(t)\}$, $t \epsilon T$, wobei t der Zeitpunkt und T die Menge aller Zeitpunkte darstellt, wird als stationär bezeichnet, falls sich seine Verteilungsfunktion nicht ändert, wenn alle Indizes t um den Wert $\tau$ der Zeitachse entlang verschoben werden. Da eine Angabe der Verteilungsfunktion oft nicht möglich ist, begnügt man sich zur unvollständigen Charakterisierung eines stationären Prozesses mit Angaben für die Mittelwerte, Varianzen und die Autokorrelationsfunktion:

(VI.21) $$E[X(t)] = \mu(t) = \mu \quad \text{für alle } t \epsilon T ,$$

$$\begin{aligned} E\{[X(t_1) - \mu(t_1)][X(t_2) - \mu(t_2)]\} &= cov(t_1, t_2) \\ &= cov(t_1+\tau, t_2+\tau) \\ &= cov(\tau) \\ &\text{für alle } t_1, t_2 \epsilon T . \end{aligned}$$

(VI.21) impliziert die Stationarität bezüglich der Varianz:

$$\sigma^2(t) = cov(t, t) = cov(0) = \sigma^2 .$$

Ein stochastischer Prozeß mit den Eigenschaften (VI.21) wird als schwach stationär bezeichnet.

6b) Besitzt die empirische Zeitreihe einen Trend, kann bezweifelt werden, daß der zu Grunde liegende Prozeß schwach stationär ist, weil die Eigenschaft der Stationarität des Mittelwertes gemäß (der ersten Zeile von) (VI.21) nicht vorzuliegen scheint. Hiervon abweichend, wird häufig wie folgt argumentiert: Da die empirische Zeitreihe lediglich die Beobachtung eines Teilstückes des stochastischen Prozesses darstellt, könnte der Trend in der empirischen Zeitreihe als Schwankungskomponente (hierzu siehe HVE VI.7) mit sehr langen Perioden interpretiert werden[1]. "Auf Grund einer endlichen Zeitreihe ist ... nicht entscheidbar, ob der bei wirtschaftlichen Größen beobachtbare Trend nicht letztlich Teil eines Zyklus mit extrem niedriger Frequenz ist."[2] Im Rahmen des Berliner Verfahrens wird die "Gretchenfrage" nach der schwachen Stationarität zugunsten des schwach stationären stochastischen Prozesses beantwortet. Allerdings ist sogar die Kovarianzstationarität, wie OSWALD[3] zeigt, unvereinbar mit anderen Voraussetzungen des Berliner Verfahrens, so daß den Beurteilungskriterien zur Festlegung der optimalen Parameter die Grundlage entzogen ist. Bemerkenswerterweise hat OSWALDs Kritik[4] nicht dazu geführt, das gesamte Verfahren zu ändern.

Nicht strittig ist demgegenüber, daß in den Fällen, in denen die empirische Kovarianzfunktion (bzw. Autokorrelationsfunktion) der Zeitreihe weitgehend invariant gegenüber Verschiebungen auf der Zeitachse ist, zumindest für die trendbereinigte Reihe vermutet werden kann, daß der zu Grunde liegende stochastische Prozeß schwach stationär ist.[5]

---

1 Vgl. z. B. HEILER, S.: Theoretische Grundlagen des "Berliner Verfahrens", a. a. O., S. 86.

2 WETZEL, W.: Statistische Methoden der Zeitreihenanalyse und ihre praktischen Anwendungsmöglichkeiten. In: Allgemeines Statistisches Archiv (1969), S. 20.

3 OSWALD, E.: Bemerkungen zum "Berliner Verfahren". In: Allgemeines Statistisches Archiv (1972), S. 191ff.

4 Diese wurde aufgenommen durch SCHIPS. B./STIER, W.: Zum Problem der Saisonbereinigung ökonomischer Zeitreihen, a. a. O., S. 69.

5 Die Spezialliteratur enthält Tests auf Nichtstationarität, z. B. PRIESTLEY, M. B./RAO, T. S.: A test for Non-stationarity of Time-series. In: Journal of the Royal Statistical Society (1969), S. 140ff.

7a) Für ein intuitives Verständnis der im Berliner Verfahren verwendeten Instrumente der modernen Zeitreihenmethodik[1] ist die Vorstellung geeignet, daß sich eine trendfreie empirische Zeitreihe als Überlagerung von unterschiedlich starken Schwingungskomponenten unterschiedlicher Wellenlängen (bzw. Frequenzen) ergibt. So läßt sich beispielsweise diese Zeitreihe vollständig durch ein trigonometrisches Polynom approximieren. Der entsprechende zu Grunde liegende Prozeß wird als harmonischer Prozeß bezeichnet:

$$\text{(VI.22)} \quad X(t) = \sum_{j=1}^{q} \left[ A_j \cdot \cos(\omega_j t) + B_j \cdot \sin(\omega_j t) \right] , \quad t = 1, 2, \ldots, \quad \omega_j = \frac{j\pi}{6} ,$$

wobei $A_j$ und $B_j$ Zufallsvariablen sind, für die die Eigenschaften der schwachen Stationarität gelten, so daß also

$E(A) = E(B) = 0$ ,

$var(A) = var(B)$ ,

$cov(A, B) = 0$ ,

$(A_i, B_i)$ und $(A_j, B_j)$ sind für $i \neq j$ unabhängig.

[1] Zur modernen Zeitreihenmethodik, insbesondere zur Spektralanalyse, existiert eine umfangreiche Literatur. Für den Teil HVE VI.7 wurde insbesondere verwendet GRANGER, C. W. J./HATANAKA, M.: Spectral Analysis of Economic Time Series. Princeton 1964 sowie FISHMAN, G. S.: Spectral Methods in Econometrics. Cambridge (Mass.) 1969. Im deutschsprachigen Bereich bietet z. B. ein Artikel von WETZEL eine geeignete Zusammenfassung; WETZEL, W.: Hinweise auf einige theoretische Grundlagen der Spektralanalyse von stationären Prozessen. In: Neuere Entwicklungen auf dem Gebiet der Zeitreihenanalyse. Sonderhefte zum Allgemeinen Statistischen Archiv (1970), S. 5ff. Der enge Bezug zum Ursprung der modernen Zeitreihenmethodik, der Physik und Nachrichtentechnik, wird deutlich z. B. bei FISCHER, F. A.: Einführung in die statistische Übertragungstheorie. Mannheim 1969. Eine geeignete Darlegung stammt des weiteren von LEINER, B.: Spektralanalyse ökonomischer Zeitreihen (2. Auflg.). Wiesbaden 1978. Siehe auch SCHLITTGEN, R./STREITBERG, B., a. a. O.

Beim Operieren mit trigonometrischen Ausdrücken bedient man sich zweckmäßigerweise der komplexen Zahlen, da das Umgehen mit den unübersichtlichen Additionstheoremen der Trigonometrie die Rechnung unnötig kompliziert.

Bekanntlich kann jede komplexe Zahl z als Summe einer reellen Zahl a und einer imaginären Zahl b·i dargestellt werden ($i^2 = -1$):

$z = a + b \cdot i$ .

a ist der Realteil und b der Imaginärteil von z. Die komplementäre Zahl

$\bar{z} = a - b \cdot i$

heißt die zu z konjugiert komplexe Zahl. Die reelle Zahl

$|z| = \sqrt{a^2 + b^2}$

heißt absoluter Betrag von z. Die Addition reeller Zahlen ist als Spezialfall in der Addition komplexer Zahlen enthalten.

Ausdrücke der Form

$$\text{(VI.23)} \qquad X(t) = a_j \cos(\omega_j t) + b_j \sin(\omega_j t)$$

lassen sich sehr vorteilhaft als Summe zweier komplexer Schwingungen schreiben. Unter Nutzung eines von EULER gefundenen Zusammenhanges zwischen den trigonometrischen Funktionen und der Exponentialfunktion,

$$e^{i\omega_j t} = \cos(\omega_j t) + i \cdot \sin(\omega_j t) ,$$

$$e^{-i\omega_j t} = \cos(\omega_j t) - i \cdot \sin(\omega_j t) ,$$

folgt

$$\cos(\omega_j t) = \frac{1}{2}[e^{i\omega_j t} + e^{-i\omega_j t}] \quad \text{und}$$

$$\sin(\omega_j t) = \frac{1}{2i}[e^{i\omega_j t} - e^{-i\omega_j t}] ,$$

so daß

$$X(t) = a_j \frac{1}{2}[e^{i\omega_j t} + e^{-i\omega_j t}] + b_j \frac{1}{2i}[e^{i\omega_j t} - e^{-i\omega_j t}]$$

$$= \frac{1}{2i}\{[i\cdot a_j + b_j]e^{i\omega_j t} + [i\cdot a_j - b_j]e^{-i\omega_j t}\}$$

$$= \alpha(j)e^{i\omega_j t} + \alpha(-j)e^{i(-\omega_j)t} ,$$

$$\text{wobei } \alpha(j) = \frac{1}{2}(a_j - i\cdot b_j), \quad \alpha(-j) = \frac{1}{2}(a_j + i\cdot b_j) = \overline{\alpha(j)} ,$$

$$X(t) = \alpha(j)[\cos(\omega_j t) + i\cdot\sin(\omega_j t)] + \overline{\alpha(j)}[\cos(-\omega_j t) + i\cdot\sin(-\omega_j t)] .$$

Man sieht, daß jede reelle Schwingung (VI.23) als Summe zweier komplexer Schwingungen aufgefaßt werden kann, wobei deren Amplituden konjugiert komplex und deren Frequenzen zueinander negativ sind.

Mit diesen Vereinbarungen und der Setzung $m = 2q$ läßt sich der harmonische Prozeß (VI.22) schreiben als

$$\text{(VI.24) a)} \quad X(t) = \sum_{j=1}^{m} \alpha(j)e^{i\omega_j t} \quad \text{oder}$$

$$\text{b)} \quad X(t) = \sum_{j=-q}^{q} \alpha(j)e^{i\omega_j t} , \quad \alpha(0) = 0 ,$$

wobei $\alpha(j)$ Zufallsvariablen sind mit den Bedingungen der schwachen Stationarität:

$E[\alpha(j)] = 0$, $\quad var[\alpha(j)] = E[\alpha(j)\overline{\alpha(j)}] = \sigma^2_{\alpha(j)}$,

$cov[\alpha(j_1)\alpha(j_2)] = E[\alpha(j_1)\overline{\alpha(j_2)}] = 0$, $\quad j_1 \neq j_2$.

7b) Wir setzen[1] die Summationsobergrenze q von (VI.24a) bzw. m von (VI.24b) auf unendlich groß und fordern, daß die Varianz des harmonischen Prozesses endlich bleibt, $\sum_{j=1}^{\infty} |\alpha(j)^2| \leq \infty$. Die Differenz benachbarter Frequenzen $\omega_{j_1}$ und $\omega_{j_2}$ strebt gegen Null (Übergang von einem diskreten Frequenzbereich zu einem kontinuierlichen); $\omega_j$ wird wegen der äquidistanten Zeit auf das Intervall $-\pi \leq \omega_j \leq \pi$ beschränkt; während einer Zeiteinheit darf eine Schwingung nämlich höchstens ihre halbe Periodenlänge durchlaufen, damit sie beobachtet werden kann. Die größte erfaßbare Kreisfrequenz ist somit $\omega = \frac{2\pi}{T} = \frac{2\pi}{2} = \pi$.

Unter diesen Bedingungen geht jeder stationäre Prozeß, somit auch (VI.24a), über in das STIELTJES-Integral

$$\text{(VI.25)} \qquad X(t) = \int_{-\pi}^{\pi} e^{i\omega t} dZ(\omega) .$$

(VI.25) wird als KARHUNEN- bzw. CRAMÉR- Darstellung des schwach stationären stochastischen Prozesses bezeichnet. Hierbei ist $Z(\omega)$ ein komplexer zufälliger Prozeß mit nicht autokorrelierten Zuwächsen $dZ(\omega)$, d. h.

$E[dZ(\omega_1)\overline{dZ(\omega_2)}] = 0$ für $\omega_1 \neq \omega_2$.

[1] Für eine exakte Herleitung vgl. z. B. WETZEL, W.: Hinweise auf einige theoretische Grundlagen der Spektralanalyse von stationären Prozessen, a. a. O., S. 22ff.

Für $\omega_1 = \omega_2$ gibt

(VI.26) $$E[dZ(\omega)\overline{dZ(\omega)}] \equiv F(\omega)$$

an, welchen Beitrag die harmonischen Prozesse mit Frequenzen $\omega' < \omega$ zur Erklärung der Varianz $\sigma^2_X$ des Prozesses leisten (siehe auch HVE VI.7c). $F(\omega)$ wird als die zu $X(t)$ gehörige Spektralfunktion bezeichnet. $\frac{dF(\omega)}{d\omega} = f(\omega)$ wird als spektrale Dichtefunktion oder kurz als Spektrum bezeichnet.

7c) An der Spektraldarstellung des Prozesses interessiert nicht nur deren Existenz, sondern auch die Möglichkeit, das Spektrum des Prozesses zu bestimmen. Dies ist mit dem bedeutenden Theorem von WIENER-KHINTCHINE möglich, welches besagt, daß sich die Autokovarianzfunktion jedes stationären Prozesses wie folgt darstellen läßt:

(VI.27) $$\mathrm{cov}(\tau) = \int_{-\pi}^{\pi} e^{i\omega\tau} f(\omega)d\omega \ .$$

Zu (VI.27) existiert die inverse Beziehung

(VI.28) $$f(\omega) = \frac{1}{2\pi} \sum_{\tau=-\infty}^{\infty} \mathrm{cov}(\tau)e^{-i\omega\tau} .$$

(VI.27) ist für die Interpretation des Spektrums grundlegend; denn für cov(0), der Varianz des Prozesses (vgl. im Anschluß an (VI.1)), gilt gemäß (VI.27)

(VI.29) $$\mathrm{cov}(0) = \int_{-\pi}^{\pi} f(\omega)d\omega \ .$$

Geometrisch entspricht die Varianz des Prozesses also der Fläche unter dem Spektrum (VI.28). Die Fläche über dem Frequenzband $[\omega_1, \omega_2]$ gibt somit den Teil der Varianz an, der auf Schwingungskomponenten mit Frequenzen aus dem Band $[\omega_1, \omega_2]$ zurückzuführen ist.

Die Saisonbereinigung von Zeitreihen wird sich im Spektrum, das geeignet zu schätzen ist (hierzu siehe HVE VI.8), also so auswirken, daß der Varianzanteil der Ursprungsreihe, der zum Frequenzband der Schwingungen mit einer Wellenlänge von höchstens zwölf Monaten gehört, kleiner wird.

7d) Wie im Abschnitt 2d) dieses Kapitels angedeutet wurde, läßt sich die Zerlegung einer Zeitreihe als Filterung interpretieren. Der gleitende Durchschnitt (VI.9) beispielsweise ist das Resultat einer linearen zeitinvarianten Filterung (VI.10). Gewisse Aspekte der Wirkung dieses Filters wurden im Zeitbereich beschrieben. Die Wirkung eines Filters läßt sich jedoch auch im Frequenzbereich studieren, wodurch unter Umständen aufschlußreichere Aussagen möglich sind, wie wir sehen werden.

Wie (VI.10) entnommen werden kann, ist der lineare und zeitinvariante Filter durch Koeffizienten spezifiziert, die wir im folgenden mit $a_j$ bezeichnen. Der Input des Filters sei der schwach stationäre stochastische Prozeß X(t), so daß sich als Output wiederum ein schwach stationärer Prozeß Y(t) ergibt,

$$\text{(VI.30)} \qquad Y(t) = \sum_j a_j X(t-j) \; .$$

Wir ersetzen X(t) durch seine KARHUNEN-Darstellung (VI.25),

$$Y(t) = \sum_j a_j \int_{-\pi}^{\pi} e^{i\omega(t-j)} dZ(\omega) = \int_{-\pi}^{\pi} \sum_j a_j e^{i\omega(t-j)} dZ(\omega) \; ,$$

$$(\text{VI.31}) \qquad Y(t) = \int_{-\pi}^{\pi} e^{i\omega t} A(\omega)\,dZ(\omega) \ ,$$

mit

$$(\text{VI.32}) \qquad A(\omega) = \sum_j a_j e^{-i\omega j} \ .$$

$A(\omega)$ wird als Frequenzantwortfunktion bezeichnet. Sie ist in der Regel komplexwertig.

Wir ersetzen ebenso $Y(t)$ durch seine KARHUNEN-Darstellung:

$$(\text{VI.33}) \qquad Y(t) = \int_{-\pi}^{\pi} e^{i\omega t} dK(\omega) \ .$$

Ein einfacher Koeffizientenvergleich zwischen (VI.31) und (VI.33) zeigt, daß

$$(\text{VI.34}) \qquad A(\omega)dZ(\omega) = dK(\omega) \ .$$

Analog zu (VI.26) gilt

$$(\text{VI.35}) \text{ a)} \qquad E\left[dZ(\omega)\overline{dZ(\omega)}\right] = f_X(\omega)d\omega \quad \text{bzw.}$$

$$\text{b)} \qquad E\left[dK(\omega)\overline{dK(\omega)}\right] = f_Y(\omega)d\omega \ ,$$

wobei $f_X(\omega)$ bzw. $f_Y(\omega)$ das Spektrum des Input- bzw. Outputprozesses darstellt.

Wir setzen (VI.34) in (VI.35) ein und erhalten unter der Berücksichtigung, daß $A(\omega)$ keine Zufallsvariable ist,

$$\begin{aligned} f_Y(\omega)d\omega &= E\left[A(\omega)\overline{A(\omega)}dZ(\omega)\overline{dZ(\omega)}\right] = A(\omega)\overline{A(\omega)}E\left[dZ(\omega)\overline{dZ(\omega)}\right] \\ &= A(\omega)\overline{A(\omega)}f_X(\omega)d\omega \ , \end{aligned}$$

so daß

(VI.36) $f_Y(\omega) = A(\omega)\overline{A(\omega)}f_X(\omega)$ .

(VI.36) zeigt, daß das Spektrum des gefilterten Prozesses $f_Y(\omega)$ durch das Produkt des Spektrums des ungefilterten Prozesses $f_X(\omega)$ mit dem Ausdruck

(VI.37) $T(\omega) = A(\omega)\overline{A(\omega)} = |A(\omega)|^2$ ,

der sog. Transferfunktion[1] des Filters, dargestellt wird. Der Filter bewirkt demnach eine Unterdrückung bzw. Dämpfung einer Schwingungskomponente der Frequenz $\omega$, falls die Transferfunktion kleiner als Eins ist, und eine Verstärkung, falls dieser Faktor größer als Eins ist. Für Frequenzen, bei denen die Transferfunktion gleich Eins ist, ist der Filter wirkungslos. Die Transferfunktion ist also als Filterwirkungsfunktion interpretierbar. Sie wird im Rahmen des Berliner Verfahrens als Kriterium für die Auswahl eines geeigneten Filters genutzt[2].

7e) Die Frequenzantwortfunktion (VI.32) ist im allgemeinen Falle komplexwertig, so daß gilt

(VI.38) $A(\omega) = A_1(\omega) + iA_2(\omega)$ .

Bekanntlich heißt die Darstellung einer komplexen Zahl

$z = a + b \cdot i$

gemäß

---

1 Die Terminologie ist nicht einheitlich. Transferfunktion und Frequenzantwortfunktion werden zum Teil synonym verwendet.

2 Einzelheiten siehe bei NOURNEY, M./SÖLL, H., a. a. O., S. 138ff.

$z = r \cdot e^{i\varphi}$

ihre Exponentialform, wobei ihr absoluter Betrag

$r = |z| = \sqrt{a^2 + b^2}$

ist. $\varphi$ ist das Argument von z,

$\tan(\varphi) = \frac{b}{a}$ .

Die Exponentialform der Frequenzantwortfunktion ist also

$$\text{(VI.39)} \qquad A(\omega) = G(\omega)e^{i\varphi(\omega)} ,$$

wobei

$$\text{(VI.40)} \qquad G(\omega) = \sqrt{A_1^2(\omega) + A_2^2(\omega)}$$

der absolute Betrag der Frequenzantwortfunktion ist. $G(\omega)$ wird als Gainfunktion (Verstärkungsfunktion, Amplitudencharakteristik) bezeichnet. Wegen

$$\tan[\varphi(\omega)] = \frac{A_2(\omega)}{A_1(\omega)}$$

ist das Argument der Frequenzantwortfunktion

$$\text{(VI.41)} \qquad \varphi(\omega) = \arctan\left[\frac{A_2(\omega)}{A_1(\omega)}\right] .$$

$\varphi(\omega)$ wird als Phasenverschiebung (Phasencharakteristik) bezeichnet und $\frac{d\varphi}{d\omega}$ als Gruppenlaufzeit.

Wir setzen (VI.39) in (VI.31) ein und erhalten

$$Y(t) = \int_{-\pi}^{\pi} e^{i\omega t} G(\omega) e^{i\varphi(\omega)} dZ(\omega) \quad ,$$

$$\text{(VI.42)} \qquad Y(t) = \int_{-\pi}^{\pi} e^{i[\omega t + \varphi(\omega)]} G(\omega) dZ(\omega) \quad .$$

Ein Vergleich mit dem ungefilterten Input

$$\text{(VI.25)} \qquad X(t) = \int_{-\pi}^{\pi} e^{i\omega t} dZ(\omega)$$

zeigt, daß ein Filter einen stationären Prozeß gewöhnlich in zweierlei Hinsicht ändert. Jede Schwingungskomponente wird durch die Gainfunktion $G(\omega)$ verstärkt, abgeschwächt oder nicht verändert und durch die Phasenverschiebung $\varphi(\omega)$ auf der Zeitachse verschoben[1].

Zwischen der Transfer-, Frequenzantwort- und Gainfunktion besteht, ausgehend von (VI.37), im übrigen die einfache Beziehung

$$\text{(VI.43)} \qquad T(\omega) = A(\omega)\overline{A(\omega)} = |A(\omega)|^2 = A_1^2(\omega) + A_2^2(\omega) = G^2(\omega) \quad .$$

7f) Eine Betrachtung von

$$\text{(VI.38)} \qquad A(\omega) = A_1(\omega) + iA_2(\omega)$$

und

$$\tan[\varphi(\omega)] = \frac{A_2(\omega)}{A_1(\omega)}$$

führt zum Ergebnis, daß ein symmetrischer linearer zeitinvarianter

[1] Zur Interpretation des entsprechenden Phasendiagramms siehe z. B. SCHLITTGEN, R./STREITBERG, B., a. a. O., S. 125.

Filter, für den in (VI.10) gilt, daß s = u, keine Phasenverschiebung bewirkt; denn in diesem Falle ist die Frequenzantwortfunktion reellwertig, und das Argument einer reellen Zahl ist bekanntlich gleich Null. Ausgehend von (VI.32), gilt nämlich im Falle des symmetrischen linearen Filters

$$A(\omega) = \sum_{j=-m}^{m} a_j e^{-i\omega j} = a_o + \sum_{j=1}^{m} a_j (e^{-i\omega j} + e^{i\omega j})$$

$$= a_o + \sum_{j=1}^{m} a_j [\cos(\omega j) - i \cdot \sin(\omega j) + \cos(\omega j) + i \cdot \sin(\omega j)],$$

$$\text{(VI.44)} \qquad A(\omega) = a_o + 2 \sum_{j=1}^{m} a_j \cos(\omega j) \ .$$

Für einen symmetrischen Filter ist also die Frequenzantwortfunktion reellwertig, so daß die Filterung keine Phasenverschiebung erzeugt. (VI.43) zeigt, daß in diesem Falle die Frequenzantwortfunktion mit der Gainfunktion identisch ist.

Im Rahmen des Berliner Verfahrens wurde erst in der 4. Version im Mittelteil der Zeitreihe ein symmetrischer Filter verwendet,so daß dort nunmehr mit keiner Phasenverschiebung zu rechnen ist. Dies gilt nicht für das ASA II-Verfahren, das teilweise auf dem Berliner Verfaren Version 2 basiert, das auch im mittleren Teil der Zeitreihe mit einem nicht symmetrischen Filter operiert. Die Randfilter sind beim Berliner Verfahren jedoch nicht symmetrisch, so daß dort gewisse Phasenverschiebungen erwartet werden können.

8.) Das Spektrum des betrachteten Prozesses muß aus der Stichprobenrealisation, der empirischen Zeitreihe, geschätzt werden. Die Schätzung ist in dreierlei Hinsicht problematisch:

a) Für die Zufallsvariable X(t) des Prozesses existiert zum Zeitpunkt t eine Stichprobenrealisation $x_t$. Deshalb ist es ohne zusätzliche Annahmen z. B. nicht möglich, ihren Mittelwert zu schätzen. Benötigt werden hierfür verschiedene Stichprobenrealisationen zum Zeitpunkt t. Tatsächlich liegen Stichprobenrealisationen zu verschiedenen Zeitpunkten vor. Nun besitzen jedoch schwach stationäre stochastische Prozesse sog. ergodische Eigenschaften. Dies bedeutet: Unter sehr allgemeinen und praktisch stets erfüllten Bedingungen läßt sich der Mittelwert des Prozesses durch den Mittelwert der Zeitreihe bestimmen und die Kovarianzfunktion durch die aus der Zeitreihe ermittelte Kovarianzfunktion. X(t) ist mittelwertergodisch, falls gilt

$$\text{(VI.45)} \qquad \lim_{n\to\infty} E\{[\frac{1}{n} \sum_{t=1}^{n} X(t) - \mu]^2\} = 0$$

und kovarianzergodisch, falls für alle $\tau$ gilt

$$\text{(VI.46)} \qquad \lim_{n\to\infty} E\{[\frac{1}{n} \sum_{t=1}^{n} [X(t) - \mu][X(t+\tau) - \mu] - cov(\tau)]^2\} = 0 .$$

Wie groß n sein müßte, damit (VI.45) und (VI.46) genügend genau sind, ist bislang in einer geschlossenen Theorie nicht entwickelt worden[1], so daß auch die Schätzung des Spektrums eines Prozesses in dieser Hinsicht tangiert ist.

b) Zur Bestimmung des Spektrums eines Prozesses,

$$\text{(VI.28)} \qquad f(\omega) = \frac{1}{2\pi} \sum_{\tau=-\infty}^{\infty} cov(\tau)e^{-i\omega\tau} ,$$

muß cov($\tau$) für $\tau$ bis $\pm\infty$ vorliegen. Aus einem endlichen Zeitausschnitt

[1] Siehe GRÖHN, E.: Spektralanalytische Untersuchungen zum zyklischen Wachstum der Industrieproduktion in der Bundesrepublik Deutschland 1950 - 1967. Tübingen 1970, S. 48.

ist dies - abgesehen vom eigentlichen Schätzproblem - nur für

$\tau = 0, \pm 1, \ldots, \pm(n-1)$

der Fall. Deshalb kann das Spektrum $f(\omega)$ nur angenähert durch $f^*(\omega)$ bestimmt werden. Dies läßt sich wie folgt zum Ausdruck bringen:

$$\text{(VI.47)} \qquad f^*(\omega) = \frac{1}{2\pi} \sum_{\tau=-\infty}^{\infty} L(\tau)\operatorname{cov}(\tau)e^{-i\omega\tau}$$

mit

$$\text{(VI.48)} \qquad L(\tau) = \begin{cases} 1 & \text{für } \tau = 0, \pm 1, \ldots, \pm(n-1) \\ 0 & \text{ansonsten .} \end{cases}$$

$L(\tau)$ ist also Null, falls die Kovarianz des Prozesses wegen der endlichen Länge des Zeitausschnittes nicht bekannt sein kann. $L(\tau)$ wirkt wie ein Fenster, das lediglich den Blick auf einen begrenzten Ausschnitt von $\operatorname{cov}(\tau)$ zuläßt. Deshalb wird $L(\tau)$ als Lag-Fenster bezeichnet.

Zwischen $f(\omega)$ und $f^*(\omega)$ besteht die Beziehung[1]

$$\text{(VI.49)} \qquad f^*(\omega) = \int_{-\pi}^{\pi} S(\omega-\lambda)f(\lambda)d\lambda \ ,$$

wobei S eine Gewichtsfunktion darstellt, die als Spektralfenster bezeichnet wird. $f^*(\omega)$ ist formal ein gewogenes arithmetisches Mittel. Statt $f(\lambda)$ ist also grundsätzlich nur eine über ein Frequenzintervall verteilte ("verschmierte") mittlere spektrale Masse $f^*(\omega)$ bekannt. Der Informationsmangel im Zeitbereich schlägt sich im Frequenzbereich als Unschärfen des Spektrums nieder. In der eigentlichen Schätztheorie nimmt die Festlegung des Spektralfensters S bzw. des Lag-Fensters $L(\tau)$

[1] Siehe z. B. NAEVE, P.: Spektralanalytische Methoden zur Analyse von ökonomischen Zeitreihen. Würzburg 1969, S. 139ff.

eine zentrale Stellung ein.

c) Im vorangegangenen Punkt 8b) wurde unterstellt, daß die Kovarianzfunktion des Prozesses für ein bestimmtes Lagfenster bekannt ist. Dies ist tatsächlich nicht der Fall; sie muß geschätzt werden. Zusätzlich zum bereits genannten Informationsmangel tritt jetzt ein neuer hinzu, der sich in weiteren Unschärfen des geschätzten Spektrums niederschlagen wird.

Grundsätzlich kann $cov(\tau)$ durch

$$\text{(VI.1)} \qquad cov(\tau) = \frac{1}{n-\tau} \sum_{t=1}^{n-\tau} (x_t - \bar{x})(x_{t+\tau} - \bar{x}) \, , \qquad \tau = 0, 1, \ldots, n-1 \, ,$$

geschätzt werden. Diese Schätzung ist unverzerrt und konsistent, jedoch nicht positiv semidefinit. Letzteres ist unerwünscht, weil Schätzwerte des Spektrums negativ werden können. Deshalb wird in (VI.1) gewöhnlich nicht der Divisor $n-\tau$, sondern $n$ verwendet.

Die Schätzung von $cov(\tau)$ für $\tau$ bis $n-1$, also unter vollständiger Nutzung des Lag-Fensters, ist nicht vertretbar. Leider muß die Anwendung einer "Faustregel" für $\tau_{max} = m$, etwa

$$m = \frac{2n}{5} \quad \text{oder} \quad \frac{n}{5} \quad \text{oder} \quad \frac{n}{10} \, ,$$

wie bisweilen vorgeschlagen wird, als problematisch angesehen werden. Die Festlegung von $m$ sollte sich - neben $n$ - auch am Verlauf des Spektrums orientieren[1].

Wenn $cov(\tau)$ gemäß (VI.1) mit dem Divisor $m < n$ geschätzt ist und $f^*(\omega)$ gemäß (VI.47) geschätzt werden kann (mit dem auf $m$ verkürzten Lag-

[1] Vgl. KÖNIG, H./WOLTERS, J.: Spektralschätzungen stationärer stochastischer Prozesse: Eine Simulationsstudie. In: Jahrbücher für Nationalökonomie und Statistik (1971), S. 142ff.

Fenster), ist zu beachten, daß dieses Lag-Fenster dem Spektralfenster

$$(VI.50) \qquad S(\omega)_m = \frac{\sin[(2m+1)\frac{\omega}{2}]}{2\pi \sin(\frac{\omega}{2})}$$

entspricht. Eine Betrachtung des Graphen von (VI.50)[1] zeigt, daß negative Werte auftreten und daß die Lage der Nullstellen von m abhängt. Im Verhältnis zum Hauptmaximum sind die Nebenminima noch recht stark ausgeprägt. All dies ist, wie (VI.49) zeigt, unerwünscht. Der bereits erwähnte Informationsmangel schlägt sich also in durch (VI.50) spezifizierter Weise in der Schätzung des Spektrums nieder.

Wird demgegenüber als Lag-Fenster

$$(VI.51) \qquad L'(\tau) = \begin{cases} 1 - \frac{|\tau|}{m} & \text{für } |\tau| \leq m , \\ 0 & \text{ansonsten} \end{cases}$$

verwendet, das die Kovarianzen gewichtet, lautet das entsprechende Spektralfenster

$$(VI.52) \qquad S'(\omega)_m = \frac{1}{2\pi m}\left[\frac{\sin(\frac{m\omega}{2})}{\sin(\frac{\omega}{2})}\right]^2 .$$

Es zeichnet sich im Vergleich zu (VI.50) dadurch aus, daß die Dichten $S'(\omega)$ positiv oder Null sind, daß sich der Abstand der ersten Nullstelle verdoppelt hat und daß die Nebenmaxima deutlich kleiner sind.

Die Dreiecksgewichtsfunktion (VI.51) wird als BARTLETT-Funktion bezeichnet. Sie wird im Rahmen des Berliner Verfahrens verwendet.

Angemerkt sei, daß die Schätzproblematik alternativ hierzu in der

[1] Siehe z. B. NAEVE, P., a. a. O., S. 31.

Weise behandelt werden kann, daß die empirische Kovarianzfunktion gemäß (VI.47) transformiert wird und im Frequenzbereich geeignete Gewichtungen (Glättungen) des Spektrums vorgenommen werden. Eine allgemein anerkannte Methode zur Schätzung des Spektrums eines schwach stationären stochastischen Prozesses existiert nicht.

9.) Spektrale Kriterien einer guten Saisonbereinigung sind u. a.[1]:

a) Das Spektrum der saisonbereinigten Reihe soll im Bereich $0 \leq \omega < \frac{\pi}{6}$ dem Spektrum der Ursprungsreihe entsprechen und im Bereich $\frac{\pi}{6} \leq \omega \leq \pi$ glatt verlaufen, wobei insbesondere keine Spitzen und Einbrüche bei den saisonalen Frequenzen $\omega_j = \frac{2\pi j}{12}$, $j = 1, 2, \ldots, 6$, auftreten sollen.

b) Die Phasendifferenz zwischen der Ursprungsreihe und der saisonbereinigten Reihe soll Null sein, ausgenommen höchstens die saisonalen Frequenzen.

c) Das Spektrum der irregulären Komponente soll im gesamten Frequenzbreich glatt verlaufen.

Das Kriterium b) ist bedeutsamer als a) und c), weil es nicht tangiert ist, falls das Zeitreihenzerlegungsverfahren Teile der irregulären Komponente der Saison- oder Trendkomponente zurechnet[2].

---

1 Siehe auch SCHÄFFER, K.-A.: Beurteilung einiger herkömmlicher Methoden zur Analyse von ökonomischen Zeitreihen, a. a. O., S. 155f.

2 Siehe SCHÄFFER, K.-A./WETZEL, W., a. a. O., S. 48.

# Literaturverzeichnis


AITKEN, A. C.: On Least Squares and Linear Combinations of Observations. In: Proceedings of the Royal Society (1935), S. 42ff.

ALEMANN, H. v.: Der Forschungsprozeß. Stuttgart 1977.

ANDERSON, O. (jun.): Zeitreihenzerlegung vom praktischen Standpunkt der Konjunkturforschung. In: Allgemeines Statistisches Archiv (1958), S. 358ff.

ANDERSON, O. (sen.): Die Korrelationsrechnung in der Konjunkturforschung. Bonn 1929. Reprint in: Ausgewählte Schriften Bd. 1. Tübingen 1963, S. 166ff.

ANDERSON, O. (sen.): Probleme der statistischen Methodenlehre (3. Auflg.). Würzburg 1957.

ASSENMACHER, W.: Einführung in die Ökonometrie. München 1980.

ATIQULLAH, M.: The robustness of the covariance analysis of a one-way classification. In: Biometrika (1964), S. 365ff.

BAMBERG, G./SCHITTKO, U. K.: Einführung in die Ökonometrie. Stuttgart 1979.

BORTZ, J.: Lehrbuch der Statistik (2. Auflg.). Berlin 1985.

BOTT, D.: Adäquationsprozeß und Entscheidungsproblem. In: Statistische Hefte (1981), S. 2ff.

BOX, G. E. P.: Some Theorems on Quadratic Forms Applied in the Study of Analysis of Variance Problems. In: The Annals of Mathematical Statistics (1954), S. 290ff und S. 484ff.

COHEN, J.: Set correlation as a general multivariate data-analytic method. In: Multivariate behavioral research (1982), S. 301ff.

COHEN, M. R./NAGEL, E.: An Introduction to Logic and Scientific Method. London 1934.

DANCKWERTS, R. F./GOLDRIAN, H./SCHAEFER, H./SCHÜLER, H.: Die Saisonbereinigung nach dem ASA II Verfahren. In: Mitteilungen des Rheinisch-Westfälischen Instituts für Wirtschaftsforschung (1970), S. 131ff.

DIEHL, J.: Varianzanalyse (4. Auflg.). Frankfurt 1983.

DIEHL, H./KOHR, H.: Deskriptive Statistik (3. Auflg.). Frankfurt 1979.

DINGES, H./ROST, H.: Prinzipien der Stochastik. Stuttgart 1982.

DUNCAN, D. B.: Multiple range and multiple F-tests. In: Biometrics (1955), S. 1ff.

DUNNETT, C. W.: A multiple comparison procedure for comparing several treatments with a control. In: Journal of the American Statistical Association (1955), S. 607ff.

DURBIN, J./WATSON, G. S.: Testing for Serial Correlation in Least Squares Regression I, II. In: Biometrika (1950), S. 409ff. sowie Biometrika (1951), S. 159ff.

EDWARDS, A. L.: Versuchsplanung in der psychologischen Forschung. Weinheim 1971.

EIMER, E.: Varianzanalyse. Stuttgart 1978.

ESSER, H./KLENOVITS, K./ZEHNPFENNIG, H.: Wissenschaftstheorie 1. Stuttgart 1977.

EVANS, S. H./ANASTASIO, E. J.: Misuse of analysis of covariance when treatment effect and covariate are confounded. In: Psychological Bulletin (1968), S. 225ff.

FAHRMEIR, L./HAMERLE, A.: Mehrdimensionale Zufallsvariablen und Verteilungen. In: Multivariate statistische Verfahren. Hrsg.: Dies. Berlin 1984.

FAHRMEIR, L./HAMERLE, A.: Varianz- und Kovarianzanalyse. In: Multivariate statistische Verfahren. Hrsg.: Dies. Berlin 1984.

FAHRMEIR, L./KAUFMANN, H./KREDLER, C.: Regressionsanalyse. In: Multivariate statistische Verfahren. Hrsg.: FAHRMEIR, L./HAMERLE, A. Berlin 1984.

FISCHER, F. A.: Einführung in die statistische Übertragungstheorie. Mannheim 1969.

FISHER, R. A.: The Design of Experiments (7. Auflg.). Edinburgh 1960.

FISHMAN, G. S.: Spectral Methods in Econometrics. Cambridge(Mass.) 1969.

FISZ, M.: Wahrscheinlichkeitsrechnung und mathematische Statistik (7. Auflg.). Berlin 1973.

FRIEDRICHS, J.: Methoden empirischer Sozialforschung. Reinbeck 1973.

FRISCH, R.: Statistical Confluence Analysis by Means of Complete Regression Systems. Oslo 1934.

FROHN, J.: Grundausbildung in Ökonometrie. Berlin 1980.

GAENSSLEN, H./SCHUBÖ, W.: Einfache und komplexe statistische Analyse. München 1973.

GALTON, F.: Natural inheritance. London 1889.

GARBERS, H.: Zur Bewertung von Saisonbereinigungsverfahren. In: Statistische Hefte (1971), S. 323f.

GERSTER, H. J.: Kritische Beurteilung der Arbeitsmarktinterpretationen auf der Grundlage saisonbereinigter Daten. In: Jahrbücher für Nationalökonomie und Statistik (1986), S. 152ff.

GLASER, W. R.: Varianzanalyse. Stuttgart 1978.

GOLDFELD, S. M./QUANDT, R. E.: Some Tests for Homoscedasticity. In: Journal of the American Statistical Association (1965), S. 539ff.

GOLDRIAN, G.: Eine neue Version des ASA-II-Verfahrens zur Saisonbereinigung von wirtschaftlichen Zeitreihen. In: Wirtschaftskonjunktur (1973), S. 26ff.

GRANGER, C. W. J./HATANAKA, M.: Spectral Analysis of Economic Time Series. Princeton 1964.

GROHMANN, H.: Vom theoretischen Konstrukt zum statistischen Begriff. Das Adäquationsproblem. In: Allgemeines Statistisches Archiv (1985), S. 1ff.

GRÖHN, E.: Spektralanalytische Untersuchungen zum zyklischen Wachstum der Industrieproduktion in der Bundesrepublik Deutschland 1950 - 1967. Tübingen 1970.

HAGER, W./WESTERMANN, R.: Entscheidung über statistische und wissenschaftliche Hypothesen: Probleme bei mehrfachen Signifikanztests zur Prüfung einer wissenschaftlichen Hypothese. In: Zeitschrift für Sozialpsychologie (1983), S. 106ff.

HAMERLE, A./KEMENY, P./TUTZ, G.: Kategoriale Regression. In: Multivariate statistische Verfahren. Hrsg.: FAHRMEIR, L./HAMERLE, A. Berlin 1984, S. 211ff.

HAMERLE, A./TUTZ, G.: Zusammenhangsanalysen in Mehrdimensionalen Kontingenztabellen - Das loglineare Modell. In: Multivariate statistische Verfahren. Hrsg.: FAHRMEIR, L./HAMERLE, A. Berlin 1984, S. 473ff.

HARTUNG, J./ELPELT, B.: Multivariate Statistik. München 1984.

HARTWIG, H.: Naturwissenschaftliche und Sozialwissenschaftliche Statistik. In: Zeitschrift für die gesamte Staatswissenschaft (1956), S. 252ff.

HEILER, S.: Theoretische Grundlagen des "Berliner Verfahrens". In: Neuere Entwicklungen auf dem Gebiet der Zeitreihenanalyse. Sonderhefte zum Allgemeinen Statistischen Archiv (1970), S. 67ff.

HEILER, S.: Entwurf kausaler Filter zur Analyse ökonomischer Zeitreihen bei Vorschriften im Frequenzbereich. In: Beiträge zur Zeitreihenanalyse. Sonderhefte zum Allgemeinen Statistischen Archiv (1976), S. 7ff.

HEMPEL, C. G.: Aspects of Scientific Explanation. New York 1965.

HEISENBERG, W.: Kausalgesetz und Quantenmechanik. In: Erkenntnis Bd. II (1932/33), S. 175ff.

HOCHSTÄDTER, D./UEBE, G.: Ökonometrische Methoden. Berlin 1970.

HOPE, K.: Methoden multivariater Analyse. Weinheim 1975.

HOTELLING, H.: The most predictable criterion. In: Journal of educational Psychology (1935), S. 139ff.

HOTELLING, H.: Relations between two sets of variates. In: Biometrika (1936), S. 321ff.

HUMMELL, H.-J.: Probleme der Mehrebenenanalyse. Stuttgart 1972.

HUMMELL, H.-J./ZIEGLER, R.: Zur Verwendung linearer Modelle bei der Kausalanalyse nicht-experimenteller Daten. In: Korrelation und Kausalität Bd. 1. Hrsg.: Dies. Stuttgart 1976, S. E 5ff.

JACOB, P./JANKAR, S.: BASIC. Gleichungssysteme - Eigenwerte. Vieweg Programmothek 3. Braunschweig 1985.

JOHNSTON, J.: Econometric Methods (2. Auflg.). New York 1972.

KAUFMANN, H./PAPE, H.: Clusteranalyse. In: Multivariate statistische Verfahren. Hrsg.: FAHRMEIR, L./HAMERLE, A. Berlin 1984, S. 371ff.

KENDALL, M.: Time series (2. Auflg.). London 1976.

KENDALL, M.: Multivariate Contingency Tables and some further Problems in multivariate Analysis. In: Multivariate Analysis IV. Hrsg.: KRISHNAIAH, P. R. Amsterdam 1977, S. 483ff.

KERLINGER, F. N./PEDHAZUR, E. J.: Multiple Regression in Behavioral Research. New York 1973.

KLEITER, G. D.: BAYES Statistik. Berlin 1981.

KMENTA, J.: Elements of Econometrics. New York 1971.

KOLLER, S.: Typisierung korrelativer Zusammenhänge. In: Metrika (1963, 6), S. 65ff.

KÖNIG, H./WOLTERS, J.: Spektralschätzungen stationärer stochastischer Prozesse: Eine Simulationsstudie. In: Jahrbücher für Nationalökonomie und Statistik (1971), S. 142ff.

KREYSZIG, E.: Statistische Methoden und ihre Anwendungen (7. Auflg.). Göttingen 1979.

KROMREY, H.: Empirische Sozialforschung (3. Auflg.). Opladen 1986.

KUß, U.: Ein allgemeines statistisches entscheidungstheoretisches Modell als Konsequenz der Ätialität und der Forderung nach weicher Modellbildung. In: Statistische Hefte (1980), S. 168ff.

KÜCHLER, M.: Multivariate Analyseverfahren. Stuttgart 1979.

LAUENSTEIN, H.: Statistische Probleme bei Saisonschwankungen. Meisenheim 1969.

LEINER, B.: Spektralanalyse ökonomischer Zeitreihen (2. Auflg.). Wiesbaden 1978.

LEINER, B.: Einführung in die Zeitreihenanalyse. München 1982.

LIENERT, G. A.: Verteilungsfreie Methoden in der Biostatistik Bd. II. Meisenheim 1978.

LINDER, A./BERCHTOLD, W.: Statistische Methoden II. Basel 1982.

LINDER, A./BERCHTOLD, W.: Statistische Methoden III. Basel 1982.

MAAß, S./MÜRDTER, H./RIEß, H.: Statistik für Wirtschafts- und Sozialwissenschaftler II. Berlin 1983.

MEDER, H.: Digitale Filter und ihre Anwendungen. In: IBM-Nachrichten (1969), S. 843ff.

MENGES, G.: Ökonometrie. Wiesbaden 1961.

MENGES, G.: Ökonometrische Prognosen. Köln/Opladen 1967.

MENGES, G.: Statistik 1. Theorie. Opladen 1972.

MENGES, G.: Grundzüge der Modellbaukunst. In: Ökonometrische Modelle und sozialwissenschaftliche Erkenntnisprogramme. Beiträge zu einem Symposium, 90. Geburtstag von W. G. WAFFENSCHMIDT. Mannheim 1978, S. 41ff.

MENGES, G.: Ätialität und Adäquation. In: Statistische Hefte (1981), S. 144ff.

MENGES, G.: Die Statistik. Wiesbaden 1982.

MENGES, G.: Die statistische Adäquation. In: Jahrbücher für Nationalökonomie und Statistik (1982), S. 289ff.

MENGES, G./SKALA, H.: Statistik 2. Daten. Opladen 1973.

MOOSBRUGGER, H.: Multivariate statistische Analyseverfahren. Stuttgart 1978.

MORRISON, D. F.: Multivariate statistical methods (2. Auflg.). New York 1976.

NAEVE, P.: Spektralanalytische Methoden zur Analyse von ökonomischen Zeitreihen. Würzburg 1969.

NOURNEY, M.: Methode der Zeitreihenanalyse. In: Wirtschaft und Statistik (1973), S. 11ff.

NOURNEY, M.: Weiterentwicklung des Verfahrens der Zeitreihenanalyse. In: Wirtschaft und Statistik (1975), S. 96ff.

NOURNEY, M.: Umstellung der Zeitreihenanalyse. In: Wirtschaft und Statistik (1983), S. 841ff.

NOURNEY, M./SÖLL, H.: Analyse von Zeitreihen nach dem Berliner Verfahren. Version 3. In: Beiträge zur Zeitreihenanalyse. Sonderhefte zum Allgemeinen Statistischen Archiv (1976), S. 129ff.

NULLAU, B./HEILER, S./WÄSCH, P./MEISNER, B./FILIP, N. (Hrsg.): Das "Berliner Verfahren". Ein Beitrag zur Zeitreihenanalyse. In: DIW-Beiträge zur Strukturforschung (1969), S. 9ff.

OSWALD, E.: Bemerkungen zum "Berliner Verfahren". In: Allgemeines Statistisches Archiv (1972), S. 191ff.

PEARSON, K./LEE, A.: On the laws of inheritance in man. In: Biometrika (1903), S. 357ff.

PFANZAGL, J.: Allgemeine Methodenlehre der Statistik (5. Auflg.). Berlin 1972.

PRIESTLEY, M. B./RAO, T. S.: A test for Non-stationarity of Time-series. In: Journal of the Royal Statistical Society (1969), S. 140ff.

ROCHEL, H.: Planung und Auswertung von Untersuchungen im Rahmen des allgemeinen linearen Modells. Berlin 1983.

REICHENBACH, H.: Kausalität und Wahrscheinlichkeit. In: Erkenntnis Bd. I (1930/31), S. 158ff.

SACHS, L.: Statistische Auswertungsmethoden (2. Auflg.). Berlin 1969.

SCHÄFFER, K.-A.: Beurteilung einiger herkömmlicher Methoden zur Analyse von ökonomischen Zeitreihen. In: Neuere Entwicklungen auf dem Gebiet der Zeitreihenanalyse. Sonderhefte zum Allgemeinen Statistischen Archiv (1970), S. 131ff.

SCHÄFFER, K.-A.: Vergleich der Effizienz von Verfahren zur Saisonbereinigung einer Zeitreihe. In: Beiträge zur Zeitreihenanalyse. Sonderhefte zum Allgemeinen Statistischen Archiv (1976), S. 83ff.

SCHÄFFER, K.-A.: Zur Entwicklung der statistischen Methodik und ihrer Anwendungen. In: Allgemeines Statistisches Archiv (1980), S. 1ff.

SCHÄFFER, K.-A./WETZEL, W.: Vergleich der "Census-Methode" und des "Berliner Verfahrens" zur Analyse ökonomischer Zeitreihen. In: Konjunkturpolitik (1971), S. 41ff.

SCHEFFÉ, H.: A method of judging all contrasts in the analysis of variance. In: Biometrika (1953), S. 87ff.

SCHIPS, B./STIER, W.: Zum Problem der Saisonbereinigung ökonomischer Zeitreihen. In: Metrika (1974), S. 65ff.

SCHIPS, B./STIER, W.: Gedanken zum Problem der Saisonbereinigung am "aktuellen Rand" einer Zeitreihe. In: IfO-Studien 21 (1975), S. 59ff.

SCHIPS, B./STIER, W.: Gedanken zur Verwendung rekursiver Filter bei der Saisonbereinigung ökonomischer Zeitreihen. In: Beiträge zur Zeitreihenanalyse. Sonderhefte zum Allgemeinen Statistischen Archiv (1976), S. 105ff.

SCHÖNFELD, P.: Methoden der Ökonometrie Bd. II. München 1971.

SCHLITTGEN, R./STREITBERG, B.: Zeitreihenanalyse. München 1984.

SCHNEEWEIß, H.: Ökonometrie (3. Auflg.). Würzburg 1978.

SCHORR, K. G./LAMBERTS, W.: Neues Saisonbereinigungsverfahren. In: Wirtschaftskonjunktur (1966), S. 38ff.

SHISKIN, J.: The X-11 Variant of the Census Method II Seasonal Adjustment Program. Bureau of the Census. Technical Paper No. 15. Washington 1965.

SIMPSON, E. H.: The Interpretation of Interaction in Contingency Tables. In: Journal of the Royal Statistical Society. Ser. B (1951), S. 238ff.

SPÄTH, H.: Algorithmen für elementare Ausgleichsmodelle. München 1973.

SPÄTH, H.: Algorithmen für multivariable Ausgleichsmodelle. München 1974.

STEGMÜLLER, W.: Erklärung, Begründung, Kausalität (2. Auflg.). Berlin 1983.

STEINHAUSEN, D./LANGER, K.: Clusteranalyse. Berlin 1977.

STIER, W.: Verfahren zur Analyse saisonaler Schwankungen in ökonomischen Zeitreihen. Berlin 1980.

TIEDE, M.: Die Problematik der Ausschaltung von Saisonschwankungen aus wirtschaftsstatistischen Zeitreihen - gezeigt am Beispiel der Methoden des Statistischen Amtes der Europäischen Gemeinschaften und der Deutschen Bundesbank. Freiburg 1968.

TIEDE, M.: Anwendungen des einkanaligen N. WIENER-Filters auf ökonomische Zeitreihen für Zwecke der kurzfristigen Vorhersage. In: Allgemeines Statistisches Archiv (1970), S. 255ff.

TIEDE, M.: Theorie und Praxis eines verbesserten Suchverfahrens. In: Statistische Hefte (1973), S. 39ff.

TIEDE, M./VOß, W.: Stichproben und statistische Inferenz (2. Auflg.). Bochum 1982.

TIEDE, M./VOß, W.: Prüfverfahren in der Wirtschafts- und Sozialstatistik (2. Auflg.). Bochum 1982.

TINTNER, G.: Econometrics. New York 1952.

TINTNER, G./RAO, J. N. K./STRECKER, H.: New Results in the Variate Difference Method. Göttingen 1978.

TUKEY, J. W.: One degree of freedom for nonadditivity. In: Biometrics (1949), S. 232.

URBAN, D.: Regressionstheorie und Regressionstechnik. Stuttgart 1982.

WAGENFÜHR, R.: Wirtschafts- und Sozialstatistik Bd. 1. Freiburg 1970.

WAGENFÜHR, R.: Statistik leicht gemacht Bd. 1 (7. Auflg.). Köln 1974.

WALD, A.: Berechnung und Ausschaltung von Saisonschwankungen. Wien 1936.

WETZEL, W.: Statistische Methoden der Zeitreihenanalyse und ihre praktischen Anwendungsmöglichkeiten. In: Allgemeines Statistisches Archiv (1969), S. 3ff.

WETZEL, W.: Hinweise auf einige theoretische Grundlagen der Spektralanalyse von stationären Prozessen. In: Neuere Entwicklungen auf dem Gebiet der Zeitreihenanalyse. Sonderhefte zum Allgemeinen Statistischen Archiv (1970), S. 5ff.

WETZEL, W.: Statistische Grundausbildung für Wirtschaftswissenschaftler I. Berlin 1971.

WILKS, S.: Sample criteria for testing equality of means, equality of variances and equality of covariances in a normal multivariate distribution. In: Annals of Mathematical Statistics (1946), S. 257ff.

WOLD, H.: Multivariate Analyse. In: Handwörterbuch der Mathematischen Wirtschaftswissenschaften Bd. 2. Hrsg.: BECKMANN, M. J. Wiesbaden 1979, S. 85ff.

WOLF. G./CARTWRIGHT, B.: Rules for Coding Dummy Variables in Multiple Regression. In: Psychological Bulletin (1974), S. 173ff.

YULE, G. U.: On the Methods of Measuring Association between two Attributes. In: Journal of the Royal Statistical Society (1912), S. 579ff.

# Personenverzeichnis

# Sachverzeichnis

Oldenbourg · Wirtschafts- und Sozialwissenschaften · Steuer · Recht

Oldenbourg · Wirtschafts- und Sozialwissenschaften · Steuer · Recht

Oldenbourg · Wirtschafts- und Sozialwissenschaften · Steuer · Recht

Oldenbourg · Wirtschafts- und Sozialwissenschaften · Steuer · Recht

www.ingramcontent.com/pod-product-compliance
Lightning Source LLC
LaVergne TN
LVHW081357011026
849161LV00013BA/2840
* 9 7 8 3 4 8 6 2 0 5 2 8 2 *